ike Maria Johenning

MOSKAU

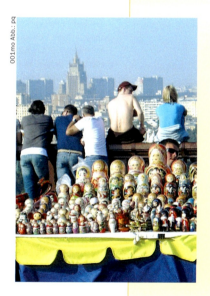

„Für Europäer ist Moskau das
Unbewusste Europas, die europäische
urbane Form in die Weiten Eurasiens
verstreut, halb Europa, halb Asien."
Erich Klein

IMPRESSUM

Heike Maria Johenning

MOSKAU

Reise Know-How Verlag Peter Rump GmbH
Osnabrücker Str. 79
33649 Bielefeld

© Peter Rump 2007
1. Auflage 2007

Alle Rechte vorbehalten.

Gestaltung
Umschlag: M. Schömann, P. Rump (Layout);
  K. Werner (Realisierung)
Inhalt: K. Werner
Fotos: siehe Bildnachweis Seite 320
Karten: A. Medvedev
Lektorat: A. Buchspieß, K. Werner

Druck und Bindung
  Wilhelm & Adam, Heusenstamm

Printed in Germany

ISBN-10: 3-8317-1516-5
ISBN-13: 978-3-8317-1516-9

Dieses Buch ist erhältlich in jeder Buchhandlung Deutschlands, der Schweiz, Österreichs, Belgiens und der Niederlande. Bitte informieren Sie Ihren Buchhändler über folgende Bezugsadressen:

Deutschland: Prolit GmbH, Postfach 9,
  D-35461 Fernwald (Annerod)
  sowie alle Barsortimente
Schweiz: AVA-buch 2000, Postfach,
  CH-8910 Affoltern
Österreich: Mohr Morawa Buchvertrieb GmbH,
  Sulzengasse 2, A-1230 Wien
Niederlande, Belgien: Willems Adventure,
  Postbus 403, NL-3140 AK Maassluis

Wer im Buchhandel trotzdem kein Glück hat, bekommt unsere Bücher auch über unseren Büchershop im Internet:
www.reise-know-how.de

Wir freuen uns über Kritik, Kommentare und Verbesserungsvorschläge:
info@reise-know-how.de

Alle Informationen in diesem Buch sind von der Autorin mit größter Sorgfalt gesammelt und vom Lektorat des Verlages gewissenhaft bearbeitet und überprüft worden.
Da inhaltliche und sachliche Fehler nicht ausgeschlossen werden können, erklärt der Verlag, dass alle Angaben im Sinne der Produkthaftung ohne Garantie erfolgen und dass Verlag wie Autorin keinerlei Verantwortung und Haftung für inhaltliche und sachliche Fehler übernehmen.
Die Nennung von Firmen und ihren Produkten und ihre Reihenfolge sind als Beispiel ohne Wertung gegenüber anderen anzusehen.
Qualitäts- und Quantitätsangaben sind rein subjektive Einschätzungen der Autorin und dienen keinesfalls der Bewerbung von Firmen oder Produkten.

INHALT

Vorwort	7
Benutzungshinweise	8
Was man unbedingt sehen sollte	10

VOR DER REISE 11

Informationsstellen	12
Moskau im Internet	13
Diplomatische Vertretungen	16
Ein- und Ausreisebestimmungen	16
Klima und Reisezeit	19
Behinderte auf Reisen	21
Ausrüstung und Bekleidung	22
Gesundheitsvorsorge	22
An- und Rückreise	23
Geldfragen	25
Versicherungen	26

PRAKTISCHE REISETIPPS 27

Ankunft	28
Autofahren	29
1 Einkaufen und Souvenirs	30
Elektrizität	45
Essen und Trinken	45
Feste und Feiertage	53
Film und Foto	54
Filmverleih	55
Geschäftlich in Moskau	55
Hygiene	57
Internetcafés	57
Mit Kindern unterwegs	58
Kinos	59
Kunst und Galerien	62
2 Galerien und Ausstellungsräume	63
Lernen und Arbeiten	65
Im Notfall	68
3 Museen	69
Musikszene und Nachtleben	83
4 Clubs und Bars	83
5 Oper, Ballett, Musicals und klassische Konzerte	91
Öffnungszeiten	93
Orientierung	93
Post	94
Lesben und Schwule	95
Reinigung	98
Sicherheit	98
Sport und Erholung	99
Sprache	104
Stadttouren	104
Telefon	106
6 Theater	107
Uhrzeit	110
7 Unterkunft	110
Verhaltenstipps	117
Verkehrsmittel	119

AM PULS DER STADT 129

Geographie und Stadtbild	130
Architektur	131
Geschichte	138
Verwaltung und Politik	147
Wirtschaft und Tourismus	150
Bewohner, Mentalität und Alltagskultur	153
Religionen und Brauchtum	158

MOSKAU ENTDECKEN 161

Rundgang 1: Kreml, Roter Platz und Kitaj-Gorod 162

1 Kreml ★★★	162
2 Kremlpalast	166
3 Glockenturm „Iwan der Große"	166
4 Erzengel-Kathedrale	168
5 Zwölf-Apostel-Kirche und Patriarchenpalast	169
6 Mariä-Himmelfahrts-Kathedrale	170
7 Facettenpalast	171

⑧ Gewandniederlegungs-Kirche	171
⑨ Mariä-Verkündigungs-Kathedrale	171
⑩ Großer Kremlpalast	173
⑪ Terempalast	173
⑫ Rüstkammer	174
⑬ Diamantenfonds	175
⑭ Historisches Museum ★	176
⑮ Auferstehungstor ★	177
⑯ Kasaner Kathedrale ★	178
⑰ Roter Platz ★★★	178
⑱ GUM ★★★	180
⑲ Lenin-Mausoleum ★★★	181
⑳ Basilius-Kathedrale ★★	183
㉑ Minin-Poscharskij-Denkmal ★	184
㉒ Richtplatz ★	184
㉓ Alter Englischer Hof ★★	184
㉔ Gostinyj Dwor ★	185
㉕ Palast der Bojaren Romanow ★★	185
㉖ Dreifaltigkeitskirche in Nikitniki ★★	186
㉗ Elias-Kirche, Uliza Ilinka ★	187
㉘ Epiphanienkloster ★★	187
㉙ Alte Synodaldruckerei ★	187
㉚ Saikonospasskij-Kloster	188
㉛ Revolutionsplatz ★	188
㉜ Manegenplatz ★★	189
8 Essen und Trinken	189

Rundgang 2: Samoskworetschje   194
㉝ Schokoladenfabrik Roter Oktober ★★	194
㉞ Haus am Ufer	196
㉟ Samoskworetschje	196
㊱ (Alte) Tretjakow-Galerie ★★★	197
㊲ Kirchen in Samoskworetschje ★★	198
㊳ Skulpturenpark ★★	199
㊴ Neue Tretjakow-Galerie, Zentrales Haus des Künstlers ★★★	200
㊵ Gorki-Park ★★	201
9 Essen und Trinken	203

Rundgang 3: Twerskaja   207
㊶ Theaterplatz ★★	207
㊷ MCHAT Theater und Museum ★	207
㊸ Twerskaja Uliza ★★★	208
㊹ Konservatorium ★★	209
㊺ Matrjoschka-Museum ★	210
㊻ Gorki-Wohnhaus ★★	210
㊼ Museum für Moderne Geschichte Russlands (früher Revolutionsmuseum) ★	211
㊽ Museum für moderne Kunst Jermolowa ★★	211
㊾ Bulgakows Patriarchenteiche ★★	212
㊿ Tschechow Wohnhaus ★★	213
10 Essen und Trinken	214

Rundgang 4: Pretschistenka   222
51 Christ-Erlöser-Kathedrale ★★	222
52 Puschkin-Museum der Bildenden Künste ★★	224
53 Tolstoj-Museum ★	226
54 Tolstoj-Wohnhaus ★★★	227
11 Essen und Trinken	228

Rundgang 5: Arbat   232
55 Alter Arbat ★★	232
56 Melnikow-Haus ★★	233
57 Puschkin-Wohnhausmuseum ★★	235
12 Essen und Trinken	236

Rundgang 6: Petrowka   237
58 Bolschoj-Theater ★★★	237
59 Hohes Sankt-Peter-Kloster ★★	240
60 Kusnezkij Most ★★	241
61 Lubjanka ★	241
13 Essen und Trinken	242

Rundgang 7: Tschistyje Prudy   247
62 Fahrt mit der Strassenbahn Annuschka	247
63 Lenins Trauerzug ★★	249
14 Essen und Trinken	250

INHALT 5

Sehenswertes außerhalb des Gartenrings 255

- 64 Freilichtmuseum Kolomenskoje ★★★ 255
- 65 Kuskowo (Herrensitz mit Porzellanmuseum) ★★★ 257
- 66 Neujungfrauenkloster ★★★ 258
- 67 Allrussisches Ausstellungszentrum WWZ, früher WDNCH ★★★ 262
- 68 Danilow-Kloster ★★ 264
- 69 Lomonossow-Universität und Sperlingsberge ★★ 264
- 70 Siegespark ★★ 266
- 71 Schloss Ostankino ★★ 267
- 72 Zarenresidenz Zarizyno ★★ 268
- 73 Andronikow-Kloster ★ 269
- 74 Donskoj-Kloster ★ 270
- 75 Ismajlowskij-Park ★ 271
- 76 Krutizkij-Klosterresidenz ★★ 272
- 77 Lomakow-Oldtimer-Museum ★ 272
- 78 Mariä-Schutz-und-Fürbitte-Kirche in Fili ★ 273
- 79 Neues Kloster des Erlösers ★ 274

AUSFLÜGE IN DIE UMGEBUNG 275

- 80 Gorki Leninskije ★★★ 276
- 81 Sergijew Possad ★★★ 277
- 82 Klin ★★ 280
- 83 Nowyj Jerusalem ★★ 281
- 84 Archangelskoje ★★ 282
- 85 Peredelkino ★★ 284
- 86 Abramzewo ★ 285

ARCHITEKTUR-SPECIAL 287

Spaziergänge für Architekturfans 288
Herausragende Moskauer Architekten 294
Jugendstilgebäude in Moskau 295
Architektur-Infos 296

ANHANG 299

Literaturtipps 300
Kleine Sprachhilfe Russisch 305
Register 314
Bildnachweis 320
Über die Autorin 320

CITYATLAS 321

Die Sehenswürdigkeiten sind mit Sternen versehen, damit der Leser schnell erfassen kann, wo die Höhepunkte Moskaus zu finden sind. Natürlich sind auch die Sehenswürdigkeiten ohne Stern besuchenswert.

★★★ Die mit drei Sternen bewerteten Kirchen, Plätze, Museen und Ausflugsziele sollte man auf keinen Fall verpassen. Sie machen Moskau aus und bilden sozusagen das Netzwerk, das die Stadt zusammenhält.

★★ Mit zwei Sternen wurde all das gekennzeichnet, was zwar besonders sehenswert, aber vielleicht nicht für jeden Besucher von Interesse ist.

★ Orte mit einem Stern gehören zu den wichtigen Sehenswürdigkeiten der Stadt, sind aber doch nur für Besucher mit einem ausgeprägten Interesse an dieser bestimmten Thematik zu empfehlen.

EXKURSE ZWISCHENDURCH

Die Matrjoschka	38
Sowjetnostalgie	42
Wodka	52
Cinemanijaki – die russischen Cineasten	60
Glasnost in der Beutekunstdebatte	70
Mythos KGB	72
Museumsbabuschkas	76
Die neureichen Russen	90
Die Hauptstadt und der Kaukasus	96
Die Banja	100
New Drama oder der zensurfreie Raum	108
Die Metro: Utopia unter der Erde	122
Kokoschnik, Nalitschnik, Naryschkin-Barock – russische Stilelemente	132
Stalins „sieben Schwestern"	136
Putin – die starke Hand	148
Jurij Luschkow, Moskaus Bürgermeister	149
Die Achse Berlin – Moskau	152
Das klassische russische Ballett	238
Ikonen des Konstruktivismus	290
Zukunftsmusik	296

KARTEN UND PLÄNE

Restaurants im Überblick	50
Hotels im Überblick	112
Verwaltungsbezirke	147
Kreml	165
Detailkarte I: Kreml und Roter Platz	190
Detailkarte II: Samoskworetschje	204
Detailkarte III: Twerskaja	218
Detailkarte IV: Pretschistenka	230
Detailkarte V: Arbat	234
Detailkarte VI: Petrowka	244
Detailkarte VII: Tschistye Prudy	252
Neujungfrauenkloster	260
Friedhof Neujungfrauenkloster	261
Umgebung	322
Metroplan	vorderer Umschlag
Blattschnitt	hinterer Umschlag

HINWEISE ZU DEN SYMBOLEN UND VERWEISEN IM TEXT

Die Sehenswürdigkeiten werden im Abschnitt „Moskau entdecken" beschrieben und mit einer fortlaufenden Nummer, z. B. ❶, und dem Planquadrat, z. B. [F7], gekennzeichnet. Das Planquadrat ist in allen Karten identisch. Die Nummer ist sowohl im Cityatlas als auch in den Detailkarten eingetragen und findet sich auch im Text, z. B. ❶, wieder.

Weitere beschriebene Örtlichkeiten wie Informationsstellen, Theater usw. sind nur in den Detailkarten eingetragen. Die Angabe in eckigen Klammern, z. B. [II F7], verweist auf die Detailkarte (hier II) und das Planquadrat (hier F7).

Steht in der eckigen Klammer lediglich das Planquadrat, so befindet sich die Örtlichkeit außerhalb der Detailkarten, aber noch im Bereich des Cityatlas (ist dort allerdings nicht eingetragen).

Adressen ohne Angabe des Planquadrats befinden sich außerhalb des vom Cityatlas abgedeckten Gebietes.

Die Symbole 1, 2 etc. verweisen auf Listen von Restaurants, Museen, Unterkünften usw. Wo sich die Listen im Buch befinden, steht im Inhaltsverzeichnis.

VORWORT

Wer sich auf diese Stadt einlässt, gilt als Exot. Auf der mentalen Weltkarte der meisten Europäer liegt Moskau noch in einem toten Winkel. Moskau war ein Jahrhundert lang das Symbol für Unterdrückung und Metapher für den Kalten Krieg, das Zentrum des anderen Europa. Heute ist die Stadt, die einmal Mongolenstolz, Zarenhochburg und Welthauptstadt des Kommunismus war, eine pulsierende 11-Millionen-Metropole mit einer fast 900-jährigen Geschichte. Sie zeigt sich als die postsowjetische Mega-Immobilie schlechthin. Zarenreich grüßt New Economy. Die Wirtschaft boomt, die Moskowiter blühen auf. Das Grau von einst ist einer Farbenpracht ohnegleichen gewichen. Nachts strahlt *Maskwa*, wie die Stadt im Russischen heißt, heller als die Lichterstadt Paris. Und Moskau meldet sich auf der Weltbühne zurück. Nicht nur die Theater- und Kinoszene ist wieder Impulsgeber für Westeuropa.

Trotz der Lage im europäischen Teil Russlands ist Moskau auch asiatisch geprägt und die größte orthodoxe Stadt der Welt. Der nicht-europäische Umgang mit dem Raum spiegelt sich in offenen Straßenzügen, keinen Halt bietenden Sichtachsen und einem inhomogenen Stadtbild wider. Moskau, die größte Stadt Europas, ist nichts für schwache Nerven. Die Stadt wirkt anstrengend, wuchtig und kitschig, sie ist ein Großangriff auf die Sinne. „Moskau liebt den goldenen Mittelweg nicht", schrieb *Nikolaj Gogol* schon vor 170 Jahren.

Für Moskau gilt eines vor allem anderen: Man sieht nur, was man weiß. Je intensiver man sich mit der russischen Hauptstadt beschäftigt, desto faszinierender wird sie. Moskau ist ein erwachender Riese, „dessen erogene Zonen man kennen muss, um ihn aus der Reserve zu locken", wie der Schriftsteller *Wladimir Sorokin* sagt. Wer nicht das Risiko eingeht, sich in dieser Stadt zu verlieren, erspürt sie nicht. Ihren unwiderstehlichen Charme entfaltet Moskau erst, wenn man versucht, das schon Verschwundene und das kaum Wahrnehmbare zu entdecken. Dann wartet man nicht mehr, bis die Moskowiter lächeln. Man lächelt sie selbst an. Dann lernt man, die Absurditäten und die Extreme zu lieben. Und in welcher anderen Weltstadt gibt es schon einen eigenen Sternbeauftragten, dessen einzige Aufgabe darin besteht, die sieben roten Sterne der Kremltürme zu umsorgen?

Reisenden, die im Ausland nicht nur das Bekannte, sondern vor allem das Fremde und Besondere suchen, wird sich ein vielschichtiger Kosmos voller Brüche und Widersprüche auftun. Die russische MTV-Generation spricht Englisch, die fremde Schrift muss kein Hindernis sein.

Ein Schwerpunkt dieses Stadtführers ist die Architektur (Moskauer Jugendstil, Konstruktivismus, Stalin-Kathedralen). Keine Disziplin eignet sich so gut zur Manifestation von Macht und Wirtschaftskraft wie die Architektur. Das beweisen auch die monströsen Bauvorhaben zu Beginn des 21. Jahrhunderts. Die Stadt, in der noch heute Weltgeschichte geschrieben wird, ist ein Traumziel für urbane Expeditionen.

Ob Moskau fremd oder nur anders ist, kann der Reisende nur vor Ort selbst ergründen. In jedem Fall ist diese faszinierende Megastadt im „wilden Osten" mehr als nur eine Reise wert!

Heike Maria Johenning

BENUTZUNGSHINWEISE

Bei den in diesem Buch aufgeführten **Adressen** wurden die russischen Bezeichnungen beibehalten:

Bulwar	Boulevard
Most	Brücke
Nabereschnaja, Abk. Nab.	Uferstraße
Pereulok, Abk. Per. gesprochen: pere-ulok	Gasse
Ploschtschad, Abk. Pl.	Platz
Projesd	Durchgang
Prospekt, Abk. Pr.	Allee
Sad	Park
Sastawa	Stadttor
Schosse	Chaussee
Uliza, Abk. Ul.	Straße
Wal	Wall
Worota	Tor

Auch die Namen der Metrostationen wurden ins Deutsche transkribiert (siehe Tabelle rechts). Die **Aussprache** entspricht daher in etwa dem Geschriebenen. Allerdings betonen Deutschsprachige die Wörter oft anders als im Russischen üblich. Fragt man Russen auf der Straße nach einer Adresse, wird man mit Sicherheit in der Aussprache korrigiert. Verstanden wird man aber trotzdem.

Die angegebenen **Adressen** setzen sich zusammen aus Straßenname, Metrostation, Öffnungszeiten, Telefonnummer und Website, falls vorhanden. Hinter der Hausnummer steht oft noch eine weitere Zahl. Sie bezeichnet die Seite, wenn es sich um ein größeres Gebäude mit mehreren Eingängen handelt.

Zur Orientierung sollte man sich zumindest die ersten drei kyrillischen Buchstaben einer Straße oder einer Metrostation merken. Das erleichtert die **Suche nach Lokalitäten**, die sich oft trotz genauer Adressangaben schwierig gestaltet. Meist fehlen Hausnummern, manchmal hat das gesuchte Café oder Restaurant längst die Pforten geschlossen und in 90 % aller Fälle befindet sich der Eingang der gesuchten Adresse in einem Hinterhof. Man sollte sich nicht aus der Ruhe bringen lassen und im Zweifelsfall immer kurz fragen. Die Fassade kann in Moskau trügerisch sein (Potemkinsche Dörfer!). Hinter abgehängten Fenstern oder einer schummrigen Kellertreppe stößt man, nachdem man schon alle Hoffnung aufgegeben hat, auf ein esoterisches Teeparadies, eine japanische Geisha-Schule oder einen anheimelnden Szeneclub mit Buchverkauf. Allerdings oft erst hinter einer dritten Stahltür.

Es ist ratsam, vor allem **vor Ausflügen oder Museumsbesuchen** kurz anzurufen und zu fragen, ob die betreffende Lokalität geöffnet hat („*Musej rabotaet?*"). Kommt ein „ja" („*da*"), kann man sich getrost auf den Weg machen.

Bedenken sollte man, dass die **Metrostationen** sehr weit auseinander liegen. Daher ist eine angegebene Metrostation noch kein Garant dafür, dass man sein Ziel bald erreicht hat. Insbesondere bei Adressen außerhalb des Gartenrings muss man von der angegebenen Metrostation meist noch mit Bus oder Straßenbahn weiterfahren.

Auch die verschiedenen Ausgänge liegen weit voneinander entfernt. Hat man den falschen Ausgang genommen, kehrt man am besten wieder um und nimmt den richtigen. Sonst findet man sich womöglich an einer 10-spurigen Straße wieder, die erst 500 Meter weiter zu unterqueren ist. Die in Moskau weit verbreiteten **Unterführungen unter großen Straßen**

TRANSKRIPTION DES RUSSISCHEN ALPHABETS

А, а	a
Б, б	b
В, в	w
Г, г	g[1]
Д, д	d
Е, е	e, je
Ё, ё	jo
Ж, ж	sch (stimmhaft)
З, з	s (stimmhaft)
И, и	i
Й, й	i, j[2]
К, к	k
Л, л	l
М, м	m
Н, н	n
О, о	o
П, п	p
Р, р	r
С, с	s, ss[3] (stimmlos)
Т, т	t
У, у	u
Ф, ф	f
Х, х	ch[4]
Ц, ц	z
Ч, ч	tsch
Ш, ш	sch (stimmlos)
Щ, щ	schtsch
Ы, ы	y
Ъ, ъ	(Härtezeichen)
Ь, ь	(Weichheitszeichen)
Э, э	e
Ю, ю	ju
Я, я	ja

[1] w in den Endungen –его und -ого
[2] j nach и, о und ы
[3] ss zwischen Vokalen
[4] gesprochen wie in „ach"

sind mit einem blauen Schild markiert, auf dem ein Männchen Treppenstufen hinabsteigt. Man sollte nicht versuchen, sich oberirdisch einen Weg durch den Verkehr zu bahnen, wenn keine Ampel zu finden ist. Dies ist sehr gefährlich. Aufgrund der großen Distanzen sollte man immer genügend Zeit einkalkulieren. Das Unvorhergesehene passiert in Moskau häufiger als anderswo. Gutes, festes Schuhwerk erleichtert die langen Wege.

ZU DEN STADTRUNDGÄNGEN

Die Rundgänge im Abschnitt „Moskau entdecken" erschließen das Zentrum Moskaus, das dazu in Form von „Tortenstücken" aufgeteilt wurde. Die äußere Begrenzung ist der Gartenring. Allerdings gibt es auch einige sehenswerte Dinge etwas außerhalb des Gartenrings, die dem jeweilig angrenzenden Stadtteil zugeordnet sind. Alles, was den Rahmen eines Umweges sprengt, findet man im Kapitel „Sehenswertes außerhalb des Gartenrings".

Die Stadttouren sind nach Bedeutsamkeit geordnet, sodass sich der Besucher, dem nur wenige Tage Zeit für die Stadtbesichtigung bleiben, auf die ersten beiden Rundgänge („Kreml, Roter Platz und Kitaj-Gorod" sowie „Samoskworetschje") beschränken kann.

Jeder Spaziergang beginnt und endet an einer Metrostation. Selbstverständlich kann man die Touren auch in einer anderen Reihenfolge unternehmen oder die Stadt auf eigene Faust erkunden.

Die beiden im Architektur-Special zusammengestellten Spaziergänge sind natürlich auch Nicht-Architekten zu empfehlen. Moskau bietet unendlich viel, das es zu entdecken lohnt.

WAS MAN UNBEDINGT SEHEN SOLLTE

Die ersten drei Programmpunkte sind für einen Kurzaufenthalt ideal. Dazu passt je nach Interesse noch ein anderer Punkt, wenn man nur wenig Zeit hat.

- **Der mystischste Platz der Welt:** Der Rote Platz ❶ mit Basilius-Kathedrale ❷ und Kaufhaus GUM ❸
- **Die berühmteste Leiche der Erde:** Das Lenin-Mausoleum ❹
- **Das weltliche und geistliche Zentrum aller Russen:** Der Kreml ❶ mit Rüstkammer und Diamantenfonds
- **Weltgeschichte zum Anfassen:** Das Museum für Moderne Geschichte Russlands ❹
- **Das Herz der russischen Kunst:** Die Tretjakow-Galerie ❻
- **Der Friedhof der gestürzten Denkmäler:** Der Skulpturenpark Museon am Gorki-Park ❽
- **Die berühmteste Nekropolis Russlands:** Das Neujungfrauenkloster ❻
- **Bei russischen Schriftstellern zu Gast:** Die Wohnhausmuseen von Tolstoj ❹ und Bulgakow (siehe S. 78)
- **Das unterirdische Utopia:** Die Moskauer Metro (siehe S. 119)
- **Das authentischste russische Restaurant:** Das Puschkin (siehe S. 216)
- **Das ungewöhnlichste Museum Russlands:** Die Revolutionsdruckerei von 1905 (siehe S. 75)
- **Der beste Panoramablick:** Die Sperlingsberge ❻ mit der Lomonossow-Universität
- **Die Sowjetunion lebt:** Der Park der Errungenschaften (WWZ, früher WDNCH) ❻
- **Der Geheimtipp:** Lenins Landsitz in Gorki Leninskije ❽
- **Der Petersdom Russlands:** Sergijew Possad ❽

DANKSAGUNG

Mein größter Dank gilt Friedrich Johenning, dem Fixstern, ohne den ich nicht navigieren könnte. Danken möchte ich auch meinen Eltern und meinem Bruder Dieter für ihren Glauben an mich und an die Sache. Ich danke all meinen Freunden, die mir Mut gemacht und an dunklen Tagen Licht gespendet haben. Zu Dank verpflichtet bin ich meinen Kollegen und Freunden vor Ort in Moskau, ohne die viele Ideen nicht hätten umgesetzt werden können, allen voran Iwan Uspenskij vom Goethe-Institut Moskau, Peter Knoch (Eller + Eller Architekten) und Alexej Ivasenko. Besonderer Dank gilt meinem früheren Kollegen M., der mich in einer Eigenschaft bestärkt hat, die für das Gelingen dieses City Guides unabdingbar war: Horizonte aufzutun, wo man zunächst keine vermutet. Und, last but not least, danke ich den Moskowitern, die mir geholfen haben, die Codes ihrer Heimatstadt zu entschlüsseln.

VOR DER REISE

„Nach Moskau! Nach Moskau!" wollten auch schon Anton Tschechows „Drei Schwestern" in dem gleichnamigen Theaterstück. Vor Reiseantritt kann und sollte man sich in diesem Kapitel über Visa-Vorschriften, diplomatische Vertretungen, Bekleidungstipps, Gesundheitsvorsorge, Klima, Geldfragen und weitere reisepraktische Themen informieren. Ein Internetverzeichnis mit über 70 aktuellen Links macht Lust auf eine Stadt, deren Präsenz im World Wide Web genau so vielseitig, lebendig und innovativ ist wie in Wirklichkeit.

INFORMATIONSSTELLEN

Aus unerfindlichen, wahrscheinlich aber finanziellen Gründen gibt es noch immer kein russisches Fremdenverkehrsbüro in Deutschland. Moskau scheint auch die einzige Metropole der Welt zu sein, in der es nur eine offizielle Informationsstelle für Touristen gibt.

In den Hotels bekommt man aber meist zumindest einen Stadtplan. Dort wird auch Englisch gesprochen. Auch Reiseveranstalter in Moskau helfen bei der Buchung von Ausflügen und Touren (siehe Kap. „Stadttouren"). Vorab informieren sollte man sich am besten im Internet (siehe Kap. „Moskau im Internet"). Buchen und Informationen sammeln kann man auch hier:

REISEVERANSTALTER

› **Lernidee Erlebnisreisen Russland,** Eisenacher Str. 11, 10777 Berlin, Tel. 0190 761655 (EUR1,24/Min.), Fax 030 78600041, www.russlandinfo.de
› **Go East Reisen,** Bahrenfelder Chaussee 53, 22761 Hamburg, Tel. 040 8969090, www.go-east.de
› **Sicher Reisen Nitzsche,** Ehrwalder Str. 52, 81377 München, Tel. 089 723010, www.sicher-reisen.de
› **ÖSG Reisedienst,** Favoritenstr. 35, A–1040 Wien, Tel. +43 (0)1 5056794, Fax +43 (0)1 5056263, www.oesgreisedienst.com
› **Intracom Reisebüro,** Spezialist für Russland, Waffenplatzstr. 51, CH–8002 Zürich, Tel. +44 2803725, Fax +44 2803726, www.intracom-reisebuero.ch
› **Nostalgiereisen Eilts,** Donaustr. 17, 26506 Norden, www.nostalgiereisen.de, Tel. 04931 936010. Nordpolreisen (15 Tage) an Bord des atombetriebenen russischen Eisbrechers „Yamal", der über 50 Außenkabinen verfügt, bietet dieser Veranstalter für 15.000 € (Zwei-Bett-Kabine) an. Wissenschaftler organisieren Landausflüge per Helikopter, ein österreichischer Koch sorgt für die Verpflegung. Hin- und Rückflug über Moskau. Von Murmansk geht es dann in die Barentssee und ins ewige Eis.

ORGANISATIONEN IN MOSKAU

❶ 1 [I G7] **Tourist Information Center der Moskauer Stadtregierung,** Gostinyj Dwor 4, Metro: Ploschtschad Rewoluzii, Tel. 2325657, www.moscow-city.ru

❶ 2 [C12] Als Anlaufstelle sei unbedingt das **Goethe-Institut** empfohlen. Es liegt ziemlich weit draußen, verfügt aber über eine sehr gut sortierte deutsche Bücherei auch mit Hörbüchern. Alle Mitarbeiter sind ausgesprochen hilfsbereit. Info-Material zu Veranstaltungen, Veröffentlichungen, Netzwerken und Recherche-Diensten auch im Internet. Goethe-Institut, Leninskij Prospekt 95a, Metro: Prospekt Wernadskowo, Nowye Tscherjomuschki, Tel. 936245760, Fax 9362232, www.goethe.de/ins/ru/mos/deindex.htm

› Auf der Website **www.rusweb.de/orga.html** findet man alle eingetragenen deutsch-russischen Vereine und Organisationen, auch NGOs und Menschenrechtsorganisationen (siehe auch Kap. „Lernen und Arbeiten").

ZEITSCHRIFTEN

Die Auswahl an kostenlosen englischsprachigen Moskauer Zeitschriften ist ziemlich groß und sehr gut. Sie liegen in vielen Restaurants oder Cafés aus, aber eben nicht immer. Manchmal sind sie auch vergriffen. Im **Coffee Bean** 10 auf der Twerskaja wird man meist fündig.

Neben der käuflich zu erwerbenden „Moscow News" gibt es noch die „Moscow Times", „The Exile", „Russia Journal", „Where Moscow" und „Pulse". Die alle 14 Tage erscheinende „**Moskauer Deutsche Zeitung**" ist ebenfalls im Coffee Bean zu finden. Sie ist sehr informativ und hat gute Ausgehtipps. Alle Zeitungen haben auch eine Internetseite (siehe „Moskau im Internet").

Russophilen sei die alle zwei Wochen erscheinende „**Afisha**" empfohlen. Das Hochglanzmagazin ist erstklassig. Etwas Vergleichbares gibt es in Deutschland nicht. Das Magazin „**Wasch dosug**" ist weniger professionell, aber auch gut.

Die Zeitschrift „**Gay**" bietet Veranstaltungen für Homosexuelle, im Internet auch auf Englisch.

Bei einem längeren Aufenthalt sollte man sich die **Yellow Pages** als Buch oder CD kaufen.

Deutschsprachige Zeitungen erhält man an Bahnhöfen, in Hotellobbys oder in größeren Zeitschriftenkiosken. Allerdings kosten sie etwa doppelt soviel wie in Deutschland.

MOSKAU IM INTERNET

Wie andere Weltstädte auch, ist Moskau im Internet ausgesprochen gut aufgestellt. Russland war immerhin eines der Pionierländer im Internet. Da Russland kein Copyright kennt, kann jeder jeden Text (und jedes Buch) ins Netz stellen. Kein Wunder, dass das Land heute über die größte Internetbibliothek der Welt verfügt. (Moschkow Online-Bibliothek, www.lib.ru). Eine Vielzahl sehr guter Webseiten bietet Zugang zu fast allen Informationen rund um Russland, vor allem zu Moskau. Es ist heute ohne Schwierigkeiten möglich, ein Hotel oder Theaterkarten für das Bolschoj-Theater oder das Konservatorium im Internet zu buchen. Die kyrillischen Buchstaben auf den russischen Webseiten werden vom Browser allerdings nur dann lesbar wiedergegeben, wenn Sprache und Kodierung richtig eingestellt sind (unter Windows kein Problem).

OFFIZIELLES UND SUCHMASCHINEN

› **www.auswaertiges-amt.de** – das Auswärtige Amt
› **www.cityrealtyrussia.com** – Ein- und Mehrzimmerapartments für Kurz- und Langzeitaufenthalte, sehr gute, auch günstige Angebote, zuverlässige Immobilienagentur
› **www.deutsch-russisches-forum.de** – Deutsch-Russisches Forum e. V.
› **www.eatlas.ru** – Moskauer Stadtplan, Objekt- und Straßensuche, Anfahrtsskizzen, auf Russisch und Englisch, mit Zoomfunktion
› **www.euroadress.ru** – wichtige Adressen in Moskau
› **www.google.ru** – Google auf Russisch
› **www.gov.ru** – Verwaltungsorgane
› **www.government.ru** – Regierung der Russischen Föderation
› **www.home.datacomm.ch/rusbotschaft** – Russische Botschaft in der Schweiz
› **www.hotels.msk.ru** – Hotels in Moskau, leider nur auf Englisch
› **www.infoservices.com/moscow/** – Gelbe Seiten auf Englisch
› **www.interfax.ru** – Nachrichtenagentur, auf Russisch und Englisch
› **www.izdw.ru** – Informationszentrum der Deutschen Wirtschaft
› **www.kremlin.ru** – Homepage des russischen Präsidenten mit E-Mail-Adresse (Russisch und Englisch)

VOR DER REISE
Moskau im Internet

- **www.maps.google.com** – die goldenen Kremlkuppeln und Moskau von oben, mithilfe von amerikanischem Geheimdienstmaterial - zu Sowjetzeiten undenkbar!
- **www.metro.ru** – Alles Wissenswerte über die Moskauer Metro mit Fotos von allen Stationen und einer Karte mit dem Verlauf der geheimen Kreml-Metro! Leider nur auf Russisch.
- **www.mos.ru** – Stadtregierung Moskau, nur auf Russisch
- **www.moscowkremlin.ru** – Informationen zum Kreml auf Russisch und Englisch, bald auf Deutsch
- **www.moscow-city.ru** – Moskauer Informationszentrum für Touristen, einige Sehenswürdigkeiten, Aktuelles (Englisch, Russisch)
- **www.moscow-guide.ru** – offizielle englische Webseite von Moskaus Touristenverband mit virtueller Kremltour
- **www.moskva.ru** – Informationen über Moskau, vor allem für Studenten, in Englisch bzw. Russisch
- **www.mosnews.com** – Informationen über Moskau und Russland, auf Englisch
- **www.moskau.diplo.de** – Deutsche Botschaft in Moskau
- **www.nachrussland.de** – Tipps für Individualreisende, auf Deutsch
- **www.ntv.ru** – Onlineportal des russischen Fernsehsenders NTV
- **www.ru** – russische und englische Suchmaschine
- **www.rufo.ru** – deutsch-russische Nachrichtenagentur
- **www.russia.com** – Informationen zu Russland, auf Englisch
- **www.russische-botschaft.de** – deutsche Webseite mit wertvollen Informationen, Visainformationen u. a.
- **www.russland-aktuell.ru** – Website der deutsch-russischen Nachrichtenagentur RUFO
- **www.russlandinfo.de** – Informationsportal in Zusammenarbeit mit dem Russlandreisen-Veranstalter „Lernidee"
- **www.wetter.de** – kostenlose 7-Tage-Wettervorhersage für Moskau
- **www.yandex.ru** – die größte russische Suchmaschine, nur auf Russisch
- **www.yellowpages.ru** – Gelbe Seiten Moskau auf Russisch

KULTUR UND GASTRONOMIE

- **http://eng.menu.ru/** – alles rund um Restaurants in Moskau, auf Englisch
- **http://inout.ru** – Kulturangebot der Hauptstadt, nur auf Russisch
- **http://moscowbiennale.ru** – Website der ersten Moskauer Kunstbiennale 2005 für Moderne Kunst, auch auf Englisch
- **http://vsm.host.ru** – das Virtual Space Museum ist ein virtuelles Weltraummuseum mit 3D-Modellen von Raketen und Startrampen, auf Russisch und Englisch
- **www.afisha.ru** – das Moskauer Kulturangebot, zweiwöchentlich aktualisiert, nur auf Russisch
- **www.bg.ru** – „Bolschoj Gorod" (Großstadt), Programmzeitschrift, die alle zwei Wochen auch als Print erscheint, leider nur in russischer Sprache
- **www.bolshoi.ru** – das Bolschoj-Theater in Moskau
- **www.exile.ru** – ironisch-schräge Alltagsschilderungen von und für Expatriots in Moskau, mit urbaner Anthropologie (unter field guide), auf Englisch
- **www.gay.ru** – Nachtleben für Homosexuelle, komplett auf Englisch
- **www.goethe.de** – kulturelle Veranstaltungen des Goethe-Institutes, außerdem alle Adressen deutscher Institutionen in der Stadt
- **www.menu.ru** – Restaurants und Clubs in Moskau, auf Russisch

- › www.moscowout.ru – die Kultur der Hauptstadt auf Russisch und Englisch
- › www.museum.ru – Überblick über Moskaus Museen auf Russisch
- › www.newdrama.ru – Informationen zu dem alljährlich stattfindenden internationalen New Drama Theaterfestival, nur auf Russisch
- › www.theatre.ru – Theater- und Konzertplan für Moskau, nur auf Russisch
- › www.ticket.ru – Eintrittskarten online, aber nur auf Russisch
- › www.timeout.ru/moscow – das zweiwöchentlich erscheinende Veranstaltungsprogramm aus dem Londoner Time-Out-Verlag
- › www.vyrypaev.ru – der neue Stern am russischen Theaterhimmel: Iwan Wyrypajews Aufsehen erregende Texte im Netz („Sauerstoff"), nur auf Russisch

ZEITUNGEN, ZEITSCHRIFTEN, LITERATUR

- › www.novayagazeta.ru – Kremlkritische Tageszeitung, die 2006 Michail Gorbatschow als Investor für sich gewinnen konnte
- › http://english.mn.ru/english/ – The Moscow News, die englische Version der Moskowskije Nowosti, freitags aktualisiert
- › http://english.pravda.ru – englische Ausgabe des geschichtsträchtigen Tagesblattes
- › http://magazines.russ.ru – ein Paradies für alle Liebhaber der „dicken" russischen Literaturzeitschriften, leider nur auf Russisch
- › www.aktuell.ru – deutsche Internetzeitung zum Tagesgeschehen in Russland
- › www.izvestia.ru – Tageszeitung Iswestija mit gutem Kulturteil
- › www.kniga.de – aktuelle russische Fernseh- und Kinofilme auf DVD, russische Hörbücher und Romane, verschickt aus Deutschland
- › www.kurier-der-zarin.de – sehr gut sortierte Online-Buchhandlung mit Sitz in Berlin, spezialisiert auf russische Romane
- › www.lgz.ru – die älteste russische Wochenzeitung, mittwochs aktualisiert, auf Russisch
- › www.lib.ru – umfangreichste virtuelle Bibliothek von Maxim Moschkow mit Texten auf Russisch, Autoren alphabetisch aufgeführt
- › www.mdz-moskau.eu – Moskauer Deutsche Zeitung
- › www.mn.ru – Moskowskije Nowosti, freitags aktualisiert, auf Russisch
- › www.moscowtimes.com – The Moscow Times, englischsprachige Tageszeitung
- › www.moskau.ru – deutsche Internetzeitung, die in Moskau gemacht wird
- › www.ozon.ru – sehr gute russische Online-Buchhandlung, für Bestellungen ist eine Adresse in Russland erforderlich

▲ *Auch eine Form der Kommunikation: die „Wand des Friedens" auf dem Alten Arbat*

VOR DER REISE
Diplomatische Vertretungen, Ein- und Ausreisebestimmungen

› **www.pinkrus.ch** – russische Bücher online auf Russisch und Englisch, zu bestellen bei Pinkrus Zürich
› **www.publicant.ru** – russische e-books zum Herunterladen, prima Service, leider nur auf Russisch
› **www.russiajournal.com** – Internetzeitung zu Russland, auf Englisch
› **www.sovlit.com** – Gesammelte Werke und Artikel zu Autoren und deren Veröffentlichungen aus der Sowjetzeit, eine überbordende Fundgrube, noch dazu auf Englisch

Links zum Thema Architektur siehe Kap. „Architektur-Special"

DIPLOMATISCHE VERTRETUNGEN

DIPLOMATISCHE VERTRETUNGEN RUSSLANDS IM AUSLAND

› **Botschaft der Russischen Föderation,** Unter den Linden 63–65, 10117 Berlin, Tel. 030 229111029, Fax 030 2299397, www.russische-botschaft.de
› **Konsularabteilung der Russischen Botschaft,** Behnrenstr. 66, 10117 Berlin, Tel. 030 2291207, www.rusbotschaft.de, russembassy@trionet.de
› **Generalkonsulat der Russischen Föderation,** Am Feenteich 20, 22085 Hamburg, Tel. 040 2295301, Fax 040 2297727, Visaabteilung: Tel. 040 226380
› **Generalkonsulat der Russischen Föderation,** Seidlstr. 28, 80335 München, Tel. 089 592503
› **Botschaft der Russischen Föderation,** Reisnerstr. 45–47, A–1030 Wien, Tel. 01 7123233, Fax 01 7147612, www.austria.mid.ru
› **Botschaft der Russischen Föderation,** Brunnadernrain 37, CH–3006 Bern, Tel. 031 3520566, Fax 031 3525595, www.home.datacomm.ch/rusbotschaft

DIPLOMATISCHE VERTRETUNGEN IN MOSKAU

› [B9] **Deutsche Botschaft,** Mosfilmowskaja Uliza 56, Metro: Kiewskaja, von der Metrostation fährt man noch 30 Minuten mit Bus 119 oder Trolleybus 17 bzw. 34, Mo.–Fr. 9–12.30 Uhr, Tel. 007495 9379500, Fax 007495 9382354, www.moskau.diplo.de
› [C12] **Konsularische Vertretung der Deutschen Botschaft,** Leninskij Prospekt 95a, Metro: Prospekt Wernadskowo, Tel. 007495 9334311, Fax 007495 9362143
› [IV E8] **Österreichische Botschaft,** Starokonjuschennyj Pereulok 1, Metro: Kropotkinskaja, Tel. 007495 5029512, Konsularabt.: Tel. 007495 5029517, Fax 007495 9374269, www.aussenministerium.at/moskau
› [VII H6] **Schweizerische Botschaft,** Pereulok Ogorodnaja Sloboda 2/5, Metro: Tschistyje Prudy, Turgenjewskaja, Tel. 007495 2583830, Fax 007495 2001728, Konsularabt.: Tel. 007495 2583830, Fax 007495 2001728, www.eda.admin.ch/moscow

EIN- UND AUSREISEBESTIMMUNGEN

EINLADUNG UND VISUM

Die folgenden Angaben sind Stand Oktober 2006. Da sich die Einreisebestimmungen ändern können, empfiehlt sich eine rechtzeitige Information auf der Website der russischen Botschaft (siehe Kap. „Diplomatische Vertretungen").

VOR DER REISE
Ein- und Ausreisebestimmungen

Für die Einreise in die Russische Föderation benötigt man als Staatsbürger aus Deutschland, der Schweiz und Österreich einen noch drei Monate nach Ende der Ausreise gültigen Reisepass und ein **Visum**. Hat man Flug und/oder Unterkunft über einen Reiseveranstalter gebucht, kümmert sich das Reisebüro um das Visum. Reist man auf eigene Faust, muss man das Visum selbst mindestens zwei Wochen vorher bei einem der Konsulate schriftlich (nicht bei der Botschaft in Berlin) oder persönlich beantragen. Schneller geht es gegen einen gestaffelten, relativ hohen Aufpreis bis einige Stunden vor Abflug. Eine **Auslandsreisekrankenversicherung** muss vorgelegt werden. Die zugelassenen Versicherungen sind auf der Website der Botschaften in Erfahrung zu bringen. Ein Passbild und eine Einladung von einer russischen Institution, einer Privatperson oder ein Hotelvoucher sind ebenfalls unbedingt erforderlich. Innerhalb eines Tages besorgt die Agentur Aerolink für 16 € eine solche Einladung.

Über eine der **Visumzentralen** kann man sich das Visum auch gleich mitbesorgen. Das ist nur wenig teurer und nervenschonender.

Je nach Visumsart kann das Visum auch vor Ort in Moskau bei einer Registrierungsstelle (z. B. Intourist, s. u.) **verlängert** werden.

Ein reguläres Besuchervisum (auf Einladung einer Privatperson) ist bis zu drei Monate gültig, ein reguläres Touristenvisum (mit Hotelvoucher) einen Monat. Beide können um zwei Wochen verlängert werden. Ein einfaches Ausreisevisum (nur zur Ausreise) kann bis zu einem Monat verlängert werden. Ein Ausbildungsvisum ermöglicht einen Aufenthalt von drei Monaten und kann ebenfalls verlängert werden. Ein Arbeitsvisum ist drei Monate gültig, es kann maximal bis zu einem Jahr verlängert werden. Ein mehrmaliges Einreisevisum kann nicht verlängert werden. In diesem Fall hilft ein Ausreisevisum weiter.

Deutschland

› **Aerolink GmbH,** Schwanthalerstraße 83, 80336 München, Tel. 089 51639950, Fax 089 51639944, E-Mail: aerolink@t-online.de. Innerhalb von 24 Stunden bekommt man eine Einladung per Fax oder Post zusammen mit der Rechnung zugeschickt. Wahlweise kann man auch gleich das Visum beantragen. Sehr guter Service, freundliche Mitarbeiter.

› **Visum-Centrale,** Invalidenstr. 34, 10115 Berlin, Tel. 030 230959110, Fax 030 230959140, www.visum-centrale.de. Einladungen ab 19 €.

› **Visum-Centrale,** Schraudolphstr. 27, 80799 München, Tel. 089 2880380, Fax 089 28803811, Mo.–Fr. 8.30–13 Uhr, 14–17 (Fr. 16) Uhr, www.visum-centrale.de. Einladungen ab 19 €.

Österreich

› Über die Botschaften und Konsulate der Russischen Föderation (s. o.)

Schweiz

› **Atlas Reisen,** Weinbergstr. 22, CH-8001 Zürich, Tel. 01 9942235, Fax 01 2604477, www.visarussland.ch

EINREISE UND REGISTRIERUNG

In Russland angekommen, muss man sich spätestens nach drei Werktagen in Moskau bzw. am einem anderen Aufenthaltsort in der Russischen Föderation **registrieren lassen.** Darunter versteht man einen Stempel in der im Flugzeug ausgehändigten Ein- bzw. Ausreisekarte, die am besten im Pass verbleibt. Wohnt man im Hotel, übernimmt das Hotel die Registrierung. Sonst muss man sich wohl oder übel selbst auf den Weg machen. Die Registrierung ist an unterschiedlichen Stellen möglich. Die besten Erfahrungen machte die Autorin bei:

❶ 2 [VI G6] **Intourist,** Miljutinskij Pereulok 18a (Büro 44a, im 2. Stock), Metro: Tschistyje Prudy, Mo.–Fr. 9–13 und 15–18 Uhr (Achtung: Mittagspause!), Tel. 7395345. Dieser Gang nach Canossa bleibt keinem Touristen, der länger als 3 Werktage in Moskau weilt, erspart. Der Mitarbeiterin vom staatlichen Intourist-Büro ist zwar kein Lächeln zu entlocken, dafür versieht sie den Pass (bzw. die Ein- und Ausreisekarte) für (lausige) 30 € (ca. 900 Rubel) mit dem gewünschten Stempel und braucht dafür nur eine halbe Stunde. Wenn man sie freundlich bittet. Hat sie einen schlechten Tag, muss man in zwei Stunden noch einmal wiederkommen! Zum Trost sei gesagt: Unkomplizierter ist es in den anderen Behörden leider auch nicht.

Im Flugzeug werden zweisprachige **Einreisekarten** verteilt, die von jedem Nichtrussen ausgefüllt werden müssen. Angaben wie Name, Geburtsdatum, Geschlecht und Passnummer sind ebenso gefragt wie Reisezweck (Tourismus oder Geschäftsreise), geplante Aufenthaltsdauer und die einladende Organisation (steht auf dem Visum). Die *migrazionnaja kartotschka* gibt es seit 2003, sie wurden eingeführt, um den Reisestrom von GUS-Bürgern nach Russland besser kontrollieren zu können. Den im Pass verbleibenden Abschnitt muss man unbedingt bis zur Ausreise mit dem in Russland vermerkten Stempel der Passstelle und dem der Registrierungsbehörde aufbewahren. Seit Ende 2005 werden alle Informationen über eingereiste **Ausländer in einer Datenbank** gespeichert. Damit werden Ausländer besser geschützt. Bei Verlust kann angeblich problemlos ein Ersatz für alle Einreisepapiere beschafft werden.

EINREISE MIT DEM AUTO

Der in Deutschland ausgestellte **Führerschein** ist in der Russischen Föderation nur dann gültig, wenn zusätzlich eine Abschrift ins Russische vorliegt. Diese erhält man im Konsulat oder in der Botschaft. Die internationale grüne **Versichertenkarte** ist nicht gültig. In der **Zollerklärung** an der Grenze muss man versichern, das Fahrzeug wieder mit außer Landes zu nehmen. Ein Nationalitätskennzeichen ist Pflicht.

DEVISENBESTIMMUNGEN

Werden mehr als 10.000 Euro oder Dollar eingeführt, muss man eine Zollerklärung ausfüllen. Seit Juli 2006 dürfen Rubel ein- und ausgeführt werden.

ZOLLBESTIMMUNGEN

Waffen und Drogen dürfen weder ein- noch ausgeführt werden.

Zollfrei eingeführt werden dürfen Gegenstände des persönlichen Bedarfs, wie etwa ein Videorecorder, ein DVD-Player, eine Videokamera, ein Radio, ein Musikinstrument, ein Tonbandgerät und eine Schreibmaschine. Pro Person sind zwei Kameras und zwei Uhren erlaubt. Außerdem 250 g Kaffee, 100 g Tee und 250 Zigaretten. Reisende über 21 Jahren dürfen 0,5 l Spirituosen und 1 l Wein einführen.

Bei der **Wiedereinreise nach Deutschland** und nach Österreich sind 500 g Kaffee und 100 g Tee, 50 g Parfüm und 1 l Spirituosen über 22 % (Schweiz bis 15 %) oder 2 l Spirituosen unter 22 % oder 2 l Wein und 250 g Kaviar erlaubt. Für die Schweiz gilt: 22 Zigaretten oder 50 Zigarren oder 250 g Tabak sind zollfrei.

Souvenirs dürfen den Wert von 200 € nicht überschreiten. Von großen, sperrigen Andenken sollte man lieber Abstand nehmen, um sich bei den Sicherheitskontrollen nicht unnötig rechtfertigen zu müssen. Überhaupt sind die Kontrollen schärfer als an den EU-Grenzen.

Die Ausfuhr von **Antiquitäten**, die vor 1960 hergestellt wurden, ist mit einigen Mühen verbunden. Das gilt für folgende Güter: Gemälde, Skulpturen, Juwelen, Kleidung, Fotografien, Bücher, Musikinstrumente, Drucke, Karten, Stiche, Möbel, Teppiche, Samoware, Porzellan, Ikonen und andere Gegenstände. Man benötigt für die Ausfuhr eine Genehmigung für den Zoll.

Um sie zu erhalten, muss man sich persönlich mit dem betreffenden Gegenstand, dem Kaufbeleg und einer Kopie des Passes auf den Weg zu dem zuständigen Komitee der Kulturbehörde machen: Oruschejnyj Pereulok 25/1, Metro: Majakowskaja, Mo., Di., Do. und Fr. 11–13 Uhr und 14–19 Uhr, Tel. 9783530 (www.mkmk.ru). Besser ist, man ruft vorher noch einmal an. Meist muss man in 2–3 Tagen wiederkommen, um die Genehmigung abzuholen.

Manchmal übernimmt auch das Antiquariat die etwas aufwendige Prozedur. In jedem Fall ist beim Zoll ein 50–100-prozentiger Zuschlag als Steuer zu erwarten. Antiquitäten, die älter als 100 Jahre sind (echte Ikonen!), dürfen unter keinen Umständen ausgeführt werden.

MITNAHME VON TIEREN

Sollte man ein Haustier mitnehmen wollen, benötigt man ein amtstierärztliches Gesundheitszeugnis, das nicht älter als zehn Tage sein darf.

IMPFVORSCHRIFTEN

Impfungen sind nicht vorgeschrieben, einige aber empfehlenswert. Auf der Website www.fit-for-travel.de bekommt man weitere Informationen (siehe auch Kap. „Gesundheitsvorsorge").

KLIMA UND REISEZEIT

In Moskau herrscht kontinentales Klima. Die durchschnittliche **Jahrestemperatur** beträgt 5 °C. Im Jahr fallen durchschnittlich 688 Millimeter **Niederschlag**, (zum Vergleich: in Berlin sind es 579 Millimeter), der meiste davon fällt im Juli, selten regnet es im März.

Im **Winter** liegt die Temperatur in Moskau meist bei –12 bis –15 °C. Temperaturen unter –20 °C sind keine Seltenheit. Ab Ende September tritt der erste Nachtfrost auf. Die Durchschnittstemperatur liegt im September bei 10,9 °C, im Oktober bei 5 °C und im November bei –1 °C. Der ab Ende Oktober zu erwartende Neuschnee verwandelt sich aufgrund des häufigen Tauwetters schnell in braunen Schneematsch. Eine feste Eisdecke auf der Moskwa bildet sich Ende November, der Eisbruch beginnt Mitte April. Im Dezember liegt die Durchschnittstempera-

Klima und Reisezeit

Mittlere tägliche Maximum- und Minimumtemperaturen in °C

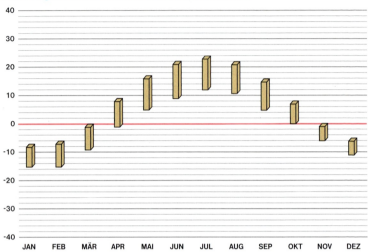

Mittlere Anzahl der Tage mit Niederschlag pro Monat

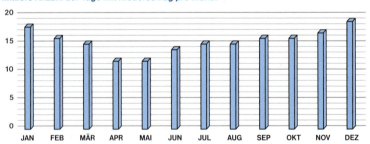

tur bei −6,1 °C, im Januar bei −9,3 °C und im Februar bei −7 °C.

Der **Frühling** ist im Vergleich zu Deutschland noch relativ kühl. Im März liegt die Durchschnittstemperatur bei −2 °C, im April bei 5,8 °C und im Mai bei 12,9 °C. Anfang Mai ist mit den ersten Gewittern zu rechnen.

Der **Sommer** ist in der Regel warm und sonnig, mitunter aber auch sehr heiß und schwül. Temperaturen von über 35 °C sind nicht selten. Die Durchschnittstemperatur liegt im Juni bei 16,6 °C, im Juli bei 18,1 °C und im August bei 16,4 °C.

Die **beste Reisezeit** ist von Mai bis Oktober/November. Im Sommer kann man

in Straßencafés sitzen und sich an den Stränden erholen. Aufgrund der Sommerferien ist es in den Monaten Juli und August aber auch überall recht voll. Für Besucher, die winterliche Temperaturen und blauen Himmel mögen, sind November bis April ideal. Die Kälte ist so trocken, dass man die hohen Minusgrade kaum merkt. Das schönste Wetter erlebte die Autorin Ende Oktober/Anfang November bei –2 °C und Sonne. Allerdings sollte man wissen, dass die Tage im Winter mit meist nur 3–4 Sonnenscheinstunden ziemlich kurz sind.

Vom 1.–8. Januar und vom 1.–9. Mai sollte man keine Reisen planen. Fast alle Geschäfte und Museen sind in diesen **Kurzferien** geschlossen.

▲ *Schneespaß im Gorki-Park:*
Der Winter hat auch seine schönen Seiten

BEHINDERTE AUF REISEN

Moskau hat leider nur wenige behindertengerechte Einrichtungen. Die öffentlichen Verkehrsmittel sind für Behinderte eine Zumutung. Es gibt keine Fahrstühle, die Türen sind schmal und müssen immer aufgehalten werden. Die unendlich vielen Stufen in der Metro oder an den Bahnhöfen machen schon dem normalen Fußgänger zu schaffen. Vor allem mit Gepäck. Auch Hotels sind in den wenigsten Fällen behindertengerecht ausgestattet. Ausnahmen sind das Metropol-Hotel und das Marriott-Grand.

Nahezu alle großen Straßen sind zu unterqueren, um auf die andere Straßenseite zu gelangen.

› Hinter der Website **www.perspektiva.org** verbirgt sich eine Organisation, die versucht, Behinderten in Moskau weiterzuhelfen.

- Die kanadische Website **www.dpi.org** hat auch gute Tipps.
- In Deutschland hilft der Bundesverband Selbsthilfe für Körperbehinderte weiter: **www.bsk-ev.de**.

AUSRÜSTUNG UND BEKLEIDUNG

STADTPLÄNE

Etwas veraltete, aber durchaus akzeptable zweisprachige Stadtpläne (englisch und teilweise russisch) von Moskau und der näheren Umgebung gibt es z. B. von Falk und von der österreichischen Marke Freytag-Berndt. Die großen Straßen sind dort auf Kyrillisch ausgezeichnet. Englische und russische Stadtpläne bekommt man vor Ort (siehe „Einkaufen"). Die Hotels haben meist einen etwas vereinfachten Stadtplan, in dem Restaurants und andere Sehenswürdigkeiten eingezeichnet sind.

Metropläne kann man sich im Internet von der Website www.metro.ru und www.mosmetro.ru (russischer und englischer Metroplan) herunter laden oder an den Eingängen zur Metro einsehen. In den Zügen hängen auch englischsprachige Pläne.

ADAPTER

Adapter für Netzstecker sind in den Hotels nicht mehr erforderlich.

BEKLEIDUNG

Im **Sommer** sollte man leichte Kleidung einpacken und Sonnenschutz und Sonnenbrille nicht vergessen. Es kann sehr heiß werden. In den kalten **Wintermonaten** ist warme Kleidung und vor allem Kopfbedeckung erforderlich. Handschuhe und dicke, am besten rutschfeste Winterschuhe sind unerlässlich.

In **orthodoxen Kirchen** muss der Körper vollständig bekleidet und der Kopf mit einem Tuch bedeckt sein. Nackte Arme (z. B. T-Shirts) und Beine (Shorts) gelten als unschicklich. Im schlimmsten Fall wird der Eintritt in die Kirche oder Kathedrale verwehrt.

Russische Frauen achten sehr auf ihr Äußeres. Auch im tiefsten Winter balancieren sie mit Stöckelschuhen durch den Schnee. Im Theater und in Restaurants gilt man als unkultiviert, wenn man zu leger gekleidet ist. Westliches Understatement ist verpönt. Russinnen wechseln vor allem im Winter vor der Theater-, Opern- oder Konzertvorstellung ihre **Straßenschuhe** gegen ein festliches Paar. Die Straßenschuhe verbleiben dann in einer (Plastik-)Tüte an der Garderobe.

GESUNDHEITSVORSORGE

Empfehlenswert ist in jedem Fall eine **Polio- und Tetanusimpfung**. Auch ein ausreichender Schutz gegen **Diphterie** ist wichtig.

In Acht nehmen sollte man sich im Sommer vor **Zecken und Mücken**, vor allem bei Spaziergängen im Wald. Insektenmittel und eine kühlende Salbe gegen Mückenstiche kann man schon in Deutschland kaufen, aber auch vor Ort bekommen. Ebenso Durchfallmittel und **Kondome**. Die Zahl der HIV-Infektionen ist in den vergangenen Jahren dramatisch gestiegen.

In Acht nehmen sollte man sich im Sommer vor **Zecken und Mücken**, vor allem bei Spaziergängen im Wald. Insektenmittel und eine kühlende Salbe gegen Mückenstiche kann man schon in Deutschland kaufen, aber auch vor Ort bekommen. Ebenso Durchfallmittel und **Kondome**. Die Anzahl der HIV-Infektionen steigt dramatisch.

Die **Apotheken** sind sehr gut sortiert. Westliche Schmerzmittel bekommt man an jedem Apothekenkiosk.

AN- UND RÜCKREISE

FLUGZEUG

Mittlerweile gibt es eine sehr große Auswahl an täglichen Direktverbindungen in die russische Hauptstadt. Aufgrund der Visumspflicht sind spontane Moskaubesuche noch immer schwierig, auch wenn die reine Flugzeit nur 3 Stunden beträgt.

Die Preise für Flugtickets variieren. **Lufthansa** bietet ab München Flüge ab 280 € plus Steuern an, von allen anderen deutschen Flughäfen sind die Flüge 100–200 € teurer. **Germania** fliegt von Berlin-Tegel und München nach Moskau. Das Hin- und Rückflugticket kostet im günstigsten Fall und je nach Gültigkeitsdauer 198 €.

Die erste russische Privat-Airline **Transaero** fliegt ab Berlin-Schönefeld und ab Frankfurt/Main. **Aeroflot**, die einst größte Airline der Welt, ist heute gut organisiert und sicher und fliegt mit modernsten Maschinen täglich ab Berlin, Frankfurt, München und Hamburg. Die Preise variieren je nach Saison.

Austrian Airlines fliegt für 350 € ab Wien mit Umsteigen in Prag. **Swiss** fliegt für knapp 300 € von Zürich nach Moskau. **German Wings** fliegt ab Berlin-Schönefeld, Stuttgart, Hamburg und Köln-Bonn nach Moskau-Wnukowo ab 170 € hin und zurück. Wer sparen muss, sollte auch die Angebote der **Finnair** mit Umsteigen in Helsinki, **Malev** mit Umsteigen in Budapest oder **LOT** mit Zwischenstopp in Warschau prüfen.

› **Aeroflot**, Leningradskij Prospekt 37, Tel. 7535555, www.aeroflot.com
› **Austrian Airlines**, Flughafen Scheremetjewo, Tel. 9564611, www.aua.com
› **Germanwings**, Tel. 0900 1919100 (99 Cent/Min.), www.germanwings.com
› **Germania Express**, Flughafen Domodedowo, Tel. 2585392, www.gexx.de
› **Lufthansa**, Olimpijskij Prospekt 18/10 (im Renaissance-Hotel), Tel. 7376400; im Flughafen Scheremetjewo, Tel. 7376415, www.lufthansa.com
› **Swiss International Air Lines**, Flughafen Domodedowo, Tel. 7871680, www.swiss.com
› **Transaero**, am Flughafen Berlin-Schönefeld, Tel. 030 60913430, www.transaero.ru/de/

BAHN

Von Berlin, Paris oder Brüssel aus kann man Moskau mit dem Zug ansteuern. Die **Reise dauert** mindestens 24 Stunden. An der Grenze zu Russland wird das Fahrgestell auf Breitspur umgestellt. Das braucht einige Stunden. Auch sonst ist die nur mit Liege- oder Schlafwagen zu buchende Reise mühsam und nur mit einem vorab besorgten **Visum für Weißrussland** möglich. Für die Hin- und Rückfahrt muss man mit ca. 500 € rechnen. Die Züge sind klimatisiert und recht komfortabel. Für Romantiker ist diese Art des Reisens ein lohnendes Erlebnis.

VOR DER REISE
An- und Rückreise

Für einen Wochenendtrip **von Moskau nach St. Petersburg** gibt es einen Expresszug, der für die Strecke nur knapp fünf Stunden braucht und sehr komfortabel ist.

BUS

Selbst für die fast 2000 Kilometer lange Strecke von Deutschland nach Moskau gibt es mittlerweile eine große Auswahl an Linienbusverbindungen. Die Angebote sind sehr günstig (etwa 100 €) und werden aus diesem Grunde von in Deutschland lebenden Russen für Heimatbesuche bevorzugt. Da die Straßenverhältnisse spätestens ab Weißrussland

▲ *Auf dem Kiewer Bahnhof*

katastrophal werden, ist die Anreise per Bus nur etwas für Nervenstarke und Selbstversorger. Ab Deutschland muss man mit 45 Stunden Fahrtzeit rechnen. Ein Transitvisum ist erforderlich. Wer es dennoch probieren möchte, findet im Internet viele nützliche Tipps, z. B. unter www.touring.de und www.eurolines.com für Busreisen mit Zwischenstopp in Riga oder Tallinn.

AUTO

Die lange, weite Anreise über schlechte Straßen durch verwaiste Landstriche, vorbei an Warschau und Minsk, ist nicht zu empfehlen und ohne Transitvisum für Weißrussland unmöglich. Wer sich trotzdem auf den Weg machen will, sollte die Reise gut planen. Der ADAC ist nicht zur Stelle.

GELDFRAGEN

WÄHRUNG

Das gesetzliche und einzige zugelassene **Zahlungsmittel** in Russland ist der **Rubel** (RUR), auch wenn in Hotels und Restaurants die Preise in $ oder € oder „units" (Standardeinheiten, 1 Einheit liegt etwas höher als der Dollar) angegeben sind. Bezahlt wird in Rubel. Der Rubel ist heute eine stabile Währung, auch wenn die jährliche **Inflationsrate** bei 10 % liegt. Seit dem 1. Juli 2006 ist der Rubel konvertierbar und darf ein-und ausgeführt werden.

Im Oktober 2006 entsprachen 35 Rubel in etwa 1 €, 1 Rubel entsprach 0,03 €. Aktuelle **Wechselkurse** erfährt man unter www.wechselkurs.de. 1 Rubel sind 100 Kopeken (Ja, es gibt sie immer noch!). Die **Rubelscheine** werden nur akzeptiert, wenn sie in gutem Zustand sind. Sie dürfen nicht geknickt oder fleckig sein. Einen 500-Rubel-Schein wird man schwerlich los. Am besten versucht man, ihn in einem großen Supermarkt in kleinere Scheine zu tauschen. Gegenüber dem Dollar hat der Rubel in den letzten Jahren stetig an Wert gewonnen. Allerdings orientieren sich die Russen heute weitgehend am Euro- (und nicht mehr am Dollar-) Kurs.

GELDTAUSCH

Wechselstuben gibt es noch immer. Sie werden aber mehr und mehr von den überall verfügbaren und funktionierenden, auch Englisch „sprechenden" Geldautomaten (bankomat) abgelöst. Schon am Flughafen kann man mit der normalen **EC-Karte** (Maestro) und der Geheimnummer oder mit der Kreditkarte Rubel aus dem Automaten ziehen. Die Quittung sollte man für alle Fälle aufheben. Bei EC-Karten fällt eine Gebühr der betreffenden Kartenfirma von etwa 5 € an. Sogar in Supermärkten kann man mit einer deutschen EC-Karte (ohne Gebühr) bezahlen, in Hotels, Restaurants und Geschäften werden alle gängigen Kreditkarten akzeptiert. Es ist nicht mehr nötig, Dollar in kleiner Stückelung oder überhaupt Bargeld mitzubringen, vorausgesetzt, man ist im Besitz einer funktionstüchtigen EC- oder Kreditkarte.

In keinem Fall sollte man **auf der Straße Geld tauschen**. Die Gefahr, Betrügern auf dem Leim zu gehen, ist groß. **Reiseschecks** sind gänzlich aus der Mode gekommen.

Euro und Dollar sind auch in Moskau ebenfalls an vielen **EC-Automaten** (z. B. Citibank und Alfabank) zu bekommen. Andere Währungen wie etwa Schweizer Franken sind weniger geläufig und werden zu einem schlechteren Kurs getauscht. Die **Geldautomaten** der Alfa-Bank sind besonders beliebt, weil dort keine Gebühren zu entrichten sind.

ÜBERWEISUNGEN UND NOTFALL

Sollte man sich dringend Geld nach Moskau überweisen lassen müssen, ist **Amex MoneyGram** (Tel. 1800 9269400, www.moneygram.com) der schnellste Weg. Für den 10–15 Minuten dauernden Transfer zahlt man allerdings hohe Gebühren (3–30 % Kommission). **Western Union** bietet einen etwas günstigeren Tarif (4–15 % Kommission, Tel. 7972197).

Sollte man sein Portemonnaie verloren haben, ist das **Konsulat** die richtige Anlaufstelle. Dort darf man kostenlos einen

Anruf tätigen. Gegen Vorlage des Ausweises bekommt man auch Bargeld.

Seit 2005 gibt es für Deutsche eine **einheitliche Notfall-Nummer** für sämtliche sperrbaren Karten (EC- und Kreditkarten) sowie für Handys: (+49) 116116 oder (+49) 69 116116.

PREISE

Wenn man sich nicht nur von Bliny und Kartoffeln an einem der unzähligen Kioske ernähren will, muss man mit einem **Tagessatz** von 20 € pro Person allein für die Verpflegung rechnen. Moskau gehört zu den kostspieligsten Städten weltweit. Das **Nachtleben** kann exorbitant teuer sein. Aber es gibt auch „demokratische" Clubs, die sehr zivile Preise haben. Ein **Museumsbesuch** kostet etwa 3–8 € (Ausländer zahlen höhere Preise als Russen). Günstig sind **Metrotickets und Busfahrkarten** (50 Cents). **Ausflüge** (siehe Kap. „Ausflüge in die Umgebung") mit der Elektritschka (Elektro-Vorortzug) sind ausgesprochen günstig. Eine Fahrt nach Peredelkino und zurück kostet nicht mehr als 10 €. Teuer sind die **Coffee Shops,** in etwa vergleichbar mit Starbucks-Preisen. **Restaurants** sind relativ teuer. Unter 15 € wird man kaum ein Gericht finden. Karten für das Bolschoj-Theater kosten etwa 20–50 €.

Alle Waren in den Geschäften haben **Fixpreise.** Bücher und CDs sind immer noch vergleichsweise günstig.

VERSICHERUNGEN

Auslandsreisekrankenversicherungen gibt es schon für wenig Geld. Beispielsweise bietet der von der Stiftung Warentest geprüfte Versicherungsanbieter www.secure-travel.de eine große Auswahl an Reisekrankenversicherungen für bis zu 42 Tage oder für 1 Jahr. Die Police ist mindestens 14 Tage vor Abreise online abzuschließen und beinhaltet auch einen Krankenrücktransport. Zur Sicherheit sollte man vor Abschluss des Vertrages prüfen, ob die Versicherungsgesellschaft vom Russischen Konsulat akzeptiert wird (siehe unter www.russische-botschaft.de)

Eine **Reiserücktrittsversicherung** gibt es schon ab 14 €. Eventuell lohnt eine Jahrespolice für 30 €, die zusätzlich eine Auslandsreisekrankenversicherung, eine Reisegepäck- und eine Reiseunfallversicherung umfasst und für mehrere Reisen gültig ist. Eine **Reisegepäckversicherung** kostet 14 € bei einem Gesamtgepäckwert von 1500 €, wenn man sie zusammen mit einer Reiserücktrittsversicherung oder einer Krankenversicherung abschließt. 24-Stunden-Telefonbetreuung ist inbegriffen. Vor dem Abschluss lohnt es sich, die Ausschlussklauseln und die Vorschriften für den Leistungsfall zu lesen.

PRAKTISCHE REISETIPPS

In diesem Kapitel tauchen wir ins Herz der russischen Hauptstadt ein. Neben den für eine Metropole wie Moskau unentbehrlichen und daher besonders ausführlichen Orientierungshilfen von „A" wie Ankunft über „S" wie Stadttouren bis „V" wie Verkehrsmittel finden sich auf den folgenden Seiten auch alle wichtigen Adressen und Beschreibungen von Restaurants, Hotels, Geschäften, Galerien, Museen, Clubs und Theatern. So lassen sich die Geheimnisse der russischen Hauptstadt individuell entdecken.

ANKUNFT

Für jede Art von **Flugauskunft** zu allen Flughäfen wird unter Tel. 9419999 weitergeholfen. Der Flughafen Scheremetjewo 2 ist zu erreichen unter Tel. 9564666, Wnukowo unter Tel. 4362813, Domodedowo unter Tel. 9336666.

Wichtig: Auf der Rückreise sollte man eine **lange Vorlaufzeit** für alle drei Flughäfen einplanen. Am besten ist man schon 2 Stunden vor Abflug an Ort und Stelle, da Pass- und Sicherheitskontrolle viel Zeit in Anspruch nehmen.

FLUGHÄFEN

30 Kilometer außerhalb der Stadt liegt der größte Moskauer Flughafen **Scheremetjewo**. Er wurde für die Olympischen Spiele 1980 nach dem Vorbild des Flughafens in Hannover gebaut und soll demnächst umfassend saniert werden. Bereits seit Anfang 2006 ist eine der Landebahnen für Modernisierungsmaßnahmen geschlossen. Bis zur vollständigen Renovierung empfängt das in schummriges Licht getauchte Terminal 2 mit seinen braunen Deckenelementen den Reisenden. Der Geruch von Moskau, ein „Parfüm" aus Schwarzbrot, Wodka, Rohöl, Seife und Knoblauch, fällt dem Reisenden sofort auf. Die Pass- und Zollkontrolle kann Stunden dauern.

Für die Einreise ist der Flughafen **Domodedowo**, der z. B. von der Fluggesellschaft Germania angeflogen wird, in jedem Fall die bessere Alternative. Domodedowo ist nach seiner Generalüberholung 2002 Moskaus modernster und bester Flughafen. Pass- und Zollkontrolle sind sehr gut organisiert. Auch die Gepäckabwicklung geht zügig vonstatten. Mehr und mehr internationale Fluglinien bieten Flüge nach Domodedowo an.

Germanwings fliegt den Flughafen **Wnukowo** an, der seit August 2005 auch durch einen Expresszug mit der Innenstadt verbunden ist.

Auf allen drei Flughäfen kann man sich in der **Ankunftshalle** mit der EC- oder Kreditkarte die ersten Rubel abheben. Wechselstuben sind auch noch vorhanden, aber letztlich unnötig.

Die drei Moskauer Flughäfen Scheremetjewo, Domodedowo und Wnukowo sollen bis 2009 durch eine **Eisenbahnverbindung** miteinander und ab 2007 mit dem Handelszentrum Moscow City verbunden werden.

Von Scheremetjewo in die Stadt

Im Ausgangsbereich des Flughafens wird man sofort von aufdringlichen **Taxifahrern** belästigt. Mit einem freundlichen „njet, spasibo" (Nein, danke) sollte man weitergehen und den **Bus** mit der Nummer 851 oder den **Minibus** *(marschrutka)* 48 zur Metrostation Retschnoj Woksal (60 Minuten) nehmen. Alternativ wird mit dem Bus 817 oder dem Minibus 49 die Metrostation Planernaja in nur 30 Minuten angefahren. Busse und Minibusse fahren alle 10–15 Minuten in der Zeit von 6 Uhr morgens bis Mitternacht. Bezahlt wird beim Fahrer, die Fahrt kostet 50 Cent. Gepäckstücke können extra berechnet werden. **Express-Zug** von Scheremetjewo 2: Es verkehrt ein Express-Zug zwischen der Metrostation Sawjolowskaja und der Vorstadt Lobnja. Von dort pen-

◀ *Vorseite:* БАНКОМАТ –
Bankautomaten füllen die Reisekasse

deln kostenlose Busse vom und zum Flughafen. Die Fahrt dauert etwa 45 Minuten. Der Zug fährt alle zwei Stunden täglich von 14–22 Uhr und am Wochenende auch von 8–12 Uhr ab Sawolowskaja. Von Lobnja in die Stadt fährt er alle zwei Stunden täglich zwischen 13 und 21 Uhr und am Wochenende zusätzlich von 7–11 Uhr.

Organisiert man einen **Transfer** vom Hotel aus, muss man mit 40 € rechnen, offizielle (gelbe) Taxis dürfen nicht mehr als 60 € kosten, Privatfahrer nehmen um die 30 €. Je besser die Russisch-Kenntnisse, umso niedriger der Preis. Von einer der beiden Metrostationen geht es dann noch mit der Metro 20 Minuten lang weiter in Richtung Zentrum.

Sollte man einen **Mietwagen** (siehe Kap. „Autofahren") gebucht haben, kann man ihn am Flughafen in Empfang nehmen und sich selbst auf den Weg in die Stadt machen. Die Beschilderung ist allerdings auf Russisch.

Von Domodedowo in die Stadt

Eine große Erleichterung ist die Direktverbindung dieses Flughafens in die Innenstadt. Der **Airport-Express** befindet sich zwar am anderen Ende des Ankunftsbereiches (in der Halle 50 Meter links), ist aber pünktlich und gut organisiert. Für etwa 3 € kauft man ein Ticket am Schalter und hält dann den Strichcode an die Schranke. Der neue, aber dennoch mit hübschen russischen Gardinen ausgestattete Zug fährt fast immer zur vollen und zur halben Stunde in der Zeit von 6–23 Uhr in 40 Min. zur Metrostation Pawelezkaja im Süden der Stadt. Von dort aus ist man überall relativ schnell. Der letzte Zug ab Domodedowo fährt sogar erst um 24 Uhr.

Taxis machen eigentlich nur dann Sinn, wenn man spätabends ankommt (40 € pro Strecke), die Autovermietungen sind gekennzeichnet.

Von Wnukowo in die Stadt

Am Flughafen Wnukowo wurde 2005 ein unterirdischer Bahnhof eingeweiht, von dem aus die Passagiere in nur 35 Minuten ins Zentrum fahren können. Im Stundentakt fährt der **Airport-Express** täglich ab 6 Uhr zum Kiewer Bahnhof *(kiewskij woksal)*. Die modernen Züge ähneln denen, die vom Flughafen Domodedowo abfahren. In einer separaten Abfertigungshalle des Kiewer Bahnhofs können Fluggäste ihr Gepäck aufgeben. Teilweise ist die Bahnfahrt bereits im Ticketpreis enthalten. Bis 2008 soll in Wnukowo ein neues Terminal entstehen.

BAHNHOF

Alle Züge aus Westeuropa kommen am **Weißrussischen Bahnhof** *(belorusskij woksal)* im Norden der Stadt an. Von diesem Bahnhof aus fuhren 1941 die Rotarmisten in den Krieg gegen Deutschland. Er ist einer von neun Kopfbahnhöfen und steht unter Denkmalschutz. Auch hier gibt es EC-Automaten, an denen man Rubel bekommt. Im Bahnhof befindet sich die Metrostation Belorusskaja. Das Zentrum erreicht man vom Bahnhof aus in wenigen Minuten.

AUTOFAHREN

Generell ist davon abzuraten, Moskau mit dem Mietwagen zu erkunden. In der Innenstadt ist man mit den öffentlichen Verkehrsmitteln gut beraten. Wenn überhaupt, lohnt sich ein Mietwagen nur für Fahrten in die Umgebung der Stadt. Aber ohne Kenntnisse der kyrillischen Schrift ist es schwierig, sich im Verkehr zurechtzufinden.

Wenn man einen **Unfall** verursacht oder in einen solchen verwickelt wird, sollte man die Miliz dazu rufen (Notruf: Tel. 02, Notarzt: Tel. 03). Im Übrigen ist es ratsam, einen Unfall der staatlichen Versicherungsgesellschaft Ingosstrach (Tel. 65555) zu melden.

Sollte man mit dem Auto liegen bleiben, ist die **24-Stunden-Pannenhilfe** die beste Anlaufstelle (NSA Tel. 7470022).

Europcar und Avis bieten **Mietwagen** mit und ohne Fahrer an. Am besten mietet man ein Auto (vorzugsweise nichtrussischer Fabrikation) von Deutschland, der Schweiz oder Österreich aus oder im Voraus in Moskau. Meist gibt es dann bessere Konditionen. Pro Tag muss man mit ca. 60 € rechnen. Vor Ort hilft die Hotelrezeption weiter.

› **Avis,** Flughafen Scheremetjewo II in der Ankunftshalle, Tel. 5787179, www.avis.com
› **Hertz,** Flughafen Domodedowo, Tel. 7974672, Flughafen Scheremetjewo, Tel. 5785646, www.hertz.ru
› **Europcar,** Flughafen Domodedowo, Schalter 65 in der Ankunftshalle, Tel./Fax 3636418, www.europcar.com

Auch wenn die Einkaufspaläste aus dem Boden schießen: Moskauer Kioske sind unsterblich

1 EINKAUFEN UND SOUVENIRS

„Wien ist schon Souvenir, (...) Moskau ist noch lebendig."
Jewgenij Popow

ANTIQUITÄTEN

1 [VI G6] **Antiquariat auf der Mjasnizkaja,** Mjasnizkaja Uliza 13, Metro: Tschistyje Prudy, Mo.–Sa. 11–18 Uhr, Tel. 9257608. Die skurril dekorierten Schaufenster lassen nicht erahnen, wie viele Schätze sich hier auftun. Hinter den sowjetischen Theken verbergen sich sehr gut erhaltene, auch ganz aktuelle Second-Hand-Architekturbücher und Bildbände. Russische Klassiker und Geschichtsbücher findet man in dem Regal mit den antiken Büchern. Porzellanfiguren aus der Sowjetzeit, Silberbestecke und Schmuck sind nicht ganz billig. Nach guter alter Sowjetmanier muss man immer erst eine der gelangweilten Verkäuferinnen bitten, das gewünschte Teil in Augenschein nehmen zu dürfen.

2 [III E6] **Antiquariat Knigi,** Malaja Nikitskaja Uliza 16, Metro: Arbatskaja, Tel. 2904082, Mo.–Sa. 11–19 Uhr. Nach einem etwas längeren Fußmarsch von der Metro stellt man erstaunt fest, dass es hier entgegen allen Erwartungen (*knigi* heißt Bücher) kaum Bücher und wenn, dann nur ausländische Lexika oder Krimis zu kaufen gibt. Dafür reichlich Jugendstilmöbel und Porzellan, sogar ganze Service. Ein Zigarrenhalter mit dem Konterfei von Gagarin oder eine Schachtel mit dem roten Sowjetstern sind in diesem großen, recht chaotischen Antiquariat aber auch zu finden, sogar zu zivilen Preisen.

3 [III E6] **Bei den Patriarchenteichen,** Bolschoj Kosichinskij Pereulok 7, Metro:

PRAKTISCHE REISETIPPS
Einkaufen und Souvenirs

Majakowskaja, Di.–Sa. 12–19 Uhr, Tel. 2916468. Meissener Porzellan steht in den zauberhaften Vitrinen neben einem Service der Romanows und echten Fabergé-Preziosen. Möbel, Bilder und Schmuck ergänzen das stilvolle Ambiente. Eine hochkarätige Auswahl für den sublimen Geschmack und das etwas größere Portemonnaie (Fabergé-Monokel für 10.000 €).

🔒4 [V E7] **Galerie des Antiquars**, Arbat 20, Metro: Smolenskaja, Di.–Sa. 12–18 Uhr, Tel. 2028983. Von dem eher abweisenden Eingang sollte man sich nicht abschrecken lassen. In diesem in erster Linie auf Möbel vom Ende des 19. Jh. spezialisierten, erstklassigen Antiquariat gibt es außerdem Holzschachteln, Fotoalben und ... Nachthemden aus eben jener Zeit für 50 €.

🔒5 [D4] **Gelos**, Auktionshaus, 2. Botkinskij projesd 2/6, Metro: Dinamo, tägl. 10–19 Uhr, So. bis 17 Uhr, www.gelos.ru, Tel. 9461423. Dass es dieses Antiquariat und Auktionshaus bereits seit 1997 gibt, kann man kaum glauben. Die in Vitrinen wild durcheinander gewürfelten Preziosen wirken wie gerade eben eingetroffen. Das Chaos in dem Geschäft außerhalb des Gartenrings steht in krassem Gegensatz zu den perfekt organisierten und professionellen Versteigerungen von hochkarätigen Gemälden, Möbeln und Büchern, die auch per Internethandel und Liveübertragung aus dem Ausland zu ersteigern sind. Auch antike Uhren, Zarenporzellan, Ikonen und Silberwaren von Fabergé mit Zertifikat können auf einer der über 100 Auktionen im Jahr erstanden werden. Die am Tag von 3000 Besuchern angeklickte Webseite erspart müden Beinen die lange Anreise.

🔒6 [VII H6] **Russkij Bibliofil**, Pokrowka 50, Metro: Turgenjewskaja, Tschistyje Prudy, Mo.–Fr. 11–19, Sa. 11–17 Uhr, Tel. 7236919, rusbibliophile@land.ru. Eines der bestsortierten und übersichtlichsten Bücherantiquariate Russlands mit ca. 2000 antiquarischen Bänden und bibliophilen Erstausgaben (16. bis 20. Jahrhundert), russischen und aus anderen Sprachen ins Russische übersetzten Büchern (Goethe und Schiller) und einer erstklassischen Auswahl an alten russischen Karten (16. bis 19. Jahrhundert). Sammlerpreise (kein Buch unter 200 €) und ein eher distanziertes Personal können der Erhabenheit dieses Liebhaberortes nichts anhaben. Um eine Ausfuhrgenehmigung muss man sich jedoch selbst kümmern. Eine Metrostation ist nicht in der Nähe, man muss daher weit laufen.

🔒 **7** [V E7] **Uniset Art,** Bolschoj Nikolopeskowskij Pereulok 5, Metro: Arbatskaja, Mo.–Sa. 11–19 Uhr, Tel. 2447766. Ausgesuchte Antiquitäten für echte Kenner. Teppiche, Bücher und vor allem schönes Porzellan sind hier museal arrangiert. Eine fünfzig Jahre alte weiße Porzellankanne mit Sowjetstern ist schon für 50 € zu bekommen. Viele Raritäten, freundliches und sachkundiges Personal.

BÜCHER, KARTEN

🔒 **8** [VI F6] **Almanach,** Kusnezkij Most 9, Metro: Kusnezkij Most, Mo.–Fr. 9–20 Uhr, Sa. 10–18 Uhr, So. 11–17 Uhr, Tel. 9286109. Dieses uralte kleine Kartengeschäft im früheren „kleinen Paris" von Moskau erfreut den Besucher mit aktuellen russischen Karten aus der ganzen Welt. Für Touristen gibt es auch englische Moskau-Stadtpläne, Reiseführer und schöne neue Abzüge alter Moskau-Karten für wenige Euro. Auch hier herrscht noch das alte Ladenthekenkonzept, aber die Verkäuferinnen sind sehr hilfsbereit.

🔒 **9** [VI G6] **Biblio-Globus,** Mjasnizkaja Uliza 6, Metro: Lubjanka, Mo.–So. 10–20 Uhr, www.biblio-globus.ru. Über drei Etagen verteilt, aber leider sehr unsortiert steht hier ein Buchtitel neben dem anderen. Direkt am Eingang findet man englische und russische Karten und Reiseführer. Ohne eine Verkäuferin zu fragen, wird man in dem Chaos kaum das gewünschte Buch aufspüren. Im Untergeschoss allerdings ist die Auswahl an Bildbänden aus den Bereichen Fotografie, Kunst, Design, Geschichte und Architektur hervorragend. Seit Anfang 2006 gibt es dort auch ein kleines Café und etwas mehr Platz.

🔒 **10** [III E6] **Bookberry,** Nikitskij Bulwar 17, Metro: Arbatskaja, 24 Stunden geöffnet, Tel. 2918303, www.bookberry.ru. Erstklassig sortierte neue Buchhandelskette mit gemütlichen Sesseln, aktuellen Zeitschriften, Karten und einer riesigen Auswahl an Bildbänden, russischen und ins Russische übersetzten Romanen. Ausgesucht freundliches Personal, das gut Englisch spricht und sich auskennt. Platz ist Geld, daher sind die Bücher hier etwas teurer als im Moskwa Kniga.

🔒 **11** [III E7] **Dom Knigi,** Nowyj Arbat 8, Metro: Arbatskaja, Tel. 2903580, Mo.–So. 10–21 Uhr. Die große alte Dame unter den Moskauer Buchhandlungen. In dem zweistöckigen, nicht eben hübschen Plattenbau auf dem Neuen Arbat findet man so gut wie alles, was der russische Buchmarkt hergibt. Vor allem in der Krimiabteilung ist es so voll wie in der Metro zu Stoßzeiten. Dafür hat man eine riesige Auswahl an englischen und russischen Karten und Reiseführern, Architekturbänden, Romanen und sogar antiken Büchern. Im Erdgeschoss gleich am Eingang befindet sich die CD- und DVD-Abteilung, in der es alle bekannten russischen Klassiker als Audio-CDs gibt. Ganz hinten findet man auch alte Moskau-Stiche zu Schnäppchenpreisen!

🔒 **12** [VI G6] **Inostrannaja Kniga** (Das fremdsprachige Buch), Kusnezkij Most 18/7, Metro: Kusnezkij Most, Mo.–Sa. 9–21 Uhr, So. 10–20 Uhr. Der Fremdsprachenableger des Dom Knigi lohnt nicht nur wegen seines einer englischen Buchhandlung nachempfundenen Interieurs, sondern auch wegen des großen Angebotes an englischen und französischen Titeln. Übersetzte russische Romane sind ebenso zu finden wie Kunstbände, Reiseführer und Lehrbuchmaterial. Einen englischen Stadtplan kann man hier kaufen oder in der Kartenhandlung **Almanach**.

🔖 **13** [VI G6] **Kiosk „Architekt"** (MARCHI-Buchhandlung), Roschdestwenka 9, Metro: Kusnezkij Most, Mo.–Fr. 10–18 Uhr. Auch wenn dieser verstaubte kleine Laden neben der Hochschule für Architektur unscheinbar und chaotisch wirkt, hier findet man ein großes Sortiment, vor allem Fachliteratur, aber auch historische Architekturbücher und vieles mehr. Eine gute Auswahl bieten die fliegenden Händler im Eingang des Moskauer Architekturinstitutes nebenan im Erdgeschoss.

🔖 **14** [I G6] **Knigi,** Nikolskaja Uliza 17, Metro: Ochotnyj Rjad, Mo.–So. 10–20 Uhr, Tel. 9216458. Diese zentral hinter dem Roten Platz gelegene Buchhandlung in einem anheimelnden Gewölbe mit Leselampen und großen Ledersesseln ist eine kleine, ruhige Oase, in der man deutsche und englische Bildbände über Moskau, englisches Kartenmaterial sowie alte und neue Postkarten mit Moskau-Motiven findet. Die Auswahl an Romanen und Neuauflagen übersetzter Klassiker (Goethe und Co.) ist ebenfalls groß. Ein Geheimtipp und aus diesem Grunde nicht überlaufen.

🔖 **15** [II F8/9] **Molodaja Gwardia,** Uliza Bolschaja Poljanka 28, Metro: Poljanka, Tel. 2385001, Mo.–Sa. 10–20.30 Uhr, So. 10–19 Uhr, www.ftcenter.ru. Alteingesessene, sehr gut sortierte Buchhandlung im Stadtteil Samoskworetschje mit großer Auswahl an Bildbänden und Karten, russischer und übersetzter Literatur, Architektur- und Kinderbüchern. Hier herrscht aufgrund der zentralen Metrolage immer Hochbetrieb, ähnlich wie im „Moskwa" auf der Twerskaja Uliza.

🔖 **16** [III F6] **Moskwa Kniga,** Twerskaja Uliza 8, Metro: Ochotnyj Rjad, Twerskaja, Mo.–So. 10–1 Uhr, Tel. 2296483 (Antiquariat Tel. 7969414), www.moscowbooks.ru. Eine Institution und noch immer eine der bestsortiertesten Buchhandlungen der Stadt und erste Wahl für Touristen, da es hier englische und russische Stadtpläne bis 1 Uhr nachts zu kaufen gibt. Außerdem russische Kunstbände, Architekturbücher, Romane, Theaterstücke und Kinderbücher. Im Keller befindet sich ein unüberschaubares, aber gut sortiertes Antiquariat. Wenn nur die drangvolle Enge nicht wäre!

🔖 **17** [I G6] **PirOGI 1,** Nikolskaja 19, Metro: Lubjanka, Tel. 9215827, Mo.–So. 24 Stunden geöffnet. Die kleinen, exquisiten Buchhandlungen in den Cafés und Clubs der OGI-Kette gehören zu einer schrägen, alternativen Clubinitiative mit Live-Events und Lesungen. Auch die Buchläden haben 24 Stunden geöffnet. Das Angebot ist aktuell und subversiv. Für wenig Geld kann man auch französische Undergroundphilosophen und Raritäten wie Originalaufnahmen von Alexander Vertinsky auf CD finden, aber auch Bildbände und Hörbücher. Alle aktuellen Romane sind ebenfalls zu haben.

🔖 **18** [III F6] **PirOGI 2,** Bolschaja Dmitrowka 12, Metro: Teatralnaja, Tel. 2293453, 24 Stunden geöffnet. Café und Buchhandlung in einem. Sehr gut sortiert.

⚠ **22** [VII H7] **Projekt OGI,** Potapowskij Pereulok 8/12 (im Hinterhof rechts), Metro: Tschistyje Prudy, Tel. 9275366. Café plus Buchhandlung plus Club.

🔖 **20** [II G8] **Sojus,** Uliza Pjatnizkaja 29, Metro: Nowokusnezkaja, Tretjakowskaja, Tel. 5891551, Mo.–So. 10–22 Uhr, www.soyuz.ru. Der erste russische Mediamarkt mitten im Stadtteil Samoskworetschje bietet auf 3000 Quadratmetern 150.000 Titel. Englisch sprechende Verkäufer helfen bei der Suche nach aktuellen russischen und internationalen CDs, MP3s, DVDs und Büchern. Riesige Auswahl an russischer Literatur auf Audio-CDs. Auch englische Taschenbücher. Das Café mit Internetzugang lädt nach einem Besuch in der Tretjakow-Galerie um die Ecke zum Surfen und Verschnaufen ein. Einige russische Filme, auch die in letzter Zeit häufig für das Fernsehen verfilmten Klassiker wie „Der Idiot" von Dostojewskij oder „Der Meister und Margarita" gibt es sogar mit englischen „Subtitry" (das freundliche Personal fragen!) – ein prima Mitbringsel. Kleinere Sojus-Filialen gibt es noch im GUM ⓲ und auf dem Alten Arbat ㊺, schon von weitem an dem weißen Schriftzug auf Sowjetrot zu erkennen.

CDS, DVDS

▌21 [VII H6] **Mir Kino** (Kinowelt), Marosejka Uliza 6/8, Metro: Kitaj-Gorod, Tel. 9247464, Mo.-Fr. 10-21, Sa. 11-21, So. 11-20 Uhr. Eine der bestsortierten Videohandlungen Moskaus, in der es mittlerweile auch fast alle Filme auf DVD gibt. Raritäten wie alte Klassiker, Livemitschnitte von Konzerten oder 3-4 Jahre alte russische Kinofilme, die man sonst nirgendwo mehr findet. Auch auf CD. Ausgesucht freundliches Personal, das sich in dem kleinen, unscheinbaren Laden gut zurechtfindet.

▌22 [III F6] **Transylvanien**, Twerskaja Uliza 6/1, Metro: Ochotnyj Rjad, , Tel. 2298786, Mo.-So. 11-22 Uhr, www.transylvania.ru. Im Hinterhof der belebten Twerskaja-Straße liegt dieser Geheimtipp für Musikliebhaber. So schnörkellos und kahl die Einrichtung, so hochkarätig das Angebot, laut Werbung „die beste CD-Auswahl in Europa". Zu finden sind hier auch Videomitschnitte auf CD oder Kassette von Konzerten europäischer oder amerikanischer Künstler, die in Russland aufgetreten sind, wie etwa „Paul McCartney on Red Square". Die Verkäufer helfen gern und man darf in jede CD reinhören.

❱ **SOJUS**, Mediamarkt (siehe „Bücher")

DESIGNER

❱ **Artpoint**, im Kaufhaus Detskij Mir, 3. Etage (siehe „Spielwaren"), Metro: Lubjanka; Mo.-So. 9-21, So. 11-19 Uhr, auch im Gostinyj Dwor ㉔ (Einkaufszentrum), Uliza Ilinka 4, Metro: Ploschtschad Rewoluzii, www.artpoint.ru. Die russische Designerin Lena Kvadrat entwirft nicht nur sehr schöne, tragbare Kleidung, Handtaschen und Einrichtungsgegenstände, sie sieht den Kunden auch als Medium, das mit der Außenwelt großer Weltstädte über bestimmte symbolische Codes kommuniziert. 1993 eröffnete sie ihren ersten Shop in Moskau. 2002 machte sie sich auf die Suche nach Seelengefährten in Europa und landete in Wien. 2004 kam ein Ableger in Berlin dazu.

▌23 [IV D8] **Andrej Scharow**, Bolschoj Lewschinskij Pereulok 6/2, Metro: Kropotkinskaja, nach Vereinbarung, Tel. 2012446. Der große russische Pelzdesigner hat einen eigenen Showroom, der leider etwas weit draußen liegt. Mehr als 30 Moskauer Theaterproduktionen stattete Andrej Scharow aus, bevor er zurück zur Mode kam. Seine Kunden hätten „Humor, Intellekt und ein hohes Einkommen", sagte er in einem Interview.

▌24 [VI F6] **Denis Simachev**, LITZ collection, Uliza Petrowka 17/11, Metro: Teatralnaja, Kusnezkij Most, Tel. 9255476; auch im ZUM (Einkaufstempel), Uliza Petrowka 2, Metro: Teatralnaja, Kusnezkij Most, Mo.-Sa. 10-22, So. 11-22 Uhr, Tel. 2921157,

PRAKTISCHE REISETIPPS
Einkaufen und Souvenirs

www.denissimachev.com. In nur wenigen Jahren hat Denis Simchev Kultstatus erreicht und Europa erobert. Auch in Berlin sind seine extravaganten Entwürfe zu kaufen. (Gerhard Schröder zählt ebenfalls zu seinen Kunden.) In seinem privaten Loft veranstaltet er halböffentliche Partys (siehe Clubs), zu denen sich die Moskauer Tussowka (Szene) gerne einfindet.

🏠25 [VI G6] **Mainaim**, bei COX, Marosejka 9/2, Metro: Kitaj-Gorod, oder bei:

🏠26 [VII H6] **Charakter**, Pokrowka 11, Mo.–Sa. 12–20 Uhr, Metro: Kitaj-Gorod. Feine Damenmode mit viel Design und wenig Stoff kreieren die beiden Damen von Mainaim. Ihre Mode soll ein Abgesang an die üppigen Anna-Karenina-Roben sein. Eleganz und Zeitgeist sind ihnen wichtig. Und die haben ja bekanntlich ihren Preis. Erschwinglich sind nur die „Vietnamesinnen". Das ist der russische Begriff für Sandalen. Und die wurden ja früher von den kommunistischen Schwestern und Brüdern im fernen Vietnam gefertigt!

🏠27 [VII H6] **Marki**, Uliza Pokrowka 17, Metro: Kitaj-Gorod (Ausgang Marosejka), Tel. 9245047, Mo.–Sa. 11–20 Uhr, www.markiboutique.ru. Moskaus erste und einzige Boutique, die ausschließlich junge postsowjetische Designermarken führt. Labels wie Oleg Biryukow, Max Chernitsov, Viktoria Krasnova, Tata-Naka und NB Poustovit sorgen auf den Modemessen für Furore. Die Handtaschen von Aristolasia sind noch relativ unbekannt, Marki ist es nicht. Auf der Website kann man sich schon mal vorab davon überzeugen, wie inspiriert russische Designer sind.

🏠28 [VII H6] **Nina Donis**, Mjasnizkaja 38/1, Metro: Tschistyje Prudy, nach Vereinbarung, www.ninadonis.com. Pret-à-porter mit einem Schuss Romantik und Exzentrik entwirft das bereits nach London exportierende Designerpaar Nina Neretina und Donis Pouppis. Mit ihrem noch recht jungen Label wurden die beiden 2004 von Vogue in den Kreis der 150 besten Designer der Welt aufgenommen.

FOTOGRAFIEN

Alte Fotografien von Moskau schlummern viele Jahrzehnte in den Schubladen privater Fotoliebhaber. Das jahrelange Verbot, Gebäude und Straßen zu fotografieren, führte auch dazu, dass sich Touristen kaum ein Bild von der Stadt machen konnten. Nur einige wenige, von der Sowjetregierung lizensierte und immer wieder vervielfältigte Fotos tauchten in den Prospekten auf. Seit der Öffnung der Archive Mitte der 1990er Jahre sind nun unglaubliche Schätze ans Tageslicht gekommen, die sich perfekt als Souvenirs eignen.

PRAKTISCHE REISETIPPS
Einkaufen und Souvenirs

29 [VII H6] **Fotosojus**, Uliza Pokrowka 5, Metro: Kitaj-Gorod, Di.–Fr. 13–19 Uhr, Sa. 11–16 Uhr, Tel. 9245727, www.photounion.ru. Die Galerie Fotosojus des Moskauer Fotografenverbandes verfügt über ein riesiges Archiv und verkauft Klassiker und Gegenwartsfotografien in Schwarz-Weiß. Das Hauptaugenmerk liegt auf Fotografien aus der Sowjetzeit, etwa von Georgij Lipskerow, Arkadij Schejchet oder Boris Ignatowitsch. Die 30 x 40 cm großen Andenken sind erst ab 300 $ zu bekommen, weil diese Abzüge nur in kleiner Auflage entwickelt werden. Alexander Grinbergs unvergessene Fotografien u. a. mit Sergej Ejsenstejn werden mit jedem Tag kostbarer, der große Altmeister der russischen Fotografie ist gerade 97 Jahre alt geworden. Für Freunde von Schwarz-Weiß-Bildern aus alten Moskauer Tagen ist die Galerie mit dem konstruktivistischen Logo eine wahre Fundgrube.

30 [II E9] **Fotogalerie Brüder Lumière**, Krymskij Wal 10 (im Zentralen Haus des Künstlers neben der Neuen Tretjakow-Galerie, Stand A 51, kleiner Eintritt für verschiedene Galerien ist am Eingang zu entrichten), Metro: Park Kultury, Di.–So. 11–19 Uhr, Tel. 2387753, www.lumiere.ru (bald auch auf Englisch). Schwarz-Weiß-Fotografien bekannter russischer Fotografen (Boris Ignatowitsch u. a.) aus allen Jahrzehnten des 20. Jh. Moskau-Liebhaber dürfen sich in Natalja Ponomarjewas erstklassigem Archiv umsehen und für ca. 300 € eine 30 x 40 cm große, ungerahmte Fotografie mit historischen und aktuellen Moskau-Motiven erstehen. Eine Ausfuhrgenehmigung ist nicht nötig, da es sich um Nachdrucke handelt. Gibt es eine bessere Art, ein Stück Moskau mit nach Hause zu nehmen?

31 [II F8] **GLAS**, Bersenewskaja Uliza 14/5 (auf dem Art-Strelka-Kunstareal), Metro: Kropotkinskaja (dann hinter der Kathedrale über die Brücke, Treppe runter links auf dem Hof), Di.–Sa. 16–20 Uhr und nach Vereinbarung, Tel. 2282927. Seitdem GLAS, das Mekka für Schwarz-Weiß-Fotografien, aus den beengten Räumen am Haus der Fotografie in die Galerie auf dem Art-Strelka-Kunstareal umgezogen ist, finden unter Maria Burasowas professioneller Leitung auch Ausstellungen statt. Im Archiv sind 3000 Fotografien, u. a. von Igor Muchin, Sergej Borisow oder Wadim Guschin. Ein 30 x 40 cm großes Schwarz-Weiß-Bild kostet je nach Motiv ab 200 €. Von Moskau gibt es unzählige alte und neue Fotografien im Angebot. GLAS ist auch die einzige Galerie in Moskau, in der Originalabzüge des litauischen Fotografen Anastas Sutkus (ab 900 €) zu finden sind. Vintage-Fotografien, Originale aus den 1930er Jahren, gibt es nur als Abzüge alter Negative. Jedes Bild bekommt ein Zertifikat und wird sorgsam verpackt.

KERZEN

Die filigranen russischen Stabkerzen in verschiedenen Größen und sogar Farben (mit kleinen Haltern) gibt es nur in den Kirchen und Klöstern der Stadt. Die russisch-orthodoxe Kirche hält noch immer das Kerzenmonopol. Teelichter verblassen gegen die sakrale Schönheit der schmalen Kerzen aus echtem Bienenwachs.

KLEIDUNG

32 [III F5] **13.20**, Strastnoj Bulwar 13a, Metro: Puschkinskaja, Tel. 2998946, Mo.–Fr. 12–20 Uhr, www.1320.ru. Kosmische Kleidung, die im Dunkeln leuchtet, entwirft Lena Kudina. Nicht nur für Nachteulen eignen sich die phosphoreszierenden, gut geschnittenen Jacken aus anschmiegsamen Materialien mit Spezialeffekten. Sie sind vielseitig verwendbar und mit Reißverschlüssen versehen. So kann man aus einer langen Jacke eine kurze machen oder eine Kapuze einfach abnehmen.

🔒**33** [VI F6] **Adidas Originals,** Kusnezkij Most 6/3, Metro: Kusnezkij Most, Mo.–Sa. 10–21, So. 10–20 Uhr, Tel. 6925214. Adidas kann man doch auch in Deutschland kaufen? Ja und nein. Jedes Land bestellt andere Modelle in Herzogenaurach, sodass man hier Schuhe, Taschen, Jogginganzüge und viele Teile aus der Originals-Serie findet, die es in Deutschland gar nicht gibt. Adidas ist die angesagteste Marke in Moskau. Kein Geschöpf der Nacht geht ohne mindestens einen Fummel mit den drei Kultstreifen aus dem Haus. Adidas forever!

🔒**34** [III F6] **Bosco Sports,** Twerskaja 4, Metro: Ochotnyj Rjad, Tel. 9293021, oder im GUM ⓲, Mo.–So. 10–22 Uhr, www.boscosport.ru. Auch wenn Moskau den Zuschlag für die Olympiade 2012 nicht bekommen hat, dieses Geschäft wird die geplante nächste Bewerbung auf jeden Fall überleben. Die offizielle olympische Sportbekleidung für Damen, Herren und Kinder eignet sich vor allem mit dem „Russland"-Logo in kyrillischer Schrift (lateinische Buchstaben gibt es auch!) sehr gut als Mitbringsel. Die Auswahl dieser hochwertigen, leicht ironischen und raffiniert geschnittenen Baumwolljogginganzüge, Jacken, Mützen und Schals beschränkt sich auf die Farbkombinationen Rot-Weiß und Blau-Weiß, macht aber Lust, 2016 noch einmal vorbeizuschauen.

🔒**35** [IV E9] **Krasnaja Rosa,** Uliza Timura Frunse 11, Metro: Park Kultury, Mo.–Sa. 11–20 Uhr. Auf dem Fabrikgelände der ehemaligen Seidenfabrik „Rote Rose" verbirgt sich hinter dem langweiligen Eingang ein erstklassiges, riesiges Stoffsortiment, das schon den Zarenhof versorgte und daran erinnert, dass Russland in weiten Teilen schon zu Asien gehört. Für Liebhaber besonderer Stoffe.

🔒**36** [außerhalb] **Russische Filzstiefel,** Schokalskowo Projesd 67/2, Metro: Medwedkowo, Di.–Fr. 9–19 Uhr, Sa./So. 9–17 Uhr, Tel. 4792589, www.valenok.ru. Die riesige Auswahl an echten russischen Filzstiefeln aus 100 % Schafswolle und wärmenden Überschuhen (ohne Sohlen) in Olga Schawolowas übersichtlich sortiertem Fabrikverkauf der über 100 Jahre alten Bitsewskij-Fabrik entschädigt für die weite Anreise (Endstation der Metrolinie 6). Die Farbpalette reicht von beige über hellgrau bis mausgrau. Die Kultstiefel sind in nahezu allen Größen zu haben und kosten ab 20 €.

KOSMETIKARTIKEL

🔒**37** [III E5] **Arbat Prestige,** www.arp.ru, 1. Twerskaja Jamskaja 26, Metro: Belorusskaja, Mo.–So. 10–23 Uhr, Semljanoj Wal 33 (im Einkaufszentrum Atrium), Metro: Kurskaja, Mo.–So. 11–23 Uhr. Ein Supermarkt voller hochwertiger Kosmetikprodukte, in dem man so gut wie jedes westliche Fabrikat findet. Die Kette hat noch mehrere Ableger über das ganze Stadtgebiet verteilt. Auch Drogeriebedarf ist hier zu bekommen.

LEBENSMITTEL, SPEZIALITÄTEN

🔒**38** [V D7] **Stockmann** (finnische Kette, die den früheren Gastronom übernommen hat), Smolenskaja Ploschtschad 3 (in der Passage), Metro: Smolenskaja, Mo.–So. 9–22 Uhr, Tel. 9740122. Kaukasische und andere Lebensmittel.

🔒**39** [III E6] **Jelissejew,** Twerskaja Uliza 14, Metro: Puschkinskaja. Ein Jugendstil-Eldorado mitten im Zentrum, das keine Wünsche offen lässt. Trotzdem zivile Preise.

DIE MATRJOSCHKA

Kein Tourist verlässt Moskau, ohne mindestens eine Version des beliebtesten russischen Souvenirs im Koffer zu haben. Die russische Schachtelpuppe aus Holz mit dem unaussprechlichen Namen gehört zu Russland wie der Wodka oder der Samowar. Der Begriff matrjoschka kommt von dem russischen Wort matuschka (Mutter) und symbolisiert Fruchtbarkeit, Mutterschaft und im weiteren Sinn Mütterchen Russland. Sie ist eine Kreuzung aus einem klassischen russischen Osterei und einer japanischen kahlköpfigen Puppe, die sich aus insgesamt fünf ineinander gesteckten kleinen Figuren zusammensetzt.

Im Künstlerdorf Abramzewo außerhalb von Moskau erblickte die Matrjoschka 1890 das Licht der Welt. Ein Maler und ein Drechsler erfanden ein russisches Bauernmädchen bekleidet mit einem Sarafan, der russischen Frauentracht aus einem ärmellosen Oberteil und einer weiten Bluse. Spielzeug war seinerzeit eine Art Kulturgut, das große Kreativität erforderte und erlaubte. Auch heute noch werden die meisten Matrjoschkas von Hand gefertigt. Dabei spielt die Wahl des Holzes eine große Rolle. Am besten eignet sich weiches Linden- oder Birkenholz. Als Erstes wird die kleinste Puppe geschnitzt, dann die anderen. Die eigentliche Kunst liegt aber in der Bemalung. Je hochwertiger ein Satz von Matrjoschkas ist, desto weniger unterscheiden sich die großen Puppen von den kleinen.

Nach der Pariser Weltausstellung 1900 begann der Siegeszug der kleinen Bauernpuppe. Die Produktion wurde in die alte Klosterstadt Sergijew Possad ❽❶, wenige Kilometer von Abramzewo entfernt, verlegt. Die Bolschewiken verboten die Produktion, da sie ihren künstlerischen und ideologischen Grundsätzen widersprach.

Seit den 1990er Jahren erscheinen alle nur denkbaren Figuren aus der modernen, globalisierten Welt plötzlich auf der erst 100 Jahre alten Puppe in der Puppe, die sogar bis zu 50 kleine Figuren enthalten kann. Besonderer Beliebtheit erfreuen sich Politikermatrjoschkas von Lenin bis Putin, amerikanische Baseballstars, Harry-Potter-Figuren oder die „Islamisten-Matrjoschka" mit Hussein, Arafat und Bin Laden. Bald soll es eine Kosmonautenmatrjoschka mit Jurij Gagarin als Konterfei geben. Und Angela Merkel ist in der Moskauer Touristenmeile am Alten Arbat auch schon gesichtet worden ...

PRAKTISCHE REISETIPPS
Einkaufen und Souvenirs

🔒**40** [VI G6] **Supermarkt Sedmoj Kontinent 2,** Bolschaja Lubjanka 12, Metro: Lubjanka

🔒**66** [V D7] **Supermarkt Sedmoj Kontinent,** Arbat 54, Metro: Smolenskaja, 24 Stunden geöffnet. Es gibt eine riesige Auswahl an russischen und importierten Lebensmitteln.

PORZELLAN

🔒**41** [G4] **Bukinist,** Prospekt Mira 79, Metro: Rischskaja, Mo./Mi.-Sa. 10-19 Uhr. Antiquarisches Porzellan der russischen Avantgarde kann man hier kaufen oder verkaufen. Allerdings sind die original Malewitsch-Exponate Einzel- bzw. Museumsstücke und damit ausfuhrgenehmigungspflichtig. Im Angebot sind auch Bücher, Plakate und Lithografien aus den 1920er Jahren. Die Pariser Bouquinisten lassen grüßen.

🔒**42** [C7] **Imperatorskij Farfor,** Kutusowskij Pereulok 9, Metro: Kiewskaja, Tel. 2437501, Mo.-Sa. 9-20 Uhr; Uliza Petrowka 5 (im Einkaufszentrum Berlinskij Dom), Metro: Teatralnaja, Tel. 7751966, www.lfz.ru. In den Filialen der firmeneigenen Geschäfte der seit 1744 existierenden Lomonossow-Manufaktur finden Porzellansammler alles, was das Herz begehrt. Eine Neuauflage der von Bilibin entworfenen Moskau- und St.-Petersburg-Tassen (ca. 33 €) ist ebenso im Angebot wie das weiße, konstruktivistische Malewitsch-Teeservice.

SOUVENIRS

🔒**43** [V E7] **Arbatskaja Lawitsa,** Uliza Arbat 27, Metro: Arbatskaja, Smolenskaja, Mo.-So. 9-21 Uhr, Tel. 2905689. Mehr als 17.000 Souvenirs aus allen Teilen Russlands sind hier im Angebot. Neben Porzellan, Samowaren und Gschelfiguren ist die Auswahl an bemalten Holzfiguren, Holzschachteln und Matrjoschkas schier unendlich. Auch eine Teekanne oder Salz- und Pfefferstreuer in Matrjoschka-Form sind in diesem alteingesessenen Souvenirgeschäft mit Sowjetflair zu finden.

18 [I G7] **GUM,** Krasnaja Ploschtschad 3, Metro: Teatralnaja, Tel. 9215763, Mo.-So. 10-22 Uhr, www.gum.ru. Alle westlichen Designer sind in dem traditionsreichen Einkaufsstempel am Roten Platz vertreten. Im ersten Stock findet man auch Schuhe deutscher Fabrikation und Kleidung russischer Designer. An kleinen Kiosken im Erdgeschoss werden die klassischen Souvenirs verkauft, auch SOJUS (siehe „Bücher") hat hier eine Filiale. Einen kleinen Kaffee sollte man sich im Bosco Café **8** mit Blick auf das Lenin-Mausoleum gönnen.

🔒**44** [VII H6] **Hauptpostamt,** Mjasnizkaja Uliza 26, Metro: Tschistyje Prudy, Mo.-Fr. 8-20 Uhr, Sa.-So. 9-18.30 Uhr, Tel. 9286311. Souvenirs für wenige Cents findet man hier in Form von aktuellen Sondermarken, Briefmarken mit historischen Motiven oder Gedenkmarken jedweder Art im hinteren Teil des riesigen Hauptpostamtes direkt an der Metro. Nicht nur Philatelisten geraten hier ins Schwärmen. Liebhabern von Briefmarken aus der Sowjetzeit oder mit Motiven von Gemälden aus der Tretjakow-Galerie sei der Kiosk an der Basilius-Kathedrale empfohlen.

🔒**45** [K5] **Ismajlowo Vernissage,** Projektirujemyj Projesd 890, Sirenewy Block 4, Metro: Partisanskaja (früher Ismajlowskij Park) immer der Menge nach, Mi./Sa.-So. 9-18 Uhr (im Winter 16 Uhr). Auf diesem riesigen Kunst- und Flohmarkt am Moskauer Stadtrand gibt es echte Ikonen. Auch wenn Sie ein Experte sind, kaufen Sie sie nicht. Im Gegensatz zu einer echten russischen Pelzmütze aus Nerz oder Persianer darf man die alten Ikonen in keinem Fall ausführen. Ein Imitat tut es ja vielleicht auch. Bei gebrauchten Vorkriegskameras wird man ebenso fündig wie

PRAKTISCHE REISETIPPS
Einkaufen und Souvenirs

bei alten Samowaren, Matrjoschkas, Teppichen, Porzellan, Kleidung, Lenin-Büsten, Offiziersmützen, Militärtaschen und Kunsthandwerk. Allerdings sollte man noch ein paar Zahlen lernen, um angemessen feilschen zu können. Da es sich um eine Touristenattraktion erster Güte handelt, sind leider manchmal Taschendiebe unterwegs.

🔒46 [II F8] **Krasnyj Oktjabr Bonbons,** Bersenjewskaja Uliza 14/5, Metro: Kropotkinskaja (dann hinter der Kathedrale über die Bücke, Treppe runter und sofort links), Mo.–Sa. 9–20 Uhr, So. 10–17 Uhr, Tel. 2300049. Der Fabrikverkauf der Kultbonbons aus der Süßwarenfabrik „Roter Oktober" lohnt in jedem Fall einen Besuch. Zu kaufen gibt es köstliche Schokoladenbonbons und -tafeln mit sehr russischen Motiven: Stalin-Kathedralen, orthodoxe Kirchen, russische Bären oder Schwanensee. Auch die Schokolade mit den matrjoschkagleichen Kindergesichtern ist köstlich und die Zartbitterschokolade sowieso legendär.

🔒47 [II G8] **Moskauer Kulturstiftung,** Pjatnizkaja Uliza 16/2, Metro: Nowokusnezkaja, Tel. 2410081, Mo.–Sa. 10–20 Uhr. Schöne ethnische Mitbringsel und typisch russische Waren zu zivilen Preisen in authentischem Ambiente. Neben russischer Handarbeit gibt es auch Antiquitäten zu kaufen, aber Vorsicht: Meist ist eine Ausfuhrgenehmigung erforderlich.

🔒49 [III E5] **Novodel,** Bolschoj Palaschewskij Pereulok 9/1, Metro: Puschkinskaja, Mo.–Sa. 12–20 Uhr, www.novodel.ru, Tel. 9264538. In der „Galerie für Objektdesign" findet man Einrichtungsgegenstände, Mützen und Schals, Keramik, Uhren aus alten Schallplatten, Spielwaren etc. mit russischem Design für zivile Preise. Lohnt einen Umweg beim Spaziergang an den Patriarchenteichen.

PRAKTISCHE REISETIPPS
Einkaufen und Souvenirs

🔒**50** [II G9] **Rot Front,** Bolschoj Ordynskij Pereulok 4, Metro: Poljanka, Tretjakowskaja, Mo.–Sa. 8–20 Uhr, So. 9–17 Uhr, www.rotfront.ru. Der einzige große Konkurrent der Schokoladenfabrik „Roter Oktober" ist die Fabrik „Rot Front", deren „Konfety" (Konfekt) mindestens genauso gut schmecken und die ausgesprochen liebevoll einzeln verpackt sind. Schöne Mitbringsel vom russischen Marktführer, Süßwaren mit verschiedenen, typisch russischen Motiven und eine erstklassige Website.

🔒**51** [V E7] **Russkij Promysl,** Uliza Arbat 4, Metro: Arbatskaja, Mo.–So. 11–19 Uhr, Tel. 9875092. Matrjoschkas in allen Größen, Uhren russischer Herkunft, Samoware aus Porzellan – hier gibt es eine große Auswahl an Souvenirs. Allerdings sind die Geschäfte auf dem alten Arbat für Touristen mittlerweile recht teuer. Kaviar kann man hier unbesehen kaufen, die beste Adresse ist nach wie vor Jelissejew (siehe „Für Selbstversorger") auf der Twerskaja. Für Freunde des Schachspiels gibt es ein Brett aus Holz mit Matrjoschka-Schachfiguren für etwa 40 €.

🔒**52** [K5] **Russkoje Podworje,** Handwerkszentrum/Vernissage Ismajlowo, Projektiruemyj Projesd 890, Metro: Partisanskaja (früher Ismajlowskij Park), Tel. 1667875, Mo.–So. 9–18 Uhr, www.moscow-vernisage.com. In dem großen, an ein Walt Disney-Schloss erinnernden Holzkomplex neben dem Ismajlowskij-Markt wird russische Handwerkskunst für Touristen mundgerecht aufbereitet. Kleine nette Geschäfte bieten Matrjoschkas in allen Größen und Farben, Holzgebrauchsgegenstände, aber auch Porzellan aus Moskauer Manufakturen zu relativ moderaten Preisen an. Nicht vorbeigehen sollte man an den winzigen roten Holzeiern, auf denen neben dem Wappen mit dem heiligen Georg das Wort „Moskwa" steht.

🔒**53** [V D7] **Souvenirgrad,** Uliza Arbat 43, Metro: Smolenskaja, Tel. 2412921, Mo.–So. 10–20 Uhr, www.artshop.ru. Die „Souvenirstadt" ist nur eine von unzähligen auf dem Arbat. Allerdings gibt es hier Andenken, die weniger kitschig und übersichtlich arrangiert sind. Die klassischen Matrjoschkas in Kugelschreiberform, als Wodkaflasche oder eben als Puppe in der Puppe mit den Politikerkonterfeis sind zu finden. CCCP-T-Shirts und Kaviar werden die Daheimgebliebenen bestimmt erfreuen.

SOWJET-NOSTALGIEARTIKEL

🔒**54** [I8] **Erste Uhrenfabrik Poljot (1. Tschasowyj Sawod),** Marxistskaja Uliza 34 (Eingang in der Nowoselenskaja Uliza), Metro: Proletarskaja, Mo.–Sa. 10–19 Uhr, Tel. 9116725, www.poljot24.de. Seit 1930 produziert die Moskauer Uhrenfabrik Poljot Flug-Chronographen, Armbanduhren (auch mit KGB- oder Art-déco-Design) und Wecker. Weltbekannt und als Trademark *Poljot* (Flug!) registriert wurde sie 1961, als Jurij Gagarin das Modell „Sturmanskije" mit ins All nahm. Die relativ kleine „erste Uhr im All" (mit weißem oder schwarzem Zifferblatt) kann als Neuauflage ab ca. 140 € (Handaufzug) gekauft oder zuverlässig und preisgünstig im deutschen Internet bestellt werden.

🔒**55** [D4] **Zweite Uhrenfabrik Slawa (2. Tschasowyi Sawod),** Leningradskij Prospekt 8, Metro: Belorusskaja, Mo.–Fr. 10–20 Uhr, Sa./So. 10–18 Uhr. Erstklassige Armbanduhren und Wecker aus der in den 1950er Jahren gegründeten Slawa-Fabrik. Filigrane Herrenuhren mit Sowjetstern und Jubiläums-

◂ *Konfety, russisches Konfekt, ist ein beliebtes Mitbringsel für die Naschkatzen zu Hause*

SOWJET-NOSTALGIE

„Der Untergang der Sowjetunion ist mit dem Sinken der Titanic zu vergleichen. Sie war ein riesiges, hell erleuchtetes Schiff mit Musik, Wein und eleganten Menschen an Bord, die zwar etwas Lampenfieber hatten aufgrund der langen Reise, aber dennoch an die Stärke und Verlässlichkeit des Dampfers glaubten. Russland ist genau so schnell untergegangen wie die Titanic und nur wenige haben überlebt."
Tatjana Tolstaja, „Pushkin's Children"

Die fortschreitende Sowjetnostalgie mögen folgende Fakten demonstrieren:
1. Im Dezember 2005 verzeichnete die neu eingerichtete Website www.76-82.ru 15.000 Besucher am Tag. Hier tauschen sich zwischen 1976 und 1982 geborene Jugendliche aus, die letzte Generation der noch vom Kommunismus sozialisierten Kids. Neben der Suche nach alten Schulfreunden kann man Spielzeug und Kleidung aus jenen Jahren erstehen, die es heute nicht mehr gibt. Bilder und Essays runden den Mikrokosmos ab, in dem es eigene Helden und ein verloren geglaubtes Lebensgefühl via Internet gibt und eine Erinnerungslücke geschlossen wird.

2. Lenin und Stalin sind wieder populär, vor allem bei der jüngeren Generation, aber auch bei den Ewiggestrigen ... und bei Touristen. Allerdings gibt so gut wie keine ernsthafte Auseinandersetzung mit dem Sowjetregime, stattdessen Glorifizierung und Idealisierung des sowjetischen Imperiums. Lenin-Anstecknadeln, konstruktivistische Propaganda auf Plakaten und Slogans aus der Stalin-Ära sind überall zu bekommen. Noch immer ist fast jede Metrostation den Figuren der alten Ideologie gewidmet: Soldaten, Sportlern, Studenten und Rotgardisten. Kitsch liefert ein geschöntes Bild der Welt. Die Künstler von heute verarbeiten den Kitsch nicht wie die regimekritischen Soz-Art-Künstler mit einem diabolischen, abgründigen Humor. Die entidiologisiert scheinende Haltung ist zu einem neuen Stil geworden, der nicht mehr subversiv, sondern ästhetisch normiert ist.

3. Im russischen Theater taucht plötzlich der Mann, der aus der Kälte kam, wieder auf. Als „Geist des Jahres 2005" bezeichnete die Moscow Times Josef Stalin, der in zahlreichen Fernsehserien wieder über den Bildschirm flimmerte. Auch im Theater trat er gleich in drei Stücken wieder höchstpersönlich in Erscheinung: in „Abendglocken", „Die nackte Pionierin" und „Der Flug der schwarzen Schwalbe". Die Brüder Presnjakow statteten einen ih-

rer Charaktere in dem Stück „Opfer spielen" mit dem autoritären Über-Ich des verblichenen Diktators aus.

4. Auf einem der Kanäle von NTV-Plus läuft seit Anfang 2005 ein einzigartiges Nostalgieprojekt. Der Kanal „Nostalgija" strahlt ganztägig Unterhaltungsprogramme und Nachrichten aus den 1970er und 1980er Jahren aus. Hinter „Kosmos TV" verbirgt sich ein Kanal, der sich auf Sendungen aus der Sowjetzeit spezialisiert hat. Der Trend geht hin zu „Retro-TV". Vor allem die streng zensierten Aufzeichnungen der einstigen Nachrichtensendung „Wremja", in der so spannende Themen wie die Einhaltung des Fünfjahresplanes erörtert wurden, erfreuen sich großer Beliebtheit.

5. Die Feiern zum 850. Stadtgeburtstag 1997 markierten eine Zäsur in der Geschichte der Stadt und das Ende der Perestrojka. Russische Tradition und Sowjetstil fanden wieder zusammen. Die nostalgia (Nostalgie) der Moskowiter bezieht sich nicht auf die gesamte historische Vergangenheit, sondern speziell auf die Errungenschaften der Sowjetzeit. In einer 2006 gezeigten Ausstellung mit dem Titel „Symbole der Geschichte der Sowjetunion" waren 200 Exponate aus dem seit 15 Jahren geschlossenen Lenin-Museum im Historischen Museum zu besichtigen. Die Kuratorin sagte in einem Interview: „Lenin war eine transnationale kommunistische Marke" und „Es wird höchste Zeit, dass wir diese Exponate als historische Objekte sehen und nicht mehr als Projektionsfläche für politische Spekulationen."

uhren zum 50. Jahrestag des Kriegsendes bekommt man ab 300 €. Leider gibt es keine Damenuhren, die hübschen Exemplare der Ruhm-Fabrik (Slawa heißt Ruhm) werden aber durchaus auch von Frauen getragen. In der Eingangsvitrine sind die verschiedenen Editionen und Sammlerstücke aus über 50 Jahren bewegter Firmen- und Landesgeschichte ausgestellt. Geschichte live!

🛍 56 [III D6] **Baboushka**, Kudrinskaja Ploschtschad 1, Im Stalinhochhaus, Metro: Barrikadnaja, Mo.–Sa. 12–20 Uhr, Tel. 7402773. Auf der südlichen Seite der Stalin-Kathedrale geht es ein paar Stufen hinunter zu einer wahren Fundgrube an UdSSR-Nostalgieobjekten wie etwa dem Parfüm „Krasnaja Moskwa", alten Kaviardosen oder antiquarischen Einzelstücken wie z. B. einem Taschenatlas aus einer Zeit, als viele Städte der ehemaligen Sowjetunion noch ganz andere Namen hatten. Auch Liebhaber von antiquarischem Spielzeug, alten Postkarten, Hüten und Taschen kommen in diesem plüschig anrührenden Kleinod auf ihre Kosten.

🛍 57 [IV D8] **Büro Nachodok**, Smolenskij Bulwar 7/9, Tel. 2447697, Mo.–Fr. 10–21, Sa./So. 12–19 Uhr, Metro: Smolenskaja, Park Kultury; Malaja Bronnaja 28/2, Seite 1, Metro: Majakowskaja, Tel. 2030417; Malyj Gnesdnikowskij Pereulok 12/27, Metro: Puschkinskaja, Twerskaja, Tel. 6299732, www.buro-nahodok.ru. In diesem „Fundbüro" wird man auf jeden Fall fündig. Russische Künstler haben original Sowjetwaren zweckentfremdet und z. B. russische Samoware zu Lampen mit bunten Steinen, sowjetische Telefone, alte Kaviardosen und Bügeleisen zu Uhren umfunktioniert. Originalität und Handarbeit haben ihren Preis (ab 40 €).

🛍 58 [B12] **Kulttowary**, Prospekt Wernadskowo 37/2, Metro: Prospekt Wernadskowo, Tel. 9389226, tägl. 10–20 Uhr. Zu Zeiten der UdSSR war das Wort kulttowary eine Abkürzung für Kulturgüter (im Gegensatz zu Industriegütern), heute sind eben diese Relikte „Kult" ... Ein Eldorado für Sowjetnostalgiker ist diese am Stadtrand, aber direkt an der Metro gelegene frühere Lagerhalle, in der es nicht nur alte oder gebrauchte Ohrensessel, Fernseher und Teppiche, sondern auch kyrillische Schreibmaschinen, alte Radios, Originalporzellan, Spielzeug und ausrangierte Kameras aus längst vergangenen Tagen gibt. Die große Auswahl lohnt die lange Anreise.

🔒 **59** [III E5] **Museumsshop** des Museums für Moderne Geschichte Russlands ㊽, Twerskaja Uliza 21, Metro: Puschkinskaja, Twerskaja, Di.–So. 10–18 Uhr, Tel. 2991695. Retroposter aus der Sowjetzeit, auch originelle konstruktivistische Poster, Postkarten, Anstecker und andere Memorabilia findet man hier zu nicht ganz kleinen Preisen. Diese Souvenirs sind allerdings auch bei Russen beliebt, CCCP-T-Shirts und Pelzmützen kaufen dagegen nur Touristen.

🔒 **60** [I G7] **Kiosk an der Basilius-Kathedrale** ⑳, Warwarka Uliza, Metro: Kitaj-Gorod, Mo.–So. 10–19 Uhr. Dass sie noch einmal einen so prominenten Nachbarn bekommen würde, hätte sich Olga Alexejewna wohl nicht träumen lassen. Neben der neuen Fabergé-Galerie am Fuße der Basilius-Kathedrale, an der jeder Tourist früher oder später vorbeikommt, betreibt sie seit Jahren ihren unscheinbaren, aber nach eigenen Angaben „weltbekannten" Kiosk und verkauft vor allem alte Briefmarken (auch von Moskau) mit Originalstempeln. Auch Gemälde aus der Tretjakow-Galerie zieren die hübschen Marken. Ausgefallene Exemplare aus kommunistischen Zeiten sowie Jubiläumsmarken, die von den großen Sport- und Weltraumerfolgen der UdSSR zeugen, vertreibt sie zu erschwinglichen Preisen. Ein ganzes Album ist für 25 € zu haben, eine kleine Lenin-Auswahl schon für 5 €.

SPIELWAREN

🔒 **61** [VI G6] **Detskij Mir (Kinderwelt),** Teatralnyj Projesd 5, Metro: Lubjanka, Mo.–Sa. 9–21, So. 11–19 Uhr. Moskaus größter Spielwarenladen mit einem Karussell und einer riesigen Auswahl an Spielzeug aus allen Teilen der Welt. Traditionelles russisches Holzspielzeug (auch Matrjoschkas) findet man hier ebenso wie Barbies und Kinderkrawatten mit Gummiband. Ein Paradies auf Erden, auch wenn eine Renovierung seit Jahren ins Haus steht. Derzeit ist auch die russische Designerin Lena Kvadrat mit ihrem Label Artpoint (siehe „Designer") in der 3. Etage untergebracht.

🔒 **62** [außerhalb] **Rustoys,** Magadanskaja Uliza 7, Metro: Babuschkinskaja, Tel. 1854083, www.rustoys.ru. Die lange Anreise kann man sich eigentlich sparen. Auf der Website ist alles zu finden, was es an traditionellem russischem (Holz-) Spielzeug auf dem Markt gibt. Orthodoxe Kirchen zum Basteln, Matrjoschkas zum Selberanmalen (!), kyrillische Holzbuchstaben, Fingerpuppen und Puzzles. Gezahlt wird mit Kreditkarte, Lieferung weltweit. Die Preise sind okay, aber der Versand ist relativ teuer.

TEE

🔒 **63** [I G6] **Nadin,** Uliza Ilinka 13–19/2, Metro: Kitaj-Gorod, Mo.–Sa. 9–21 Uhr, So. 10–19 Uhr, Tel. 2066436. Vor allem chinesische Teesorten findet man in diesem hübschen Geschäft hinter dem GUM und nur ein paar Minuten vom Roten Platz entfernt. Es duftet herrlich, das Personal ist nett und Tee aus den „abtrünnigen" Sowjetrepubliken ist auch zu bekommen. (siehe Kap. „Teeclubs")

🔒 **64** [VI G6] **Teehaus Dom Perlow,** Mjasnizkaja 19, Metro: Tschistyje Prudy. Eine stilvollere Adresse für den Kauf von Tee gibt es in Moskau nicht. Leider ist noch nicht klar, wann das geschichtsträchtige, mit chinesischer Ornamentik verzierte Gemäuer an der Mjasnizkaja Uliza seine Pforten wieder öffnet. Nach jahrelanger Restaurierung erstrahlt es erst seit kurzem in neuem Glanz.

ELEKTRIZITÄT

Die **Netzspannung** beträgt 220 Volt. In einigen einfacheren Hotels sind noch alte, sowjetische Schlitzstecker in Gebrauch. Generell sind Hotels mit europäischen **Steckdosen** ausgestattet.

ESSEN UND TRINKEN

„Das Haus beginnt in der Küche und die Küche am Ofen." Dem alten russischen Sprichwort kann man entnehmen, dass der *isba*, der russischen Ofenbank, immer schon eine große Bedeutung zukam. Die sprichwörtliche russische Gastfreundschaft kommt nicht von ungefähr. Auch die russische *datscha* war in erster Linie ein Ort des Beisammenseins. In den Sommermonaten wurde hier zudem frisches Obst und Gemüse geerntet und für den Winter eingekocht.

Die Opulenz einer russischen Tafel wird man so schnell nicht vergessen. Um den Wodka-Konsum einigermaßen unbeschadet zu überstehen, sollte man immer stilles (!) Wasser oder Saft parallel dazu trinken. Auch muss man nur das erste Glas austrinken (siehe Exkurs „Wodka"). Bier ist mittlerweile beliebter als Wodka. In teureren Restaurants wird Wein getrunken.

DIE RUSSISCHE KÜCHE

Russische **Grundnahrungsmittel** sind Kartoffeln *(kartoschki)*, Kohl *(kapusta)*, rote Bete *(krasnaja swjokla)*, Knoblauch *(tschesnok)*, Zwiebeln *(luka)*, Eingelegtes *(marinowannye)*, Pilze *(griby)* aus russischen Wäldern, Getreidebrei *(kascha)*, Sauerrahm *(smetana)*, Magerquark *(tworog)* sowie Kräuter *(seleny)*, vor allem Dill *(ukrop)* und Petersilie *(perez)*, und Schwarzbrot *(tschornyj chleb)*.

Russisches **Schwarzbrot** ist eine echte Delikatesse. Es entspricht am ehesten unserem Roggenvollkornbrot und wird aus Sauerteig gebacken.

In den Moskauer Hotels wird ein internationales Frühstücksbuffet mit Brot, Butter, Kaffee, Marmelade, Wurst und Käse angeboten. Das echt russische **Frühstück** beinhaltet mindestens eine warme Eierspeise, meist auch *bliny* (Buchweizenpfannkuchen) und *kascha* (Brei), die in den großen Hotels ebenfalls mit dazugehören. Das **Mittagessen** *(obed)* ist meist reichhaltiger als das **Abendessen** *(uschin)*. In vielen Restaurants wird mittlerweile *Bisnes Lunch* angeboten, manchmal in Form eines *swedskij stol* (Schweden-Tisch = Büfett).

Wie beim abendlichen Dinner auch beginnt das Mittagsmahl mit *sakuski*. Das sind eingelegte, kalte **Vorspeisen** wie Hering mit Zwiebeln, Fleisch in Aspik, Rote-Bete-Salat, eingelegte Gurken *(ogurzy)* und Pilze, Räucherwurst *(kolbasa)*, Lachs *(salmon)* und Käse *(syr)*. Dazu wird meist russisches Graubrot serviert und Wodka getrunken. Roter (salziger) und teurer schwarzer Kaviar *(ikra)* werden auch als Vorspeise mit Brot und Butter gereicht oder mit *bliny* und saurer Sahne, in jedem Fall aber ohne Zitrone, hart gekoch-

MOSKAUER SALAT

Zutaten für 4 Personen:
5–6 mittelgroße (gekochte) Kartoffeln, 2 Handvoll Sauerkraut, 2 Salzgurken, 3–4 EL Zuckererbsen, 100 g mageres Kochfleisch oder Kochwurst, 3 EL Mayonnaise, 1 EL saure Sahne, Dill, Petersilie, Pfeffer und Salz

Aus diesen Ingredienzen lässt sich eine der beliebten russischen Vorspeisen (sakuska) zaubern. Die Majonnaise wird erst kurz vor dem Verzehr hinzugegeben. Dazu ein kleines Gläschen Wodka. Hmhm, wkussno (lecker)!

te Eier oder Zwiebeln gegessen. Russische **Salate** sind keinesfalls eine leichte Vorspeise. Meist wird die Gurken-Tomaten-Basis mit Huhn, Schinken, Kartoffeln oder Eiern ergänzt und mit dem obligatorischen, noch immer sehr verbreiteten Majonnaise-Dressing *(majonnes)* serviert. Wer keinen Dill mag, sollte „bes ukropa" bestellen.

Russische **Suppen** sind köstlich und haben eine lange Tradition. (Der Holzlöffel hielt auf der russischen Tafel 400 Jahre vor der Gabel Einzug). Die noch am ehesten unserem Eintopf gleichenden russischen Suppen werden meist auf Fleischbasis hergestellt und mit *smetana* (saurer Sahne) serviert. Sie sind daher durchaus sättigend. Die Rote-Bete-Rindfleisch-Suppe *(borschtsch)* ist ebenso beliebt wie die klare Kohl-Gemüse-Suppe *(schtschi)*, die im Sommer aus frischem Kohl und im russischen Winter aus Sauerkraut zubereitet werden kann. Auch die fisch- oder fleischhaltige Gemüsesuppe mit Tomaten, Salz und Limone *(soljanka)* schmeckt hervorragend.

Sollte man nach den reichhaltigen *sakuski* und einer Suppe schon gesättigt sein, spart man sich einfach den ohnehin recht opulenten **Hauptgang**, der ohne Reis *(ris)* oder Kartoffeln *(kartoschki)* nicht denkbar ist. Sie sind als Beilage zu Fleisch *(mjasa)* oder Fisch *(ryba)* gedacht, die es in vielen Variationen gibt. Als weitere Beilage wird Gemüse *(owoschy)* angeboten, das sehr lange gekocht wird und ausgelaugt wirkt. Mit Fleisch oder Pilzen (Pilze sind in jeder Variation köstlich!) gefüllte Piroggen *(piroschki)* eignen sich auch als *sakuski*, als Beilage oder eben als Hauptgericht. *Boeuf Stroganoff* ist nichts anderes als Rindergulasch mit saurer oder süßer Senf-Sahne-Sauce, Champignons und Getreidebrei *(kascha)*, das dem russischen Grafen *Stroganoff* und Freund *Peters des Großen* vor allem deshalb so gefiel, weil es so bissfreundlich war.

Frikadellen werden irreführenderweise *kotlety* genannt. Empfehlenswert sind die russischen Ravioli, genannt *pelmeni*. Das ursprünglich aus China (Dim Sum) stammende Leib- und Magengericht der Russen besteht aus mit Fleisch oder Fisch gefüllten Klößchen in Suppe oder Sauerrahm.

Zum **Dessert** gibt es eine kleine Auswahl sehr süßer Nachspeisen. Eis *(moroschenoje)*, Piroggen (Hefeteigtaschen mit Obst oder Marmelade), *watruschki* (Käsetörtchen) oder mit Mohn und anderen Zutaten gefüllte Crêpes *(bliny)*.

Ein nützlicher Link für Freunde der russischen Küche: www.russlandonline.ru/kulinarisch. Auf Deutsch findet man hier alles Wissenswerte über die russische Kochkunst erstklassig aufbereitet.

SPEZIALITÄTEN AUS DEM KAUKASUS UND ZENTRALASIEN

Vor allem die georgische und die usbekische Küche gelten als außerordentlich lecker. Man sollte unbedingt in einem der Restaurants aus den ehemaligen Kaukasus-Republiken speisen. Die Küche der zentralasiatischen Republik Usbekistan mit den bekannten *chatschapurij* (mit Schafskäse gefüllte Hefeteigbrote) sollte man sich nicht entgehen lassen. Usbekische *pelmeni* heißen *manty* und werden im Gegensatz zum russischen Original nicht gekocht, sondern gedämpft und mit Joghurt serviert. Moskau sollte man auch nicht verlassen, ohne vorher den usbekischen *plow* (Reis mit Hammelfleisch, bekannt als Pilaw-Reisgericht), die orientalische Festspeise schlechthin, und die ursprünglich kaukasischen *schaschlyki* probiert zu haben. Sie gelten als das Lieblingsgericht der Russen und als Höhepunkt jedes geselligen Beisammenseins, ob am Strand, im Schwimmbad oder daheim.

TEECLUBS

Tee *(tschaj)* hat in Russland eine **lange Tradition**. Er kam Mitte des 17. Jh. aus China über die Seidenstraße nach Russland. Im altrussischen Sprachgebrauch wurde Tee „gegessen" und nicht getrunken. Bis zur Revolution 1917 galt Tee als elitäres, teures Getränk, das sich nur Kaufleute und die Entourage des Zaren leisten konnten. Seit Ende der 1990er Jahre erlebt der Tee eine Art Wiedergeburt. Viele kleine und große Teehäuser bieten eine riesige Auswahl und einen kurzen Moment zum Verschnaufen in der hektischen Großstadt.

Neben großen und kleinen Teezeremonien gibt es noch immer die traditionellen **Samoware** (*samo* heißt „selbst" und *warit* heißt „kochen"). Man füllt die Tasse zur Hälfte mit dem erhitzten Teekonzentrat aus der oben postierten Kanne und gibt aus dem Kran unten heißes Wasser hinzu. Der Tee wird in Russland meist schwarz getrunken und mit einer Zitronenscheibe serviert. Häufig wird *tschaj* anstatt mit Zucker mit **warenje** (Konfitüre) gesüßt.

◯ 1 [III F5] **Klub Tschajnoj Kultury** (Teekulturclub), Karetnyj Rjad 3/7 (im Eremitage-Garten), Metro: Zwetnoj Bulwar, Mo.–So. 10–24 Uhr, Tel. 2092458. Die Meister haben ihr Handwerk gelernt, von hier aus starteten Teeexpeditionen nach China. Auch wenn der Schriftsteller Viktor Pelewin die Eingangskontrolle nicht passieren durfte, sollte man in jedem Fall versuchen, den Türsteher freundlich anzulächeln. Ist man erst mal drin, vergisst man die Welt draußen. Gemütlich und entspannt ist die Atmosphäre, der Tee, vor allem die aktuelle Ernte, unbedingt zu empfehlen. Die Auswahl ist riesig, auch an kleineren Gerichten. Neuerdings werden hier auch *Bisnesmeny* gesichtet.

◯ 2 [VI G6] **Schelesnyj Feniks (der Eiserne Phönix)**, Bolschoj Tscherkasskij Pereulok 2/10 (neben dem Che), Metro: Lubjanka, Mo.–So. 14–24 Uhr, Tel. 9239140. Hinter der bläulichen Eisentür neben dem Restaurant Che (zu erkennen an dem großen Konterfei Che Guevaras) geht es am Wachmann vorbei in den etwas plüschigen Teekeller, in dem man sich wie zu Hause fühlen kann, vorausgesetzt, man mag hochflorige Teppiche und Räucherstäbchen. Chinesischer Tee (etwa Pu Err mit Mandarine) erfreut den Gaumen, das zauberhafte Service steht zum Verkauf. In dem Bibliothekszimmer am Eingang kann man in

Die russische Ausführung unserer „Pommes-Bude"

der Stalin-Biografie lesen oder in esoterischen Taschenbüchern auf der Suche nach dem eigenen Karma blättern.

3 [I6] **Teeclub „East",** Uliza Kasakowa 18, Metro: Kurskaja, (Ausgang Uliza Kasakowa (evtl. fragen!), dann 20 Minuten zu Fuß), Mo.–So. 10–24 Uhr, Tel. 9953580, www.east-club.ru. Im linken Flügel des ehemaligen Rasumowskij-Landsitzes liegt dieses esoterische Zentrum mit Film-, Seminar- und Konzertangebot. Eine Mischung aus chinesischer Exotik und russischer 1980er Jahre-Intelligenzia-Wohnung lässt den Alltag schnell vergessen. Die abendlichen Teezeremonien bei Kerzenschein und ein entspanntes junges Publikum machen das „East" zu einem Wohlfühlort. In der kleinen, aber teuren Teehandlung im zweiten Stock gibt es Tee, den man nicht einmal in Peking findet.

4 [III E6] **Teeetage 108,** Bolschaja Nikitskaja 19 (2. Stock, im Hinterhof der Helikon-Oper), Metro: Arbatskaja, Mo.–So. 14–24 Uhr, Tel. 7438019, www.cha108.ru. Auch wenn die DIN-A4-große Karte (nur auf Russisch) eine unendliche Auswahl an roten, grünen, schwarzen und gelben Tees bietet, sollte man sich einen Saisonzugang empfehlen lassen. Mit ausgefallensten Sorten und viel Andacht wird eine Teezeremonie an einem der niedrigen Tische zelebriert. Kleine Paravents und an jedem Tisch einzeln zu steuernde Dimmerbeleuchtung schaffen eine intime Atmosphäre. Bei einem Dessert aus Zentralasien (Cashewnüsse in Honig aus Turkmenistan für 5 €) oder einer Partie Go kann man sich herrlich entspannen. Leise Musik, keine Räucherstäbchen und kein Teeverkauf. Die Preise sind leider nicht so ansprechend wie der Service.

5 [III E5] **Teehaus Tschajnaja,** 1. Twerskaja Jamskaja Uliza 29/1 (Eingang durch den Bogen neben dem China-Restaurant, dann wieder links, hinten links in den Hauseingang und an der orangefarbenen Tür mit dem chinesischen Zeichen klingeln!), Metro: Belorusskaja, Tel. 9673052, Mo.–So. 15–5 Uhr. In diesem Hinterhof in der zugigen Gegend um den Weißrussischen Bahnhof würde man einen so stilvollen, einladenden Ort ganz sicher nicht erwarten. Eine kleine, aber erstklassige Auswahl an Teesorten wird in einem Ambiente serviert, das an den Beginn des vorigen Jahrhunderts erinnert. Die Treppe ist mit chinesische Zeitungen geschmückt, man fühlt sich wie im fernen China. Ein mystischer Ort, weltoffen und angenehm, frei von esoterischer Musik, Rauchschwaden oder sonstigen Dingen, die vom Teetrinken ablenken. Köstliche chinesisch-japanische Appetithäppchen, vor allem die mit Mango-Marmelade sind unbedingt empfehlenswert. Gutes Preis-Leistungs-Verhältnis und ein bisschen China mitten in Moskau.

○6 [III F5] **Teerestaurant GUN**, Karetnyj Rjad 3 (im Eremitage-Garten), Metro: Puschkinskaja, Mo.–So. 13–1 Uhr, Tel. 2991420, www.mosgorsad.ru. Im Lieblingspark der Moskowiter treffen China und Russland aufeinander. Der neue Teetrend nahm hier seinen Anfang. Auf bodennahen Stühlen und Matratzen kann man ungestört einen ganzen Nachmittag verbringen. Mobiltelefone müssen ausgeschaltet sein und im Hintergrund läuft asiatische Musik. Neben unzähligen Teesorten und -zeremonien gibt es auch europäische und orientalische Gerichte. Business Lunch kostet nur 5 €. Schon nach der zweiten Tasse wird aus dem durststillenden Getränk eine Weltanschauung.

○7 [VII H6] **Tschaj – Wunder des Himmels**, Kriwokolennyj Pereulok 12, Metro: Tschistyje Prudy, tägl. 10–23 Uhr, Tel. 9235359, www.besttea.ru. 200 Sorten Tee in einer Oase der Ruhe. Man darf jeden Tee probieren, auf Wunsch gibt es auch Verkostungen. Chinesisches Porzellan wird hier mit „chinesischem Tee erlesenster Qualität" und dem Gefühl serviert, direkt aus dem Großstadtstress mitten im Himmel angekommen zu sein.

○8 [III F5] **Tschajchona Lounge**, Karetnyj Rjad (im Eremitage-Garten, neben der neuen Oper), Metro: Zwetnoj Bulwar, Mo.–So. 12–24 Uhr, Tel. 7826122, www.chaihona.com. Wie in einem großen Zeltlager macht man es sich auf den Kissen gemütlich und trinkt dazu einen der köstlichen Tees. Sträflich wäre es allerdings, die leckeren usbekischen Gerichte nicht zumindest zu probieren. „Demokratische" Preise und schöne Lounge-Musik mitten in der grünen Lunge Moskaus. Im Winter wird hier Schlittschuh gelaufen … und der Tee wird auch bei minus 26 Grad serviert!

RESTAURANTÜBERSICHT

Bei der Suche nach dem passenden Restaurant hat der Moskau-Reisende die Qual der Wahl. Zum Überblick sind hier alle in den Stadtrundgängen beschriebenen Restaurants aufgelistet und können in der Übersichtskarte lokalisiert werden.

Die Zeichen und Farben bedeuten:	
○1	laufende Nummer
[I F7]	Nummer der Detailkarte und Planquadrat
8	Nummer der Liste, in der das Restaurant ausführlich beschrieben wird (s. Inhaltsverzeichnis)
€	preiswertes Restaurant
€€	gehobenes Niveau
€€€	exklusiv und hochpreisig
rot	vorwiegend russische Küche
grün	internationale und russische Küche
blau	exotische Küche

RESTAURANTS IM ÜBERBLICK

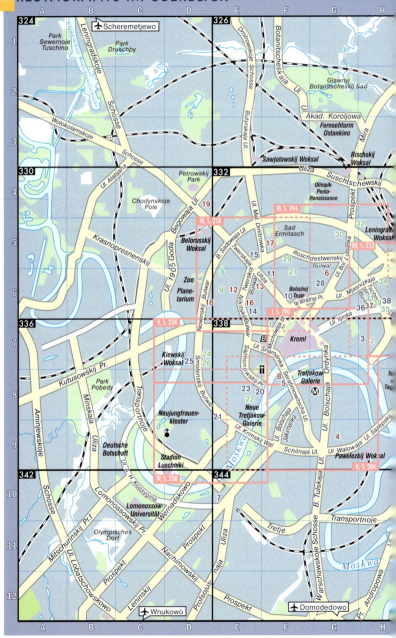

PRAKTISCHE REISETIPPS 51

- 1 Eat & Talk [I F7] 8 €–€€
- 2 Expedizija [VII H7] 14 €€
- 3 Zebra Square [I H7] 8 €€–€€€
- 4 Oblomow [II G9] 9 €€–€€€
- 5 Ris i Ryba [II F8] 9 €–€€
- 6 Schtschit i Mjetsch [VI G6] 13 €
- 7 Sky Lounge [E10] 9 €€€
- 8 Spezbufet Nomer 7 [II F8] 9 €–€€
- 9 Architekt [III E6] 10 €€€
- 10 Ketama [III F6] 10 €–€€
- 11 Makikafe [III F6] 10 €€
- 12 Na Melnize [III E6] 10 €€
- 13 Puschkin [III E6] 10 €€–€€€
- 14 Schan-Schak [III E6] 10 €–€€
- 15 Schokolad [III E5] 10 €€€
- 16 Stanislawskowo 2 [III E6] 10 €–€€
- 17 Tram [III F5] 10 €–€€
- 18 ZDL [III D6] 10 €€–€€€
- 19 Jar [D4] 10 €€–€€€
- 20 Casual [IV E8] 11 €€–€€€
- 21 Suzy Wong Bar [IV E8] 11 €€–€€€
- 22 Tiflis [IV E8] 11 €–€€
- 23 Vertinsky [IV E8] 11 €€€
- 24 Bosfor (Bosporus [V D7] 12 €€
- 25 Wostotschnaja Komnata [V D7] 12 €€
- 26 Wostotschnyj Kwartal [V D7] 12 €€
- 27 Baraschka [VI F6] 13 €€–€€€
- 28 Jagannath [VI G6] 13 €
- 29 Kafe Galereja [VI F5] 13 €€€
- 30 Ogni [VI G5] 13 €–€€
- 31 Avocado [VII H6] 14 €–€€
- 32 Coconclub [VI H5] 13 €€€
- 33 Kafe Cibo e Vino [VII H6] 14 €€
- 34 Milk & Honey [VII H6] 14 €€€
- 35 Nostalgie [VII H6] 14 €€€
- 36 Pasta Project [VII H6] 14 €€
- 37 Petrow Wodkin [VII H6] 14 €€
- 38 Schangschung [VII H6] 14 €€
- 39 Schatjor [VII H6] 14 €€–€€€
- 40 Schon Lon [VII H6] 14 €€
- 41 Sport-Bar Replay [VII H6] 14 €–€€

WODKA

Schon im Jahr 988 wurde der Großfürst Wladimir von Kiew mit folgendem Ausspruch zitiert: „Trinken ist das wichtigste Vergnügen der Russen. Wir können nicht anders." Das Abstinenzgebot im Islam soll ihn letztlich bewogen haben, den orthodoxen Glauben als Staatsreligion zu wählen.

Seit dem 15. Jh. wird in Russland jenes vierzigprozentige Gebräu aus Weizen, manchmal auch aus Roggen destilliert, das das Schicksal der Russen nachhaltig bestimmen sollte: der Wodka, abgeleitet von dem Wort „woda" (Wasser). In der Anfangszeit wurde das „Wässerchen" mit Ölen aromatisiert, um den Beigeschmack der Verunreinigungen zu beseitigen, auch wenn Wodka „nicht schmecken, sondern wirken" soll.

Zu jener Zeit brauchte das Moskauer Fürstentum neue Einnahmequellen zur Finanzierung des Militärs, der Verwaltung und der Residenz. Da bot sich eine Branntweinpacht geradezu an. Iwan IV. der Schreckliche plante Mitte des 16. Jh. Kriege und Eroberungen und beschloss, das „Fenster nach Europa" mit dieser Pacht zu finanzieren. Bei der Eroberung von Kasan stieß er auf „Kabaken", einfache Schänken, in denen Bauern und Städter niederer Herkunft Wodka tranken. Vom Ende des 18. Jh. bis zur Antialkoholkampagne unter Gorbatschow machte der Anteil der Spirituosensteuer fast ein Drittel der Staatseinnahmen aus. Auch unter Stalin hielt „die Verstrickung des Staates in die Zwangsalkoholisierung der Bevölkerung" (Sonja Margolina) an. Im Krieg gegen Hitler-Deutschland ordnete Stalin eine Tagesration von „100 Gramm" für jeden Frontsoldaten an. Wodka wird heute noch im Gramm bemessen (z. B. auf Speisekarten). Auch unter den Kommunisten war die Trunkenheit an Feiertagen legitim. Aufgrund des Mangels an Gebrauchsgütern und Freizeitangeboten kam es in weiten Bevölkerungsteilen zu einer wahren Flucht in den Alkohol. Auch wenn sich der Rausch der Russen auf ihr Gemüt meist besänftigend auswirkt, so sind die aus der durchsichtigen Droge folgenden Wirkungen wie Apathie, Disziplinlosigkeit und Gesundheitsschädlichkeit für das Land auch heute noch fatal und bedeuten ein Hindernis auf dem Weg in die Moderne.

Unter Gorbatschow (auch Mineralsekretär genannt) blühte der Handel mit Samogon, mit Selbstgebranntem, der aus Zucker und Spiritus in der heimischen Küche destilliert wurde. Jelzin schaffte schließlich das staatliche Alkoholmonopol ab. Heute erlebt die Wodkaproduktion eine echte Renaissance. Die beste Wodka-Brennerei ist nach wie vor die Kristall-Brennerei in Moskau. Wöchentlich tauchen neue Wodkamarken auf wie „Wodka Putinka" und „Wodka Kalaschnikow".

Seit dem 1. Januar 2006 gelten neue Verkaufsbeschränkungen: Zwischen 23 und 8 Uhr morgens ist der Verkauf von Wodka nicht mehr erlaubt. Auch das Konsumieren von Alkohol in der Öffentlichkeit, also vor allem an Metroeingängen, ist im Dezember 2005 offiziell verboten worden.

FESTE UND FEIERTAGE

Es gibt 11 offizielle Feiertage und eine ganze Reihe weiterer Festtage. An den Feiertagen sind die Museen teilweise oder ganz geschlossen.

› **1. Januar:** Neujahr (Silvesterkonzert im Konservatorium)
› **14. Januar:** Orthodoxes Neues Jahr (gefeiert wird am Abend, kein Feiertag)
› **19. Januar:** Epiphanias-Fest (Taufe Christi im Jordan), Weihung des Wassers in Kolomenskoje (kein Feiertag), danach Eintauchen in das Wasser, auch in Eislöcher
› **23. Februar:** Tag der Verteidigung des Mutterlandes
› **8. März:** Internationaler Frauentag, arbeitsfrei, gefeiert wird am Abend des 7. März. Blumen für die Ehefrau, Kolleginnen oder Freundinnen sind ein Muss, ähnelt unserem Muttertag, zu Sowjetzeiten wurden die „Heldinnen der Arbeit" besonders geehrt.
› **23. April 2007 (8. April 2008):** Das russische Osterfest Pascha (Karfreitag ist kein Feiertag)
› **1. und 2. Mai:** Tag der Arbeit. Seit dem Ende der politischen Aufmärsche zu Sowjetzeiten ist der 1. Mai eher ein unpolitisches Frühlingsfest mit Veteranentreffen und endet üblicherweise in den Morgenstunden des 2. Mai im Wodkarausch.
› **9. Mai:** Tag des Sieges über den Faschismus. Ein wichtiger patriotischer Feiertag, Ehrungen, Veteranenmärsche, Kranzniederlegung am Grab des unbekannten Soldaten
› **12. Juni:** Nationalfeiertag, Tag der Unabhängigkeit, Sommerfest mit Feuerwerk, erinnert wird an die Auflösung der Sowjetunion 1991

Wer nach Moskau reist, sollte einige Wodkaregeln kennen. Die Russen trinken Wodka pur in großen Wassergläsern, aber nur das erste Glas muss ausgetrunken werden. Ab dem zweiten darf man nippen! Es gilt als unhöflich, allein zu trinken. Wodkagläser werden immer kollektiv gehoben. Etwas befremdlich mutet die Sitte an, dass sich die Zuprostenden nicht in die Augen sehen. Trinksprüche hingegen sind von großer Wichtigkeit, auch von Ausländern wird ein Toast erwartet. Die Anzahl der anwesenden Trinkenden bestimmt die Zahl der Trinksprüche. Mehr dürfen es sein, weniger nicht. „Sa sdorowie" („auf die Gesundheit") ist der selten gewordene Klassiker. Häufiger hört man „Sa nas" („auf uns"), „Sa druschbu" („auf die Freundschaft") oder „Sa snakomstwa" („auf das Kennenlernen").

Eventuell ist für weniger trinkfeste Gemüter besser die völlige Abstinenz geboten, die dann allerdings mit der Einnahme starker Medikamente, Alkoholabhängigkeit oder ähnlichen Ausflüchten erklärt werden muss. Schon im russischen Volksmund heißt es: „Was für den Russen gesund ist, bringt den Deutschen um."

› **22. August:** Niederschlagung des Staatsstreiches 1993 (Arbeitstag)
› **5. September:** Tag der Stadt Moskau, Karnevalsumzug auf der Twerskaja
› **4. November:** Tag der Nationalen Einheit. Befreiung Moskaus von den polnischen Besatzern 1612 (erstmalig begangen 2005)
› **12. Dezember:** Tag der Verfassung. An diesem Tag fanden 1993 die ersten freien Wahlen nach dem Ende der Sowjetunion statt. Der Feiertag wird nachgeholt, wenn er auf einen Samstag oder Sonntag fällt.

Maslenniza (www.maslenitsa.com) ist die so genannte **Butterwoche** im Februar, in der man sich wie in katholischen Ländern beim Karneval vor dem langen Fasten bis Ostern noch einmal den leiblichen Genüssen, vowiegend den mit Butter hergestellten *blinys,* hingibt. Gefeiert wird vor allem auf der Twerskaja Uliza ❹❸ und in Kolomenskoje.

FILM UND FOTO

Nach dem jahrzehntelangen Foto- und Filmverbot für Touristen ist es nun fast überall erlaubt, Fotos zu schießen oder zu filmen. In Museen, Kirchen und Klöstern muss man allerdings eine **Fotogenehmigung** kaufen. Manchmal ist jedoch das Fotografieren in Museen gänzlich verboten oder auch nur der Blitz. Regierungsgebäude, militärische Einrichtungen, Konsulate, Botschaften und Metrostationen dürfen nicht abgelichtet werden, schon gar nicht aus der Luft.

Fotoshops, in denen man Bilder innerhalb von einer Stunde entwickeln lassen und nebenbei im Netz surfen kann, finden sich beinahe an jeder Ecke. Auch je-

des nur vorstellbare Ersatzteil oder jeder Filmchip ist in Moskau zu bekommen.

In einem Land, in dem Kontrollen jahrzehntelang an der Tagesordnung waren, ist es wichtig, die Würde des Einzelnen zu respektieren. Will man **Einheimische fotografieren**, sollte man, wie überall auf der Welt, mit Fingerspitzengefühl vorgehen und gebührenden Abstand wahren. Am besten fragt man vorher („*Moschno?*" = „Darf ich?" reicht schon). Sollte die betreffende Person ablehnen, was durchaus vorkommt, bedankt man sich und geht unverrichteter Dinge weiter. In der Öffentlichkeit lächeln Russen sehr selten. Auch nicht für die Kamera.

FILMVERLEIH

Vor allem außerhalb, aber auch im Stadtzentrum von Moskau gibt es eine Vielzahl von Videotheken mit DVD-Verleih. Allerdings sind russische und ausländische Filme auf DVD generell halb so teuer wie in Deutschland, sodass man sie auch gut in den Geschäften (siehe Kap. „Einkaufen und Souvenirs") kaufen kann. Dann sollte man allerdings (wenn nötig) nach englischen Untertiteln *(subtitry)* fragen.

VIDEOS UND DVDS IN ENGLISCHER SPRACHE

› **Video,** Alter Arbat, Metro: Smolenskaja. Alle aktuellen Filme, auch auf Englisch oder mit englischen Untertiteln.

◂ *Junge Moskauer in ungewohnter Spiegelperspektive*

› **Videoverleih WKS,** Kusnezkij Most 19, 3. Etage, Metro: Kusnezkij Most, Tel. 7373303. Gute Auswahl an Filmen mit oder ohne Untertiteln.
› **Staatliche Fremdsprachenbibliothek,** Uliza Nikolojamskaja 1, Metro: Taganskaja, Tel. 9153621. Hier kann man sich englischsprachige Videos nur an Ort und Stelle ansehen, kein Verleih.

RUSSISCHE DVDS

› **DVD-Land,** Tel. 5147817, www.dvd-land.ru. Per Internet oder Telefon bestellt man seine DVD, die innerhalb von 2 Stunden in der Zeit von 10–19.30 per Kurier zugestellt wird. Die DVDs kosten ca. 10 €. Eine Auswahl von 5000 DVDs. Lieferung kostenlos. Bezahlt wird an der Wohnungstür.

GESCHÄFTLICH IN MOSKAU

Deutschland ist einer der wichtigsten Handelspartner Russlands. Allein in Moskau sind mehr als 1000 deutsche Unternehmen tätig. Findet man sich früher oder später als deutscher „*bisnesmen*" in Moskau wieder, sollte man sich mit der Mentalität der russischen Partner beschäftigen. Am besten schon vor Beginn der Geschäftsreise. Unter www.wiwo.de erfährt man, wie die Hindernisse und Hürden mit russischen Geschäftspartnern zu überwinden sind. Auch der erstklassige Ratgeber für Einsteiger mit dem Titel „Business mit Russland" (Haupt Verlag) von den Schweizer Pionieren *Walter Denz*, *Karl Eckstein* und *Frank Schmieder* sei unbedingt empfohlen. Nützliche Tipps gibt auch *Peter Schiltz* von der Gesellschaft Russland-Deutschland, der seit Jahren in Moskau Geschäfte macht (germania@org-moskva.com).

Neben ausländischen, vorzugsweise deutschen Architekten und Bauingenieuren sind in Moskau derzeit Buchhalter, Softwareentwickler, Immobilienmakler und Designer besonders gefragt. Große Chancen für Investitionen gibt es in den folgenden Bereichen: KFZ-Zulieferer, Lebensmittelindustrie, Baustoffindustrie und Energiesektor. Wer sich für ein Stellenangebot interessiert, kann sich unter www.job.ru über die Richtlinien für eine russische Bewerbung (Lebenslauf) informieren.

NÜTZLICHE LINKS

- www.dihk.de – Deutsche Außenhandelskammer in der Russischen Föderation/Delegation der Deutschen Wirtschaft, Moskau
- www.vdw.ru – Verband der deutschen Wirtschaft in der Russischen Föderation
- www.ixpos.de – Außenwirtschaftsportal mit Informationen zu Russland
- www.ihk.de – Industrie- und Handelskammer Deutschland
- www.russia.de – Handels- und Industriekammer der Russischen Föderation in Deutschland
- www.diht.de – Broschüre „Leben und Arbeiten in Moskau" und anderes

▶ *Diese öffentliche Münztoilette bietet ihren Service auf ökobiologischer Basis*

WI-FI (WIRELESS LAN) IN MOSKAU

- Bar 30/7 [4]
- Bookafe [13]
- Café Le Gateau [10]
- Club Vermel [4]
- Kofechaus [8]

NÜTZLICHE DIENSTLEISTUNGEN

- **Sachkundige Sekretärin:** Anna Ivox, Uliza Wyborgskaja 16/1, Zone G, Büro 201, info@ivox.ru, www.anna.ivox.ru (Website auch auf Englisch), Tel./Fax 3635600. Einem findigen Briten ist es zu verdanken, dass sich des Russischen unkundige Geschäftsleute einer ganz besonderen Serviceleistung bedienen können, vorausgesetzt, sie sprechen Englisch. In nahezu jeder nur denkbaren Situation hilft Anna Ivox *(Anna intelligent voice)* weiter. 24 Stunden an 7 Tagen die Woche ist eine der charmanten, perfekt Englisch sprechenden Russinnen in der Telefonzentrale für ihre Kunden da. Sie übernimmt Verhandlungen, organisiert Festivitäten und ruft bei russischen Versicherungen an. Die zweisprachige Sekretärin tritt allerdings nie in Erscheinung, sie wird per Handy oder per E-Mail kontaktiert. Anna Ivox ist jederzeit erreichbar und hilft sofort, auch wenn man nur ein paar Vokabeln sucht. Auch in sehr persönlichen Angelegenheiten kann man sich an Anna wenden. Bezahlt wird über eine Karte, die Einheiten zum Gegenwert von 50, 100 oder 150 € enthält. Schade, dass es den ausgesprochen hilfreichen Service noch nicht auf Deutsch gibt.
- **Mieten einer Datscha:** Penny Lane Realty, Snamenka Uliza 13/3, Metro: Borowizkaja, Tel. 2320099.
- **Auto mit Chauffeur:** www.carbus.ru, Tel. 4119132, 24 Stunden verfügbar, Transfer zum Flughafen ab 30 €.

PRAKTISCHE REISETIPPS
Hygiene, Internetcafés

HYGIENE

Das **Trinkwasser** sollte in keinem Fall getrunken werden. Selbst zum Zähneputzen ist es besser, abgefülltes Wasser zu verwenden.

Öffentliche **Toiletten** gibt es zwar, aber man kann sich nicht darauf verlassen, dass man eine findet, wenn man sie braucht. Und wenn, sollte man nicht viel Sauberkeit erwarten. Mittlerweile sind portable Toiletten vor allem im Stadtzentrum fast überall zu finden. Die Vor- und Nachteile der Plastikhäuschen kennt man ja. Notfalls kann man auch in ein Hotel, in ein Restaurant oder zu Mc Donald's gehen. Das wird generell toleriert. Toilettenpapier wird man so gut wie nirgends finden. Am besten hat man immer zumindest Taschentücher dabei. Das russische „Ж" steht für Damen, „М" für Herren.

INTERNETCAFÉS

Neben den privat betriebenen Internetcafés gibt es seit Dezember 2005 die ersten Internetautomaten. Die „Infomats" oder **Multimedia-Automaten** sind in einer festen Metallbox an unterschiedlichen Standorten im Stadtzentrum zu finden, beispielsweise im Einkaufszentrum Elektronika an der Metrostation „Uliza 1905 Goda". 100 weitere Automaten sollen folgen.

@1 [II G8] **Altavista**, Lawruschinskij Pereulok 17/5, Metro: Tretjakowskaja, 24 Stunden geöffnet.
@2 [E4] **Cafemax 1**, Uliza Nowoslobodskaja 3 (im Geschäftszentrum gegenüber dem Metroausgang), Metro: Nowoslobodskaja.
@3 [II G8] **Cafemax 2**, Uliza Pjatnizkaja 25, Metro: Nowokusnezkaja.

@4 [C11] **Cafemax 3,** Uliza Akademika Chochlowa 3, Metro: Uniwersitet. Tägl. 24 Stunden geöffnet. Die Cafés der bekannten Cafemax-Kette verfügen über schnelle Server, ruhige Musik, angenehme Räume, kleine Snacks. Das Personal ist freundlich und hilfsbereit. Leider sehr gut besucht.

@5 [VII I5] **Internet-Kofejnja,** Komsomolskaja Ploschtschad 2 (im Kasaner Bahnhof), Metro: Komsomolskaja. Tägl. 17–1 Uhr, nur für kurzes E-Mail-Checken zu empfehlen, normale Tarife, ganze vier Computer, aber sehr freundliche Bedienung, Hot Dogs und Bier.

@6 [II G9] **Net City 1,** Pawelezkaja Ploschtschad 2/1, Metro: Pawelezkaja.

@7 [VI F6] **Net City 2,** Kamergerskij Pereulok 6, Metro: Teatralnaja. Tägl. 9–24 Uhr, normale Tarife, auch für eine halbe Stunde, VIP-Computer-Plätze im ersten Stock, Snacks.

@8 [I F6] **Time Online 1,** Maneschnaja Ploschtschad 1 (im Parterre der Einkaufspassage), Metro: Ochotnyj Rjad.

@9 [III D5] Time Online 2, Bolschoj Kondratewski Pereulok 7, Metro: Belorusskaja. Tägl. 24 Stunden. Preis variiert nach Tageszeit. Kopier- und Telefondienste, Café Schokoladniza direkt im Haus, manchmal Wartezeiten.

MIT KINDERN UNTERWEGS

◐1 [VI F4] **Obraszow-Puppentheater und -Museum,** Sadowaja Samotjotschnaja Uliza 3, Metro: Majakowskaja, Zwetnoj Bulwar, Tel. 2995373, Mo. 13–19 Uhr, Di.–So. 11–14.30 und 15.30–19 Uhr (Kassenöffnungszeiten), www.puppet.ru. Sergej Obraszow gründete dieses zauberhafte Puppentheater bereits 1931. Einige seiner Produktionen laufen auch heute noch. Es ist das größte seiner Art und gilt als eines der weltbesten. Revolutionär war Obraszows Idee, Themen, die eigentlich nur für Erwachsene interessant sind, auch Kindern zugänglich zu machen. So werden beispielsweise Stücke von Puschkin adaptiert, aber „Das Dschungelbuch" und der russische Pinocchio „Buratino" dürfen natürlich nicht fehlen. Auch ohne Russischkenntnisse werden Kinder und Erwachsene von den liebevoll adaptierten Stücken verzaubert. Am besten kauft man die Tickets tagsüber an der Theaterkasse. Eine Stunde vor Vorstellungsbeginn öffnet das angeschlossene, ausgesprochen sehenswerte Puppentheatermuseum. Von Indien bis Kanada sind alle Länder und deren traditionelle Puppenstile vertreten. Es verwundert nicht, dass unter den 3500 Puppen aus mehr als 60 Ländern auch eine Abordnung der Augsburger Puppenkiste vertreten ist.

◐8 [III E5] **Theater Praktika,** Trjochprudnyj Pereulok 11/1 (Eingang Bolschoj Kosichinskij Per.), Tel. 2996667, www.praktikatheatre.ru. Hier finden – manchmal auch in Zusammenarbeit mit dem Moskauer Schattentheater – künstlerisch anspruchsvolle und sehr liebenswerte Produktionen für Kinder („Das Märchen, das noch nicht geschrieben wurde") und Erwachsene statt, für die Sprachkenntnisse nicht unbedingt erforderlich sind. Im Gegenteil.

★1 [III D6] **Planetarium,** Sadowo-Kudrinskaja Uliza 5, www.planetarium.ru, Metro: Barrikadnaja. Nach mehrjährigem Umbau des denkmalgeschützten Planetariums erstrahlt nicht nur das Äußere in neuem Glanz. Zwei Observatorien und kosmische Attraktionen laden große und kleine Besucher zum Verweilen ein. Sogar ein virtueller Allspaziergang durch die Milchstraße ist im Land der Kosmonauten möglich. Zum Museumskomplex gehören auch ein Café und eine Parkgarage.

▨8 [II H9] **Pjat swjosd** (5-Sterne-Kino, siehe „Kino"). Neben Kinderbetreuung gibt es hier auch eine kostenlose Fahrt mit der Eisenbahn und ein extra Studio, in dem die Kleinen sich verkleiden und selbst eine Filmkamera bedienen dürfen. Am Ende entsteht ein echter Film.

◯3 [VI G5] **Zirkus Nikulin,** Zwetnoj Bulwar 13, Metro: Zwetnoj Bulwar, Kassen: Mo.-Fr. 11-14 Uhr, 15-19 Uhr, Sa./So. 12.30-13.30 Uhr, Tel. 2000668, www.circusnikulin.ru. Für kleine Zuschauer ab 3 Jahren und jung gebliebene erwachsene Zirkusfans bietet der weltbekannte, erst 1990 fertig renovierte Moskauer Zirkus ein erstklassiges Programm. Clowns und Trapezkünstler, Tiernummern und Zauberei in der riesigen Zirkusarena, in der 2000 Zuschauer Platz finden, wird man nicht so bald vergessen. Da die Vorstellungen auch tagsüber oft ausgebucht sind, sollte man sich rechtzeitig um Karten kümmern.

› **Detskij Mir** [1], Teatralnyj Projesd 5, Metro: Lubjanka, Mo.-Sa. 9-21 Uhr, So. 11-19 Uhr. Ein riesiges Karussell zieht die Kleinen gleich in seinen Bann. Holz- und anderes Spielzeug findet man in Moskaus größtem und ältestem Spielwarengeschäft, aber auch Kinderkleidung wie z. B. kleine Krawatten mit Gummiband (!) oder Pioniermützen. Eine wahrhaft sehenswerte „Kinderwelt", über 3 Etagen verteilt. Im 4. Stock befindet sich ein Internet-Café, in dem auch jedes erdenkliche Computerspiel zu finden ist.

★2 [H 2] **Größtes Riesenrad der Welt im WWZ** ⓺⓻, Prospekt Mira (Riesenrad am Eingang unübersehbar), Metro: WDNCH, Mo.-Fr. 10-18 Uhr, Sa./So. 10-19 Uhr (Mai-Okt.), Nov.-April nur bis 17 bzw. 18 Uhr, letzter Freitag im Monat geschlossen, Tel. 2837914. Nur für schwindelfreie und schon etwas größere Kinder gibt es hier den schönsten Blick über die Stadt, wenngleich aus gebührender Entfernung.

⓭ **Matrjoschka-Museum** [3]
♛18 **Wachsfigurenkabinett** [3]

KINOS

📽1 [V E7] **Chudoschestwennyj,** Arbatskaja Ploschtschad 14, Metro: Arbatskaja, Tel. 2919624, www.kinoarbat.ru. Die alte Dame unter den Moskauer Kinos. Seit 1909 werden hier Filme gezeigt, heute hauptsächlich aktuelle ausländische Streifen mit russischer Synchronisation. Etwas veraltet wirkt das Interieur, die Hochglanzfotos an den Wänden erinnern an bessere Zeiten, als hier noch Festivalfilme gezeigt wurden.

📽2 [H7/8] **Illusion,** Kotelnitscheskaja Nabereschnaja 1/15, Metro: Taganskaja (dann weiter mit Bus 63), Tel. 9154353. Seit 1966 existiert diese kleine Oase in einer der sieben Stalin-Kathedralen. Hier werden in erster Linie Klassiker (auch sowjetische) gezeigt, dienstags französische Filme ohne russische Untertitel. Subversiv war das Illusion auch schon zu Sowjetzeiten: Hier wurden ausländische Filme gezeigt, die aus ideologischen Gründen in den meisten anderen Kinotheatern verboten waren.

📽3 [D6] **Kinozentrum,** Druschinnikowskaja Uliza 15, Metro: Krasnopresnenskaja, Tel. 2057306, www.kinocenter.ru. Gleich an der Metro liegt dieser moderne Kinopalast, in dem auch abwegige und weniger populäre russische und ausländische meist synchronisierte Filme gezeigt werden. Mehrere kleine und große Säle machen diese Flexibilität möglich. Das angeschlossene Kinomuseum musste leider trotz großer Proteste von Seiten der Cineasten aus finanziellen Gründen Ende 2005 schließen. Online booking möglich!

📽4 [III E5] **Kodak Kino Mir,** Nastassinskij Pereulok 2, Metro: Puschkinskaja, Tel. 2094359, www.kodak-kinomir.ru. Sehr amerikanisches Kino mit vielen US-Blockbustern und Popcorn im Angebot. Zentral gelegen.

CINEMANIJAKI – DIE RUSSISCHEN CINEASTEN

„Eine erhebende Illusion ist mir lieber als tausend niedrige Wahrheiten", heißt es bei Puschkin. Die Lust an der filmischen Illusion ist in Moskau derzeit so groß wie lange nicht.

Während der großen Blüte des sowjetischen Kinos nach der Oktoberrevolution in den 1920er Jahren verhalfen Regisseure wie **Sergej Ejsenstejn** und **Andrej Tarkowskij** dem russischen Film zu Weltruhm.

1929, fünf Jahre nach Lenins Tod, setzte die Eiszeit der sowjetischen Kunst ein. In den 1930er Jahren ließ Stalin Auftragsfilme fabrizieren und engte die Kreativität der Filmschaffenden massiv ein. Er rief die Behörde **Goskino** ins Leben, die als einzige Institution das Recht hatte, Filme zu finanzieren und zu vertreiben. Die Produktion von Kinofilmen galten als Massenkunst mit hoher Publizität. Die Literatur wurde nicht in demselben Maße gegängelt wie der Film. Ein Buch konnte man notfalls verschweigen, einen Film nicht.

Filme wie „Moskau glaubt den Tränen nicht" von **Wladimir Menschow** aus dem Jahr 1979 durften später dennoch gezeigt werden. Erst 1986, auf einem Kongress der sowjetischen Filmemacher in Moskau, wurde Goskino entmachtet. In den verbleibenden fünf Jahren bis zum Ende des kommunistischen Regimes kamen 250 bis dato verbotene Filme in die Kinos. Die 1990er Jahre waren schwierig, es fehlte das Geld für neue Produktionen. Einzelne Filme wie **Nikita Michalkows** „Die Sonne, die uns täuscht" lenkten die Aufmerksamkeit des Westens wieder auf Russland.

Im neuen Jahrtausend hat sich das russische Kino stark verändert. 2001 eroberte der Film „Moskau" von **Alexander Seldowitsch** die Herzen der Moskowiter und fing das hedonistische Lebensgefühl einer ganzen Generation ein. Nach dem großen Erfolg von **Alexander Sokurows** ästhetisch neuem und hochwertigem Kostümfilm „Russian Ark" meldet sich das russische Kino auch im Westen zurück. Mit dem Nachfolger „Vater und Sohn", der das in Russland besonders schwierige Vater-und-Sohn-Thema variiert, konnte Sokurow die Filmkritik in Cannes überzeugen und den Weg für andere junge russische Filmemacher ebnen. „Die Rückkehr" von **Andrej Swjaginzew** gewann auf dem Filmfestival in Venedig 2003 den Goldenen Löwen. Es scheint ein Kinoleben nach den Brüdern **Andrej Kontschalowskij** und **Nikita Michalkow** zu geben, auch wenn letzterer den Russen mit der Verfilmung von Boris Akunins Krimi „Der Tote im Salonwagen" den Kassenschlager des Jahres 2005 bescherte.

Mit Akunins Werk hat es angefangen, jetzt boomen Literaturverfilmungen. Neue Kinos schießen in Moskau nicht umsonst wie Pilze aus dem Boden. Das russische Publikum zeigt großes Interesse an heimischen Filmen. Das mag auch an Blockbustern wie dem U-Bootdrama „72 Meter" von **Wladimir Chotinenko** und Kriegsfilmen wie „9 Kompanien" von **Jurij Korotkow** liegen. Der internationale Blockbuster russischer Provenienz ist ein Science-Fiction-Horror-Film: „Nachtwächter" von **Timur Bekmambetow** und dessen Fortsetzung „Tagwächter", die im Januar 2006 in die Kinos kam. Da sich Hollywood den russischen Kino-Boom nicht entgehen lassen will, hat 20th Century Fox mit dem Regisseur einen Vertrag über drei Filme geschlossen. Der erste gemeinsame Film, „Nachtwächter", ist zugleich der letzte Teil der Trilogie aus der Feder des Schriftstellers Sergej Lukjanenko.

Selbst das Autorenkino von Regisseuren mit kleinem Budget erlebt ein ungeahntes Comeback. Das tiefsinnige Existentialistendrama „Staub" von **Sergej Loban** lockte das Publikum scharenweise in die Filmtheater.

Konkurrenz hat das Kino in Russland ausgerechnet vom **Fernsehen** zu befürchten. Der Regisseur Wladimir Bortko lehrt das Kino mit seinen hervorragend gemachten Serienproduktionen der großen russischen Klassiker wie „Der Idiot" von Fjodor Dostojewskij und „Der Meister und Margarita" von Michail Bulgakow das Fürchten. Nach der Verfilmung von Alexander Solschenizyns einzigem Roman „Im ersten Kreis" soll demnächst auch ein russischer „Doktor Schiwago" ins Fernsehen kommen. Amerikas Filmindustrie wittert schon länger Morgenluft. Monumental Pictures verfilmt das Romanepos „Krieg und Frieden", mit russischen Regisseuren und Schauspielern - und in russischer Sprache wohlgemerkt.

2006 ist Walt Disney in das russische Zeichentrickfilmgeschäft eingestiegen. Wer hätte sich das noch vor wenigen Jahren vorstellen können?

Russische Fernsehfilme werden ebenso wie Kinofilme noch immer in den inzwischen modernisierten Mosfilm-Studios **3** gedreht, dem russischen „Mollywood".

Und doch beherrschen ausländische, zumeist **amerikanische Filme** noch immer das Angebot. Immer häufiger gibt es jetzt auch Untertitel (subtitry) statt nerviger Synchronstimmen (dublirowannyj), auch wenn die Streifen nicht mehr nur mit einer Stimme für alle Personen synchronisiert werden, sondern mit mehreren.

Alte russische Streifen sind auf der Leinwand selten zu sehen, dafür aber auf Video und manchmal schon DVD zu kaufen. Vor allem die lange Zeit verbotenen Klassiker sind hier etwas aus der Mode geraten.

Aktuelle Filme gibt es hingegen schon nach wenigen Tagen auf DVD im Handel (oder auf dem Schwarzmarkt). Für cinemanijaki (Cineasten) gibt es die größte Auswahl an russischen und untertitelten ausländischen Filmen während des Internationalen **Moskauer Filmfestes,** das mittlerweile in einer Liga mit Cannes und Venedig spielt. Es findet immer im Juni oder Juli statt. Dann ist die Welt für zwei Wochen zu Gast in Moskau. Mehr unter www.miff.ru.

5 [V D/E9] **MDM Kino**, Komsomolskij Prospekt 28, Metro: Frunsenskaja, Tel. 7828833, www.mdmkino.ru. Nach der etwas längeren Anreise kann man hier prima entspannen. Viele der 141 Plätze sind *puffniki* (Liegeplätze) und Rauchen bei der Vorstellung ist erlaubt. Hier laufen Filme in Originalsprache mit russischen Untertiteln. Der größte Saal hat 24 Stunden geöffnet, auch die kleinen haben Dolby System.

6 [E4] **Mir iskusstwo**, Dolgorukowskaja Uliza 33/3, Metro: Nowoslobodskaja. Dieses winzige Kino mit 20 Plätzen bietet private Filmvorführungen an. Eine Woche im Voraus sollte buchen, wer einen der begehrten Sitze ergattern will. Eine Privatvorführung kostet 50 €, unabhängig davon, ob man seine eigene DVD oder einen Film aus dem Repertoire des Kinos auswählt. Allerdings darf man keinen Film mit Obszönitäten, rassistischer Propaganda oder Pornographie mitbringen!

7 [III D7] **Oktjabr**, Nowyj Arbat 24, Metro: Arbatskaja, Tel. 2917858, www.karofilm.com. Im Dezember 2005 wurde das Kultkino nach jahrelanger Renovierung fertig gestellt und lohnt einen Besuch. Gute Filme, erstklassige Dolby-Technik, schönes Ambiente in zentraler Lage und das alles unter dem Hammer und Sichel von einst.

8 [II H9] **Pjat swjosd**, Uliza Bachruschina 25, Metro: Pawelezkaja, Tel. 9534206, http://5zvezd.ru. Nur fünf Minuten von der Metro entfernt liegt dieses modern ausgestattete Kino mit 5 großen Sälen, die nach Kinogrößen benannt sind. Ausländische Filme sind meist synchronisiert. Dafür sind die Sessel urgemütlich und das Ambiente sehr nett. Speziell für Kinder bietet dieses Kino eine echte Eisenbahn, Kinderbetreuung und die Möglichkeit, selbst einen Film zu drehen. (siehe "Mit Kindern unterwegs")

9 [G4] **Pod Kupolom**, Olympijskij Prospekt 18/1 (im Renaissance Hotel), Metro: Prospekt Mira, www.domecinema.ru, Tel. 9319873. Unter einer Kuppel am Eingang zum Renaissance Hotel kann man es sich auf einem der 300 Sitze gemütlich machen und Filme in Originalsprache mit Kopfhörern sehen. Das Repertoire wechselt wöchentlich, leider liegt das Kino etwas weit draußen.

10 [VII H6] **Rolan**, Tschistoprudnyj Bulwar 12a, Metro: Tschistyje Prudy, Tel. 9169169. Eine Institution unter den Innenstadtkinos. Etwas veraltet wirkt das mit 200 Plätzen ausgestattete „Rolan" mittlerweile schon, aber es erfreut sich nach wie vor großer Beliebtheit. Aktuelle Filme werden meist in synchronisierter Fassung gezeigt. Moderne Klassiker sind auch dabei. In selteneren Fällen werden die Filme simultan gedolmetscht ... Ein Vergnügen ganz eigener Art!

11 [I F7] **Romanow Kino**, Romanow Pereulok 4, Metro: Biblioteka imeni Lenina, Tel. 6096451. Ein neues VIP-Kino im Herzen der Stadt bietet für 30 € pro Vorstellung gängige russische und (synchronisierte) internationale Filme für eine erlauchte Klientel, die auch im Kino unter sich sein will. Echtes Wohnzimmerambiente in winzigen Vorführsälen und garantiert keine Popcornnerver. Mit einer Clubkarte kostet jeder Film nur 10 €.

KUNST UND GALERIEN

KUNST

Die Moskauer Kunstszene erlebt seit dem Ende der 1990er Jahre eine neue Blüte, russische Künstler suchen Anschluss an die Gegenwartskunst in Europa. Die findet nicht mehr nur in Museen, sondern auch in Galerien und alten Fabrikgebäuden, im privaten und im öffentlichen Raum statt. **Museen** hatten in Russland immer eine andere Funktion als in Westeuropa. Im Gegensatz zur Präsentation gesammelter Reichtümer bestand der Zweck in Russland in der Vermittlung und Ausstellung von Kunst zu pädagogischen Zwecken und zur Förderung der Allgemeinbildung. Kunst war ein Angebot, den ästhetischen Geschmack zu schulen. Nicht zuletzt aufgrund der Konfiszierung von privatem Kunsteigentum nach der Oktoberrevolution hat Moskau heute mehr als 80 Museen. Die Museen waren „Revolutionsprofiteure" (Stefan Zweig).

Auf **internationalen Kunst- und Antiquitätenmessen** kaufen russische Interessenten heute russische Kunst zurück (auch und vor allem Ikonen). Versteigert werden von Emigranten ins Ausland mitgenommene, aber auch von russischen Künstlern im Exil geschaffene Kunstwerke. Moskaus neue Oberschicht investiert ihr Geld gern in einem inflationsfreien Umfeld, da bietet sich die Kunst geradezu an. Auktionen bei Sotheby's und Christie's verzeichneten 2005 Rekordpreise für russische Kunstwerke.

Auch der **heimische Kunstmarkt** wird immer internationaler und findet selbst unter russischen Oligarchen viele Förderer. Immobilien werden für künstlerische Zwischennutzung zur Verfügung gestellt. So auch der Garagenhof der Schokoladenfabrik „Roter Oktober" ❽, der für 125 € im Monat von Moskauer Künstlern (*Art-Strelka*) angemietet wird.

Aufsehenerregende **Messen** wie die „Art-Manege", die „Moscow Fine Art" oder die „Moskauer Biennale für zeitgenössische Kunst", die 2005 zum ersten Mal stattfand, locken sogar russische Exilkünstler wie *Ilya Kabakov* in die Heimat zurück. Und die vier bekanntesten russischen Gegenwartskünstler *Oleg Kulik*, *AES*, *Vlad Mamschew-Monro*e und *Vinogradov/Dubosarsky* sind gefragter denn je. Sie nehmen sich auch kritischer Themen an wie etwa Tschetschenien oder Pressefreiheit.

Vor allem die **Fotokunst** feiert ein sensationelles Comeback. Zu Sowjetzeiten war die Fotografie keine anerkannte, als kreativ geltende Kunst, allenfalls eine Dokumentationsform. Dem „Haus der Fotografie" (leider noch bis 2008 geschlossen!) und der alle zwei Jahre stattfindenden „Foto-Biennale" ist es zu verdanken, dass Moskau sich im Licht der Kameras eine neue, moderne Identität zulegen kann. Die sensationelle Ausstellung „Quiet Resistance: Russian Pictorial Photography 1900–1930" soll 2006 in London gezeigt werden. Sponsor ist der Millionär *Roman Abramowitsch*.

Kunst im privaten Raum gibt es nach wie vor: *Kwartirnik* (*kwartira* heißt Wohnung) hat in Russland eine lange Tradition, die *German Winogradow* wieder aufleben lässt. Der exzentrische Künstler verwandelt in seiner Privatwohnung Metall in Musik und brennt die Stadt auf CD. Jeder kann sich dazu gesellen, Anmeldung unter Tel. 9164852 erbeten.

In jedem Fall lohnt ein Streifzug durch die Galerien und Ausstellungsräume der Stadt.

❷ GALERIEN UND AUSSTELLUNGSRÄUME

G 1 [IV E9] **Artplay Designzentrum**, Uliza Timura Frunse 11, Metro: Park Kultury, Di.–Sa. 14–21 Uhr, So. 14–20 Uhr, Tel. 2457350, www.artplay.ru. Ambitionierte Galerie für zeitgenössische Kunst in der ehemaligen Seidenfabrik „Rote Rose" (Anspielung auf Rosa Luxemburg). Nebenan in der neuen

Galerie für „works on paper" (Grafiken, Fotografien etc.) sind auch erste Exponate von Dubosarsky und Winogradow für 300–700 Dollar zu finden. Der umgewandelte frühere Industriekomplex lohnt sich für Architektur- und Designliebhaber. Im Café Keks kann man zu jeder Tageszeit entspannt einen Kaffee trinken.

G 2 [II F8] **Art-Strelka,** Bersenewskaja Nabereschnaja 14/5, Metro: Kropotkinskaja (zu Fuß über die Fußgängerbrücke hinter der Christ-Erlöser-Kathedrale, Treppe runter und links), Di.–Sa. 16–20 Uhr, Tel. 9161127180, www.artstrelka.ru. Im Schatten der Christ-Erlöser-Kirche, am Flussufer der Moskwa, sind die Moskauer Künstler mit der Stadtverwaltung eine Symbiose eingegangen. Das brachliegende Areal der Süßwarenfabrik „Roter Oktober" dürfen sie für wenige Cents im Monat für Ausstellungen und Theateraufführungen nutzen. Auch hochkarätige Künstler wie Winogradow stellen hier, in einem der vielen fensterlosen Schuppen, moderne Kunst aus. Als Treffpunkt der Moskauer Kunstszene hat sich der „Kunstpfeil" längst etabliert. Jetzt ist auch noch die Fotogalerie „GLAS" 1 hierher gezogen.

G 3 [VII H7] **Galerie XL,** Podkolokolnyj Pereulok 16/2 (zieht demnächst in eine alte Weinfabrik an der Metro Kurskaja), Metro: Kitaj-Gorod, Tel. 9168235. Ihre Kunst kennt kein Tabu. Aidan Salachowa gehört zu den Stars der russischen Kunstszene. In der Galerie XL stellt sie ihre Bilder, Foto- und Videoinstallationen aus, auf denen sich meist alles um Erotik, Sexualität oder den Islam dreht. Sie malt Porträts von lasziven Schönheiten, arbeitet aber auch als Kunsthändlerin.

3 1 [II F8] **GLAS.** Die Fotogalerie ist auf dem „Art-Strelka"-Gelände zu finden 1.

G 5 [IV E8] **Haus der Fotografie,** Ostoschenka 16, Metro: Kropotkinskaja, Di.–So. 11–20 Uhr, Tel. 2313325, www.mdf.ru. Das mit Holzdielen und hohen Decken ausgestattete

Moskauer Mekka der Fotografie ist noch bis 2008 aus Renovierungsgründen geschlossen. Die erstklassigen Ausstellungen werden bis dahin in der wieder aufgebauten, an sich schon sehenswerten „Manege" gezeigt, deren Öffnungszeiten man in den Tageszeitungen in Erfahrung bringen kann.

G6 [VII I6] **Jakut Gallery,** Gasgolder, Nischnyj Susalnyj Pereulok 5/16, Tel. 5142910, yakutgallery@mail.ru. Erst Anfang 2006 zog Alexander Jakut von der Bolschaja Dmitrowka Uliza hierher in einen ehemaligen zylindrischen Zechenturm aus dem Jahr 1868, in dem seinerzeit Gas aufbereitet wurde. Eine Bar betreibt er hier auf seinen 1000 m² schon, eine Buchhandlung und ein Musikladen sind noch in Planung. Jakuts moderne Kunst, die sich in erster Linie mit dem Thema Mode beschäftigt, ist hochkarätig und ausgefallen. Seine Galerie gilt als die beste in ganz Eurasien. Es gibt noch drei weitere leer stehende Türme, sodass einer Expansion nichts im Wege steht. Die Galerie „Aidan" hat schon Interesse angemeldet.

G7 [II F9] **Marat Guelman,** Malaja Poljanka 7/7 (Hinterhof), Metro: Poljanka (zieht demnächst in eine alte Weinfabrik an der Metro Kurskaja, Di.–Fr. 12–19 Uhr, Sa. 12–18 Uhr, Tel. 2388492/2783, www.guelman.ru. Eine der renommiertesten Galerien der Stadt mit einer großen, sehr hochkarätigen Auswahl an Fotos und zeitgenössischen Gemälden gehört einem schillernden Galeristen Guelman, der immer mal wieder in den Schlagzeilen zu finden ist. Zuletzt hatte er die „Stop Zereteli"-Kampagne mitinitiiert. Auch Komar und Melamid hat er im Programm. Da kostet ein mit Leuchtschrift verfremdeter Fotoabzug vom Lenin-Mausoleum schon mal 1500 $.

◀ *„Ich - lie - be - dich" -*
Ausstellung im Haus der Fotografie

G8 [D5] **Staatliches Zentrum für moderne Kunst,** Soologitscheskaja Uliza 13, Metro: Krasnopresnenskaja, Tel. 2548583. In einem sehr gelungen umgebauten, alten Fabrikgebäude in unmittelbarer Nähe des Zoos befinden sich erstklassige Ausstellungsräume, in denen moderne Kunst gezeigt wird. Installationen, Skulpturen, Gemälde und Fotoausstellungen zu verschiedensten Themen.

G9 [II E9] **Zentrales Haus des Künstlers,** Krymskij Wal 10, Metro: Oktjabrskaja, Park Kultury (dann eine Station mit dem Bus über die Brücke), Di.–So. 10–20 Uhr, Tel. 2389810, www.cha.ru (auch auf Englisch). Unter einem Dach mit der Neuen Tretjakow-Galerie (separater Eingang) befindet sich das Zentrale Haus des Künstlers mit fast 60 Galerien, in denen von Gemälden bis zu Porzellan und Fotografien alles zu finden ist. Man zahlt einmal Eintritt und kann dann durch alle Galerien schlendern. Sie bieten einen guten Einblick in die russische Gegenwartskunst. Anschließend kann man sich noch im Skulpturenpark **38** umsehen.

LERNEN UND ARBEITEN

SPRACHSCHULEN

› **Liden & Denz Language Center Moscow,** Grusinskij Pereulok 3, Eingang 6, Büro 181, Metro: Belorusskaja, Tel. 2544991, www.russiancourses.com. Russisch lernt man hier in kleinen Gruppen oder im Einzelunterricht. Seit 1992 gibt es diese renommierte Sprachschule, die Mitglied der Russisch-Britischen Handelskammer und des Internationalen Sprachenverbandes ist. Zur Auswahl stehen Integrationskurse mit 20 Einzelstunden pro Woche oder Einzelunterricht mit bis zu 40 Wochenstunden für

Anfänger und Fortgeschrittene. Unterbringung in einer Gastfamilie ist möglich. Die Kurspreise für 1 Woche betragen ca. 600 € inklusive Unterkunft. Mindestaufenthalt sind 2 Wochen. Die native speaker unterrichten auch in Unternehmen wie Lufthansa, Siemens oder Crédit Suisse. Hier kann man sich auf die staatliche Prüfung TRKI vorbereiten, seit 2005 besteht außerdem die Möglichkeit, das russische Sprachzertifikat hier zu erwerben.

› **Internationale Schule für russische Sprache,** Philologische Fakultät der Moskauer Lomonossow-Universität, Alexej Ivasenko, Tel. 9393017, 9391984, Fax 9393017, msu.Russian@cs.msu.su. Russischunterricht auf Deutsch erteilt Alexej Ivasenko von der Moskauer Lomonossow-Universität. Auf der Pinnwand der JOE-List (siehe unten) findet man unter dem Stichwort „Russischunterricht" weitere Informationen. Auch Anfänger sind herzlich willkommen.

PRAKTIKA

› **Praktikumsbörse Osteuropa** am Osteuropa-Institut der Freien Universität Berlin, Garystr. 55, 14195 Berlin, Tel. 030 83852074, http://praktika.oei.fu-berlin.de/index.php. Die bewährte Adresse für Auslandspraktika aller Art in Moskau. Zur Auswahl stehen Praktika bei deutschen Institutionen wie etwa der Friedrich-Ebert-Stiftung, dem Verband der Deutschen Wirtschaft in der Russischen Föderation oder der Heinrich-Böll-Stiftung, aber auch bei Radio- und Fernsehsendern etc. Mehr als eine Aufwandsentschädigung von 250 € pro Monat ist nicht vorgesehen. Russisch-Kenntnisse sind notwendig und man sollte sich mindestens fünf Monate im Voraus bewerben. Dafür bekommt man einen erstklassigen Einblick in das Alltagsleben in Moskau.

› **Memorial Deutschland,** Haus der Demokratie und Menschenrechte, Greifswalder Str. 4, 10405 Berlin, Tel./Fax 030 83229414, www.memorial.de, info@memorial.de

› **Memorial Russland,** Malyj Karetnyj Pereulok 12, Metro: Zwetnoj Bulwar, Tschechowskaja, Tel. 2991180 oder 2006506, Fax 9732094, www.memo.ru, nipc@memo.ru. Die 1988 auf Initiative von Bürgerrechtlern um Andrej Sacharow gegründete Menschenrechtsorganisation ist heute eine internationale Gesellschaft mit über 80 Verbänden auf dem Gebiet der ehemaligen Sowjetunion und einem Ableger in Deutschland. Memorial widmet sich den Opfern politischer Gewaltherrschaft durch soziale Fürsorge für Gulag-Überlebende, durch historische Aufarbeitung und aktuelle Menschenrechtsaktivitäten. Praktika werden nicht vergütet, die Verpflegung ist aber inbegriffen. Übersetzungsarbeiten setzen gute Russisch-Kenntnisse voraus.

› **DAAD** (Deutscher Akademischer Austauschdienst), Personalreferat, Kennedyallee 50, 53175 Bonn, www.daad.de, Fax 0228 882634. Drei Monate vor Praktikumsbeginn sollte man sich in Bonn für die Außenstelle Moskau bewerben und zu diesem Zweck einen Lebenslauf, ein Passfoto und das letzte Zeugnis einreichen. Das Mindestalter ist 18 Jahre, Abitur oder Fachhochschulreife und gute Englisch- und PC-Kenntnisse werden vorausgesetzt. Auch sollte man die russische Sprache gut beherrschen. Die Praktika dauern 2–6 Monate und werden je nach Tätigkeit vergütet.

› **DAAD Außenstelle Moskau,** Leninskij Prospekt 95a, Anfahrt siehe Goethe-Institut, Tel. 1322429, Fax 1324988, www.daad.ru

› **Deutsches Historisches Institut Moskau (DHI),** Nachimowskij Prospekt 51/21, Metro: Profsojusnaja, Tel. (499) 7444562, www.dhi-moskau.de, dhi@dhi-moskau.org. Das erst im 2005 eröffnete Deutsche

Historisches Institut in Moskau geht zurück auf eine Initiative der Zeit-Stiftung und der Alfred-Krupp-von-Bohlen-und-Hallbach-Stiftung. Die Historikerfamilie Mommsen und eine große deutsche Bank haben die Bibliothek mitgesponsert, an deren Aufbau man als Praktikant mitarbeiten kann. Der Schwerpunkt des Institutes ist die Erforschung der russischen und sowjetischen Geschichte im internationalen Kontext. Interessant sind die bis zu vierwöchigen Stipendien für die Arbeit im Russischen Staatlichen Militärarchiv in Moskau. Außerdem vergibt die Stiftung Forschungsstipendien für Promovierte und Doktoranden im Fach Geschichte.

AU-PAIR

› **Au-pair Agentur Dr. Lietz,** Alter Holzweg 4, 38312 Dorstadt, Tel. 05337 9481019, Fax 05337 9481018, www.au-pair-job.de, info@au-pair-job.de. Die größte Au-pair-Agentur in Norddeutschland vermittelt Au-pair-Stellen in Moskau. Da das Phänomen recht neu ist und es noch nicht viele vermittelbare russische Familien gibt, sollte man sich rechtzeitig bewerben. Die Leiterin Frau Dr. Mona Lietz organisiert auch Sprachreisen, hat sich aber auf Au-pair-Vermittlung spezialisiert und empfiehlt auf ihrer Website Russland als besondere Au-pair-Erfahrung.

JOE-LIST

› **Netzwerk für Osteuropa-Experten,** www.joe-list.de. Ein deutschsprachiges Forum für junge Fachleute, die sich in verschiedenen Disziplinen und in der beruflichen Praxis mit Südost-, Ostmittel- und Osteuropa inklusive GUS beschäftigen. Die JOE-List hat mehr als 5000 Mitglieder und ist ein Netzwerk und ein moderiertes Forum. Die Mitgliedschaft ist kostenlos, über die

Mailingliste bekommt man Informationen zu Tagungen, Publikationen, Fördermöglichkeiten für junge Wissenschaftler, Stellenangeboten und Kleinanzeigen.

COPYSHOP

› **Kopirowalnyj Zentr,** Bolschaja Dmitrowka 15, Metro: Ochotnyj Rjad, Tel. 9562611, Mo.–Fr. 9–18 Uhr. Im früheren Zentrum für Marxismus-Leninismus, unschwer zu erkennen an den großen Konterfeis in Marmor über dem Eingang, befindet sich im Erdgeschoss einer der zentralsten (und einer der wenigen) Copyshops der Stadt. Hier gibt es alle Arten von Kopien, auch hochwertige Kopien für Architekturbedarf und anderes. Die Öffnungszeiten sind zwar noch sehr sowjetisch, aber der Service ist erste Klasse.

▲ *„Wir laden Sie zur Arbeit ein" – konstruktivistisches Plakat mit Jobangeboten*

BIBLIOTHEKEN

Moskau hat 420 Bibliotheken und Einrichtungen ähnlicher Art. Hier nur zwei der interessantesten:

🅱 **1** [I F7] **Russische Staatsbibliothek,** Uliza Wosdwischenka 3/5, Metro: Biblioteka imeni Lenina, Mo.–Fr. 9–21 Uhr, Sa./So. 9–19 Uhr, letzter Mo. des Monats geschl., Tel. 2025790, www.rsl.ru. Die besser unter dem Namen Leninbibliothek oder „Leninka" bekannte Bibliothek ist mit 40 Millionen Büchern eine der größten der Welt und erstreckt sich über ein ganzes Straßenviertel. Das von A. Schtschukow und W. Helfreich entworfene und 1928 bis 1950 gebaute „Gedächtnis der Russen" wurde stilistisch nach dem Vorbild des schließlich nicht gebauten Palastes der Sowjets ausgerichtet. Die schwarze Marmorstatue von Dostojewskij kam erst 1997 hinzu. Ohne Bibliotheksausweis gelangt man nicht über die Garderoben hinaus, ein Blick in die Eingangshalle lohnt sich aber allemal. Einen Gastausweis bekommt man im hinteren, rechts vom Haupteingang gelegenen zweiten Eingang. Dort zieht man eine Nummer und füllt eines der ausliegenden zweisprachigen Antragsformulare aus. Nach Passvorlage wird ein kleines Foto geschossen, für das man 1,50 € bezahlt. Der Ausweis kann sofort im letzten Zimmer rechts abgeholt werden. Dann geht man zurück zum Haupteingang, legt die Garderobe ab und passiert den Eingang zu den altehrwürdigen Lesesälen. Im größten Lesesaal, der im sowjetklassizistischen Stil entworfen wurde, wird man von einer riesigen Leninstatue begrüßt. Die kleinen grünen Leselampen und die antike Einrichtung wiederholen sich in den anderen Lesesälen. Leider gibt es hier noch immer das Karteikartensystem und fleißige Lieschen, die das Kopieren übernehmen. Der veralteten Logistik vor Ort steht der moderne Internetauftritt der russischen Staatsbibliothek entgegen.

🅱 **2** [H8] **Russkoje Sarubeschje,** Nischnaja Radischewskaja Uliza 2, Metro: Taganskaja, Mo.–Fr. 12–19 Uhr, letzter Mi. des Monats geschl., Tel. 9151030, www.bfrz.ru. Für Russophile ist die von Alexander Solschenizyn 1995 gegründete Bibliothek „Russisches Ausland" ein Muss. 50.000 Bände, fast ausschließlich russische Bücher, Memoiren, Dokumente, Briefe sowie Audio- und Videotapes russischer Emigranten finden derzeit in der größten unter Kuratel der Stadtverwaltung befindlichen Bibliothek Moskaus Platz. Archivmaterial von Nikolaj Berdajew, Marina Zwetajewa und Fjodor Schaljapin, aber auch das Archiv des Großfürsten Nikolaj Romanow sind nicht nur für Historiker von unschätzbarem Wert. Knapp drei Millionen Russen waren allein vor der Revolution geflohen, weitere Ausreisewellen folgten. Dank Solschenizyns jahrzehntelangem Einsatz wurde in alle Winde zerstreutes russisches Kulturgut in die Heimat zurückgeholt.

IM NOTFALL

◼ NOTRUFNUMMERN

> **Feuerwehr** (poscharnaja ochrana): 01
> **Polizei** (milizija): 02
> **Unfallwagen** (skoraja pomoschtsch): 03
> **Notruf auf Englisch:** 2574503

Vom deutschen Mobiltelefon müssen die Ziffern 7495 vorweg gewählt werden!

NOTFALLKLINIKEN

Die Auswahl an erstklassigen, von ausländischen Ärzten geführten Kliniken ist mittlerweile sehr groß. Beim Abschluss einer Reisekrankenversicherung sollte man dennoch darauf achten, dass ein Krankenrücktransport mitversichert ist.

✪1 [III E6] **European Medical Centre**, Spiridonjewskij Pereulok 5, Metro: Puschkinskaja, Tel. 9336655, www.EMCMOS.ru. Englisch-, deutsch-, französischsprachige Ärzte, zwei OPs, eine Zahnklinik. Ambulanz, Apotheke, Sondertarife für Touristen, Hilfe bei eventuellem Rücktransport, 24 h Ambulanz, direkte Abrechnung mit der Krankenversicherung.

✪2 [F9] **MedinCenter** (in der Poliklinik der Verwaltung des diplomatischen Korps), Dobryninskij per. 4, Metro: Dobryninskaja, Oktjabrskaja, Tel. 2378338, 2375933. Ärztliche Behandlung auf sehr hohem Niveau und relativ preisgünstig, für Ausländer und Russen.

✪3 [H5] **International SOS Clinic**, Grocholskij Pereulok 31 (10. Stock), Metro: Prospekt Mira, Tel. 9375760, 24 Stunden geöffnet, www.internationalsos.com. Deutsche, amerikanische und kanadische Ärzte kümmern sich um die Patienten. CT und anderer westlicher Standard, ein HIV-Test kostet 45 €.

✪4 [B10] **Praxis der Deutschen Botschaft**, Uliza Mosfilmowskaja 56, Metro: Kiewskaja, Universität, Tel. 9399269, Bereitschaftsdienst unter: (7495) 9379500. Hier werden nicht nur Botschaftsangehörige, sondern alle EU-Bürger (auch Schweizer) behandelt. Vorauszahlung, Rückerstattung über die Auslandsreisekrankenversicherung, aber auch normale deutsche Krankenversicherung. Der deutsche Botschaftsarzt rechnet nach deutschen Sätzen ab.

✪5 [I7] **Deutsche Zahnklinik**, Wolotschajewskaja Uliza 2/1, Metro: Ploschtschad Iljitscha (Lefortowo, am Stadtrand), www.germandentalcenter.ru, Tel. 7374466, 24 Stunden geöffnet. Deutsche Zahnärzte arbeiten in dieser Spezialklinik für Implantationen, Chirurgie, Laserbehandlung etc.

Deutschsprachige Apotheken

✪6 [VI F6] **Deutsche Apotheke**, Petrowskij Passasch 10 (im ersten Stock), Metro: Teatralnaja, 24 Stunden geöffnet.

✪7 [III F6] **Farmakon**, Twerskaja 2/4, Metro: Ochotnyj Rjad, Tel. 2928770, 24 Stunden geöffnet.

3 MUSEEN

KUNST- UND ARCHITEKTURMUSEEN

㊱ [II G8] **Alte Tretjakow-Galerie**, Lawruschinskij Pereulok 10, Metro: Tretjakowskaja, Di.–So. 10–18.30 Uhr (Kassen schließen um 17.30 Uhr), Tel. 9511362, Audioguide empfehlenswert. www.tretyakov.ru. Die Sammlung Pawel Tretjakows gelangte durch die Verstaatlichung privater Sammlungen zu ihrer heutigen Berühmtheit. Nicht zuletzt aufgrund dieser Konfiszierungen beherbergt die Tretjakow-Galerie heute nahezu 100.000 Exponate, unter anderem die beste Ikonen-Sammlung Russlands.

㊴ [II E/F9] **Neue Tretjakow-Galerie**, Uliza Krymskij Wal 10, Metro: Oktjabrskaja, Di.–So. 10–19.30 Uhr, Tel. 2381378, www.tretyakov.ru. Ein Besuch lohnt in jedem Fall, zumal die Gemälde so bedeutender Avantgarde-Künstler wie Kasimir Malewitsch und Wassilij Kandinsky und Exponate aus dem gesamten 20. Jh. hier zu finden sind.

㊾ [IV F7] **Puschkin-Museum der Bildenden Künste**, Uliza Wolchonka 12, Metro: Kropotkinskaja, Di.–So. 10–18 Uhr, Tel. 2039578, deutsche Führungen zu reservieren unter

GLASNOST IN DER BEUTEKUNSTDEBATTE

Die russische Regierung hat in Zusammenarbeit mit dem russischen Kulturministerium im Jahr 2001 ein Projekt aus der Taufe gehoben, das deutschen Forschern in Zukunft die Möglichkeit gibt, via Internet in russischen Depots nach Beutekunst zu suchen. Über die Website www.museum.ru/W1147 gelangt man zu der derzeit noch im Aufbau befindlichen Seite www.restitution.ru, auf der unter der Rubrik „Verlorene Schätze" die Bestände russischer Museen (in Moskau sind das die Tretjakow-Galerie, das Puschkin-Museum und sogar die russische Staatsbibliothek) und Schlösser erfasst werden sollen, die von der Wehrmacht geplündert worden waren. Für Kunsthändler und Auktionshäuser soll die umfangreiche Liste in einigen Jahren zum Standardwerk werden.

Im Gegenzug wird auch Beutekunst aus Deutschland erfasst, die in Russland nicht von ungefähr als „Trophäenkunst" bezeichnet wird. 1999 erklärte die russische Staatsduma alle aus Deutschland abtransportierten Kunstschätze als „kompensatorische Restitution für die eigenen Verluste" zum Staatseigentum. Eine Ausnahme lässt das Gesetz gelten: Kirchengut. Am 29. Juli 2002 konnte in Frankfurt an der Oder die Rückkehr der gotischen Glaszyklen in die St.-Marien-Kirche gefeiert werden, die vorübergehend in der St. Petersburger Eremitage „Unterschlupf" gefunden hatten. Ende der 1950er Jahre hatte die sowjetische Führung 1,5 Millionen Kunstwerke an Deutschland zurückgegeben, darunter die Dresdner Gemäldesammlung und Stücke aus dem Pergamon-Museum in Berlin.

Tel. 2037998, www.museum.ru/gmii. Ausnahmslos nichtrussische Kunst aus russischem Privat- und Staatsbesitz wird in dem beeindruckenden klassizistischen Bau ausgestellt. In dem nach Alexander Puschkin benannten Museum von Weltrang sind französische Impressionisten, Niederländer aus dem 17. Jh. und der berühmte Schliemann-Schatz zu bewundern. Das Troja-Gold gilt als die kostbarste Trophäe russischer Beutekunst.

🏛 **1** [III E6] **Museum des fernen Ostens,** Nikitskij Bulwar 12a, Metro: Arbatskaja, Di.–So. 11–19 Uhr, www.orientalmuseum.ru, Tel. 2024555. Seit 1918 gibt es dieses Museum, das so bunt ist wie der ferne Osten selbst. Für Ethnofans und Weltenbummler gibt es hier Teppiche aus Kasachstan, Porzellan aus dem Iran, Buddhafiguren aus Tibet, Teetassen aus Japan und Nikolai Röhrichs gemalte, tiefsinnige und farbenfrohe Erinnerungen an seine Reisen in die Mongolei zu bestaunen. Der nur teilweise renovierte Empire-Palast von 1821 mit hohen Decken und Stuckverzierungen hat schon bessere Zeiten gesehen, bietet aber einen interessanten Einblick in das Kunsthandwerk der ehemaligen asiatischen Sowjetrepubliken.

🏛 **2** [VI F5] **Museum für Moderne Kunst,** Uliza Petrowka 25, Metro: Tschechowskaja, Mo., Mi.–Fr. 12–20 Uhr, Sa./So. 12–19 Uhr, Tel. 2006695, www.mmsi.ru. 1500 Werke russischer und internationaler Künstler aller Fachrichtungen des 20. Jh. finden sich hier mehr oder weniger unsortiert über drei Etagen verteilt. Es ist nicht ganz leicht, die Spreu vom Weizen zu trennen. Zwischen vielen unbedeutenden Exponaten tauchen plötzlich absolut hochkarätige Gemälde auf. Malewitsch und die Avantgarde gehen in den Sammlungen unter. Es bleibt zu hoffen, dass die moderne Kunst demnächst einen besseren Standort findet und gänzlich neu arrangiert wird. Im Übrigen wirken Zurab Zeretelis überlebensgroße Bronzefiguren im Hof auf den Besucher eher abschreckend als einladend.

㊽ [III E5] **Museum für Moderne (Foto)-Kunst Jermolowa**, Jermolajewskij Pereulok 17, Metro: Majakowskaja, Mo. 12–19, Mi.–So. 12–20 Uhr, Tel. 2002890. Die wechselnden Fotoausstellungen in diesen stilvollen Räumen der alten Jugendstilvilla an den Patriarchenteichen sind ein echter Genuss. Der Ableger des Museums für Moderne Kunst hat mit dem großen Bruder im Grunde nichts gemein. Publikum und Exponate sind jung, international und mondän, das Museum atmet den Hauch der großen weiten Welt.

🏛 4 [I F7] **Schtschussew-Architekturmuseum**, Wosdwischenka Uliza 5/25, Metro: Biblioteka imeni Lenina, Di.–Fr. 11–17 Uhr, Sa./So. 11–16 Uhr, Tel. 2912109, www.muar.ru. Zweieinhalb Millionen Bilddokumente (Stiche, Drucke, Zeichnungen, Skizzen, Blaupausen, Fotografien) schlummern in den Regalen des Moskauer Architekturmuseums. Streng genommen ist es ein Archiv und kein Museum, in dem u. a. 300 Zeichnungen, Grafiken und Gemälde aus der Bremer Kunsthalle lagern, die in den Kriegswirren hierher gebracht wurden. Auch wenn ein ganzer Flügel brachliegt und die neoklassizistische Fassade bröckelt, beherbergt das Museum eine der besten Artefaktsammlungen der Welt wie etwa das Modell eines für Katharina die Große entworfenen Palastes oder Iwan Leonidows mythische Zeichnungen vom Volkskommissariat für Schwerindustrie. Das nach dem Architekten des Moskwa-Hotels benannte Schtschussew-Museum ist fast so etwas wie das architektonische Gewissen des Landes. Die Renovierungsarbeiten dauern seit einem Jahrzehnt an. Nur in einem Teil des riesigen Komplexes finden Architekturausstellungen statt. Im angrenzenden „Ruinenflügel" (Eingang im Hinterhof) werden avantgardistische und sehenswerte (Foto-)Ausstellungen bzw. Installationen effektvoll in die morbide Szenerie gesetzt.

ZEITREISEN – HISTORISCHE MUSEEN

⓮ [I F6] **Historisches Museum**, Krasnaja Ploschtschad 1/2 (Roter Platz), Metro: Teatralnaja, Ochotnyj Rjad, Mi.–Mo. 10–18 Uhr, geschl. erster Montag des Monats, Tel. 2924019, www.shm.ru. Das größte russische Nationalmuseum direkt am Roten Platz lohnt einen Besuch, wenn man sich für die Geschichte und die verschiedenen Ethnien der Völker der Sowjetunion von den Anfängen (Steinzeit) bis heute interessiert.

🏛 5 [VI F6] **Gulag-Museum**, Uliza Petrowka 16, Metro: Kusnezkij Most, Di.–Do. 11–16 Uhr, Tel. 2096701. Erst im Mai 2005 mit viel Eigeninitiative und Liebe zum Detail errichtetes Museum in Gedenken an Stalins Säuberungsopfer. Bislang nur im ersten Stock zu besichtigen sind Gemälde russischer Gulagopfer, u. a. Bilder von Nikolaj Getman, der 1997 in Washington eine eigene Ausstellung präsentieren durfte, bevor er kurz vor seinem Tod 2005 seine Bilder dem Gulag-Museum vermachte. Ein weiteres Getman-Exponat stellte Solschenizyn zur Verfügung. Eindrücklich ist die raumhohe Karte am Eingang, auf der sämtliche Gulag-Stätten der ehemaligen Sowjetunion nach Größenordnung und Arbeitslagerbezug eingezeichnet sind. Vergangenheitsbewältigung der leisen, eindringlichen Art.

MYTHOS KGB

1917 gründete Felix Dserschinskij die früheste Vorgängerorganisation des KGB (Komitee für Staatssicherheit), die **tscheka** (All-Russisches außerordentliches Kommissariat gegen Konterrevolution und Sabotage). Das NKWD (Volkskommissariat für innere Angelegenheiten) wurde schon unter Dserschinskij eingerichtet, gewann aber erst unter Lawrentin Berija nach 1926 an Bedeutung. Der KGB entstand 1954 aus Abteilungen des Innenministeriums und des Inlandsgeheimdienstes NKWD. Nach dem Putschversuch vom August 1991, in den der damalige KGB-Vorsitzende Wladimir Krjutschow verwickelt war, wurde die Behörde am 6. November 1991 aufgelöst.

Der KGB war in mehrere Hauptverwaltungen unterteilt. Seine Aufgaben umfassten Inlands- und Auslandsspionage, Kontrolle und Liquidation von Regimegegnern und Bewachung der Partei- und Staatsführung. Im Gegensatz zu seinen amerikanischen und britischen Pendants FBI und MI6 verließ sich der KGB auf Human Intelligence, auf durch eigene Agenten erhaltene, aber eben leicht zu manipulierende Erkenntnisse. Die westlichen Geheimdienste setzten auf das Abfangen und Decodieren von Funksprüchen. Der KGB erwies sich als langlebiger als die Kommunistische Partei.

Schon Iwan der Schreckliche und Katharina die Große unterhielten eine eigene Geheimpolizei. Unter Katharina befand sie sich da, wo sie heute noch ihren Hauptsitz hat: am Lubjanka-Platz. Die **Lubjanka** ist das 1897 für eine russische Versiche-

PRAKTISCHE REISETIPPS
Museen

rung gebaute, sehr abweisend wirkende Hauptgebäude, in dem auch Lawrentin Berija und Jurij Andropow einst residierten. Im Keller des gelben Monumentalbaus befanden sich, wie jeder Moskowiter weiß, die berüchtigten Gefängnisse des KGB. Den Lubjanka-Platz schmückte Felix Dserschinskijs Denkmal, das 1991 als Zeichen für das Ende des Regimes demontiert wurde. Heute befinden sich der Grenzschutz und ein Teil der Verwaltung in der riesigen, festungsähnlichen Zentrale. In dem grauen Gebäude links residiert eine der Nachfolgeorganisationen des KGB, der FSB. Für Russen ist die Lubjanka der Inbegriff der Unterdrückung, sie würdigen das Gebäude keines Blickes. Auf Nicht-Russen übt es eine eher unheimliche Anziehung aus, galt der KGB doch als das Epizentrum im „Reich des Bösen".

*Seit 1991 sind der **FSB** (Föderaler Sicherheitsdienst) für Inlandsspionage und **SVR** (Russischer Auslandsaufklärungsdienst) für Auslandsspionage die Nachfolgeorganisationen des KGB. Der SVR ist nicht an der Lubjanka, sondern im Großraum Moskau untergebracht. Wladimir Putin war nach 16 Jahren im Dienst des KGB von 1998 bis 1999 selbst Chef des Föderalen Sicherheitsdienstes, dem heute der von ihm ernannte Jurist Nikolaj Patruschew vorsteht.*

◀ *Der Putz ist ab: Auf dem Lubjanka-Platz wird die Neujahrsdekoration abgebaut*

6 [VI G6] **KGB-Museum,** Lubjanskaja Ploschtschad 2, Metro: Lubjanka, Mo.–Fr. 10–18 Uhr, Tel. 9148538, (Englische Führungen zu buchen über Patriarschij Dom Tours, siehe Kap. „Stadttouren"). Kuriositäten des 50 Jahre währenden Spionagekrieges zwischen der Sowjetunion und den USA werden hier, zwei Stockwerke über den alten Folterkellern des russischen Geheimdienstes zur Schau gestellt. Neben Feuerzeugen mit Kameras, Sprengsätzen in Coladosen und Schirmen mit scharfen Klingen ist auch ein trickreicher Ast zu sehen, gespickt mit Abhörtechnik. Für den Fall, dass sowjetische Agenten erwischt wurden, trugen sie immer eine Brille mit Gift in einem der Bügel. Ihnen wurde nahe gelegt, sich lieber umzubringen, als Geheimnisse zu verraten. Es war der ehemalige Parteichef Jurij Andropow, der 1984 einen Einblick in die Tätigkeit des KGB geben wollte. Natürlich nur in ganz bestimmte Teile davon. Unzählige KGB-Wappen, Fotos ehemaliger Mitarbeiter und sorgfältig arrangierte Plastiknelken sollen darüber hinwegtäuschen, dass die Geschichte des Geheimdienstes an der Heimatfront wenig ruhmreich war. Hunderttausende Russen endeten unter Stalin in Arbeitslagern. Erwähnung findet dieser Sachverhalt nicht. Allerdings seien den „Säuberungen" auch 20.000 Geheimpolizisten zum Opfer gefallen, heißt es in der Führung, ohne die der Zutritt zu diesem hoch spannenden Gruselkabinett der Geschichte verwehrt bleibt.

7 [D6] **Krasnaja Presnja Museum,** Bolschoj Predtetschenskij Pereulok 5, Metro: Krasnopresnenskaja, Di.–Sa. 10–18, So. 10–17 Uhr, geschl. letzter Fr. im Monat. Dieser Ableger des Museums für Moderne Geschichte Russlands ist nach dem ehemaligen Arbeiterstadtteil jenseits des Gartenrings benannt, in dem es sowohl 1905 als auch 1917 zu radikalen, revolutionären Aufständen kam. In unmittelbarer Nähe liegt das Weiße Haus, der Ort, an dem Russlands Schicksal gleich zweimal besiegelt wurde: 1991 und 1993. Diesen Ereignissen ist die Ausstellung im ersten Stock des reichlich verstaubt wirkenden Museums gewidmet. In der zweiten Etage wird die Revolution von 1905 von mehreren Seiten beleuchtet. Interessant ist die Karte, auf der minutiös markiert ist, wo der Zar in Moskau seine Truppen stationiert hatte. Das etwas dilettantisch wirkende Schaubild der Revolte zeigt vor allem eines: Moskau hatte damals wohl tatsächlich 40 x 40 Kirchen. Aus der „glorreichen" Sowjetgeschichte finden sich einige morbide Details: Lagerbesteck von der Insel Sachalin, posthum ausgestellte Rehabilitierungsausweise für Gulag-Opfer oder das persönliche Telefon des deutschen Feldmarschalls Friedrich Paulus. Ein Museum für Freaks.

63 [II H9] **Lenins Trauerzug,** Koschewnitscheskaja Uliza (direkt neben dem Pawelezker Bahnhof), Metro: Pawelezkaja, Mo.-Fr. 10-18 Uhr. Selbst wenn das Museum nicht geöffnet hat, lohnt ein Besuch für Lenin-Verehrer und Eisenbahnfans. Die in einer mit Klimaanlage versehenen Glasvitrine ausgestellte Dampflokomotive und der Anhänger, mit dem Lenin 1924 von Gorki Leninskije (Lenin-Berge) nach Moskau ins Mausoleum überführt wurde, sind in erstklassigem Zustand und auch durch das geschlossene Fenster gut erkennbar. Den orange-schwarzen Zug ziert die Losung „Auf geht's, Parteilose, Seite an Seite mit den Kommunisten, tapfer in die Zukunft" und das in Marmor gemeißelte Zitat am Eingang lautet übersetzt: „Wladimir Iljitsch Lenin ist so unsterblich wie seine Ideen und Taten." Autor unbekannt.

45 [III E6] **Matrjoschka-Museum,** Leontjewskij Pereulok 7/1, Metro: Ochotnyj Rjad, Di.-Fr. 12-18 Uhr, Sa./So. 11-17 Uhr, Tel. 2918718. Die Sammlung umfasst 14.000 Exemplare und zeigt, welche Entwicklungen die russische Bauernpuppe durchgemacht hat. Besonders Kindern bringt das Museum große Freude.

🏛8 [VII H6] **Moskauer Lichtermuseum,** Armjanskij Pereulok 3-5/1, Metro: Lubjanka, Tschistyje Prudy, tägl. 11-17 Uhr, www.moscowlights.ru. In einem weiß getünchten Gemäuer eröffnet sich dem Besucher ein wahrer Schatz. Das bereits seit 25 Jahren existierende Museum enthält Exponate zum Thema Elektrizität im weiteren Sinne wie antike Gaslaternen, Straßenuhren und Metro-Schaltpulte von 1940. Auf Originalfotografien ist das in Feuerwerkslicht getauchte Moskau während der Siegesfeiern 1945 zu sehen. Das Museum wird von der russischen Energieindustrie gesponsert. Die eigens für das Museum von der Schokoladenfabrik Roter Oktober angefertigten „Konfety" bringen nicht nur Kinderaugen zum Leuchten.

🏛9 [I G6] **Museum der Geschichte der Stadt Moskau,** Nowaja Ploschtschad 12, Metro: Lubjanka, Di./Do./Sa., So. 10-18 Uhr, Mi./Fr. 11-19 Uhr, letzter Fr. im Monat geschl., www.museum.ru/moscow, Tel. 9248490. Das Moskauer Stadtmuseum ist eines der ältesten Museen der Stadt, untergebracht in einer ehemaligen Kirche. Leider hält es nicht, was es verspricht, auch wenn die eine oder andere Rarität zu finden ist wie z. B. ein kleines Stadtmodell aus Holz (ein großes ist an anderer Stelle zu finden, siehe Kap. „Architektur-Special"). Das Museum für Moderne Geschichte Russlands (s. u.) bietet neben der russischen Geschichte auch bessere Einblicke in die Stadtentwicklung.

70 [B7/8] **Museum des Großen Vaterländischen Krieges,** auf dem Gelände des Siegesparks (siehe Kap. „Sehenswertes außerhalb des Gartenrings"), Bratjew Fontschenko 10, Metro: Kutusowskaja, Di.-So. 10-17 Uhr,

PRAKTISCHE REISETIPPS
Museen

letzter Do. im Monat geschl., Tel. 1424185. Eine Reise in eine düstere Vergangenheit erwartet den Besucher hier. Anhand von thematischen Dioramas werden Schlachten wie etwa der Kampf um Berlin oder Petersburg nachgestellt. Die Ruhmeshalle ist an Sowjetkitsch kaum zu überbieten, aber gerade deshalb sehenswert.

10 [I F6] **Museum für Archäologie**, Maneschnaja Ploschtschad 1a (Manegenplatz), Metro: Ochotnyj Rjad, Di./Do./Sa., So. 10–18 Uhr, Mi./Fr. 11–19 Uhr, geschl. letzter Fr. im Monat, Tel. 2924171. Eines der laut UNESCO besten Archäologiemuseen der Welt befindet sich im geschichtsträchtigen Herzen der Stadt. Seit dem Abriss des angrenzenden Hotels Moskwa wirkt der Eingang in unmittelbarer Nähe zum Manegen- und zum Roten Platz etwas verloren. Steigt man jedoch die Stufen hinab, glaubt man sich in einer anderen Welt. Pünktlich zum 850. Stadtgeburtstag stießen Bauarbeiter zufällig auf die riesigen Überreste der Woskresenskij-Brücke, die beinahe vollständig und gut erhalten ist. Anhand eines Modells sind die Ausmaße veranschaulicht.

47 [III E5] **Museum für Moderne Geschichte Russlands** (früher Revolutionsmuseum), Twerskaja Uliza 21, Metro: Puschkinskaja, Twerskaja, Di.–Sa. 10–18 Uhr, So. 10–17 Uhr, letzter Fr. im Monat geschl., www.sovr.ru, Tel. 2996724. Dieses imposante klassizistische Gebäude beherbergt seit 1917 eines der spannendsten Museen der Stadt. In den schön renovierten Räumen taucht man in die bewegte Geschichte Russlands und der Sowjetunion ein.

25 [I G7] **Palast der Bojaren Romanow**, Uliza Warwarka 10, Metro: Kitaj-Gorod, Do.–Mo. 10–17, Mi. 11–18 Uhr, letzter Mo. im Monat geschl., Tel. 2983706, www.shm.ru. Nikita Romanow errichtete das schönste Gebäude auf der Warwarka Uliza im 16. Jh. Als Michail Romanow 1613 zum Zar ernannt wurde, zog die ganze Familie in den Kreml, sodass der Bojarenpalast verwaist blieb. Nikolaus I. renovierte den Familiensitz und machte ihn 1859 der Öffentlichkeit zugänglich.

65 [L 8/9] **Porzellanmuseum** (im Herrensitz Kuskowo), Uliza Junosti 2, Metro: Rjasanskij Prospekt (in Fahrtrichtung vorne aussteigen), weiter mit Bus 133 oder 208 ab der dritten Bushaltestelle rechts (6 Stationen bis zum Haupteingang), Mitte April–September: Mi.–So. 10–18 Uhr (Tickets bis 17 Uhr), Oktober–Mitte April Mi.–So. 10–16 Uhr (Tickets bis 15 Uhr), geschl. letzter Mi. im Monat und an besonders regnerischen Tagen aufgrund der hohen Luftfeuchtigkeit, nur Getränke und Süßigkeiten käuflich zu erwerben, Tel. 3700160 (auch Konzerte), www.kuskovo.ru. Erstklassiges Museum mit Service aus drei Jahrhunderten. Deutsches Meissener- und französisches Sèvres-Porzellan ergänzen die russischen Exponate, unter anderem aus der weltberühmten St. Petersburger Lomonossow-Manufaktur.

11 [E4] **Revolutionsdruckerei von 1905**, Lesnaja Uliza 55, Metro: Belorusskaja, Tel. 2503074, Mo.–So. 10–18 Uhr, www.sovr.ru/region/tipog1.shtml. Revolutionsgeschichte zum Anfassen bietet der kleine kaukasische „Fruchthändler Kalandadse", hinter dessen harmloser Ladenfassade und heute mit Plastikobst bestückter Vitrine sich eines der ungewöhnlichsten Museen der Hauptstadt befindet. In den Tagen der ersten russischen Revolution 1905 wurden hier im Kellergewölbe, in das man über eine Holztreppe hinter der Theke gelangte, Flugblätter und die sozialdemokratische Zeitung „Der Arbeiter" auf einer amerikanischen Druckereimaschine hergestellt. Nach jeweils 30 Minuten in dem geschlossenen Raum bei Kerzenlicht wurde der Sauerstoff knapp, sodass Wachablösung in dem drei Meter tiefen

Keller Not tat. Bei Nacht und Nebel arbeiteten die Revolutionäre unter extremen Bedingungen. Tagsüber handelte der furchtlose georgische Händler mit Obst, unter dem nicht nur die Kelleröffnung, sondern auch die Flugblätter problemlos verschwanden. Direkte Kundschaft hatte er nicht, weil er Großhändler belieferte. Kam doch einmal jemand vorbei, setzte sich seine Frau an die Nähmaschine, um die Geräusche der Druckereimaschine zu ersticken. In den beiden Hinterzimmern führte die 3-köpfige Familie ein bescheidenes Leben. Im Gegensatz zu anderen Revolutionären, die vom Zarenregime verfolgt wurden, blieben Kalandadses revolutionäre Umtriebe ungesühnt. Die Revolutionsdruckerei ist die einzige ihrer Art in Moskau, die nie entdeckt wurde. Das Museum wurde 1923 als Außenstelle des Museums für Moderne Geschichte Russlands eröffnet und zieht seither vorzugsweise Touristen aus Ländern an, die ebenfalls auf eine revolutionäre Vergangenheit zurückblicken.

12 [I F7] **Rüstkammer und Diamantenfond des Kreml**, Kreml, Metro: Biblioteka imeni Lenina, Borowizkaja, Einlass Fr.-Mi. 10, 12, 14.30, 16.30 Uhr, Tel. 9214720; Diamantenfonds, Fr.-Mi. 10-13, 14-17 Uhr, Tel. 2292036, www.kremlin.museum.ru

33 [II F8] **Schokoladenfabrik Krasnyj Oktjabr** (Roter Oktober), Bersenewskaja Nabereschnaja 6, Metro: Kropotkinskaja, Mo.-Fr. 9-17 Uhr, Tel. 6963552 (besser: Patriarschij Dom Tours – siehe Kap. „Stadttouren" – kontaktieren), deutschsprachige Führungen nach Vereinbarung mit Nina Semjonowa unter Tel. 5418080, knv@redoct.biz. Moskaus älteste Süßwarenfabrik wird ihren angestammten Firmensitz demnächst räumen, um Luxuswohnungen Platz zu machen. Höchste Zeit, sich die traditionsreiche Fabrikation auf der „Insel ohne Namen" noch einmal anzusehen.

MUSEUMSBABUSCHKAS

Eine besondere, aussterbende Spezies Mensch ist die russische Museumsbabuschka in den typischen russischen Wohnhausmuseen. Es handelt sich um einen Frauentypus in den besten Jahren, meist um eine echte babuschka (Oma), die mit Argusaugen darüber wacht, dass der Besucher keinem noch so kleinen, liebevoll drapierten Bleistift auf dem Schreibtisch der betreffenden hoch verehrten russischen Geistesgröße zu nahe kommt. Sie achtet penibel darauf, dass jeder am Eingang Schlappen (tapotschki) über die Straßenschuhe zieht und den Mantel ordnungsgemäß an der Garderobe abgibt.

Mit strengem Blick überreicht sie dem Besucher in abgehalfterte Plastikfolien gezwängte russische oder wahlweise englische Texte mit meist viel zu weit führenden Erläuterungen. Fortan weicht sie dem Besucher keinen Millimeter mehr von den Fersen, wobei dieser immer wieder gemustert und behelligt wird mit ausnehmend patriotischen Sätzen wie: „Er war ein großer Intellektueller" – natürlich auf Russisch. In Sowjetzeiten wohl angesehen und gut bezahlt, hat sich die zum adeligen Inventar zu gehören scheinende Museumsangestellte ihre Hingabe zum russischen Kulturerbe bewahrt.

Kultur war Staatsangelegenheit, aber immer auch reglementiert. Sobald der Besucher etwas Unvorhergesehenes versucht, z. B. die Freundin vor einer der Vitrinen zu küssen, schnappt die Falle zu. „Hier darf nicht geküsst werden", raunt es ernst aus dem Off. An der

PRAKTISCHE REISETIPPS 77
Museumsbabuschkas

Schattenfrau ist auch äußerlich die Zeit vorbeigegangen, trägt sie doch immer noch mit Vorliebe hellgraue Filzstrickjacken und eine leicht missglückte Hochsteckfrisur. In der Hand die unvermeidliche Lektüre, in die sie sich aber nur ungern vertieft. Es könnte ja etwas Unvorhergesehenes passieren.

Kauft man schließlich kein Andenken, wird man mit einem latent schnippischen „Do swidanja" und mit dem Gefühl verabschiedet, die heilige Stätte nicht richtig gewürdigt und den berühmten Dichter oder Denker bei seinem Mittagsschlaf gestört zu haben. Ein „Wsewo Dobrowo" (Alles Gute) bedeutet dem Besucher, dass er eher angenehm aufgefallen ist. Überboten wird der Gruß nur noch von „Prichodite jescho ras" (Kommen Sie mal wieder). Aber auch im Anschluss daran wird man dem dogmatischen „Vergessen Sie nicht, die Tür zu schließen" nicht entkommen. Die Sowjetunion lässt noch einmal grüßen, bevor man schlagartig mit dem Schließen der Eingangstür in das Moskau von heute katapultiert wird, in dem es kein beklemmendes Lebensgefühl und keinen Big Brother mehr gibt, sondern die Freiheit der großen weiten Welt.

▲ *Babuschkas auf Posten*

IN GEDENKEN AN ... – LITERATUR-, KÜNSTLER-, THEATER-, MUSIK- UND FILMMUSEEN

Literaturmuseen

85 Boris-Pasternak-Wohnhaus, Pawlenko Uliza 3, Peredelkino, Elektritschka vom Kiewer Bahnhof, 30 Minuten bis Peredelkino, dann 15 Minuten zu Fuß, Do.–So. 11–16 Uhr, am letzten Tag des Monats geschlossen, www.avantart.com/russ/peredelkino/i.htm, Tel. 9345175. Eine Pilgerstätte war Boris Pasternaks Wohnhaus in der prominenten Datschensiedlung im Grüngürtel von Moskau schon in den 1960er Jahren. Seit 1990 kann man die ehemalige Wirkungsstätte des verfemten Schriftstellers auch besichtigen. Sein in Teilen autobiographisches opus magnum „Doktor Schiwago", für das er 1953 den Literatur-Nobelpreis bekam, vollendete er an seinem Lieblingsplatz auf der Veranda. Der Preis wurde Pasternak aberkannt, seine Liebe zu Peredelkino aber blieb (siehe Kap. „Ausflüge in die Umgebung").

12 [III E5] Bulgakow-Wohnhaus, Bolschaja Sadowaja Uliza 10, Metro: Majakowskaja, Di.–So. 15–20 Uhr, Tel. 5065735, Dombulgakova@yandex.ru, www.bulgakov.ru. In den 1980er Jahren wurde das Wohnhaus des großen Meisters Michail Bulgakow, der sich mit dem Moskau-Roman schlechthin in das satirische Herz der Russen schrieb, zu einem echten, immer noch mystischen Wallfahrtsort. Unzählige Fans verewigten sich mit Graffiti- Zeichnungen aus „Der Meister und Margarita" im Treppenhaus dieser einstigen *kommunalka* (Gemeinschaftswohnung), in der Bulgakow von 1921 bis 1924 lebte. Anfang 2005 eröffneten seine Nachkommen hier ein Museum. Ausgestellt sind Bilder, Fotos, Skulpturen, eine kleine Holzstraßenbahn und andere Habseligkeiten. Skizzen treuer Anhänger schmücken die Wände. Vor allem die umtriebige Katze Behemoth hat es den Fans angetan. Der Besucher kann sich mit ausgelegten Stiften und Blättern ebenfalls unsterblich machen. Sonntags um 15.30 Uhr ist das Museum Ausgangspunkt zahlreicher Führungen auf Bulgakows Spuren und zu den Schauplätzen seiner Romane. Auch die Patriarchenteiche um die Ecke lohnen einen Abstecher. Dort spielt die Anfangsszene aus „Der Meister und Margarita", dem Kultroman, den Bulgakow nicht mehr vollenden konnte, weil er am Ende seines Lebens erblindete. Mittwochabends wird im Lesungsraum gar zum „Tee mit Woland" geladen! Allerdings sollte man vorher telefonisch mit Daniela Dawydowa unter der Nummer 2640301 eine Einlasszeit vereinbaren, das Tor zum Innenhof die faszinierende, teuflische Welt von Bulgakow könnte sonst verschlossen bleiben.

13 [F4] Dostojewskij-Wohnhaus, Dostojewskowo Uliza 2, Metro: Nowoslobodskaja, Di./Mi./So. 11–18 Uhr, Mi./Fr. 14–18 Uhr, geschl. letzter Tag des Monats, Tel. 6811085. Nach einer aufwendigen dreijährigen Renovierung erstrahlt das Wohnhaus der Familie Dostojewskij am nördlichen Stadtrand Moskaus heute in neuem Glanz. Allerdings verbrachte Dostojewskij lediglich seine Kindheit in diesen bescheidenen Räumen, in einem Seitenflügel des früheren Armenkrankenhauses, bevor er 1837 nach St. Petersburg zog. Neben dem authentischen Interieur versetzen auch die zahlreichen Ahnengemälde den Besucher in jene Zeit um 1920, als Fjodor Dostojewskij noch der Sohn des Vaters Michail Dostojewskij war, lange bevor er mit dem eigens in einer Vitrine ausgestellten Füller zu schreiben begann.

46 [III E6] Gorki-Wohnhaus, Malaja Nikitskaja Uliza 6/2, Metro: Arbatskaja, Mi./Fr. 12–19 Uhr, Do./Sa./So. 10–16.30 Uhr, geschl. letzter Do. im Monat, Tel. 2900535. Als eines der schönsten Beispiele für Moskauer Jugendstil gilt das imposante Wohnhaus, das ausgerechnet Maxim Gorki, dem Antibürgerlichen, zur Verfügung gestellt wurde.

14 [VI F5] **Literaturmuseum,** Uliza Petrowka 28, Metro: Tschechowskaja, Mi., Fr. 14–18, Sa. 11–17, geschl. letzter Tag im Monat, Tel. 9213857. Zeitweise wegen Renovierung geschlossen. Das seit 1970 in einem Teil des Hohen Sankt-Peter-Klosters untergebrachte Museum für Bibliophile beherbergt über eine Million mit viel Liebe zum Detail exponierte Einzelstücke aus dem 17. und 18. Jahrhundert, wie Inkunabeln, persönliche Archive russischer Geistesgrößen, Originaltonaufnahmen, Fotografien und Zeichnungen. Einen besseren Eindruck vom Leben der Schriftsteller und ihrer Zeit bekommt man jedoch in den Wohnhaus-Museen.

15 [VI G6] **Majakowskij-Museum,** Mjasnizkaja Uliza 6, Metro: Lubjanka, Mo./Di./Fr.–So. 10–17, Do. 13–20 Uhr, geschl. letzter Fr. im Monat, www.museum.ru/majakovskiy, Tel. 9219387. Von 1919 bis 1930 lebte der subversive Künstler und „Dichter der Revolution" Wladimir Majakowskij in diesem Gebäude in unmittelbarer Nähe zum KGB. Der konstruktivistische Eingang lockt den Besucher in eine ganz eigene Form von Paralleluniversum, in dem Propagandaplakate, Fotos und Drehbücher vor zersprungenen Spiegeln, alten Stiefeln und zerschlissenen Sesseln des genialen Anarchisten auf sehr eigenwillige Art arrangiert sind. Riesige Metallinstallationen, eine umfangreiche Lyrik-Bibliothek, avantgardistische Kunst und mehrere Totenmasken zeugen von dem großen Pathos und dem latenten Größenwahn des talentierten Dichters, der sich im Alter von 37 Jahren das Leben nahm.

16 [IV E8] **Puschkin-Museum,** Pretschistenka Uliza 12/2, Metro: Kropotkinskaja, Di.–So. 10–18 Uhr, geschl. Mo. und letzter Fr. im Monat, www.pushkinmuseum.ru, Tel. 2015674. Das imposante, erst kürzlich renovierte und erweiterte Gebäude im alten Adelsviertel Moskaus wartet mit einer Fülle von Aquarellen, Lithografien und Zeichnungen aus jener Zeit auf, in der Alexander Puschkin lebte. Erstausgaben und andere Originalwerke sind in Glasregalen luftdicht untergebracht. Allerdings sind nur wenige persönliche Reliquien des rebellischen Künstlers ausgestellt. Allein die überlebensgroße Bronzeskulptur am Eingang erinnert an Puschkin als Person.

67 [V D7] **Puschkin-Wohnhaus,** Arbat Uliza 53, Metro: Smolenskaja, Mi.–So. 10–18 Uhr, Tel. 2419295. In diesem zweigeschossigen, blau-weißen Stadthaus am Arbat verbrachte Alexander Puschkin nur zwei Monate des Jahres 1831. Neben einigen persönlichen Gegenständen, Porträts und Skulpturen, Lithografien und Buchillustrationen findet sich hier auch eine Reihe interessanter Stiche aus jener Zeit.

17 [VII I7] **Sacharow-Museum,** Uliza Semljanoj Wal 57, Metro: Kurskaja, Di.–So. 11–19 Uhr, Tel. 9234401, www.sakharov-center.ru. „Frieden, Fortschritt und Menschenrechte – eins ist ohne das andere nicht möglich", sagte der in der UdSSR verfolgte Physiker und Menschenrechtler Andrej Sacharow 1975 in seiner Nobelpreisrede. Das erst 1996 gegründete, unabhängige Forschungs-Zentrum mit laufenden Ausstellungen wie „Vorsicht, Religion" und einer eigenen Spezialbibliothek ist ein geradezu mystischer Ort. Nicht zuletzt aufgrund des preisgekrönten Ausstellungskonzeptes scheint Sacharows Geist hier noch lebendig zu sein. Im Obergeschoss unterteilen riesige Trennwänden den Raum in vier unterschiedlich große Segmente. Von links nach rechts werden die Abschnitte größer und heller, ein Symbol für Russlands Weg aus der Dunkelheit ins Licht, aus der Unfreiheit in die Freiheit. Fotomaterial, Videos und Schriftstücke in den Regalwänden dokumentieren politische Repression, totalitäre Vergangenheit und das Leben eines in jeder Hinsicht außergewöhnlichen Menschen.

❻❸ [IV E8] **Tolstoj-Museum,** Pretschistenka Uliza 11, Metro: Kropotkinskaja, Di.–So. 10–17 Uhr, geschl. letzter Fr. im Monat, Tel. 2022190. Das Museum zu Ehren des großen Schriftstellers beherbergt persönliche Gegenstände und Aufzeichnungen sowie Gemälde von berühmten Malern. Gelebt hat Tolstoj allerdings nicht hier, sondern in einem geräumigen, sehenswerteren Holzhaus am Park Kultury (s. u.) und in seiner Datscha in Jasnaja Poljana.

❻❹ [IV D8] **Tolstoj-Wohnhaus,** Uliza Lwa Tolstowo 21, Metro: Park Kultury, April-September Di.–So. 10–17 Uhr, Oktober–März Di.–So. 10–15.30 Uhr, geschl. letzter Fr. im Monat, www.tolstoy.ru, www.yasnayapolyana.ru, Tel. 2469444. Das zu den schönsten Wohnhausmuseen Moskaus zählende Anwesen zeigt das Leben des berühmten Schriftstellers recht plastisch. Sehr empfehlenswert.

❻⓿ [III D6] **Tschechow-Wohnhaus,** Uliza Sadowaja-Kudrinskaja 6, Metro: Barrikadnaja, Di./Do./Sa./So. 11–16 Uhr, Mi./Fr. 14–18 Uhr, geschl. letzter Tag im Monat, Tel. 2916154. In dem zweistöckigen Kleinod lebte Anton Tschechow von 1886 bis 1890 zusammen mit seiner Familie und seiner Frau Olga Knipper. Das Wohnhaus ist unbedingt sehenswert und versetzt den Besucher in eine andere Zeit.

🏛 **18** [G4] **Wachsfigurenkabinett,** Prospekt Mira 25, Metro: Prospekt Mira, Mo.–So. 11–18.30 Uhr, Tel. 3634610. Peter der Große war es, der die Wachskunst einst aus Europa mitbrachte. 1990 nahm Viktor Afanessow die in der Sowjetzeit unterbrochene Tradition wieder auf. Seit dem Frühjahr 2005 ist die heute 100 Berühmtheiten der russischen Geschichte umfassende Sammlung in einer alten Industriellenvilla würdig untergebracht. Eintrachtig stehen dort Stalin und Lenin, Gorbatschow und Jelzin. Auch wenn Berijas mafiöse Aufmachung, Breschnews Riesenaugenbrauen und Tolstojs Rauschebart mit einer gewissen Ironie zu betrachten sind, ist das Kaleidoskop der zum Teil täuschend echt wirkenden russischen Persönlichkeiten unbedingt sehenswert. Der oft gehörte Gruß des Personals „Kommen Sie mal wieder vorbei" macht hier wirklich Sinn. Leo Trotzki und Sergej Ejsenstejn sind schon in Arbeit. Auch auf Michail Kalaschnikow und seine Kumpanen darf man gespannt sein.

🏛 **19** [III E7] **Zwetajewa-Wohnhaus,** Borisoglebskij Pereulok 6, Metro: Arbatskaja, Fr. 11–17 Uhr, So. 12–17 Uhr, Tel. 2023543. Schwer vorstellbar, dass die große russische Lyrikerin Marina Zwetajewa nach ihrer Heimkehr in die „an Wundern reiche Stadt" Moskau 1939 nicht ein einziges Mal in dieses einladende zweigeschossige Privathaus mit Holzdielen und niedrigen Decken zurückkehrte. Immerhin lebte sie von 1914 bis 1922 mit ihren beiden Kindern in diesen Räumen, bis sie 1922 nach Berlin und später nach Frankreich emigrierte. Viele liebevoll arrangierte Schrift- und Möbelstücke zeugen noch heute von Zwetajewas produktivster Lebensphase vor ihrer Emigration, in der mehr als 11 Bücher entstanden.

Theatermuseen

🏛 **20** [II H9] **Bachruschin-Theatermuseum,** Uliza Bachruschina 31/12, Metro: Pawelezkaja, Mi.–Mo. 12–18 Uhr, geschl. letzter Montag im Monat, Tel. 9534470. Dem Besucher eröffnet sich hinter rotem Backstein ein herrlich überladenes, farbenprächtiges, neogotisches Interieur mit einer Vielzahl von liebevoll arrangierten Plakaten, Bühnenbildern und Modellen aus einer Zeit, als das

Theater in Russland noch als Ersatz für die Welt draußen diente, die unveränderlich schien. Einer der größten Opernsänger des 20. Jh., Fjodor Schaljapin, ist gar im Originalton zu hören. Auch Kostüme und andere Reminiszenzen versetzen den Besucher in das vorige Jahrhundert.

21 [III E6] **Stanislawskij-Museum,** Leontjewskij Pereulok 6, Metro: Arbatskaja, Ochotnyj Rjad, Di./Sa./So. 11–17 Uhr, Mi./Fr. 14–19 Uhr, geschl. letzter Do. im Monat, Tel. 2292855. Von 1921 bis 1938 lebte in diesem 300 Jahre alten Stadtpalais der Theaterregisseur und Schauspieler Konstantin Stanislawskij, der mit der Gründung des MCHAT-Theaters 1898 die Theaterwelt revolutionierte. Die „Stanislawskij-Methode" der authentischen Gefühlsvermittlung wird noch heute angewendet. Als Stanislawskij das Haus nicht mehr verlassen konnte, verwandelte er den von antiken Lüstern erleuchteten Ballsaal seines Domizils im ersten Stock in eine Probebühne, auf der heute noch Hauskonzerte gegeben werden. Auch Eugen Onegin hatte hier seinerzeit Premiere. Im Erdgeschoss befindet sich eine einzigartige Requisiten- und Kostümsammlung aus jenen bewegten Zeiten des russischen Theaters zum Ende des 19. Jh.

Musik- und Filmmuseen

22 [III E5] **Glinka-Musikmuseum,** Uliza Fadejewa 4, Metro: Majakowskaja, Di.–So. 11–18 Uhr, geschl. letzter Tag im Monat, Tel. 9723237, www.museum.ru/glinka. Alte Balalaikas, Nowgorod-Lauten aus dem 13. Jh. und andere ausgefallene Exponate sind hier zusammen mit über 1000 Musikinstrumenten aus mehr als 40 Ländern versammelt. Sehenswert sind vor allem die Instrumente aus Zentralasien und dem Kaukasus. Auch eine Vielzahl von Partituren, Tondokumenten, Manuskripten und Noten von Sergej Rachmaninow, Sergej Prokofjew und von Michail Glinka sind hier in der Rubrik „Kulturgeschichte der russischen Musik" zu finden. Der große Komponist Michail Glinka gilt als der Begründer des russischen Nationalismus in der Musik, der viele Anhänger fand. Seine Opern waren eine Synthese aus westlichem Aufbau und russischer Melodie. Die Orchestermusik verband das Traditionelle mit Exotik. Glinka starb 1857 in Berlin. In dem hübschen Konzertsaal, der mit einer deutschen Orgel ausgestattet ist, werden heute Konzerte und Lesungen abgehalten.

23 [B10] **Mosfilm,** Mosfilmowskaja Uliza 1, Metro: Uniwersitet, (Trolleybusse 205 und 119 fahren dorthin oder in entgegen gesetzter Richtung zur Metro Kiewskaja), Di.–Fr. 11–16 Uhr, Führungen von 9–16 Uhr. www.mosfilm.ru, www.museikino.ru. Die lange Tradition der Mosfilm-Studios macht diesen Ort zu einem einzigartigen Mekka für Filmfans. Zu Zeiten der Sowjetunion wurden bei Mosfilm etwa 2500 Filme gedreht. Nach einer langen Durststrecke bekam der Staatskonzern in den 1990er Jahren mit einer neuen Generation von Filmemachern wieder Auftrieb. Vor allem die großen Serienverfilmungen russischer Klassiker für das Fernsehen, die Wladimir Bortko in den vergangenen 4–5 Jahren enorme Popularität verschafften, haben den Mosfilm-Studios einen neuen Boom beschert. Neuerdings werden auch Führungen über das weitläufige Gelände angeboten. Zu sehen gibt es eine der Bühnen, den Kostümfundus, das Museum mit Oldtimern aller Epochen (auch Stalins Staatskarosse), das gesamte Kamera-Equipment, alte Filmposter und eine aus Pappmaschee nachgebaute Straße des alten Moskau, in der noch heute Kostümfilme gedreht werden. Der Abstecher zu den Filmstudios lässt sich gut mit einem Besuch der Sperlingsberge verbinden. Seit Anfang

2006 befindet sich auf dem Gelände auch das Moskauer Filmmuseum, das die Räumlichkeiten im Kinozentrum aufgeben musste. Leider ist der Bestand noch nicht zugänglich und das große Filmarchiv bis auf weiteres geschlossen.

24 [H8] **Wyssotzkij-Zentrum,** Nischnyj Taganskij Tupik 3, Metro: Taganskaja, Di.-Sa. 11-17.00 Uhr, www.visotsky.cea.ru, Tel. 9157578. Jeder kannte ihn, vom LKW-Fahrer bis zum Intellektuellen. Wladimir Wyssotzkijs unendlich traurige Balladen über Desillusionierung, Gefängnis und Armut machten ihn schon zu Lebzeiten zu einer Legende. In den 1970er Jahren fanden seine Kassetten auf geheimen Pfaden ihren Weg durch die gesamte UdSSR. Als Gitarre spielender Hamlet ging er in die Geschichte des Taganka-Theaters ein. Zu seiner Beerdigung 1980 auf dem Wagankow-Friedhof kamen Zehntausende. Jurij Ljubimow, der Chef des Taganka-Theaters sprach aus, was alle dachten: „Er verkörperte wie kein anderer den Geist unseres Volkes, unseren Schmerz und unsere Freude." Das liebevoll mit über 1000 Exponaten bestückte Museumszentrum hinter dem Theater bietet tiefe Einblicke in das reiche Leben des unvergesslichen „Barden", der auch bei Verfilmungen der Werke von Tschechow und Puschkin mitgewirkt hat. Das Wyssotzkij-Forschungszentrum ist angeschlossen; unter www.kulichki.com/vv/ sind viele seiner Lieder, einige ins Englische übersetzt, abzurufen.

▶ *Jurij Gagarin, der erste Mensch im Weltall, als russischer „Supermen"*

WISSENSCHAFTS- UND TECHNIKMUSEEN

85 **Lomakow-Oldtimer-Museum,** Krasnodarskaja Uliza 58 (den hinteren Metro-Ausgang nehmen und die riesige Straße etwa 300 Meter in Richtung Einkaufszentrum Moskwa laufen), Metro: Ljublino, Mo.-So. 11-19 Uhr, (Führungen angeblich auch nachts möglich, Dmitrij Lomakow erzählt dabei Geschichten über Hitler, Himmler und Stalin, Führungen auf Englisch nur nach vorheriger Anmeldung), http://users.rosweb.ru/lomakovka (chaotische Site, dafür auch auf Deutsch), Tel. 3567995, lomakov@rosmail.ru. Unter den 40 ausgestellten Oldtimern dieses skurrilen Privatfuhrparks befinden sich auch „deutsche Schätzchen" wie etwa der Horch-Roadster von Hermann Göring oder der wohl teuerste Mercedes der Welt (Baujahr 1936), der ausgerechnet Josef Göbbels gehörte.

Musikszene und Nachtleben

🏛 **25** [IV D9] **Metromuseum,** Chamownitscheskij Wal 36, Metro: Sportiwnaja, Mo. 11–18 Uhr, Di.–Fr. 9–16 Uhr, Tel. 2227309. Direkt in der Metrostation hinter der Holztür rechts am Ausgang befindet sich im dritten Stock das winzige Metro-Museum, in dem vor allem die frühe Geschichte des unterirdischen Utopias nachgezeichnet wird. Fotomaterial dokumentiert die Entwicklungen. Anhand von Modellentwürfen bekommt man einen guten Eindruck von der Art und Weise, wie die Metro gesteuert wird. Das Museum ist etwas veraltet, ein Bild der einzelnen Stationen kann man sich besser auf der hervorragenden, aber nur auf Russisch existierenden Website www.metro.ru oder live und in Farbe bei einer Fahrt durch Moskaus unterirdische Paläste machen.

🏛 **26** [H3] **Raumfahrtmuseum,** Swesdnyj Bulwar (direkt an der Metro), Metro: WDNCH, Man sollte den Metro-Ausgang „Allee der Kosmonauten" nehmen und an der Büste von Jurij Gagarin und anderen verdienten russischen Kosmonauten vorbei flanieren. Der 100 Meter hohe, mehr als vierzig Jahre alte Obelisk aus glänzendem Titan weist den Weg. Am Fuße des Sputnik-Denkmals für die russische Raumfahrt, das eine ins All startende Rakete zeigt, erinnert eine Statue an Konstantin Ziolkowskij, den Vater der russischen Raumfahrt. Im Sockel des Obelisken befindet sich das sehenswerte Raumfahrtmuseum, in dem nicht nur der erste Sputnik-Satellit, sondern auch das erste Mondgefährt, Weltraumnahrung, Anzüge, Fotodokumentationen und ein Modell der Orbitalstation MIR ausgestellt sind.

Das Weltraummuseum ist bis auf weiteres geschlossen. Die Exponate sind an anderer, gut erreichbarer Stelle zu sehen: auf dem Gelände des WWZ im Kosmos-Pavillon (Nr. 32). Der ist unschwer an dem riesigen Modell der Wostok-Rakete davor zu erkennen.

Das Raumfahrtmuseum hat es in dieser Form wohl die längste Zeit gegeben. 2010 soll in Moskau auf dem Platz des ehemaligen Frunze-Aerodroms in Chodynskoje das größte Luft- und Raumfahrtmuseum der Welt entstehen.

Wer Lust auf mehr bekommen hat, kann sich noch im Privathaus des großen russischen Raumschiffkonstrukteurs Sergej Kowaljow, wenige Gehminuten entfernt, umsehen. Dort hängen noch Originalkonstruktionspläne. Auch das Kreml-Telefon ist gut erhalten. Das Wohnhausmuseum kann nur im Rahmen einer Führung Mi./Do./Sa und So. jeweils um 11, 12, 14 und 15 Uhr besichtigt werden.

MUSIKSZENE UND NACHTLEBEN

„Moskau ist ein Abgrund hedonistischer Lust."
Iwan Turgenjew

4 CLUBS UND BARS

Eine der dankenswertesten neuen Errungenschaften, die der „wind of change" im Zuge der Perestrojka nach Moskau gebracht hat, ist eine riesige heterogene und ausgesprochen **schrille Club- und Barszene**. Und das in einer Stadt, in der es vor 1991 nur wenige Cafés und Diskotheken gab und man abends oft in den eigenen vier Wänden saß! Die neue Freiheit, die hier gemeint ist, führt heute unweigerlich dazu, dass man die Qual der Wahl hat. Selbst für Moskowiter ist es nicht leicht, am Ball zu bleiben und aus mehr als 100 Clubs den richtigen zu finden. Gerade hatte man sich an das Club-Konzept mit den verschiedenen Lokali-

Musikszene und Nachtleben

täten je nach Jahreszeit (*ossen* – Herbst und *leto* – Sommer) gewöhnt, da lassen sich die Veranstalter schon wieder etwas Neues einfallen. Das Angebot reicht von elitären „pathetischen" (*pafosnye*) Tanzclubs bis hin zu Kulturcafés mit „demokratischen", will heißen akzeptablen Preisen, von Rock- und Popmusik über Jazz bis hin zu russischer Live-Musik. Auch Tanzen auf dem Wasser ist möglich.

Informieren kann man sich über das Internet (siehe Kap. „Moskau im Internet") oder in den Print-Ausgaben der englischsprachigen Zeitschriften „The Exile", „Moscow Times", „Moscow News" oder „Where", die in Cafés oder Hotels ausliegen (siehe Kap. „Informationstellen, Zeitschriften"). Dort gibt es auch die zweiwöchig erscheinende, sehr umfangreiche und gut recherchierte „Moskauer Deutsche Zeitung". Der Branchenführer „Afisha" ist leider nur auf Russisch erhältlich.

Aus dem Westen gekommen ist auch das **Prinzip „face control"**. Ob Zutritt zu der jeweiligen Lokalität gewährt wird, hängt von der Gunst des Türstehers ab. Im Notfall sollte man sich lautstark auf Englisch, Französisch oder Deutsch unterhalten. Das gilt als „hip", sodass sich die Pforte dann meist wie von selbst öffnet. Vor Mitternacht ist übrigens kaum jemand unterwegs. Das Gros der Nachtschwärmer tanzt bis zur ersten Metro um 5 Uhr morgens.

❶ 1 [II G8] **Apschu,** Klimentowskij Pereulok 10/1, Tel. 9539944, Metro:Tretjakowskaja, www.apshu.ru, 24 Stunden geöffnet. Angesagtes Clubrestaurant, wie so oft in Moskau in einer unscheinbaren Kellerlocation, zu der bis vor einiger Zeit nur Insider einen eigenen Schlüssel besaßen. Jetzt gehört der Ort den 30- bis 40-jährigen Intellektuellengeschöpfen, die sich rund um die Uhr für „demokratische" Preise an exzellenten russischen Gerichten, klassischen Cocktails und leckeren Salaten in gemütlichem Wohnzimmerambiente erfreuen. Angedeutete blinde Fenster, Bücherregale in verschachtelten Trennwänden und Kachelfußböden sollen an das Fischerdorf Apschuziens im fernen Lettland, der Heimat der Inhaberin, erinnern. Die Live-Musik ist ebenso hip wie ausschweifendes Tanzen nach Mitternacht. Zu diesem Zweck werden die Tische zur Seite geräumt.

❷ 2 [VI F5] **Bar 30/7,** 24 Stunden geöffnet, Mo.–So., Uliza Petrowka 30/7, Tel. 095951, Metro: Zwetnoj Bulwar (15 Minuten zu Fuß). Ein echtes Lieblingsplätzchen im Herzen Moskaus. Eine lange Bar und freundliches Personal empfangen das internationale Publikum in schwarz-weiß gehaltenem Ambiente bei schöner Loungemusik, leckeren Cocktails, Tee und Sandwiches. Ein anheimelnder Wintergarten gibt auch bei Nacht den Blick auf den Petrowskij-Bulwar und die Zwiebeltürme des Hohen Sankt-Peter-Klosters frei. Abends wird die Bar zum Hotspot, von den Zweizentner-Türstehern sollte man sich nicht abschrecken lassen. Echte Kerzen sorgen für entspannte Stimmung. Hier ist alles möglich außer Tanzen.

❸ 3 [III E6] **Bar'd Kafe,** Bolschaja Nikitskaja Uliza 22 (mit dem Fahrstuhl in den 2.Stock), Metro: Arbatskaja, Tel. 2919388 (Ticketverkauf tägl. 12–22 Uhr), Einlass ab 19 Uhr, Beginn um 20 Uhr, www.gnezdogluharya.ru (*gnesdoglucharija* ist das Auerhahnnest). Aus Wladimir Wyssotzkijs Erben scheinen Nobelbarden geworden zu sein. Fast jeden Abend finden sich in dem einem Gartenzelt nachempfundenen Saal mit Lichterketten unter der Decke und künstlichen Sonnenblumen als Dekoration Live-Konzerte statt. Bulat Okudschawa lebt weiter, der Spirit jener 1960er Jahre wird munter vermarktet.

PRAKTISCHE REISETIPPS
Musikszene und Nachtleben

Jedes Konzert gibt es nach der Darbietung vor Ort auf CD zu kaufen. Erinnerungsabende und neue Kompositionen mit viel (russischem) Text und eher begleitender Gitarrenmusik von Wladimir Oksikowskij oder Andrej Kutschumow erfreuen Russen und Touristen gleichermaßen, vor allem aber jene, die sich an die Zeiten des leisen Aufruhrs noch erinnern können.

❶ 4 [VII H6] **Bilingua,** Kriwokolennyj Pereulok 10/5, Metro: Tschistyje Prudy, 24 Stunden, Tel. 9239660. Junge Intellektuelle fühlen sich wohl in diesem inspirierenden Club, in dem man russischen Dichtern und Schriftstellern lauschen, in neuen und vergriffenen Büchern schmökern und für zivile Preise Snacks und Getränke bestellen kann. Über zwei offene Ebenen auf kleiner Grundfläche erstreckt sich ein gemütliches Fleckchen, das man garantiert mit einem Buch in der Tasche wieder verlässt. Nebenan befindet sich ein Tanzclub, der Live-Konzerte im Programm hat.

❶ 5 [H9] **City Space Bar,** im Swisshotel, Kosmodamianskaja Nabereschnaja 52/6, Metro: Pawelezkaja, Tel. 7879800, Mo.-So. 17-3 Uhr. Im 34. Stock des im Oktober 2005 eröffneten Swisshotel Krasnyje Holmy hat man einen atemberaubenden Blick aus den riesigen, schräg nach unten abfallenden Fenstern. Bei einem leckeren Cocktail oder auch nur einem kleinen Kaffee sieht man auf die Moskwa und die unzähligen Lichter der am eindrucksvollsten beleuchteten Stadt Europas nach Paris. Die Hemmschwelle am Hoteleingang ist ungleich höher als die in der Krasny Bar und nur der erste Fahrstuhl vorne links fährt überhaupt in den obersten Stock. Die Trüffelcremesuppe mit Portwein ist übrigens sehr teuer, aber, wie alles in diesem exquisiten Ambiente, ihren Preis wert.

❶ 6 [III E5] **Club na Brestskoj,** 2. Brestskaja Uliza 6 (Eingang in der 1. Brestskaja Uliza), Metro: Belorusskaja, Majakowskaja, Mo.-So. 12 Uhr bis zum letzten Gast, Tel. 2000936. Wer sich für Architektur und Design interessiert, sollte sich tagsüber das 15 mal 15 Meter große Stadtmodell von Moskau im zweiten Stock desselben Gebäudes ansehen und sich dann in dem Restaurant des Keller-Clubs an weißen Tischdecken unter Stofflampenschirmen kulinarisch verwöhnen lassen. Abends verwandelt sich der ausgefallen designte Club, in dem Orientteppiche auf dem Betonfußboden liegen, in eine hippe Tanzlocation mit face control. Experimentelle Rockkonzerte russischer und ausländischer Bands, französische Tanzdarbietungen oder burjatische Sänger – hier muss man mit allem rechnen. Auch Jewgenij Grischkowez mit seiner Band erweist dem Club dann und wann die Ehre. Architekten, Journalisten und Künstler, aber auch Studenten treffen sich hier. Authentisch, stilvoll und nicht übermäßig teuer.

❶ 7 [VII G6] **Club XIII,** Mjasnizkaja 13, Metro: Tschistyje Prudy, Tel. 9253550. Face control wird in dieser herrschaftlichen, klassizistischen Villa, die einstmals der Familie Rjabuschinskij gehörte, groß geschrieben. Am Seiteneingang rechts treffen sich die schönen und reichen Nachteulen der Stadt, um in schummrig-abgefahrenem Palastinterieur abzutanzen oder einen sündhaft teuren Cocktail in einem der roten Sessel bei Clubmusik zu schlürfen. Dieser Club hat auch New Yorker Clubbern noch etwas zu bieten.

❶ 8 [III F6] **FAQ Café,** Gasetnyj Pereulok 9/2, Metro: Ochotnyj Rjad, Mo.-So. 12-6 Uhr, Tel. 2290827. Studentisches Publikum bevölkert dieses ungemein nette Club-Café mit schöner Musik und gut gelaunten Leuten. Am Wochenende legt ein DJ auf, zum Tanzen ist es leider zu eng. Dafür kann man hier stundenlang sitzen, auch in den kleinen Zweiernischen, die in halber Raumhöhe den Blick auf die sympathische Szenerie freigeben.

PRAKTISCHE REISETIPPS
Musikszene und Nachtleben

9 [VII I6] **Gasgolder,** Nischnyj Susalnyj Pereulok 5/1, Metro: Kurskaja. Einer der nettesten Clubs der Stadt in einem alten Industrieviertel hinter dem Kursker Bahnhof. In entspannter Loftatmosphäre mit Klinkerwänden, hohen Decken, Ledersofas und Kamin über zwei Ebenen vergnügen sich die Glücklichen, die den Türsteher bezirzen konnten. Hier treten russische und internationale Gruppen auf. Normale Großstadtpreise, interessante Leute.

10 [III F6] **Gogol,** Stoleschnikow Pereulok 11/1 (im Innenhof), Metro: Kusnezkij Most, 24 Stunden, Tel. 2028833. Vor allem abends geht in dem schummrigen Gewölbekeller die Post ab. Live-Musik in verrauchten Nischen, in denen man auch unbemerkt die Plastikblumen in Wodka ertränken kann, wenn man mehr als 100 Gramm bestellt hat. Zivile Preise und studentisches Publikum mitten in der Innenstadt. Auf den Barhockern am Eingang tummeln sich die Biertrinker, weiter hinten wird auch Wein getrunken. Dort ist es auch gemütlicher.

11 [I H7] **Kitajskij Ljotschik Dschao Da** (Chinesischer Flieger Dschao Da), Lubjanskij Projesd 25/1, Metro: Kitaj-Gorod, Tel. 9245611, 24 Stunden, www.jao-da.ru. Eher anarchistisch als dekadent ist die Atmosphäre in diesem verrauchten, relativ kleinen Keller-Club mit Restaurant, in dem sich zu jeder Tageszeit vor allem junge Studenten, Hippies und Musik-Freaks aufhalten. Die Konzerte sind immer ausverkauft. Internationale Gruppen, aber auch skurrile russische Bands wie „Markscheider Kunst" (Latin-Combo aus St. Petersburg) oder „Nosch dlja Frau Müller" (Ein Messer für Frau Müller) treten hier auf. Tuchfühlung ist erlaubt und durchaus erwünscht. Nach den Konzerten kann es schon mal vorkommen, dass die Band das Publikum auf einen Drink einlädt.

12 [C7] **Krasnyj Bar** (Rote Bar), Nab. Tarasa Schewtschenko 23, Metro: Kutusowskaja,

Mo.–So. 18–3 Uhr. Kasimir Malewitsch hätte nicht nur an dem Logo mit dem roten Quadrat seine helle Freude gehabt. Aus dem 27. Stock hat man einen herrlichen Blick über die Stadt. Dazu gibt es gemütliche Clubsessel und hochpreisige Cocktails. Alles erstrahlt in der Farbe, die auch heute noch unzählige Sterne in der russischen Hauptstadt ziert und die für Russen ein Symbol für Vitalität und Lebensfreude ist.

◐ 13 [H7] **Kult,** Jauskaja Uliza 5, Metro: Taganskaja, Kitaj-Gorod, Tel. 9175706, 24 Stunden. In mehreren Räumen kann man im Sitzen oder auch schon mal im Liegen auf einem der Teppiche der Chill-Out-Musik lauschen. Erstklassige DJs legen hier auf, nur zum Tanzen eignet sich der Club nicht. Dafür gibt es leckere Cocktails und interessante Leute, mit denen man durchaus in Kontakt kommen kann. Ein Club für vorher und nachher.

◐ 14 [H8] **Le Club,** Bolschaja Radischewskaja Uliza 21 (im Taganka-Theater), Metro: Taganskaja, Tel. 9151042. Im besten Jazz-Club Moskaus kann man nicht nur russische Live-Musik, sondern auch internationale Stars bewundern. Igor Butman und seine Big Band spielen hier auch von Zeit zu Zeit. Ein Restaurant und eine Bar gehören wie so oft in Moskau auch dazu. Nettes Ambiente.

◐ 15 [VII I6] **Ljuba Bar,** Nischnij Susalnyj Pereulok 5/5a (durch den Innenhof, Pförtner fragen, bzw. bitten!), Metro: Kurskaja, Tel. 7887438, www.miashvili.com. Nur das Schild „Ljuba" deutet darauf hin, dass es in einem der zahlreichen Hinterhöfe der Fabrik „Alma" noch Leben gibt. Durch einen dunklen Korridor mit Rotlicht gelangt man nach eingehender Gesichtskontrolle (face control)

◀ *Alte Fabrik Gasgolder: Hinter morbiden Fassaden findet man die besten Clubs*

in einen coolen Nachtclub mit Leopardensofas, orange- und türkisfarbenen Kerzen und Plastiklüstern an der Decke. Unten wird getanzt, oben stehen die Sofas für eine garantiert unvergessliche Chill-out-Session. Der russische Prenzlauer Berg lässt grüßen.

◐ 16 [I H7] **Moskwa 28,** Moskworetzkaja Nabereschnaja 7, Metro: Kitaj-Gorod; Frunsenskaja Nabereschnaja, Metro: Park Kultury, www.boat.gab.ru. Wie wäre es mit Tanzen auf dem Ausflugsdampfer, der hier am Anleger wenige Minuten von der Metrostation Park Kultury, gegenüber vom Gorki-Park, im Sommer nachts um 1 und um 3 Uhr von Mitte April bis Ende Oktober an- und ablegt und über die Moskwa schippert? Einsteigen kann man auch schon früher, am Kreml-Ufer Moskworetzkaja Nabereschnaja 7, hinter der Basilius-Kathedrale, um 23 Uhr. (siehe Kap. „Verkehrsmittel"). Das Vergnügen gibt es nur Fr. und Sa., DJs sorgen für die Musik.

◐ 17 [III F6] **Ogonjok Bar,** Twerskaja 5/6, Metro: Ochotnyj Rjad, 24 Stunden geöffnet, Tel. 6926158. In zentraler Lage neben dem inzwischen abgerissenen Intourist-Hotel befindet sich eine herrlich anheimelnde kleine Bar, die sich über zwei Stockwerke erstreckt. Lüster und Schummerlicht verbreiten angenehme Stimmung. Cooles Understatement. Nicht billig, aber stilvoll und hip!

◐ 18 [VII H6] **Parabar,** Uliza Mjasnitskaja 26A, im Hinterhof, Metro: Tschistyje Prudy, Tel. 7487986. Rund um die Uhr ist man in diesem für Moskau typischen Café-Restaurant willkommen, abends legt ein DJ auf. Bis vor kurzem war die Parabar der Fallschirmspringertreffpunkt in Moskau und nur Mitgliedern vorbehalten. Die Atmosphäre ist so gemütlich und entspannt, dass man leicht mit vielen Leuten in Kontakt kommt. An den Wänden hängen Fotos von Fallschirmsprüngen und Leonardo da Vincis Fallberechnungen als Skizzen. Spätestens seitdem hier

Musikszene und Nachtleben

eine Szene für den Film „Wächter der Nacht" gedreht wurde, ist diese Bar stadtbekannt und sehr beliebt. Leckere russische und europäische Gerichte zu zivilisierten Preisen. Ein echtes Highlight, ein Ort zum Abhängen.

❶ **19** [III F6] **Plastilin**, Stoleschnikow Pereulok 7/1, Metro: Ochotnyj Rjad, 24 Stunden, Tel. 7856652, www.plastilincafe.ru. In bester Innenstadtlage liegt dieser Kellerclub, in dem die schwarze Einrichtung von einer Unmenge roter Kissen belebt wird. An den kleinen, gemütlichen Tischen sitzen junge Nachtschwärmer, ab Mitternacht wird getanzt. Der Service ist klasse, die Drinks sind es auch. Cocktails ab 8 € ... die Adresse in bester Lage sollte man sich merken!

❶ **44** [VI F5] **Pod Muchoj**, Strastnoj Bulwar 6/2, Metro: Puschkinskaja, Tel. 2092779, 24 Stunden geöffnet. Die freche Fliege *(mucha)* auf dem Logo dieser kleinen, jungen, flippigen Bar mit Holzfußboden im Hinterhof am belebten Strastnoj Bulwar korrespondiert mit den kleinen Fotos an den Wänden der Kellerbar. Hier sind schlicht und ergreifend alle (erstklassig schmeckenden) Cocktails festgehalten, die es im Angebot gibt. Da stört es nicht, dass die Karte nur auf Russisch ist. Die Musik hält nach dem Theaterbesuch noch ein Weilchen wach. Die kleinen Snacks zu den Cocktails oder auch zu einem kühlen Bier auch. Sehr moderate, „demokratische" Preise.

❶ **21** [III E7] **Podmoskowje**, Malyj Kislowskij Pereulok 6, Metro: Arbatskaja, Mo.–So. 10–6 Uhr, Tel. 2919132, www.podmsw.ru. In einem lang gezogenen, aber sehr einladenden Gewölbekeller ist dieser angenehme Szeneclub mit interessantem russischem Publikum ohne Allüren untergebracht. Bei guter Loungemusik oder Live-Konzerten wird man freundlich-locker bewirtet mit Snacks, Suppen und Getränken. Im Winter kann es auch mal ein Apfelsinengrog sein oder eben der obligatorische Wodka. Die Auswahl ist zwar klein, aber die Gurke am Wodkaglas hat Herz und das zählt. Face control.

❶ **22** [VII H6] **Projekt OGI**, Potapowskij Pereulok 8/12, Metro: Tschistyje Prudy, Tel. 9275366, www.proektogi.ru. Das älteste Projekt der innovativen Club-Initiative mit integrierter Buchhandlung liegt versteckt im Hinterhof hinter einer großen Eisentür. Der verwinkelte Keller mit mehreren Räumen ist immer verraucht und dunkel, aber er ist Kult. Bibliophile, Musikfreaks, Künstler und Journalisten mittleren Alters vergnügen sich hier bei leckeren kleinen russischen Gerichten und exzellenten Musikdarbietungen. Russische Bands oder Alleinunterhalter wie Psoj Korolenko ziehen noch sechs Jahre nach Eröffnung die Moskauer Bohèmiens in Scharen an. „Demokratische" Preise.

❶ **23** [VII H7] **Sapasnik (Art Garbage)**, Starosadskij Pereulok 5/6, Metro: Kitaj-Gorod, Tel. 9288745, 24 Stunden, www.art-garbage.ru. Für laue Sommerabende ist dieser lauschige Innenhof unbedingt zu empfehlen. Unter großen Bäumen sitzt man gemütlich draußen an Bistrotischen und lauscht der Musik, die entweder von DJs oder live dargeboten wird. Junges Publikum, auch Künstler, die in dem dazugehörigen, wenig ansprechenden Clubraum kleine Ausstellungen organisieren.

❶ **24** [I H7] **Sorry, Babuschka**, Slawjanskaja Ploschtschad 2/1, Metro: Kitaj-Gorod, Tel. 7846969, Mo.–Mi. 12–24 Uhr, Do.–So. 12–6 Uhr. Alles andere als großmütterlich verschnarcht ist dieser neue Trash-Club im Souterrain des Zebra-Square-Restaurants. Retrokonzerte und 1980er-Jahre-Partys in schummrigem Ambiente mit Zebrafellsesseln und moderaten Preisen. Auch an Stand-up-Comedy-Abenden kann man sich einfach bei einem Drink entspannen. Die Wände des relativ großen Szene-Clubs schmücken laszive alte Tanten, die mit den typisch russischen Babuschkas so gut wie nichts gemeinsam haben. Zum Business Lunch gibt es Hausmannskost. Das Logo ziert eine Oma auf Krücken – Sorry, Babuschka!

❶25 [VII H6] **Tema,** Potapowskij Pereulok 5/2, Metro: Tschistyje Prudy, 24 Stunden, Tel. 9242720. Erschwingliche Cocktails in lockerer Lounge-Bar-Atmosphäre mit Tanz. „Frozen Margarita" gibt es für 5 €, „Long Island Ice Tea" für 6 €. Einer der wenigen wirklich zwanglosen Clubs, in dem man in rauchiger Billardatmosphäre stundenlang abhängen und so tun kann, als würde man den Barkeeper seit Jahren kennen.

❶26 [E10] **Totschka,** Leninskij Prospekt 6, Metro: Oktjabrskaja, Mo.–So. 18 Uhr bis zum letzten Gast, Tel. 7377666. Für die Freunde der „Russendisco" gibt es hier das russische Original. Seriöse, tanzbare russische Rockmusik kann man live erleben und der „Ostalgia" in lockerem Umfeld frönen. Das Programm entnimmt man der Tagespresse. Erschwingliche Preise, guter Service.

❶27 [VI F5] **Uliza OGI,** Uliza Petrowka 26/8 (im Hinterhof), Metro: Ochotnyj Rjad, Kusnezkij Most, Tel. 2001124. Nach langer Renovierungspause ist dieser Ableger der OGI-Kette zu neuem Leben erwacht. In der „OGI-Straße" gibt es zwar keine Buchhandlung, aber das einladende Ambiente ähnelt dem des großen Bruders in der Potapowskij Pereulok. Auch hier gibt es in luftiger Höhe Zweiersitze, die einen distanzierten Blick auf die Menge möglich machen. Für 4 € wird neuerdings ein Business Lunch mit täglich wechselnder Karte angeboten, auf der Olivensalat, Borschtsch oder ein Burger mit Bechamel-Sauce zu finden sind. „Demokratische" Preise. Konzerte russischer Künstler.

❶28 [II G7] **Vermel,** Rauschskaja Nabereschnaja 4/5 (Eingang durch den Bogen), Metro: Nowokusnezkaja, Tretjakowskaja, Mo.–Fr. 12–5 Uhr, Sa./So. 18–6 Uhr, Tel. 9593303, www.vermel.ru. In einem anheimelnden Gewölbekeller in unmittelbarer Kreml-Ufer-Nähe liegt dieser Club, in dem man ohne weiteres in entspannter Stimmung eine Nacht durchtanzen kann. Dafür sorgt schon DJ Leila, die so gute Musik auflegt, dass der viel beschworene „letzte Gast" manchmal partout nicht gehen will. Für kleine Snacks sitzt man im angrenzenden Café, leider bei etwas zu hellem Licht. Studentisches, aber auch älteres Publikum wird schon mal mit 1970er-Jahre-Partys in Schwung gebracht.

❶42 [IV E9] **Vodkabar,** Uliza Lwa Tolstowo 18b, Metro: Park Kultury, www.vodkabar.ru, Tel. 2469669. Auch wenn mit dem Klischee des dem Wodka verfallenen Russen gespielt wird, ist diese ausgefallene Bar in einer alten Seidenfabrik einen Abstecher wert. Nicht nur Expats werden die Anspielungen auf vergangene Zeiten in Form von riesigen Lüstern mit Sowjetstern, vergilbten Prawdaaufdrucken auf den Servietten und Cocktails wie „BMW" (Baileys, Malibu, Whisky) oder „Neuer Russe" (Blue Curacao, Grenadine, Wodka) lieben. Echtes Metropolen-Feeling mit Restaurant, Bar und Lounge für über 500 Sowjetnostalgiker, die gern auch zu Konzerten kommen.

❶30 [H10] **Zona** (Gefängnis, Zone), Leninskaja Sloboda 19/2, Metro: Awtosawodskaja, Mo.–So. 22–8 Uhr, Tel. 6756975. Nichts für schwache Nerven! Wer den ewig langen Fußweg durch das Industriegebiet am Stadtrand nicht scheut, steht plötzlich vor einem fünfstöckigen Mehrfamilienhaus und staunt nicht schlecht. Alles andere als gesittet geht es hinter der klassizistischen Fassade zu. Über mehrere Ebenen erstreckt sich ein morbider GULAG, in dem die Kellner Sträflingskleidung tragen, die Twentysomethings hinter Gitterstäben speisen und unter der Tanzfläche weiße Mäuse ihr Unwesen treiben. Dazu läuft House-Musik, live oder vom Band.

DIE NEUREICHEN RUSSEN

Es ist kein Zufall, dass die „Millionaire Fair" 2005 von Amsterdam nach Moskau umgezogen ist. Viele der Oligarchen, die von der Privatisierung der russischen Staatsbetriebe in den 1990er Jahren profitiert haben, und andere „Bisnesmeny" zählen mittlerweile zu den Superreichen. Mit 33 Milliardären übertrifft die russische Hauptstadt sogar New York. Allerdings ist seit dem Fall Chodorkowskijs Tiefstapeln an der Tagesordnung und so wurde die Luxusmesse „Crocus Expo" auch kurzerhand als „Millionaire Fair" ausgegeben. Millionäre gibt es immerhin schon 88.000 in Moskau, aber die gehörten streng genommen nicht zur Klientel der Messe. Im Angebot befindliche Waren wie ein Hubschrauber für 1,5 Millionen, eine Südseeinsel für 10 Millionen oder ein schlüsselfertiges Schloss für 4 Millionen Dollar fanden reißenden Absatz.

Auf internationalen Kunstmessen kaufen reiche russische Sammler alte Ikonen, die Abbilder der heiligen Kräfte zwischen Diesseits und Jenseits, zu astronomischen Preisen zurück. Auch die in Moskau stattfindende „World Fine Art Fair" erfreut sich großer Beliebtheit. Russische Interessenten bringen ihre eigenen Sachverständigen mit. Fabergés Nachkommen haben kürzlich direkt am Roten Platz eine mondäne Galerie mit exorbitant teuren Kreationen eröffnet. Käufer gibt es wie Sand am Meer.

Vorbei sind auch die Zeiten, da man noch von einer vom Staat oder dem Zaren zugeteilten „Datscha" sprach. Heute bauen sich die „nuworischi" („Neureichen") so genannte „Cottages" in der noblen Vorortgegend von Moskau, die teilweise wie Loire-Schlösser aussehen.

Erfolgreiche Geschäftsleute gehen aber auch gern in die Politik und verlassen Moskau zugunsten eines Gouverneurpostens im russischen Hinterland. Immerhin genießen sie dort politische Immunität und sichern somit ihr Privatvermögen verschiedenster Herkunft.

Um mobil zu sein, braucht man heute in Russland entweder einen in der neuen Moskauer Niederlassung erstandenen Lamborghini oder aber einen schlichten Bugatti. Die neuen Russen fahren gern auch mit dem Offroader „Hummer" oder einem der jährlich 4800 in Moskau verkauften Mercedes-Modelle über schlecht asphaltierte Straßen zu ihren pseudoromantischen Schlösschen an der Rubljowskoje Schosse am südwestlichen Stadtrand Moskaus.

Oksana Robskis Buch über ihr Leben als Luxusgattin an der Seite eines reichen Firmenbosses in der Glitzerwelt der „Rubljowka" verkaufte sich Russland in den ersten vier Monaten 200.000 Mal. Inzwischen liegt der dritte Band vor. Robski unterscheidet zwischen reichen und ganz reichen Russen. Es gebe bereits eine Mittelklasse, aber „nur in Moskau, in Russland nicht".

5 OPER, BALLETT, MUSICALS UND KLASSISCHE KONZERTE

Die **Theatersaison** beginnt in Moskau erst Ende September und geht nur bis Anfang Juni. Die einzelnen Stücke kommen meist nur einmal im Monat zur Aufführung, die Opernhäuser und Theater sind ausnahmslos Repertoiretheater. Das Magazin „Where Moscow" (siehe Kap. „Informationsstellen, Zeitschriften") hat das **Monatsprogramm**, Rezensionen findet man unter www.go-moscow.com.

Alle Vorstellungen fangen um 19 Uhr an. Neben der **Ticketreservierung** via Internet (siehe Kap. „Moskau im Internet") ist die Kartenvorbestellung an der Hotelrezeption die einfachste Möglichkeit. Günstiger ist es, tagsüber zum Theater zu fahren und die Tickets dort zu kaufen. Auch an den **Theaterkiosken**, die über die ganze Stadt verteilt und in der Metro zu finden sind, kann man Theater- und Konzertkarten bekommen. Als letzte Möglichkeit kann man ca. eine Stunde vor Vorstellungsbeginn auf dem Schwarzmarkt vor dem Theater so gut wie immer noch eine Karte kaufen, allerdings zu höheren Preisen (Datum des Tickets überprüfen!). Die **Agentur Kontramarka** (10.30–20 Uhr tägl.) hat ein kleines Büro in der Malaja Dmitrowka Uliza 1 am Ausgang der Teatralnaja Metro, gegenüber vom Bolschoj-Theater. Dort kann man auch kurzfristig Tickets bekommen, zahlt jedoch einen Aufpreis.

Ballett und Oper

58 [VI F6] **Bolschoj-Theater,** Teatralnaja Ploschtschad 1, Metro: Teatralnaja, Tel. 2920050, www.bolshoi.ru. Das Bolschoj-Theater gilt nach wie vor als die beste Theaterbühne Russlands. Bei den Opernszenierungen hat das St. Petersburger Mariinskij-Theater dem ehrwürdigen Haus den Rang abgelaufen. Da das Bolschoj-Theater noch bis 2008 wegen Renovierung geschlossen sein wird, finden vorübergehend alle Aufführungen entweder im Kremlpalast **2** (früher Kongresspalast, Eingang Kutawja-Turm) oder in dem prachtvollen, klassizistischen Neubau mit 900 Plätzen namens „Neue Szene" (bessere Akustik) neben dem Bolschoj-Theater statt. Karten für alle Ballettdarbietungen gibt es an der weiterhin geöffneten Tageskasse neben dem Bolschoj-Theater und an den anderen Theaterkiosken der Stadt.

4 [III E6] **Helikon-Oper,** Bolschaja Nikitskaja Uliza 19/16, Metro: Biblioteka imeni Lenina, Tel. 2900971, www.helikon.ru, Online-Tickets nur über www.parter.ru. Dieses kleine Opernhaus mit nur 250 Plätzen macht immer wieder von sich reden. Im Ballsaal des ehemaligen Palastes der Fürstin Schachowskaja werden seit 1991 skandalumwehte, manchmal etwas klamaukige, auch ironische Inszenierungen wie etwa die „Kaffee-Kantate" von Bach dargeboten. Dazu wird Kaffee serviert. Dmitrij Bertman hat es geschafft, auch international Anerkennung zu finden. Verdis „Nabucco" zeigte er 2004 in Paris. Im Repertoire sind mehr als 50 Aufführungen. Im Sommer 2006 beginnen umfangreiche Renovierungsmaßnahmen, aber die Aufführungen gehen weiter. Auf dem englischen Teil der Website kann man sogar online Tickets bestellen.

5 [VI F5] **Musiktheater Stanislawskij-Dantschenko,** Bolschaja Dmitrowka 17, Metro: Ochotnyj Rjad, www.stanislavsky.ru, Tel. 2292835, Solange das Bolschoj-Theater noch geschlossen hat, kann man sich hier russisches Ballett oder eine russische Oper in ebenfalls sehr stilvollem Ambiente ansehen. Auch der gute alte „Schwanensee" ist noch im Programm. Nemirowitsch-Dantschenko gründete das Musiktheater zu Beginn des 20 Jh. 1939 engagierte er eine Ballerina des Bolschoj-Theaters, die sogar Stanislawskijs Theaterdogmen übernahm. Die Musicals „Der Nussknacker" und „La Bohème" sind sehr zu empfehlen.

6 [III F5] **Neue Oper**, Karetnyj Rjad 3 (im Eremitage-Garten), Metro: Tschechowskaja, Tel. 2000868 (Kartenvorbestellung bis 19 Uhr, auch auf Englisch), www.novayaopera.ru. Seltene, meist nichtrussische und eher weniger bekannte Opern erfreuen hier das Herz eines jeden Opernfans. Die Inszenierungen sind modern, innovativ und spannend. Auch „O Mozart! Mozart …" in Anlehnung an die Oper „Mozart und Salieri" von Rimsky-Korsakow ist noch im Programm. Ebenso „Der Dämon" von Rubinstein und „La Traviata" von Giuseppe Verdi. Website auch auf Englisch.

Musical

1 [IV E9] **Mamma Mia!**, Moskauer Palast der Jugend MDM, Komsomolskij Prospekt 28, Metro: Frunsenskaja. Nach dem Musical „Cats" wird hier ab Herbst 2006 das Abba-Musical „Mamma Mia!" zu sehen sein.

Klassische Konzerte

Neben den Aufführungen in den renommierten Sälen der Stadt wird das Konzertprogramm im Sommer um eine interessante Facette erweitert. Meist dienstags und donnerstags abends finden auf den alten Landsitzen außerhalb von Moskau klassische Kammerkonzerte statt. Dazu gehören Archangelskoje, Kuskowo, Zarizyno und sogar der Ostankino-Palast. Informationen darüber findet man in der „Moscow Times" oder im Internet (siehe Kap. „Moskau im Internet").

2 [H9] **Internationales Haus der Musik**, Kosmodamianskaja Nabereschnaja 52, Metro: Pawelezkaja, Tel. 7301011, www.mmdm.ru. Der imposante Neubau aus dem Jahr 2003 beherbergt einen großen Saal mit fast 2000 Sitzplätzen und perfekter Akustik. Das Boheme Jazz Festival findet hier statt sowie viele große Popkonzerte. Auch Max Raabe ist hier schon aufgetreten. Allerdings fehlt die spezielle Patina, das Konservatorium ist viel russischer und natürlich traditionsreicher.

4 [III E/F6] **Moskauer Konservatorium**, Bolschaja Nikitskaja Uliza 13, Metro: Arbatskaja, Tel. 2297412, www.mosconsv.ru. Hervorragende Darbietungen, eine einmalige Akustik und eine über 100-jährige Tradition locken Klassikfans in Scharen hierher. Die Porträtgalerie mit den besten Komponisten des Erdballs und die erstklassigen Solisten auf der Bühne lassen den Besucher die unbequemen Sitze vergessen. Seit Mitte 2006 wird das Konservatorium renoviert, die Konzerte finden mit Einschränkungen trotzdem statt. Spätestens im Sommer 2007, zum Finale des Tschaikowsky-Festivals, soll das geschichtsträchtige Haus in neuem Glanz erstrahlen. Es ist nach wie vor schwer, Karten zu bekommen. Am besten versucht man es an der Tageskasse.

3 [III E5] **Tschaikowsky-Konzertsaal**, Triumfalnaja Ploschtschad 4/31, Metro: Majakowskaja, Tel. 2993681. Der ellipsenförmige, ebenfalls hervorragende Konzertsaal in Moskau ist immer ausverkauft. Die Akustik könnte besser sein, aber die mit 7800 Pfeifen ausgestattete Orgel ist sehr imposant. Am besten eignet sich der ehrwürdige Kuppelsaal, den Wsewolod Meyerhold einstmals als Theater konzipiert hatte, für Tanz- und Ballettdarbietungen.

▶ *Der Kreml im Stadtmittelpunkt, die Moskwa und ihre Brücken sind hervorragende Orientierungspunkte*

ÖFFNUNGSZEITEN

› **Geschäfte im Zentrum:** Mo.–Sa. 9–21 Uhr, So. 8–19 Uhr
› **Banken:** Mo.–Fr. 10–17 Uhr
› **Museen und Galerien:** Ab 10 oder 11 Uhr bis 17 oder 18 Uhr. Bitte beachten: Der letzte Einlass ist oft eine Stunde vor Kassenschluss. Alle Museen haben sonntags geöffnet. Dafür ist an einem anderen Tag der Woche, meist am Montag, Ruhetag. Auch an den Feiertagen haben viele Moskauer Museen geschlossen.
› **Kirchen:** Orthodoxe Messen werden Mo.–Sa. um 8, 9 und 10 Uhr abgehalten, sonntags und an Feiertagen um 7 und um 10 Uhr. Die Messen dauern in der Regel zwei bis drei Stunden.

ORIENTIERUNG

Vom Kreml ❶ ausgehend, hat sich die Stadt in konzentrischen Kreisen entwickelt. Umgeben die Kreml-Mauern den Stadtkern, legt sich der 9 Kilometer lange **Boulevardring** um die ehemaligen Befestigungsmauern der „weißen Stadt". Allerdings ist der malerische Boulevardring nur ein Halbkreis, der im Süden von der Moskwa begrenzt wird. Ein „Boulevard" ist in Moskau streng genommen weder eine Straße noch ein Platz, sondern beides. Die Namen der Boulevards stammen von Kirchen und Klöstern, die es heute nicht mehr gibt.

Der nächste, für Touristen noch relevante konzentrische Kreis ist der **Gartenring**, der die so genannte „Erdstadt" und

damit das historische Stadtzentrum umschließt. Das Stadtgebiet innerhalb des heute zehnspurigen Gartenrings hat für den Moskau-Besucher die interessantesten Sehenswürdigkeiten zu bieten. Den Ring säumen Adelspalais, Hochhäuser der Sowjetzeit und neue Büropaläste. Der Gartenringbus mit dem russischen Buchstaben ъ fährt den gesamten Ring entlang und eröffnet interessante Sichtachsen. Das Alter des Trolleybusses erlaubt nur ein gemächliches Dahinfließen und eignet sich daher für Touristen.

Neben dem Kreml und dem Roten Platz als Zentrum sind die sieben **Stalin-Kathedralen** (siehe Exkurs) ebenfalls eine Orientierungshilfe. Mit Ausnahme der außerhalb des Gartenrings liegenden Universität, sind die anderen 6 Zuckerbäckerbauten, die sich fast alle auf Höhe des Gartenrings befinden, schon von weitem zu sehen.

Neuerdings werden viele **Straßenschilder** und einige **Metrostationen** auch auf Englisch ausgewiesen. Dabei fällt eine andere Umschrift auf. Vor allem die Endung -aya oder -kaya divergiert von der deutschen Umschrift -aja und -kaja. In den Metrostationen hängen bei den Kassen Fahrpläne mit russischen und englischen Stationsnamen. Ist man aber mit der Rolltreppe am Bahnsteig angekommen, findet man meist nur noch kyrillische Angaben. Dann helfen entweder freundliche Moskowiter oder der Metroplan im Zug weiter. Im Übrigen wird jede Station sowohl bei Ankunft als auch bei Abfahrt des Zuges durchgesagt. Oft geht die Ansage leider im Lärm unter. Bei der Auswahl des richtigen Ausgangs vergleicht man am besten wieder die ersten drei Buchstaben, die man sich von Adressen und Stationen merken sollte.

POST

DHL bietet einen erstklassigen, aber auch relativ teuren **Paketservice** an. Unter www.dhl.ru kann man einen Kurier bestellen. Unter der Gesamtrufnummer 9561000 kann man Auskünfte einholen und kostenlos einen Kurier anfordern. An folgenden Stellen werden die Sendungen direkt von einem DHL-Express-Zentrum entgegengenommen:

› 1. Twerskaja Jamskaja Uliza 11, Metro: Majakowskaja, Belorusskaja, Mo.–Fr. 8–21 Uhr, Sa. 10–16 Uhr, Tel. 9561000
› Nowinskij Bulwar 31, Metro: Barrikadnaja, Mo.–Fr. 10–18 Uhr, Tel. 9561000

Die **DHL-Service-Center** befinden sich in Hotels oder Postämtern:

› Hotel Marriott Aurora, Uliza Petrowka 11/20, Metro: Teatralnaja, Mo.–Fr. 8–13, 13.30–17, 17.30–21 Uhr, Sa.–So. 8–13, 13.30–17, 17.30–20 Uhr, Tel. 9561000

In den beiden großen **Postämtern** kann man auch alle anderen Service-Leistungen der russischen Staatspost erhalten, wie auch in vielen kleinen über die Stadt verstreuten Poststellen (почта):

› **Zentrales Telegrafenamt,** Twerskaja Uliza 7, Metro: Ochotnyj Rjad, Mo.–Fr. 10–13.30, 14–18 Uhr, Tel. 9561000
› **Hauptpostamt,** Mjasnizkaja Uliza 26, Metro: Tschistyje Prudy, Mo.–Fr. 8–19 Uhr, Sa. 8–18 Uhr, So. 9–18 Uhr, Tel. 9561000

Die **russische Post** hat ihren Ruf in den letzten Jahren verbessert, sodass sogar Postkarten und Päckchen innerhalb von einer Woche, manchmal aber auch erst nach drei Wochen in Deutschland ankommen. Der Service ist deutlich billiger als alle DHL-Dienste.

Briefmarken *(marki)* gibt es in Postämtern, schneller geht es an den Hotelrezeptionen und an Zeitungskiosken. Die **Briefkästen** für Post ins Ausland sind blau, alle anderen rot. **Faxe und Telegramme** kann man ebenfalls in den Postämtern versenden.

American Express offeriert verlässliche **Postlagerdienste** und Kurierdienste. Sollte man Post nach Moskau schicken wollen, ist es sinnvoller, einen privaten Service zu nutzen. Die Adresse muss in umgekehrter Reihenfolge (erst Ort mit PLZ, dann Straße, dann Name) in kyrillischen Lettern auf dem Umschlag notiert sein.

LESBEN UND SCHWULE

Auch wenn man noch wenige schwule oder lesbische Paare im Stadtbild sieht, so ist die Toleranz in den letzten Jahren erheblich größer geworden. Offen ausgelebt wird Homosexualität aber nicht, bis in die 1990er Jahre war sie noch illegal. In der „Moscow Times" stehen spezielle Adressen, Bars, Clubs und Veranstaltungen. Auch unter www.gay.ru/english ist einiges zu finden. Gay-Nächte finden meist sonntags statt.

31 [III F6] **12 Wolt**, Twerskaja Uliza 12/2, Metro: Puschkinskaja, Mo.–So. 18–6 Uhr, Tel. 9332815, www.12voltclub.ru. Angeblich der beste Gay-Pub in Moskau. Marc Almond wurde hier auch schon gesichtet. „Zimmer mit schummrigem Licht" und kleine Sofaecken für ein Chill-out der Extraklasse.

32 [VI G6] **Basa**, Miljutinskij Pereulok 6, Metro: Lubjanka, Mo.–So. 20–6 Uhr, Tel. 9273195. Hinter dem Schild „Business Class-Audit" geht es durch den Bogen und dann hinten links in den Keller. Der Lieblingsort der Moskauer Gay-Bohème mit einer erstklassigen Vorspeisenkarte und günstigen Drinks. Gays aus kreativen Berufen und viel fürs Auge.

33 [D 5/6] **Dyke-cafe**, Ullza 1905 Goda 10/1, Metro: Uliza 1905 Goda, Tel. 89032858192. In diesem mittelalterlichen Schloss finden einmal die Woche Dyke-Partys statt. R'n'B-Musik und eng tanzende Frauenpaare locken nicht nur Lesben hierher.

14 [III E5] **Majakowka Sport**, Oruschejnyj Pereulok 13/2, Metro: Majakowskaja, So.–Mi. 18–4 Uhr, Sa. 19–6 Uhr, Tel. 2500083, www.mayakovka.com. Um Mitternacht kann man sich in dem dunklen Labyrinth dieses erstklassigen, europäisch ausgestatteten Sauna- und Fitnessclubs (für Schwule) mit Jacuzzi und Hammam schon mal verirren. Auf der Website findet man einen Code, mit dem sich der Eintritt um 15 % ermäßigt.

35 [VII G6] **Propaganda**, Bolschoj Slatoustinskij Pereulok 7, Metro: Kitaj-Gorod, Tel. 9233494, www.propagandamoscow.com. Eine der besten Discos der Stadt veranstaltet meist donnerstags spezielle Happenings für Schwule und Lesben. Am besten erkundigt man sich auf der Website nach dem jeweiligen Event. Kurz nach Mitternacht werden die Stühle und Tische abgebaut und dann geht es los. Die Enge ist der Kontaktaufnahme in jedem Fall förderlich.

36 [VI F6] **Sassada**, Petrowka 17/2, Metro: Tschechowskaja, Mo.–So. 18–6 Uhr, Tel. 9213236. In der größten Bar der Stadt findet man immer ein Plätzchen. Der Darkroom ist durch den Flur hinter der zweiten Tür rechts.

37 [H5] **Termas**, Sadowaja-Spasskaja 18/1, Metro: Krasnyje Worota, Mi./Do. und So. 19–4 Uhr, Sa. 19–6 Uhr, Tel. 9956675, www.termas.gay.ru. In dieser netten Gay-

DIE HAUPTSTADT UND DER KAUKASUS

Der **Kaukasus** ist ein rund 1200 km langes und 200 km breites, zum Großteil vergletschertes Hochgebirge zwischen dem Schwarzen und dem Kaspischen Meer, das zur Sowjetunion gehörte. Man unterscheidet die südkaukasischen, selbstständigen Republiken Georgien, Armenien und Aserbaidschan von den noch heute der Russischen Föderation angeschlossenen, nach Unabhängigkeit strebenden Landstrichen im Nordwesten bzw. Norden wie beispielsweise auch Tschetschenien.

Als Katharina die Große Ende des 18. Jh. beschloss, das russische Imperium nach Süden auszuweiten, lebten im Kaukasusgebiet rund 200 autonome Völker. Einige standen auf Seiten der Georgier, andere sympathisierten mit dem Iran oder der Türkei. In **Tschetschenien** stieß die russische Armee auf ein stolzes, islamisch geprägtes Bergvolk, das sich dem fremden Regime nicht unterwerfen wollte. Im 19. Jh. wollte Russland um jeden Preis den Zugang zu den Seewegen im Süden behalten und das britische Vorstoßen in die Region abwenden. 30 Jahre lang kam es auf beiden Seiten immer wieder zu Übergriffen.

1917 gründeten die Völker des Nordkaukasus eine unabhängige Republik, die 1920 von den Sowjets unterworfen wurde. Stalin rächte sich nach dem Ende des Zweiten Weltkrieges für die Aufstände der Tschetschenen während der deutschen Invasion. Er ließ eine halbe Million Tschetschenen nach Zentralasien deportieren und teilte das Territorium über alle ethnischen Grenzen hinweg auf.

Nationale Separatisten erklärten Tschetschenien 1992 für unabhängig und bildeten einen Staatenbund vom Kaspischen bis zum Schwarzen Meer, der sich allerdings als wenig dauerhaft erwies. Zeitgleich kamen von der arabischen Halbinsel radikale Moslems ins Land. Boris Jelzin versuchte zuerst vergeblich zu vermitteln und schickte dann 1994 eine Militärstreitmacht nach Tschetschenien. 1996 wurde die russische Armee zurückgedrängt, die Rebellen gewannen wieder die Oberhand. Der im August unterzeichnete Waffenstillstand hielt nur bis 1999, als es im September zu einer zweiten großen Invasion der russischen Armee kam.

Im selben Jahr wurden auf die Moskauer Metro mehrere **Anschläge** verübt, bei denen fast 200 Menschen starben. Auch wenn die Herkunft der Attentäter nicht geklärt werden konnte, gingen die Anschläge offiziell auf das Konto der Rebellen. Ein Übergriff der Tschetschenen auf die Nachbarrepublik Dagestan wurde vom russischen Militär mit verstärkten Angriffen beantwortet.

Einen traurigen Höhepunkt fand der bis heute anhaltende Konflikt 2002, als tschetschenische Rebellen das **Musicaltheater an der Dubrowka** („Nord-Ost") in Moskau stürmten und 800 Geiseln nahmen. Als russische Truppen die Täter überwältigten und giftige Gase in das Innere sprühten, wurden auch viele unschuldige Russen verletzt. Unter den Rebellen fand man zu Selbstmordattentäterinnen ausgebildete tschetschenische Frauen, so genannte „schwarze Witwen" (gestorbener Soldaten). Die Bilanz waren 120 Tote, unzählige Verletzte und ein nationales Trauma, das nur noch von der **Tragödie**

in Beslan (Republik Nord-Ossetien), dem russischen Pendant zum 11. September, in den Schatten gestellt wurde. Der Überfall auf eine Schule forderte 339 Menschenleben. Moskau reagierte mit der Ankündigung von Präventivschlägen und dem Bemühen, die Separatisten als „Zelle" des internationalen Terrorismus darzustellen. Im Juli 2006 wurde der islamische Fundamentalist und tschetschenische Separatistenführer Schamil Bassajew bei einer „Spezialoperation" getötet. Der **„russische Bin Laden"** (so der russische Außenminister Sergej Iwanow) war auch ein Sinnbild für die verfehlte Politik Russlands im Kauskasus.

Der Kaukasus gilt immer noch als eine der brisantesten Krisenregionen der Welt. In den letzten Jahren spitzen sich ethnische und religiöse Konflikte zu. Überdies hat die Entdeckung weiterer Erdölvorkommen am Kaspischen Meer den Wettlauf zwischen Russland und den USA erneut angeheizt. Moskau unterstützt **Armenien** gegen das reiche **Aserbaidschan**, das zunehmend unter westlichen Einfluss gerät. In **Georgien** wurde mit aktiver Hilfe aus den am kaspischen Öl interessierten USA ein Regime eingesetzt, das den Anschluss an die NATO anstrebt und sich aus Moskaus Fängen befreien will. Georgien ist nicht nur auf Grund seiner unmittelbaren Nachbarschaft zum Krisenherd von strategischer Bedeutung, es kontrolliert auch den Durchgang vom Kaspischen zum Schwarzen Meer und damit den wichtigsten westlichen Exportkorridor für das **zentralasiatische Öl und Erdgas.**

Das Ansehen der **in Moskau lebenden Kaukasusvölker**, „Schwarze" (tschornye) genannt, vor allem aber der Tschetschenen, hat mit den Jahren sehr gelitten. Sie werden offiziell und inoffiziell diskriminiert. Im Oktober 2006 ordnete Wladimir Putin überraschend die Abschaffung der Einwanderungsquote für Georgier an, nachdem in Georgien vier russische Offiziere verhaftet wurden. 143 nicht ordnungsgemäß registrierte Georgier wurden nach Tiflis ausgeflogen, zahlreiche Kasinos und Geschäfte georgischer Händler geschlossen. In Russland leben etwa eine Million Georgier. Der seit 200 Jahren schwelende Kaukasus-Konflikt scheint weit davon enfernt, gelöst zu werden.

▲ *Demonstranten fordern ein Ende des Tschetschenienkrieges*

Sauna kann man sich erst an der Bar in Stimmung bringen und dann in den Fluten des Riesenschwimmbads mit Gegenstromanlage versinken. Dazu gibt es noch ein Solarium und viele kleine Kabinen …

2005 eröffnete das erste **Schwulengeschäft** in Moskau, das nur drei Warengruppen zur Auswahl anbietet: Bücher über berühmte Schwule, Filme und Slips. Und dann gibt es noch schnuckelige Verkäufer. Das Geschäft liegt direkt gegenüber dem Rathaus.

🏠**65** [VI F6] **Indigo**, Uliza Petrowka 17/2 (siehe Sassada), Metro: Ochotnyj Rjad, Mo.–So. 10–22 Uhr, Tel. 7830055, www.shop.gay.ru/indigo.html

REINIGUNG

🏠**66** [V D7] **Supermarkt Sedmoj Kontinent**, Alter Arbat 54/2 Metro: Smolenskaja.
🏠**40** [VI G6] **Supermarkt Sedmoj Kontinent 2**, Uliza Bolschaja Lubjanka 12/1, Metro: Kusnezkij Most. Wäsche abgeben und beim nächsten Einkauf wieder abholen. Praktisch und gut. Der Service wird auch in anderen großen Supermärkten angeboten.

SICHERHEIT

In der Kriminalitätsstatistik belegen bei den registrierten Straftaten Berlin, Rom und Paris im europäischen Vergleich die vordersten Plätze. Moskau liegt noch hinter Wien, Stockholm und Madrid!

Typisch russische Gefahren lauern da, wo sie der Reisende nicht unbedingt erwartet. Für Ausländer ist beispielsweise die **Mafia** das geringste Problem. Es handelt sich in erster Linie um Verbrechen in spezifischen Milieus. Der **Straßenverkehr** hingegen stellt eine echte Gefahr für Moskau-Reisende dar. Rote Ampeln und Zebrastreifen haben für Russen in gepanzerten Limousinen keine Bedeutung. Aber auch der Moskauer Autofahrer an sich nimmt Fußgänger so gut wie gar nicht wahr. Falls die Ampel auf Rot umspringt, bevor man die andere Straßenseite erreicht hat, sollte man sich unbedingt sputen.

Im Winter und vor allem bei Tauwetter sollte man außerdem auf **Eiszapfenwarnungen** auf den Gehsteigen achten. Angeblich soll es bald Laserkanonen geben, die der akuten Gefahr vorbeugen.

Bevorzugt Frauen werden zu späterer Stunde an den Metroausgängen nach ihren Papieren gefragt. Die Miliz hat in Russland das Recht, ohne erkennbaren Grund nach dem **Ausweis** zu fragen, wählt dabei aber oft Frauen aus. Im Fall des Falles sollte man Geduld bewahren.

Hat man Dokumente oder die Geldbörse verloren, muss man sich an das jeweilige Konsulat bzw. an die Botschaft des Heimatlandes wenden. Vorher kann man noch das **Fundbüro** kontaktieren, wenn einem das Missgeschick in einem öffentlichen Transportmittel widerfahren ist: Tel. 9238753 (Bus, Tram), Tel. 2222085 (Metro), Tel. 2334225 (Taxi).

Mit einer Videokamera ausgerüstete **SOS-Säulen** in über 100 Stationen der Moskauer Metro sorgen seit 2006 dafür, dass sich Touristen zu jeder Tages- und Nachtzeit zu helfen wissen, wenn es zu Übergriffen kommt oder ärztliche Hilfe benötigt wird. Außerdem sind die mit einem elektronischen Stadtplan ausstaffierten Polizisten auch gern bei der Suche nach Straßennamen zu Diensten.

SPORT UND ERHOLUNG

„Berlin, Paris, London, das sind doch alles Kurorte im Vergleich zu Moskau."
Christine Hamel

BANJAS (RUSSISCHE SAUNA)

- **1** [VII H7] **Istobka Russkaja Banja**, Pewtschewskij Pereulok 6, Metro: Kitaj-Gorod, Mo.–So. 24 Std., Tel. 7756075, www.expedicia.ru. Angeschlossen an das Restaurant Expedizija 8 ist diese kleine 3-Personen-Banja, in der es den klassischen Dampfraum, aber auch neueste Spa-Technik gibt. Man kann zwischen verschiedenen *wjenki* (Büscheln) wählen und es sich bei einer Schaum- oder Honigmassage und Kräutertee aus dem Altaigebirge gemütlich machen, um der Großstadthektik für zwei Stunden zu entfliehen.
- **2** [D6] **Krasnopresnenskije Banji**, Stoljarnyj Pereulok 7, Metro: Uliza 1905 Goda, Di.–So. 8–22 Uhr (Kasse nur bis 20 Uhr), Tel. 2535306 (für Männer), Tel. 2538690 (für Frauen). Die modernste, größte und teuerste Banja der Stadt, 1980 für die Olympischen Spiele erbaut. Es gibt die klassische Sauna, den russischen Dampfraum und ein riesiges Bad mit Wasserfällen und Massageduschen. Hier tummeln sich Stars und Sternchen ...
- **3** [VI F6] **Sandunowskaja Banja**, Neglinnaja Uliza 14/Sandunowskij Pereulok 1, Metro: Kusnezkij Most, Mi.–Mo. 8–22 Uhr (Kasse nur bis 20 Uhr), www.sanduny.ru, Tel. 9254631. Moskaus opulenteste Banja, benannt nach ihrem ersten Besitzer Sandunow. Architektonisch ist die Banja eine Mischung aus Barock, Gotik und maurischem Stil. Griechische Säulen und 5 Meter hohe Öfen in einem Badehaus, das fast 2000 Besucher pro Tag aufnimmt. Schon im 19. Jahrhundert, aller Vermutung nach im VIP-Bereich des viel pompöseren Männerabteils, verlustierten sich in dieser Luxusbanja unweit des Kreml Alexander Puschkin, Fjodor Schaljapin und Sergej Ejsenstejn, der sogar einige Szenen aus seinem Film „Panzerkreuzer Potemkin" hier spielen ließ. Zu dem Zweck wurde der Swimmingpool in das Schwarze Meer verwandelt!

BALLONFAHRTEN

> **Airclub Avgur**, Uliza Stepana Schutowa 4/1, Metro: Ljublino, Tel. 3591065. Für 350 € zu dritt bietet dieser Airclub eine 40-minütige Ballonfahrt ab dem Kloster Neu-Jerusalem an. Die Flüge finden früh am Morgen oder abends gegen 18 Uhr statt. Ein Auto begleitet den Ballon und fährt die Gäste zurück.

KOSMONAUT FÜR EINEN TAG

European Space-Tourist, Reiseveranstalter, Büchelstr. 87, 53227 Bonn, Tel. 0228 4100960, Fax 4100986, www.european-space-tourist.com. Dieses deutsche Weltraumreisebüro bietet Tourismus bis an die Grenzen des Machbaren an. Astronautentraining in der Zentrifuge oder im Tieftauchbecken und Schwerelosigkeitserfahrungen. Zehn Interessenten werden in einer vierstrahligen, innen vollständig leeren MIG 23 zum Preis von 5000 € 30-40 Minuten geflogen. Gestartet wird von April bis September auf dem Flughafen Schukowskij unweit von Moskau. Beim so genannten Parabelflug werden 20-30 Sekunden lang Schwerelosigkeit und eine ungefähre Flughöhe von 28 Kilometern erreicht.

DIE BANJA

*Das russische Dampfbad ist eine Institution, die es im Mutterland von Väterchen Frost schon im 12. Jh. gegeben hat. In der Sowjetzeit ersetzte die meist von Männern besuchte Banja das Café, die Kneipe und den Club als **Ort des zwanglosen Zusammenkommens** oder der abzuwickelnden Geschäfte. Allerdings von jeher mit Geschlechtertrennung, die es bis heute noch gibt. Anders als von westlichen Touristen oft vermutet, ist die Banja kein Ort des Lasters.*

*Die Banja, das russische Bad, hat eine Temperatur von ca. 60-80 °C und eine sehr hohe Luftfeuchtigkeit. Traditionell wird sich darin mit einem feuchten, am Eingang gekauften Birkenreisigbündel (wjenik) „geschlagen" (Quästen). Für das **Quästen** wird frisches Birkenreisig samt Laub zusammen gebunden. Mit diesem Büschel wird während der zweiten Schwitzphase die Haut von der Fußsohle aufwärts über die Beine, die Brust bis zu den Schultern leicht geschlagen. Dem traditionellen Quästen, bei dem sich das Aroma der Blätter entfaltet, werden nach Überlieferung magische und belebende Kräfte zugeschrieben. Das Birkenreisig durchdringt dabei die dünne, isolierende Luftschicht über der Haut. Dadurch wird zusätzliche Hitze herangeführt.*

*Das Herzstück der Banja ist die Schwitzkammer, in der man zunächst nicht länger als 6-7 Minuten verweilen sollte. Danach geht es ins Tauchbecken und dann auf die Liege. Etwa zwei Stunden dauert ein durchschnittlicher **Banjabesuch**. Banjagänger philosophieren gern über die Wissenschaft des Wasserdampfes und die Wunder der Birkenruten. Für Russen ist die Banja eine Art Kirche. Natürlich darf in der Kirche kein Alkohol getrunken werden! Aber es herrscht auch kein andächtiges Schweigen, wenngleich die großen Themen, Probleme und Fehltritte erst erörtert werden, wenn man nackt und gereinigt auf den Ruheliegen angekommen ist. Die Banja - eine Art russischer Beichtstuhl. „S ljochkim parom" ist der klassische Spruch, den man hört, bevor man im Dampfbad verschwindet. Übersetzt etwa: „Möge dich der Dampf erleichtern."*

Ein Laken, in das man sich einwickelt, gibt es gratis. Badeschlappen und Handtücher sollte man mitbringen, an den auszuleihenden Utensilien nagt meist der Zahn der Zeit. In einigen Banjas, vor allem aber auf Flohmärkten, werden noch immer die pilzförmigen, dunkelgrünen Waldschratmützen aus Filz feilgeboten, mit denen die Russen ihren Kopf vor der mörderischen Hitze schützen. Fotoapparat bereithalten!

EISBADEN

Wer kennt sie nicht, die mutigen Eisschwimmer in Russlands Winterlandschaft. In Stadtnähe kann man sich in Moskau für ein paar Minuten zu dem „Club der Eisschwimmer" gesellen und selbst ein „Walross" sein. Eisbaden ist sehr verbreitet, soll abhärten und gegen Depressionen helfen. Einst war es ein religiöser Ritus. Man sollte große Handtücher und Badeschlappen mitnehmen.

PRAKTISCHE REISETIPPS
Sport und Erholung

› **Serebrjannyj Bor,** Metro: Poleschajewskaja, dann mit dem Trolleybus 20 oder 65 weiter bis zur Endstation. Dann zu Fuß durch den Wald zum Besdonnoje-See.

FITNESS UND YOGA

1 [II G8] **BKS Iyengar Yoga Zentrum,** Pjatnizkaja Uliza 43/5, Metro: Nowokusnezkaja, Di. und Fr. 10.30 Uhr Yoga-Kurse, Tel. 9536410, www.yoga.ru. Moskaus größtes und seriösestes Yoga-Zentrum bietet seit 1987 Hatha-Yoga-Kurse auch auf Englisch an, eine Sitzung kostet etwa 7 €, die Monatskarte 40 €. Die Website ist auf Russisch, aber einen kleinen Einruck bekommt man trotzdem.

2 [D/E 4] **Planet Fitness,** Uliza Prawdy 21/2, Metro: Belorusskaja, Mo.–Fr. 7–24 Uhr, Sa./So. 9–22 Uhr, www.fitness.ru, Tel. 2574087. In dem ehemaligen Prawda-Gebäude im Stadtzentrum befindet sich heute dieser moderne Fitnessclub mit europäischem Standard, einem 25-Meter-Becken, Sauna, Gym und Solarium. Ein Kurs in Step Aerobic, Karate oder Yoga rundet das Programm ab. Eine Jahresmitgliedschaft kostet 1200 €, Tageskarten sind günstiger. Die Filialen sind am Stadtrand, mit Ausnahme des Clubs in der Malaja Dmitrowka 6 im Lenkom-Theater (Metro: Puschkinskaja), der sogar 24 Stunden geöffnet hat.

GOLFEN

› **Le Meridien Moscow Country Club,** Nakhabino, Kransnogorsky District (außerhalb), Tel. 7871631, www.lemeridien.de. Zum Freizeitangebot des in einem schönen Birkenwald gelegenen Hotels Le Meridien gehört der einzige 18-Loch-Golfplatz Russlands, der von Robert Trent Jones entworfen wurde. Angeschlossen ist Russlands größter Sportclub mit zahlreichen Innen- und Außenanlagen. Der Country Club befindet sich auf einem 120 ha großen Gelände in ruhiger und sicherer Lage, etwa 45 Minuten vom Kreml entfernt.

› **The Moscow City Golf Club,** Dowschenka Uliza 1 (außerhalb), Tel. 1478330, www.mcgc.chat.ru. Zwei Naturseen machen diesen landschaftlich schönen, mittelschweren 9-Loch-Golfplatz zu einem echten Naherholungsgebiet. Der 1987 gegründete Golf-Club in Stadtnähe steht auch Nicht-Mitgliedern für ca. 60 € Green Fee zur Verfügung.

INLINE-SKATEN, FAHRRADFAHREN, JOGGEN

Inline-Skaten ist in, Fahrradfahren (inklusive Mountainbiken) auch, aber nur in den Außenbezirken. Im unmittelbaren Stadtzentrum ist beides wegen des Verkehrs leider zu gefährlich.

› **Metro: Kropotkinskaja.** Entlang der Kremljowskaja Nabereschnaja muss man zwar Autolärm in Kauf nehmen, rauscht aber am Kreml vorbei mit Blick auf die kleine Stadtinsel gegenüber und die Schokoladenfabrik Krasnyj Oktjabr. Ein MP3-Player macht den Trip zu einem Fest!

› **Metro: Park Pobedy.** Der Siegespark ist ein weitläufiges, asphaltiertes und geradezu erstklassiges Terrain. Direkt am Metro-Ausgang kann es losgehen. Hier sind viele Profis unterwegs, das Terrain ist die Top-Adresse für Inline-Skater in Moskau. Bei schönem Wetter hat man von der kleinen Anhöhe einen herrlichen Blick auf die Stadt.

› **Metro: WDNCH.** Am Allrussischen Ausstellungszentrum im Norden Moskaus gibt es neben den idealtypischen, architektonisch zum Teil sehr ausgefallenen Repräsentanzpavillons der damaligen Sowjetrepubliken auch goldene Springbrunnen, weite asphaltierte Spazierwege und ein Riesenrad, in dem man zwischendurch verschnaufen kann. Leider muss man die zum Teil gruselige Konservenmusik auf dem gesamten Gelände in Kauf nehmen.

SCHLITTSCHUHLAUFEN

Unter freiem Himmel

Schlittschuhlaufen erfreut sich bei den Russen großer Beliebtheit. Zwischen –8 und –1 Grad ist die ideale Temperatur für die offenen Eisbahnen. Außerdem gibt es hochmoderne Eishallen, in denen Diskomusik auch mal bis 5 Uhr morgens läuft.

- S3 [III F5] **Ermitage-Garten**, Metro: Zwetnoj Bulwar, tägl. 11–21 Uhr. Diese kleine, aber feine Eisbahn zieht junge Russen in Scharen an. Bei Glühwein und verrückter Musik dreht man seine Runden. Schlittschuhe können geliehen werden.
- 40 [II E9] **Gorki-Park**, Krymskij Wal 9, Metro: Park Kultury, besser ist der Gartenringtrolleybus (hält vor dem Eingang), Tel. 2371266, tägl. 10–22 Uhr. In dem geschichtsträchtigen und riesigen Gorki-Park werden drei Eisbahnen und sämtliche Fußwege eigens zu diesem Vergnügen im Winter geflutet, sodass man ein riesiges Terrain zur Verfügung hat. Für 2 € pro Stunde und ein Pfand (Geldsumme oder Pass) kann man seine Bahnen ziehen. Das Eis lässt zu wünschen übrig, aber die Disco am Abend ist unschlagbar.
- 75 [K 5] **Ismajlowskij-Park**, Narodnyj Prospekt 17, Metro: Partisanskaja, tägl. 14–20 Uhr, Sa./So. ab 11 Uhr. Eine neue Schlittschuhbahn hat erst 2005 im Ismajlowskij-Park ihre Pforten geöffnet. Für eine Stunde kosten ein paar Schlittschuhe nicht mehr als 2 €. Die Eisbahn verfügt über einen Umkleideraum und wird nach Einbruch der Dunkelheit gut beleuchtet. Zu peppiger Musik kann man in Ruhe seine Runden drehen.
- S6 [VI F5] **Le Futur**, Petrowka 26/9 (durch den Bogen hinter dem Juwelier in den Hinterhof, dann links, dann rechts), Metro: Kusnezkij Most, Mo.–Fr. 12–23 Uhr, Sa./So. 10–24 Uhr, www.superkatok.ru. Diese kleine, hübsche VIP-Eisbahn im Herzen der Stadt hieß früher nach dem dortigen Tennisclub „Dynamo". Seit Januar 2006 lockt das orangefarbene Eis vor allem junge Bohemiens an, das Logo der russischen Handelkette Le Futur passt farblich. Neben der guten Corporate Identity gibt es fetzige Musik (abends mit DJ), köstliche Döner Kebab für 3 € und Schlittschuhe zum Ausleihen. VIP-Schuhe kosten 6 € pro Stunde, normale 3 €. Ein kleines, beheiztes Zeltcafé lässt die gefrorenen Gliedmaßen wieder auftauen.
- S7 [VII H6] **Tschistyje Prudy**, Metro: Tschistyje Prudy. Die stadtbekannte Eisbahn liegt mitten in der Stadt und wird auch von Fußgängern frequentiert. Freier Eintritt, aber leider kein Schlittschuhverleih.

In der Halle

- 40 [II E9] **Gorki-Park**, (im Luna-Park, links neben dem Eingang zum Gorki-Park), Krymskij Wal 9, Metro: Oktjabrskaja, tägl. 12–23 Uhr, Tel. 2370704, www.ruskatok.ru. Die Eishalle am Gorki-Park ist schon älter, aber für Anfänger sehr nett. Allerdings sollte man dann lieber noch ein bisschen warten und gleich über die vereisten Wege im Park unter weitem Winterhimmel direkt seine Bahnen ziehen.
- S9 (außerhalb) **Sportpalast Krylja Sowjetow**, Tolbuchina 10/4, Metro: Molodjoschnaja, Tel. 5076910, Fr. und Sa. 22–5 Uhr morgens, www.katanie.ru. Ein Eldorado für Nachteulen auf dem Eis. Bei Diskomusik gibt es auch Einlagen von Profis und Getränke an der Bar. Schlittschuhe kann man für

PRAKTISCHE REISETIPPS
Sport und Erholung

▲ *„BADEN VERBOTEN"*

3 € leihen und im Internet bestellen. Der Eintritt kostet noch einmal 6 €. Dafür kann man sich die Nacht im Hotel sparen.

SCHWIMMEN

10 [IV E8] **Tschajka** (Die Möwe), Turtschaninow Pereulok 1/3, Metro: Park Kultury, Mo.–Sa. 7–22 Uhr, So. 8–19 Uhr, Tel. 2020474. Ohne ein ärztliches Attest (Abhorchen und Fußinspektion!) für 3 € (dauert etwa 20 Minuten, ist jederzeit zu bekommen) bleibt der Zutritt zu Moskaus berühmtestem Freiluftschwimmbad verwehrt. Zu jeder Jahreszeit ziehen die Schwimmer hier ihre strikt abgetrennten Bahnen. Bei Dunkelheit aufgrund der Dunstschwaden ein mystischer Ort. Nicht umsonst spielt auch eine Szene des russischen Science-Fiction Blockbusters „Nachtwächter" hier. Im Winter steigen heiße Wolken in den Himmel, sodass man seine Mitschwimmer kaum erkennt. Mitten im Zentrum ist diese ungemein beliebte, 25 Grad warme Oase selbst dann eine herrliche Abwechslung, wenn es auf die (alberne) Bademütze regnet oder schneit. Auch die kleine Snackbar mit Pilz- und Salat-Köstlichkeiten ist unbedingt zu empfehlen. Neben dem Schwimmbecken sind die sechs offenen und/oder überdachten Tennisplätze. (Mo.–So. 7–23 Uhr, eine Stunde kostet etwa 7 €)

STRÄNDE

Drei Moskauer Strände liegen in relativer Stadtnähe und sind gut zu erreichen. Allerdings ist Moskau nicht die Karibik und auch der angekündigte Sandstrand manchmal nur eine grüne Wiese mit sandigen Ausläufern. Da kommt dann auch das von den Russen so geliebte Picknick zum Einsatz. Am Wochenende fühlt man sich an den Ausläufern der **Moskwa** zuweilen wie in Rimini in der Hochsaison. Das Bad in der Menge muss man mögen. Aber schwimmen ist immer möglich.

Serebrjannyj Bor („Silberwald") ist Moskau bekanntester Strand. Vor allem die Strände 2 und 3 erfreuen sich großer Beliebtheit. Es gibt weniger ansehnliche öffentliche Abschnitte, einen kostenlosen Nudistenstrand und einen privaten Teil, an dem Liegen und Sonnenschirme zu haben sind. Beachvolleyball, Bootsverleih, Tennisplatz und die typisch russischen *schaschlyki* (Schaschlik-Spieße) runden das Urlaubsfeeling ab.

§ **11** [B/C 5] Serebrjannyj Bor Strand Nr. 2, Metro: Poleschajewskaja, dann Trolleybus 20, 21 oder 56. Wer die Gesichtskontrolle passiert hat, darf sich für etwas mehr Eintrittsgeld in zwei Szenelokalitäten vergnügen, die direkt am See zu finden sind.
Am Pljasch uletaj (der „Flieg-davon-Strand") ist man unter sich. Ohne Sonnebrille und Adidas-Badeanzug fühlt man sich schnell ausgeschlossen. Dann hilft nur noch ein sündhaft teurer Cocktail, ein Bad im Pool oder frisches Sushi in den Loungesesseln.

§ **12** [B/C 5] Serebrjannyj Bor Strand Nr. 3 (durchfragen!), Tel. 5181075, Metro: Poleschajewskaja. Der neue Hotspot Pljasch Nomer 1 ist noch malerischer und hipper. Unter grünen Bäumen liegt man dort lässig in einem Liegestuhl oder in der großen Lounge unter Strohdach bei DJ-Musik und Cocktails. Eine Stadt im Wald, kein Wald in der Stadt. Flanieren erlaubt, wer will da noch schwimmen?

§ **13** [B/C 5] Serebrjannyj Bor Strand Nr. 4 (durchfragen!), Tel. 5857451, Metro: Poleschajewskaja.

SPRACHE

Neben Russisch sprechen vor allem jüngere Russen und Russinnen unter 30 auch Englisch, manchmal sogar Deutsch. Auch in Hotels wird so gut wie immer Englisch gesprochen. Ein Moskau-Aufenthalt wird in jedem Fall interessanter, stressfreier und aufschlussreicher, wenn man zumindest das kyrillische Alphabet kennt (siehe „Benutzungshinweise") und Straßennamen und Metrostationen entziffern kann. Die ersten drei Buchstaben einer Straße oder einer Station sollte man sich aber unbedingt einprägen, um nicht ständig auf die Hilfe anderer angewiesen zu sein. Ein paar Wörter Russisch werden als Zeichen des Respekts und der Höflichkeit sehr geschätzt. Die „Kleine Sprachhilfe Russisch" im Anhang enthält die wichtigsten Wörter, um im Land einigermaßen zurecht zu kommen.

STADTTOUREN

Vor allem für Reisende, die der russischen Sprache nicht mächtig sind, bieten sich organisierte Stadtführungen an. Mittlerweile ist die Auswahl, vor allem an Themenausflügen, ziemlich groß. Die Touren können problemlos per Fax oder im Internet gebucht werden, die Kommunikation läuft auf Englisch.

> **Architekturführungen Mplus,** Peter Knoch, Tel. 9035366324, www.mplus-moskau.com, peterknoch@gmx.de. Deutsche Architekturführungen in Moskau, etwa zu Themen wie „Gebaute Utopien der Stalinzeit" oder „Moskau – Boomtown der Jahrhundertwende", aber auch individuell zusammengestellte (siehe Kap. „Architektur-Special").

Stadttouren

› **Capital Tours,** Ilinka Uliza 4/6, Metro: Kitaj-Gorod, Tel. 2322442, Fax 2342717, tägl. 10–18 Uhr, www.capitaltours.ru. In unmittelbarer Nähe zum Roten Platz liegt dieser Veranstalter, der nicht nur 3-stündige Stadtrundfahrten (um 11 und um 14.30 Uhr), sondern auch Ausflüge zu den Sperlingsbergen oder in die Tretjakow-Galerie in englischer Sprache anbietet. Buchung per Telefon oder online, Bezahlung mit Kreditkarte oder in Rubel.

› **Escapeprogram,** Uliza Nagornaja 23/2, Metro: Nagornaja, Tel. 4587777, 1270919, www.escapeprogram.ru, ayzenberg@escapeprogram.ru (Walerij Aisenberg), perform@mail.ru. „Touren von Künstlern für künstlerische Naturen" ist das Credo dieser aus vier renommierten Moskauer Künstlern bestehenden Gruppe, die im Rahmen der Biennale 2004 erstmals so ausgefallene Touren anbot wie „Moskau ertasten" oder „Der Duft der Metropole". Die ungefähr jeweils dreistündige Reise ins Moskauer Reich der Sinne wird von einem der Künstler begleitet. Russischkenntnisse sind nicht unbedingt erforderlich, hier steht das Erleben im Vordergrund. In dem Preis von ca. 30 € sind Handschuhe, eine Augenbinde, ein Snack und Fotos inbegriffen.

› **Kultpochod,** Krementschugskaja Uliza 9, Metro: Park Pobedy, Tel. 2580816, Mo.–Fr. 11–19 Uhr, www.cultpohod.ru. Dieses Unternehmen bietet eine große Auswahl an Thementouren. Auch in deutscher Sprache kann man sich auf die Spuren von Sergej Ejsenstejns Filmen machen oder sich mit einer ehemaligen ZK-Karosse durch das Moskau der 1920er Jahre kutschieren lassen. Das alles hat seinen Preis. Man sollte sich unbedingt mit der meist sehr beschäftigten Dame verbinden lassen, die gut Englisch spricht!

› **Moskultprog,** www.moskultprog.ru. Aktuelle Termine und Informationen zu den verschiedensten Themenspaziergängen, die die Gruppe Progulki po Moskwe (Spaziergänge durch Moskau) meist im Sommer organisiert, findet man auf der Website. Die privaten Moskau-Enthusiasten setzen sich zusammen aus Cineasten, Schriftstellern und Historikern, die sich auf die Spuren berühmter Persönlichkeiten begeben. Das Moskau von Dostojewskij oder Tschechow, von Tjutschew oder Ejsenstejn. Auch das Gelände des Fahrzeugherstellers SIL steht auf dem Programm. Die Spaziergänge finden meist am Wochenende statt und beginnen an einer bestimmten Metrostation gegen 11 Uhr vormittags. Leider nur auf Russisch.

› **Patriarschij Dom Tours,** Wspolnyj Pereulok 6, Metr: Majakowskaja, Tel./Fax 7950927, Mo.–Fr. 9–18 Uhr, alanskaya@co.ru, www.expat.ru. Sehr professionell organisiertes, junges Team eines amerikanisch-russischen Joint Ventures, das alle beliebten Führungen durch Moskau anbietet, aber auch Themenexkursionen wie „Das jüdische Moskau" oder „Auf den Spuren von Tolstoj". Außerdem nur bei Patriarschij Dom Tours im Programm: das KGB-Museum, die Schokoladenfabrik „Roter Oktober" und Destinationen außerhalb von Moskau wie etwa Sergijew Possad. Touren auf Deutsch oder Englisch.

› **Saterjannyj Mir,** www.lost-world.ru, Tel. 9210476. Besondere Einblicke in eine verlorene oder eher unbekannte Welt bietet dieses russische Unternehmen an. Für die Tour „Die Lichter Moskaus" braucht man nicht unbedingt Russisch-Kenntnisse. Dafür wird man mit dem Bus von 18 bis 22 Uhr für 7 € durch das nächtliche Moskau gefahren. Weitere Angebote sind im Internet zu finden.

› **Voentour Adventures,** Bolschaja Poljanka Uliza 24, Metro: Poljanka, Tel. 2307602, www.voentour.com. Für Military Fans bietet der russische Veranstalter Voentour ein besonderes Highlight an. Nach dem Besuch des weltgrößten Panzermuseums (3000 Panzer, „Maus" und „Adam" sind auch vertreten) 60 Kilometer außerhalb von Moskau, auf dem Militärstützpunkt Kubinka, hat man die Möglichkeit, wahlweise in einem ausgemusterten Rote-Armee-Panzer oder in einem deutschen Modell aus dem Zweiten Weltkrieg Platz zu nehmen und sich durch das Gelände fahren zu lassen. Der Ausflug dauert fünf Stunden. Transfer von und nach Moskau, Mittagessen in Stalins früherer Kommandozentrale (georgische Küche) und der Einsatz eines Dolmetschers sind inbegriffen. Dieser Ausflug, aber auch ganze Themenreisen („Stalins Empire gegen das Dritte Reich") und 50 militärhistorische Ausflüge sind im Internet mit einem Formular zu buchen. Für die Erteilung einer Genehmigung ist eine Vorlaufzeit von mind. zwei Wochen, bzw. eine Woche (für einen Aufpreis von 30 €) nötig. Krieg spielen hat seinen Preis: je nach Panzerart kostet der „Kalte Krieg" ab 600 €.

Friedliche **Pilgertouren** durch Moskaus Kirchen und Klöster, Ikonenwalk, Geschichte der Romanows und Orthodoxie in Moskau organisieren:
> **Radonesch Pilgerbüro**, Pretschistenka Uliza 28, Metro: Kropotkinskaja, Mo.-Sa. 10-18 Uhr
> **Sankt-Georg-Kirche**, Sadownitscheskaja Uliza 6, Metro: Nowokusnezkaja, Mo.-Sa. 10-19 Uhr, So. 11-14 Uhr

---

REISETIPP

Neue Ortsvorwahl

Seit Januar 2006 hat sich im Zuge einer großen Umstellung des Moskauer Telefonnetzes die Moskauer Vorwahl geändert. 007 für Russland ist geblieben. Dann folgt jetzt die 495. Die Vorwahlnummer 095 ist nicht mehr gültig.

TELEFON

Ortsgespräche innerhalb Moskaus sind kostenlos, eine Vorwahl muss nicht gewählt werden. Internationale Telefonate sind nur direkt aus dem Hotelzimmer teuer. Von fast jedem öffentlichen Automaten und auch aus dem Hotelzimmer telefoniert man sehr günstig (vor allem am Wochenende und nach 20 Uhr) mit den an Metro-Schaltern, in Postämtern, am Flughafen oder an Zeitungskiosken zu kaufenden **Telefonkarten** mit Code (nicht mit Chip). Man wählt die dort angegebene Moskauer Nummer und gibt dann den meist freizurubbelnden Code ein. Nach der obligatorischen 8 wartet man auf ein Freizeichen und wählt dann 10-49 für Deutschland, 10-41 für die Schweiz und 10-43 für Österreich plus die gewünschte Vorwahl ohne die Null. Für ein Ferngespräch braucht man mindestens 100 Einheiten. Die benutzerfreundlichen Telefonkarten gibt es mit 50, 100, 120, 200, 400 und 1000 Einheiten. Wichtig: Sobald der Gesprächspartner am anderen Ende zu hören ist, **die Taste mit dem Sprechsymbol** drücken. Andernfalls hört der Angerufene nichts.

Münzfernsprecher (Taxophone) sterben im Handy-Zeitalter langsam aus. Man kann dort ohnehin nur Ortsgespräche führen.

Sollte man eine bestimmte Moskauer Rufnummer suchen, helfen die **Gelben Seiten** weiter. Diese sind im Internet zu finden unter www.yellowpages.ru. Die **Auskunft** unter der Rufnummer 09 hat zwar eine charmante Stimme, versteht aber kein Wort Englisch oder Deutsch.

Günstige Tarife für **Ferngespräche von Deutschland** nach Moskau sind im Internet zu finden. Nur um die 2 Cents zahlt man mit der günstigen Vorwahl 01015. Es kann allerdings ein Echo in der Leitung sein.

Telefonieren mit dem eigenen **Handy** ist sehr teuer. Die beiden größten Moskauer Anbieter MTS und B-Line, in die aus dem deutschen Netz umgeleitet wird, kassieren stattliche 5 € für eine Minute nach Deutschland. SMS kosten nur wenige Cents. Bleibt man länger in Moskau, lohnt sich der Kauf eines Handys *(mobilnik)*, bzw. der Kauf einer russischen Prepaid-Karte. Diese Karten bekommt man an vielen Kiosken, in Supermärkten, Banken oder in den Läden der Anbieter. Im Unterschied zu den deutschen Prepaid-Karten haben die russischen eine begrenzte Laufzeit. Im Light-Tarif des Netzbetreibers Megafon zum Beispiel können Prepaid-Karten mit 5, 10, 20 oder 50 Einheiten für entsprechend 5, 20, 50 oder 150 Tage erworben werden. Nach dem Ablauf der Karte wird die Nummer blockiert, der verbliebene Geldbetrag wird aber 30 Tage lang nicht gelöscht und kann mittels einer Verlängerungskarte aktiviert werden.

Last, but not least: Das **Zentrale Telegrafenamt** auf der Twerskaja Uliza (7) hat 24 Stunden geöffnet. Von hier aus kann man für zivile Preise in die ganze Welt telefonieren, muss aber ein Pfand hinterlegen.

Am Flughafen Domodedowo gibt es seit Anfang 2006 die Möglichkeit, an jedem Taxofon die Nummer 33 einzugeben, um ein Auslandsgespräch zu führen, das der Angerufene bezahlt (**R-Gespräch**). Der Angerufene muss zustimmen, dann wird verbunden. Dieser Service wird schon für die USA, Kanada, Deutschland, England und Japan angeboten.

> **LITERATURTIPP**
>
> *„Handy global – mit dem Handy im Ausland"*
>
> Der Ratgeber aus der Reihe PRAXIS für die richtige und kostensparende Nutzung des Handys auf Reisen:
> - fremde Netzstandards ● Kosten sparen beim Roaming ● SMS, MMS und E-Mail aus dem Ausland ● Wap und Internet ● Reiseinfos mobil ● Hintergrundwissen und Kaufberatung ● wichtige Handyfunktionen clever einsetzen ● das passende Zubehör ...
>
> REISE KNOW-HOW Verlag, Bielefeld

6 THEATER

7 [III F5] **Lenkom Theater,** Malaja Dmitrowka 6, Metro: Puschkinskaja, (Kasse tägl. 10–15, 17–19 Uhr), www.lenkom.ru, Tel. 2999668. In den 1970er und 1980er Jahren war das Lenkom in der alten Kaufmannsvilla eines der besten Theater der Stadt. Mark Sacharow modernisierte das Schauspiel mit neuen Techniken wie Laser oder Rockelementen. Vor allem die Bühnenbilder von Oleg Schejnzis lohnen einen Besuch. Die Qualität der Stücke hat sich wieder gebessert. Auch ohne Russischkenntnisse lässt sich „Miss Julie" verstehen, Tschechows „Die Möwe" leider nicht.

42 [III F6] **MCHAT** (Moskauer Künstlertheater) imeni Tschechowa, Kamergerskij Pereulok 3, Metro: Teatralnaja, Mo.–Fr. 12–15 Uhr, 16–19.30 Uhr, Sa./So. 10–15 Uhr, 16–18.30 Uhr (Kasse), www.art.theatre.ru, Tel. 62926748, Tschechows tragikomische Stücke kamen vor rund 100 Jahren in der Inszenierung von Stanislawskij hier erstmalig

NEW DRAMA ODER DER ZENSURFREIE RAUM

Über achtzig Schauspielhäuser allein in Moskau zeugen davon, dass das Theater unabhängig von allen gesellschaftlichen und politischen Veränderungen des Landes immer eine große Bedeutung hatte. Schließlich waren es die Russen, die vor 100 Jahren den Beruf des Regisseurs überhaupt erst erfunden haben, bis dato gab es nur den Stückeschreiber, der auch inszenierte. Theater- wie Konzertbesuche waren und sind für die Moskowiter eine Selbstverständlichkeit, das Bedürfnis nach einer Flucht in einen beinahe zensurfreien Raum.

*Auf der Bühne hat es auch in politisch brisanten Zeiten selten Zensur gegeben. Heute genießt das Theater relative Narrenfreiheit. Dieses Phänomen macht sich gerade eine **neue Generation von Autoren** zunutze, die nach einer gewissen Orientierungslosigkeit in den 1990er Jahren seit 2000 für einen regelrechten Theaterboom sorgt. Neue, junge Talente schreiben über Angst, Gewalt, soziale Entfremdung und sogar Politik. „New Drama" ist kein Gegengewicht zum klassischen Theater Stanislawskijs, sondern dessen Weiterführung und Inspirationsquelle.*

*Iwan Wyrypajew ist eine der schillerndsten Figuren des russischen New Drama. In dem als „Theater des Internetzeitalters" gepriesenen **Theater.doc** sprach er mit seinem Stück „Sauerstoff" vor allem den jungen Russen aus der Seele. Mit seiner spirituellen, auch stark religiösen Sinnsuche, dem allgemeinen Ringen nach Sauerstoff, lockte er sogar die Neuen Russen ins Theater. („Man muss die Luft atmen, die man hat. Man braucht ja Sauerstoff"). Das Besondere an Theater.doc ist die Art, wie die Texte generiert werden: Die Autoren werden mit Tonbändern in bestimmte Milieus geschickt und zeichnen auf, was in den Köpfen der Menschen vorgeht. Die hohe Authentizität, die schon Stanislawskij propagierte, hat dem Kellertheater regelrechten Kultstatus verliehen. „Sauerstoff" wird auch in Europa gespielt und wurde ins Englische und Deutsche übersetzt.*

Zuletzt machte Wyrypajew mit einem hochpoetischen Filmprojekt von sich reden. Die tragische Liebesgeschichte „Euphorie" wurde 2006 bei den Filmfestspielen in Venedig mit dem „Kleinen Goldenen Löwen" ausgezeichnet und kam im September in die Kinos.

Politische Underground-Stücke der Brüder Presnjakow, der nach Anton Tschechow bekanntesten Dramaturgen Russlands, werden ebenso gezeigt wie Zeitgeiststücke von Wassilij Sigarjew, Jewgenij Grischkowez, Wladimir Pankow oder den Brüdern Durnenkow. Anders als in den 1990er Jahren finden sich heute auch Sponsoren aus der Wirtschaft, die die jungen Theater unterstützen. War es früher oft so, dass die Ideen aus dem Westen nach Russland kamen, dort verfremdet und/oder verändert und dann gegen den Westen gerichtet wurden, kommt heute - nicht nur - im Theater das Licht aus dem Osten. Ex oriente lux.

auf die Bühne. Auch heute unter der Leitung von Oleg Tabakow macht das Theater seinem Namen noch alle Ehre – „Die Möwe" ist fast dauerhaft im Einsatz. Neben russischen Klassikern (vom American Studio auf Englisch!) werden aber auch internationale Stücke in russischer Sprache aufgeführt, wie etwa „Kopenhagen" von dem britischen Autor Michael Frayn oder „König Lear". Eine neue Generation von New-Drama-Autoren sorgt für Furore und lockt junges Publikum scharenweise an. Der Regisseur Kirill Serebrennikow inszeniert die Zeitgeiststücke „Terrorismus" und „Opfer spielen" der Brüder Presnjakow, die auch in New York bejubelt wurden. Und es darf auch ruhig politisch zugehen.

○8 [III E5] **Theater Praktika**, Trjochprudnyj Pereulok 11/1, www.praktikatheatre.ru, Tel. 2996667. Nur von der Größe her ist dieses neue Theater eine „Probebühne". Inszeniert werden in erster Linie hochkarätige und anspruchsvolle Stücke der New-Drama-Generation. Stücke wie „Das Märchen, das noch nicht geschrieben wurde" (siehe Kap. „Kinder in Moskau") in Kooperation mit dem Schattentheater faszinieren nicht nur Kinder. Experimentell und innovativ … und noch ganz am Anfang.

○9 [F3] **Satirikon**, Scheremetjewskaja 8, Metro: Rischskaja (dann mit dem Trolleybus 18 oder 42 bis Kino Havana), Tel. 6897844 (Kasse), Mo.–So. 11–15, 16–20 Uhr (Kasse), www.satirikon.ru. Auch wenn dieses außerordentlich beliebte Theater nach einem Komödianten aus der Sowjetzeit benannt wurde, werden hier in erster Linie Dramen inszeniert. Das Durchschnittsalter der Schauspieler liegt bei 30 Jahren. In den 1990er Jahren erregte das Theater mit einer bombastisch teuren Umsetzung der „Dreigroschenoper" die Gemüter. Das Zwei-Mann-Stück „Kosmetik des Bösen" nach der gleichnamigen Vorlage von Amélie Nothomb reißt das Publikum zu Begeisterungsstürmen hin. Dabei handelt es sich um eine Koproduktion mit dem Puschkin-Theater und Konstantin Rajkin in der Hauptrolle. Er gilt als einer der besten Schauspieler und Regisseure des Landes.

○10 [VII H6] **Sowremennik**, Tschistoprudnyj Bulwar 19a, Metro: Tschistyje Prudy, Tel. 9216473 (Kasse), Mo.–So. 12–15, 16–19 Uhr (Kasse), www.sovremennik.ru. Das Mitte der 1950er Jahre von Absolventen der MCHAT-Schule gegründete „zeitgenössische" Theater ist auf dem besten Wege, in die Vergangenheit abzutauchen. Die beiden Produktionen „Die Kameliendame" und „Der

▲ *Das experimentelle Theater „Praktika"*

Mantel" basieren auf Stücken des 19. Jh., während die zeitgenössischen Vorlagen „Die nackte Pionierin" und „Der Flug der schwarzen Schwalbe" in der Stalin-Ära angesiedelt sind.

○ **11** [III E5] **Teatr.doc,** Trjochprudnyj Pereulok 11–13/1 rechter Durchgang, Metro: Majakowskaja, Twerskaja, www.teatrdoc.ru, (Tel. in der Tagespresse, variiert je nach Stück!). Das kleine Kellertheater revolutioniert die Moskauer Theaterszene. Das Besondere an den textlastigen Inszenierungen ist die Art, wie die Stücke generiert werden. Potenzielle Autoren werden in bestimmt Milieus geschickt und zeichnen auf, was in den Köpfen der Menschen vorgeht. Die Authentizität und die spannende Aufbereitung von Zeitgeistthemen wie spirituelle Sinnsuche, Gewalterfahrung und Vereinzelung hat dieses Theater zur Keimzelle des New Drama gemacht. Das Goethe-Institut tritt ebenso als Sponsor auf wie der Soros-Fonds. Für Iwan Wyrypaews umjubelte Stücke „Sauerstoff" und „Dasein-2", deren Aufführungen neuerdings aus Platzgründen öfter ins Praktika-Theater verlegt werden, sind allerdings unbedingt (gute) Russischkenntnisse erforderlich.

UHRZEIT

Die **Moskauer Zeit** liegt zwei Stunden vor der Mitteleuropäischen Zeit (MEZ + 2 Stunden). Wie in Europa gilt von Ende März bis Oktober die Sommerzeit, sodass sich der Zeitunterschied auch dann nicht ändert.

▶ *Das Hotel „Ukraina" im sowjetrussischem Ambiente. Allmählich bieten die renovierten Zimmer auch internationalen Komfort.*

7 UNTERKUNFT

Die Hotellandschaft ist die Achillesferse der Moskauer Tourismusindustrie. Die Stadt hat viel zu wenig Hotels, vor allem in den unteren Preiskategorien. Viele 3-Sterne-Hotels sind in jüngster Zeit abgerissen worden. Auch das dereinst größte Hotel der Welt, das **Hotel Rossija** direkt am Roten Platz, wurde 2006 dem Erdboden gleichgemacht. Bis zur Wiedereröffnung des **Hotels Moskwa** und des **Meridien** (früher Intourist) wird noch einige Zeit vergehen.

In den Häusern der oberen Preisklasse findet man europäische Standards, manchmal jedoch auch dort noch sowjetischen Service. In einigen, vor allem in den größeren Mittelklassehotels hat man die Wahl zwischen **renovierten und unrenovierten Etagen.**

Unterkunft

Wenn man die horrend teuren, meist von Geschäftsleuten frequentierten Hotels im Stadtzentrum nicht buchen möchte, findet man sich zwangsläufig am **Stadtrand** wieder. Das ist allerdings kein Problem, sofern das Hotel an einer Metrostation liegt. Von dort aus ist man in 20 Minuten am Roten Platz. Auch wird sich die Lage vor allem im 3-Sterne-Bereich schon 2007 deutlich verbessern. Viele der geplanten neuen Hotels sind bereits in Bau. Da das Frühstück meist im Zimmerpreis nicht inbegriffen ist, kann man morgens auch in einen der zahlreichen Coffeeshops gehen.

Hotelbuchungen über ein Reisebüro oder im Internet sind generell günstiger.

Nach dem Einchecken verbleibt der Pass einige Tage an der Rezeption, bis die **Registrierung** auf der Einreisekarte vorgenommen wurde. Man erhält einen Beleg *(sprawka),* den man als **Ausweisersatz** bei sich trägt. Die Visitenkarte mit der Adresse des Hotels auf Russisch und Englisch sollte man ebenfalls immer mitnehmen, um dem Taxifahrer notfalls zeigen zu können, wohin man gefahren werden möchte.

Preiskategorien

In der folgenden Aufstellung bedeuten die Preiskategorien (pro Nacht und Doppelzimmer):

€€€€	ab 300 €
€€€	ab 200 €
€€	ab 100 €
€	bis 100 €

HOTELS

Ab 300 Euro

1 [VI G6] **Ararat Park Hyatt** €€€€, Neglinnaja Uliza 4, Metro: Teatralnaja, Tel. 7831234, www.moscow.park.hyatt.com. Die unschlagbare Lage hinter dem Bolschoj-Theater mitten im Zentrum wird nur noch überboten von der atemberaubenden Dachterrasse, auf der man im Sommer den schönsten Blick auf Moskau erleben kann. Relativ große, geschmackvoll eingerichtete Zimmer, erstklassiger Service und ein Fitnesscenter mit Dampfbad machen dieses Hotel zu einer Luxus-Oase. Bei ausländischen Geschäftsleuten ist das Hotel sehr beliebt. Das teure Restaurant „Ararat" im Erdgeschoss gilt als das beste armenische Speiselokal der Stadt.

2 [III E5] **Golden Apple Hotel** €€€€, 11 Malaja Dmitrowka, Metro: Twerskaja, Puschkinskaja, Tel. 9807000, www.goldenapple.ru. In einer stilechten alten Jugendstilvilla in zentraler Lage besticht dieses von Grund auf sanierte, teure und sehr geschmackvolle Boutique-Hotel mit weißen Wänden, Stahlrohrmöbeln, Teakholz-Wandpaneelen und liebevoll arrangierten Orchideen. Der goldene Apfel am Eingang wirkt überladen, die Zimmer sind es nicht. Ein Wohlfühlort, vor allem für Jetsetter und Designliebhaber. Das Restaurant hat eine ansprechende Karte, aber leider Milchglasfenster.

3 [II G7] **Baltschug Kempinski** €€€€, Baltschug Uliza 1, Metro: Tretjakowskaja, Nowokusnezkaja, Tel. 2356500, www.kempinski-moscow.com. Hinter der luxuriösen Fassade aus dem Jahr 1898 verbirgt sich eines der ältesten Moskauer Luxus-Hotels mit Schwimmbad, Restaurants und einem Kremlblick, den man nicht noch einmal findet. Auch Rainer Maria Rilke wusste bei seiner Russlandreise im Jahr 1900 die Aussicht über die Moskwa auf den Kreml zu schätzen. Ob es damals

112 HOTELS IM ÜBERBLICK

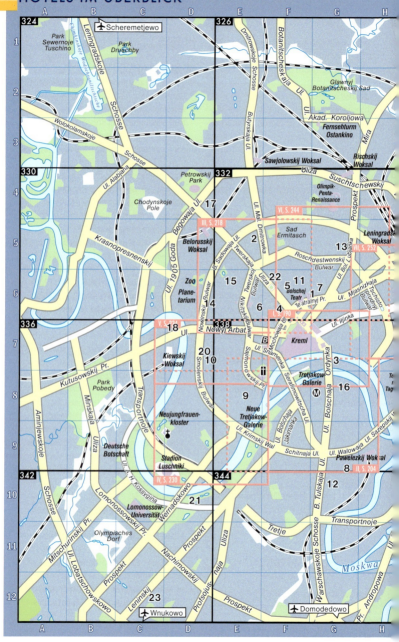

PRAKTISCHE REISETIPPS
Unterkunft

schon das erstklassige Continental Breakfast gab? Das zum Hotel gehörende Café Kranzler avancierte im 19. Jh. zum Treffpunkt der künstlerischen Elite. In den 1990er Jahren wurde das gediegene Baltschug Kempinski im alten Stil rekonstruiert und wieder in Betrieb genommen. Die Zimmer sind geräumig, der Service ist und hat Klasse.

4 [I F6] **Hotel National** €€€€, Mochowaja 15/1, Metro: Teatralnaja, Tel. 2587000, www.national.ru. Das legendäre, zur Meridien-Kette gehörende Hotel National wurde 1903 nach Entwürfen des bekannten russischen Architekten Alexander Iwanow im eklektischen Stil gebaut. 1918, als Moskau wieder Hauptstadt wurde, hieß das elegante Luxus-Hotel „1. Haus der Sowjets". Hier wurden die Mitglieder der bolschewistischen Regierung einschließlich W. I. Lenin, der in der Suite Nummer 107 wohnte, untergebracht. Zu unterschiedlichen Zeiten logierten hier Anna Pawlowa, Winston Churchill, Herbert Wells, Henri Barbus und andere Prominente. 1991 wurde das Hotel für vier Jahre wegen Renovierungsarbeiten geschlossen und 1995 wieder eröffnet. Heute erstrahlt das zur Kette „Leading Hotel of the World" gehörende Luxushotel in neuem Glanz, jedes Zimmer ist individuell eingerichtet. Die schallverglasten Fenster lassen kaum Verkehrslärm durch und die Lage ist erstklassig.

Ab 200 Euro

5 [VI F6] **Aquarell Hotel** €€€, Stoleschnikow Pereulok 12/3 im Hinterhof, Metro: Puschkinskaja, www.hotelakvarel.ru, Tel. 5029430. Dieses freundliche, ruhige und sehr zentrale Hotel in guter Shoppinglage besticht durch das moderne Interieur. Das Haus ist ganz neu. Die Zimmer sind individuell gestaltet, aber in jedem Raum gibt es ein King-Size-Bett und eine Dusche. Keine Badewannen! Aquarellfarben geben dem ganzen Hotel eine warme Atmosphäre. Ein echter Tipp!

6 [III E6] **Courtyard Marriott** €€€, Wosnesenskij Pereulok 7, Metro: Aleksandrowskij Sad, www.courtyardmoscow.com, Tel. 9813300. Für Fans klassischer Musik ist dieses ganz neue, sehr schöne Hotel mit einem großen Glasinnenhof die ideale Bleibe. Das Konservatorium und die Helikon-Oper befinden sich gleich nebenan und auch der Kreml ist nur 10 Minuten zu Fuß entfernt. Im Herzen der Stadt schläft man ruhig und gemütlich in einem der 210 dezent eingerichteten Zimmer, die zum Teil einen sehr schönen Blick auf den Kreml freigeben. LAN-Anschluss, Fitnessraum und ein traumhaftes, mediterranes Frühstücksbuffet sind im Preis inbegriffen.

7 [VI G6] **Savoy** €€€(€), Uliza Roschdestwenka 3, Metro: Kusnezkij Most, Tel. 2584100, www.savoy.ru. Nach einjähriger Renovierung hat das Viersternehotel in zentraler Lage wieder eröffnet. Die 67 Zimmer wurden generalüberholt und auch das Jugendstilrestaurant erstrahlt in altem, neuem Glanz.

8 [II G9] **Tatjana** €€€, Stremjannyj Pereulok 11, Metro: Pawelezkaja, Tel. 7212500, reservation@hotel-tatiana.ru. Dieses noch neue, hübsch um einen Innenhof angelegte Vier-Sterne-Hotel liegt 10 Gehminuten von der Metrostation Pawelezkaja, an der die Direktzüge vom Flughafen Domodedowo ankommen. Die Zimmer sind relativ klein, aber sehr ruhig. Mit der Metro ist man in 15 Minuten im Zentrum. Internet steht im charmanten Petit Café zur Verfügung. 250 € kostet ein DZ, das Frühstück ist inklusive.

9 [IV E8] **Tiflis Hotel** €€€, Ostoschenka Uliza 32, Metro: Park Kultury, Kropotkinskaja, Tel. 7339070, www.hoteltiflis.com. Im teuersten Stadtviertel Moskaus entstand 2003 dieses angenehm ruhige Mittelklassehotel mit 40 Zimmern und einem kleinen Swimmingpool. Das reichhaltige Frühstücksbuffet wird von dem zum Hotel gehörenden erstklassigen georgischen Restaurant [11] zubereitet und um georgische Köstlichkeiten ergänzt. Weitere Annehmlichkeiten sind die (typisch russischen) Hausschuhe für jeden Gast und ein kostenloser Shuttle-Bus für An- und Abreise.

Ab 100 Euro

10 [V D7] **Arbat** €€, Plotnikow Pereulok 12, Metro: Arbatskaja, Smolenskaja, Tel. 9334141, www.hotelarbat.ru. Das Arbat-Hotel ist in seiner Kategorie eines der modernsten und angenehmsten in Moskau. Einige Zimmer sind erst kürzlich renoviert worden und ca. 40 € teurer, aber auch die älteren wirken sehr einladend, ruhig und schön. Die zentrale Lage in Fußweite zum Arbat, der schöne Wintergarten und die freundliche Atmosphäre machen das Hotel zu einem Geheimtipp. Im Übrigen sieht man aus einigen Zimmern die Stalin-Kathedrale, in der das Außenministerium untergebracht ist.

11 [VI F6] **Budapest** €€, Petrowskije Linii 2/18, Metro: Kusnezkij Most, Tel. 9211060, Fax 9215290, www.hotel-budapest.ru. Das 1876 erbaute Mittelklassehotel im Herzen der Stadt verströmt tatsächlich alt-ungarischen bzw. KuK-Charme. Ein renoviertes, geräumiges Doppelzimmer in Moskaus ältestem Hotel kostet unter der Woche 150 €, am Wochenende gibt es 20 % Ermäßigung. Frühstück ist inklusive. Die unmittelbare Kreml-Nähe, das freundliche Personal und die ruhige Lage entschädigen für das rustikale Mobiliar, das man allerdings auch in Hotels höherer Kategorien vorfinden kann.

12 [G10] **Danilowskaja** €€, Bolschoj Starodanilowskij Pereulok 5, Metro: Tulskaja, Tel. 9540451, www.danilovskaya.ru. Eine Ikone, eine Bibel und ein Bild von Patriarch Alexej findet man in jedem der schlichten, eher kleinen Zimmer in dem von außen abweisend wirkenden, zum Danilow-Kloster gehörenden Anbau. Ein kleiner Swimmingpool, ein sehr gutes Restaurant, eine Banja, ein Internet-Café und der extrem freundliche Service machen diese heiligen Hallen zu einer ruhigen Oase außerhalb des Gartenrings. In 10 Minuten ist man an der Metrostation und von dort in 15 Minuten im Zentrum. Buchung über die (russische) Website möglich!

13 [VI G5] **Hotel Sretenskaja** (€)€€, Sretenka 15, Metro: Sucharewskaja, Tel. 9335544, www.hotel-sretenskaya.ru. Sehr einladend wirkt der hübsche Wintergarten im überdachten Café im Innenhof. Die Zimmer sind etwas klein und antiquiert, aber sehr ruhig zum Innenhof gelegen, und das in zentraler Lage im historischen Kern Moskaus. Der Clou ist die Banja im Untergeschoss, in der man sich gepflegt vom Großstadtstress erholen kann.

14 [III D6] **Klub 27 Hotel** €€, Malaja Nikitskaja 27, Metro: Barrikadnaja, Tel. 2025611. Wie ein gemütliches englisches Landhaus wirkt dieses schon in die Jahre gekommene, kleine und etwas plüschige Hotel, in dem die Zimmer nicht zuletzt aufgrund der Straßensperrung der Malaja Nitkitskaja vollkommen ruhig sind. Zur Metro ist es etwas weit, dafür ist der Arbat nah und der neue Stadtteil Moscow City nur einen Steinwurf entfernt.

15 [III E6] **Marco Polo Presnja** (€)€€, Spiridonjewskij Pereulok 9, Metro: Puschkinskaja, Tel. 2026061. Das Hotel ist schon in die Jahre gekommen, aber teilweise renoviert. Die Zimmer sind ruhig, die Fenster mit Gardinen verhangen und daher etwas düster. Auch der Teppichboden hat schon bessere Zeiten gesehen. Dafür ist man in unmittelbarer Nähe zu allen Bulgakow-Stätten und den zauberhaften Patriarchenteichen. Freundliches Personal, Whirlpool und Heimtrainer. Auch Internet in den Zimmern.

16 [II G8] **Medea** €€, Pjatnizkij Pereulok 1/4, Metro: Nowokusnezkaja, Tel. 2324898, www.hotel-medea.ru. Dieses von Grund auf sanierte ehemalige Kaufmannshaus liegt wenige Schritte von der Tretjakow-Galerie entfernt, der Kreml ist in 15 Minuten zu Fuß zu erreichen. Für russische Verhältnisse sehr progressiv ist, dass es in jedem Zimmer eine kleine Kochnische gibt. 150 € für ein Doppelzimmer in ruhiger Seitenstraßenlage sind daher gerechtfertigt. Das Personal ist nett und freundlich, nur die Farbabstimmung in den Zimmern lässt zu wünschen übrig. Frühstück inklusive.

17 [D4] **Sowetskij** €€, Leningradskij Prospekt 32/2, Metro: Dinamo, www.sovietsky.org, Tel. 9602004. Ostblockcharme wie im Hotel Ukraina. Allerdings fehlen der spektakuläre Blick aus dem Fenster und die Türme einer Stalin-Kathedrale. Dennoch kann man in den etwas veralteten Zimmern gut logieren und sich an den schweren Vorhängen, den hohen Decken und der gemütlichen Atmosphäre alter Pracht erfreuen. Im Erdgeschoss befindet sich das legendäre Jar-Restaurant 10, das erstklassige russische Küche zu europäischen Preisen bietet.

18 [V D7] **Ukraina** €€, Kutusowskij Prospekt 2/1, Metro: Kiewskaja, Tel. 9336801, www.ukraina-hotel.ru. In einer der Stalin-Kathedralen zu wohnen, hat in jedem Fall seinen Reiz. Der Blick aus den Fenstern über die Moskwa ist herrlich. Nach und nach werden die Zimmer renoviert, die Preisdifferenz beträgt etwa 40 € pro Nacht. Auf den Etagen sitzen noch immer die Empfangsdamen. Große Badezimmer, aber schmale Betten. Das Ukraina liegt zwar etwas weiter vom Stadtzentrum entfernt, ist aber per Bus, Metro und mit dem Taxi bestens zu erreichen. Das Foyer und der Frühstückssaal erinnern noch sehr an die sowjetische Vergangenheit, der Service auch. Das Frühstück ist relativ überschaubar, der Cappuccino an der Bar im Erdgeschoss dafür erstklassig.

Bis 100 Euro

- **19** [K5] **Alfa** (€)€ (Ismajlowo), Ismajlowskoje Schosse 71, Metro: Partisanskaja, Tel. 1660163, www.alfa.lvl.ru. Dies ist das beste und sicherste der fünf zur Olympiade 1980 erbauten, nicht eben hübschen Hotelhochhäuser am Ismajlowskij Park. Fast alle Zimmer sind renoviert, auf jeder Etage gibt es eine Sauna und ein kleines Internet-Café erleichtert die Kommunikation mit daheim. Von der Metrostation ist man in 15 Minuten im Stadtzentrum. Für junge Gäste sehr empfehlenswert.
- **20** [V D7] **Belgrad** (€)€, Uliza Smolenskaja 8, Metro: Smolenskaja, www.hotel-belgrad.ru, Tel. 2481643. Ein einfaches, aber angenehmes Drei-Sterne-Hotel, in dem es sowohl Zimmer mit renovierten Bädern (130 € im Doppelzimmer) als auch ohne eingenes Bad (90 €) gibt. Die Einrichtung ist plüschig und ähnlich veraltet wie die in den Stalin-Kathedralen, aber in wenigen Minuten ist man zu Fuß auf dem Arbat oder an der Moskwa. Auch die Metro ist nebenan. Das Frühstücksbuffet ist exklusive, sodass man auch im Kofehaus um die Ecke nett frühstücken kann. Die Zimmer sind größtenteils zum Hinterhof gelegen und daher ruhig, obwohl das Hotel direkt am Gartenring liegt.
- **21** [D10] **Orljonok** €, Uliza Kosygina 15, Metro: Leninskij Prospekt, Tel. 9398888, www.hotel-orlyonok.ru. Von dem schmucklosen Plattenbau hat man einen herrlichen Blick über die Dächer von Moskau, allerdings aus der Ferne. Die Zimmer sind renoviert, einfach, aber nett eingerichtet, es sei denn, man logiert für einen Aufpreis in den VIP-Zimmern. Für Nachteulen gibt es Frühstück von 7 bis 17 Uhr. Von dem Kasino unten darf man sich nicht abschrecken lassen. Leider muss man bis zur Metro ziemlich weit laufen, kann aber auch mit dem Trolleybus Nr. 7 dorthin fahren.
- **22** [III F6] **Zentralnaja** €, Twerskaja Uliza 10, Metro: Twerskaja, Puschkinskaja, Tel. 2298957. Zentral gelegen ist dieses einfache Hotel der unteren Preisklasse wirklich. Dafür hört man aber das Rauschen der Twerskaja Uliza. Für 50 € verbringt man die Nacht in einem schlichten Doppelzimmer. Bad und WC sind auf dem Flur, dafür ist der Kreml nur einen Steinwurf entfernt. Der Eingang ist leicht zu übersehen und auf den Etagen sind diverse Zimmer als Büros vermietet.
- **23** [C12] **Zentralnyj Dom Touristow** € (Zentrales Haus für Touristen), Leninskij Prospekt 146, Metro: Jugo-Sapadnaja, Tel. 4349467, www.cdt-hotel.ru. Wer kein Problem damit hat, 10 Kilometer außerhalb des Stadtzentrums zu wohnen und von der Metrostation noch 2 Stationen mit dem Bus fahren zu müssen, kann hier günstig übernachten. Sicher und sauber ist das 34-stöckige Hochhaus auch. Swimmingpool und Sauna, TV und Frühstück inklusive. Für junge Reisende ideal.

WOHNUNGEN, PRIVATUNTERKUNFT, BED AND BREAKFAST

› Schöne, sichere und komfortable 1-Zimmer-Wohnungen ab 50 € pro Nacht mit Wäsche, Telefon, Kabel-TV und Internet mitten im Stadtzentrum (in ruhiger Lage) vermietet Rimma Arsumanjan, Tel. (von Moskau aus) 89166106893, (von Deutschland aus) 0079166106893. Günstiger per E-Mail: sjacobsen@mtu-net.ru.

› Einzelne Zimmer ihrer Wohnung mit insgesamt sechs Betten bietet die junge Russin Galina zur Miete an. Ihre typische Sowjetzeit-Wohnung liegt praktischerweise an der Metrostation Tschistyje Prudy (im Zentrum), in der Uliza Tschaplygina 8 (Wohnung 35). Unter galinas.flat@mtu-net.ru kann man via

Internet buchen. Um das Visum kümmert Galina sich nicht. Ansonsten ein echt russisches Erlebnis, Waschmaschine und Gastfreundschaft inklusive.
› Diverse Privatunterkünfte werden unter www.cheap-moscow.com angeboten.

CAMPING

› Moschajskoje Schosse 165, Juni–Sept., Tel. 4465141. Über Intour-Service kann man Moskaus einzigen Campingplatz 15 Kilometer außerhalb der Stadt buchen.

VERHALTENSTIPPS

GASTFREUNDSCHAFT

Die Gastfreundschaft der Russen ist legendär. Eine Einladung bei Freunden dauert meist bis spät in die Nacht. Als Gast bringt man Blumen (in ungerader Zahl) oder Konfekt mit und **in Privatwohnungen** zieht man die Schuhe aus. Die vom Gastgeber angebotenen Hausschuhe *(tapotschki)* sind für Ausländer gewöhnungsbedürftig. Serviert werden ein Vier-Gänge-Menü und Unmengen Wodka (siehe Exkurs „Wodka").

Über unerwartet intime **Gespräche bei Tisch** sollte man sich nicht wundern. Es ist ein Zeichen des Vertrauens und des Respekts dem Gast gegenüber. Erwartet wird aber, dass man sich ebenfalls öffnet und Persönliches wie etwa das eigene Gehalt preisgibt oder die aktuelle politische Lage kommentiert.

Mit **negativen Äußerungen** über das eigene Heimatland sollte man sich zurückhalten. Auch Russen verhalten sich sehr loyal ihrem Land gegenüber.

PÜNKTLICHKEIT

Zuverlässigkeit und Pünktlichkeit haben für Russen eine andere Bedeutung als für Westeuropäer. Eines der Lieblingswörter ist *sejtschas,* übersetzt mit „gleich" oder „jetzt". Das kann allerdings auch erst in ein bis zwei Stunden sein.

Das Wort *remont* ist noch heute oft an Rolltreppen oder vor Geschäften zu finden. Damit kann eine halbstündige vorübergehende Schließung aufgrund von Reparaturarbeiten oder eine vierjährige Großbaustelle gemeint sein. *Wsjo budet* heißt so viel wie „Das wird schon!" und stammt noch aus einer Zeit, als Warten und Geduld den Lebensrhythmus bestimmten.

SCHLANGESTEHEN

Geduld brauchte man auch in Sowjetzeiten, als das Schlangestehen zum Alltag gehörte. Der Durchschnittsrusse verbrachte 10–15 % seines Lebens beim Schlangestehen nach Brot, Kartoffeln, Babynahrung, Genehmigungen, Wodka und bei Arztbesuchen. Auch in den Gemeinschaftswohnungen verbrachte man viel Zeit damit, entweder auf den freien Herd oder die freie Toilette zu warten. Erreichte ein Russe das Alter von 70 Jahren, hatte er 5, vielleicht auch 10 Jahre seines Lebens in der Schlange gestanden. Aus dieser leidvollen Erfahrung heraus verwundert es nicht, dass Russen heute noch geübte Schlangesteher sind. Zwar gibt es nur noch selten die Gelegenheit, aber wenn, sollte man gewappnet sein. Stellt man sich beispielsweise in die Schlange an der Theaterkasse, sollte man sich nicht wundern, wenn plötzlich drei Babuschkas hereinschneien und

sich ostentativ vordrängeln. In Wahrheit hatten sie ihren Platz nur kurzzeitig jemand anderem in der Schlange „übereignet", um noch Einkäufe zu tätigen. Diskussionen sind zwecklos.

FREUNDLICHKEIT

Direkter Blickkontakt wird von Russen noch immer als überheblich und aufdringlich empfunden. Daran sollte man sich auch halten. Ruppig bis feindlich wirken die Moskowiter zunächst in fast jeder Interaktion.

Am Telefon meldet man sich mit einem unfreundlichen „Ja?", aufgelegt wird ohne „Tschüss" zu sagen.

Die **fehlende Freundlichkeit** und Hilfsbereitschaft im Alltag hat im Kern jedoch nichts Feindliches. Der gleiche Drachen, der abweisend behauptet, keine Reservierung erhalten zu haben, wird sich schließlich doch alle Mühe geben, dem hilflosen Ausländer beizustehen. Vor allem Deutsche haben einen ungeahnten Bonus in Russland. Die harte Schale vor allem der älteren Russen zu durchbrechen, verlangt eine gewisse Eigeninitiative und die Bereitschaft, sich auf der zwischenmenschlichen Ebene anzunähern. Auch ein Lächeln kann weiterhelfen.

Das **Händeschütteln** unter Geschäftsleuten ist eine neuere Entwicklung. Unter Freunden begrüßt man sich traditionell mit zwei, meistens drei **Wangenküssen**. Die Initiative liegt stets beim Gastgeber. Der Mann überlässt den Impuls zum Händeschütteln der Frau. Sonst nickt man nur kurz.

Heute wird schnell, allerdings nicht offiziell, sondern im Gespräch zum „**Du**" übergegangen. Man nennt sich dann beim Vornamen, bleibt aber beim „Sie". Vor allem Ältere siezt man weiter, auch wenn man selbst von ihnen geduzt wird.

ABERGLAUBE

Weit verbreitet ist der Aberglaube. Man sollte beispielsweise nie über einer Türschwelle die Hände schütteln oder den anderen in den Arm nehmen. Wenn man versehentlich auf den Fuß eines anderen tritt, sollte man sich nicht wundern, wenn dieser sich auf die selbe Art und Weise revanchiert.

▲ *Stilvoll und selbstbewusst: russische Damen*

PLATZREGEN

Die spontan einsetzenden Regenfälle sind ein Moskauer Phänomen. Nach jedem Wolkenbruch, der länger als eine halbe Stunde dauert, versinkt die Stadt im Regenwasser. Daran ist eine russische Besonderheit Schuld: Es gibt in der Moskauer Kanalisation Abwasserrohre und eigene Regenwasserleitungen. Das ist zwar ökologisch sinnvoll, aber platzaufwendig. Es gibt kaum Spielraum unter der Erde, um größere Rohre zu verlegen. Man sollte es wie die meisten Moskowiter mit Humor nehmen und barfuß nach Hause waten! In den Zeitungen sieht man immer wieder Bilder von völlig durchnässten Moskowitern mit dem Schirm in der einen und den Schuhen in der anderen Hand.

VERKEHRSMITTEL

METRO

9 Millionen Passagiere am Tag können nicht irren. Die Metro ist noch immer das schnellste, effektivste und eindrucksvollste Verkehrsmittel der Stadt. Ab 5.30 Uhr morgens bis 1 Uhr nachts versieht die Metro so gut wie störungsfrei ihren Dienst.

Von außen sind die architektonisch auffallenden **Metroeingänge** nicht zu übersehen. Spätestens wenn man das große rote „M" erblickt, weiß man, hier geht es in die Unterwelt von Moskau. Die Eingänge sind markiert mit dem Wort вход. Geht man versehentlich in den Ausgang (выход), wird man von den Massen zur Seite gedrängt. Bis zu den Rolltreppen stößt man gar nicht erst vor.

Schwarzfahren ist quasi unmöglich. Neben den Schranken ist eine *Babuschka* postiert, die sofort, wenn eine der Absperrungen piept, unangenehme Fragen stellt. Daher sollte man vorher an einer der Kassen ein **Papierticket** mit Magnetstreifen *(billet)* für eine (*odin*) Fahrt oder mehrere (10 – *desjat*, 20 – *dwadzat*, 30 *tridzat* oder 60 – *schestdesjat*) Fahrten kaufen. Tageskarten gibt es nicht. Am besten kauft man gleich mehrere Fahrten, sonst steht man jedes Mal wieder in der Schlange. An den Schaltern werden auch Karten für Trolleybusse und Trams verkauft. An der Schranke steckt man das Ticket mit dem Pfeil nach oben in den Automaten, bis die Lampe grün leuchtet und zieht es dann wieder heraus. Die Schranke öffnet sich. Ist man zu schnell (oder zu langsam), fährt einem eine Eisenbarriere zwischen die Beine. Daher Vorsicht! Mit einem Ticket kann man so lange fahren, bis man wieder ans Tageslicht kommt.

An den Eingängen findet man einen **Metroplan**, auf dem die 11 Linien in verschiedenen Farben eingezeichnet sind. Die **Rolltreppen** bewegen sich vor allem zu Stoßzeiten (7–10, 18–20 Uhr) mit erhöhtem Tempo und können aufgrund ihrer enormen Länge manchmal Schwindelgefühle verursachen. „Links gehen, rechts stehen" ist die Devise. Es macht Sinn, sich festzuhalten.

Dann **auf dem Bahnsteig** angekommen, muss man sich für eine der beiden Richtungen entscheiden. Dabei hilft es durchaus, wenn man sich die ersten drei kyrillischen Buchstaben des gewünschten Zieles gemerkt hat. Dann muss man auf den randvoll beschriebenen Schildern allerdings erst mal die Station finden oder notfalls einen Passanten fragen. Die

Moskowiter sind zwar kurz angebunden, aber sie helfen gern.

An der gewünschten Station angekommen, folgt man dem Schild выход в город (**Ausgang**). Davon kann es aber auch zwei Schilder geben, je nachdem wie viele Ausgänge die Station hat. Auf dem Schild sind aber immer auch Straßennamen und sogar Sehenswürdigkeiten (nur auf Russisch) markiert. Dann sollte man eventuell eine junge Russin fragen. Die Wahrscheinlichkeit, dass sie Englisch versteht, ist sehr groß. Falls das Ziel noch nicht erreicht ist und man umsteigen muss, wird aus dem Urlaub eine echte Abenteuerreise. Ein und dieselbe Metrostation hat nämlich, je nachdem von welcher Linie aus man sie erreicht, mehrere **Namen.** Auf dem Plan sind diese Stationen miteinander verbunden dargestellt. Man muss wissen, wie die Station der anderen Linie heißt, die man sucht. Einen (russisch-) englischen Metroplan sollte man sich vorher eventuell aus dem Internet unter www.mosmetro.ru herunterladen oder aber kaufen (siehe Kap. „Einkaufen"). In den Waggons sind die Stationen neuerdings auch auf Englisch ausgeschildert.

Das blau unterlegte Schild переход (**Übergang**) wird jetzt überlebenswichtig. Damit sind die Übergänge zu den anderen Linien gemeint. Auf dem Schild ist zumindest die Farbe der gewünschten Linie zu erkennen. Man folgt dem Menschenstrom, es geht Treppen rauf, Treppen runter und durch lange, kahle Gänge, bis man schließlich – man wähnt sich aufgrund der zurückgelegten Distanz schon fast in Omsk – auf dem nächsten Bahnsteig angekommen ist.

Hat man sich für einen der beiden Bahnsteige entschieden, wartet man selten länger als eine Minute, bis der nächste Zug kommt. Eventuell zählt man dann die Stationen oder lauscht der **Durchsage**. Die Stationsnamen werden angesagt. Sollte man nicht mehr weiter wissen, helfen auch die unten an jeder Rolltreppe in kleinen Aufsichtskabinen wachenden Damen in Berufskleidung. Nur ein freundliches Lächeln sollte man nicht erwarten. Die unterirdische Hektik ist befremdlich. Die **digitalen Tafeln** auf den Bahnsteigen zeigen die Uhrzeit an und die Sekunden, die vergangen sind, seit der letzte Zug abgefahren ist.

Die **verschiedenen Ausgänge** einer Station liegen manchmal 500 bis 700 Meter auseinander, sodass man möglicherweise über der Erde einen großen Umweg gehen muss, um das Ziel zu erreichen. Das passiert aber auch Moskowitern. Dem Ärgernis, dass zwei Stationen zweier gänzlich unterschiedlicher Linien dieselben Namen tragen (Arbatskaja, Smolenskaja), wird demnächst abgeholfen. Insgesamt 7 **Namensänderungen** sind ab 2008 geplant. An der Station Kitaj-Gorod heißt es ebenfalls: Aufpassen! Die orangefarbene und die lilafarbene Linie sind leicht zu verwechseln.

Gefährlich ist das unterirdische Labyrinth nicht. Allerdings wirken die **Menschenmassen** etwas erdrückend. Wenn man bedenkt, dass hier am Tag so viele Menschen aufeinander treffen wie in der New Yorker und der Londoner Metro zusammen, lässt sich auch die drangvolle Enge in den Waggons erklären. Kann man keinen Sitzplatz ergattern, sollte

▶ *Viele Stationen gleichen einem Kunstmuseum wie hier die Station Komsomolskaja*

PRAKTISCHE REISETIPPS
Verkehrsmittel

man sich gut festhalten. Die Züge rasen mit bis zu 70 km/h durch die Unterwelt.

Die geheime Kreml-Metro

Seit dem ersten Spatenstich ranken sich unzählige Legenden um die Moskauer Metro. Das spannendste Geheimnis ist allerdings gelüftet. Die Existenz einer geheimen Kreml-Metro gilt als bewiesen. Die „Metro 2" besteht aus drei Linien, die sternförmig vom Kreml ❶ in drei verschiedene Richtungen abzweigen. Die erste führt vom Kreml über die Leninbibliothek, den Smolensker Platz, die Sperlingsberge und die Bunkerstadt Ramenki über das Olympische Dorf zum Flughafen Wnukowo und ist 27 km lang. Die zweite geheime Linie ist 25 km lang und verbindet den Kreml mit der ehemaligen KGB-Zentrale Lubjanka und den Militärstützpunkt „Balaschicha" in der Siedlung „Sarja". Die dritte Trasse ist sage und schreibe 60 km lang und ermöglichte den Bolschewiki eine gefahrlose Direktfahrt in das Erholungszentrum „Bor"!

Nach unbestätigten Berichten befindet sich der Eingang zur geheimen Kreml-Metro hinter einer nicht gekennzeichneten Tür der Station „Borowizkaja" ...

Spazierfahrt im Untergrund

Auch für den des Russischen nicht mächtigen Reisenden lohnt eine Fahrt durch das unterirdische Luxus-Labyrinth. Es empfiehlt sich eine Fahrt mit der braunen Ringlinie, die praktischerweise alle Bahnhöfe der Stadt miteinander verbindet. Man kann an derselben Station aussteigen, an der man eingestiegen ist. Experimentierfreudigere starten an der Station Komsomolskaja, fahren mit der (braunen) Ringlinie bis Kiewskaja, wechseln dort in die (dunkelblaue) Arbatlinie (die Station heißt ebenfalls Kiewskaja),

DIE METRO: UTOPIA UNTER DER ERDE

„Moskau hat nicht nur eine Metro und unterirdische Einkaufszentren. Es gibt auch noch ein anderes unterirdisches Moskau, von dem nur wenige wissen: Umschlagplätze, Depots, Verteidigungsstützpunkte, Bunker und Tunnel. Und dann gibt es noch die Moskauer Unterwelt ..."
(Roj Medwedew)

*Moskaus unterirdisches Utopia sollte einst eine Art „Anti-Paris" werden. Die Schönheit von Paris fand sich an der Oberfläche, in Palästen und Boulevards. Moskaus „Paläste für das Volk" sollten aus der Erde wachsen. Schon 1901 war zum ersten Mal ein Projekt erarbeitet worden, aber es gab **Bedenken** von Archäologen wegen der schlechten Bodenverhältnisse, des sandigen Untergrundes und der Gefährdung historischer Bauwerke. Auch die russisch-orthodoxe Kirche bangte um ihre Besitzungen. Im Übrigen bedeutete für sie der Begriff „Untergrund" ein Synonym für „Unterwelt". Viele europäische Weltstädte hatten beim Bau einer Untergrundbahn mit unterschiedlichen Schwierigkeiten zu kämpfen. In Berlin war es der hohe Grundwasserspiegel, in London die komplexe Kanalisation, in Paris und Madrid waren es die Fundamente alter Gemäuer. Und doch fuhr in London schon 1863 die erste Metro, fünf Jahre später in New York. 1902 wurde die erste U-Bahn in Berlin in Betrieb genommen.*

*Erst dreißig Jahre später, 1931, fasste das ZK in Moskau den Beschluss, eine Metro zu bauen. Aber schon ein Jahr später ging es dann los. Die **Bauarbeiten** begannen mit vorsintflutlichen Gerätschaften, bis dampfbetriebene Bohrmaschinen aus England importiert werden konnten. Getreu der Losung: „Es gibt keine Festungen, die die Bolschewiki nicht nehmen können!" ging der Ausbau dann in rasendem Tempo vonstatten. Schon 1935 konnte die erste Linie mit 13 Stationen ihren Betrieb aufnehmen.*

*Und der Rest der Welt kam aus dem Staunen nicht mehr heraus. Ausgerechnet die Bolschewiki hatten die schönste, schnellste, sicherste und luxuriöseste Metro der Welt geschaffen, für deren **Gestaltung** eigens Architekturwettbewerbe ausgeschrieben worden waren. Noch heute ist an den unterschiedlichen Stationen zu sehen, dass sich Traditionalisten und Konstruktivisten in Moskau Konkurrenz machten. Die Moskauer Metro wurde zu einem Symbol für die Leistungsfähigkeit des sowjetischen Staats, die palastartigen Stationen sollten eine Art Kirchenersatz sein. In der Tat ähnelt die Moskauer Unterwelt einer Ansammlung von einzigartigen Palästen. Zum Teil wurde Marmor aus der gesprengten Erlöser-Kathedrale verwendet, aber auch aus dem Ural, dem Altai-Gebirge und dem Kaukasus eingeflogen. Unmengen von Granit, Stuck und anderen aufwendigen Materialien ließen die Metros der anderen Städte verblassen. Metallverkleidungen wie in Prag waren verpönt. Lebensgroße Statuen, Mosaiken aus 300.000 Einzelteilen und riesige Kristalllüster machen die Metro zu einem mystischen, fast surrealen Ort. Das Beste war für das Volk gerade gut genug, war doch die Welt über der Erde alles andere als einfach. Das Ideal einer sozialistischen Stadt sollte fortan unter der Erde zu finden*

sein. Hier gab es keinen Platzmangel, keine Schlaglöcher und keine schmuddeligen Hinterhöfe.

Die Metro hatte in Moskau immer **Propagandafunktion.** Selbst nach Kriegsausbruch wurde ihr Ausbau fortgesetzt, um Stärke zu demonstrieren. Bis 1955 trug die Metro den Namen des Volkskommissars für Verkehr „Lazar-M.-Kaganowitsch-Metro", Stalins rechter Hand, der auch „Stalins Schattenmann" genannt wurde. Noch bis 1994 hieß sie Lenin-Metro. Nach dem Ende der Sowjetunion wurden auch einige ideologisch besetzte Stationen umgetauft: „Lubjanka" hieß bis 1991 „Dscherschinskaja" (nach dem Ex KGB-Chef), „Ochotnyj Rjad" hieß „Prospekt Marxa". Die Metrostation Kropotkinskaja (nach dem Anarchisten Pjotr Kropotkin) trug bis 1957 den Namen „Palast der Sowjets". Sie sollte der unterirdische Eingang des gigantischen Palastes werden.

Im Laufe der Jahre musste die Metro dem gestiegenen **Passagieraufkommen** ihren Tribut zollen. Auf einen Kilometer Bahnstrecke kommen in Moskau heute 33.000 Bewohner. Zum Vergleich: in New York sind es ungefähr 20.000, in London 10.000 und in Paris 6.000. Der Ausbau machte mehr Umsteigebahnhöfe, eine Ringlinie und ein größeres Netz nötig. Heute sind die Glühlampen in den pompösen Leuchtern der Stationen meist durch Fluoreszenzröhren ersetzt, Kassettendecken einfacher Halogenbeleuchtung gewichen. Auch die hoffnungslos veralteten, dunkelgrünen Wagons sowjetischer Produktion trüben das Bild der unterirdischen Tempelanlagen. Musiker, denen keiner zuhört, in Glaskästen gezwängte Metrofrauen (die im Falle eines Falles die Rolltreppe anhalten können) und schummrige Verbindungsgänge offenbaren auch **Schattenseiten** des Utopia.

In dem 250 km langen Netz werden tagtäglich 9 Millionen Passagiere befördert, zu Stoßzeiten im 75- oder 85-Sekundentakt. Und der Superlative nicht genug: die heute schon 170 Stationen umfassende **Metro wächst weiter.** „Park Pobedy" heißt eine der neuesten Stationen, die pünktlich zu den jährlichen Feierlichkeiten am 9. Mai 2005 in der Nähe des gleichnamigen Kriegerdenkmals im Nordwesten der Hauptstadt fertig gestellt wurde. Sie ist mit 120 Metern die tiefstgelegene U-Bahn-Plattform weltweit, die Fahrt auf der Rolltreppe dauert ganze vier Minuten. Auch die Mitte der 1930er Jahre nicht realisierte zweite Ringlinie auf der Höhe des Autobahnrings soll bis 2010 fertig sein. Die Moskauer Metro war und ist ein Pionierwerk der Moderne, auch und gerade weil das Zeitmaß, dem sie die Passagiere unterwirft, unbarmherzig ist.

fahren weiter bis Ploschtschad Rewoluzii, gehen dort zur Plattform der Station Teatralnaja und fahren mit der (grünen) Linie bis zur Station Majakowskaja. Man braucht etwa drei Stunden, wenn man an jeder Station kurz aussteigt. Am besten fährt man in den Abendstunden oder am Wochenende, wenn weniger Betrieb ist. Aussteigen sollte man unterwegs an den folgenden sehenswerten Stationen.

> **EXTRATIPP**
>
> *Metro-Museum*
>
> Metro-Fans sei das kleine, aber feine Metro-Museum 3 empfohlen, in dem es vor allem um die Geschichte der Moskauer Untergrundbahn geht.

› **Komsomolskaja:** Benannt ist die Station nach dem 1918 gegründeten kommunistischen Jugendverband „Komsomol". Die erst 1952 erbaute Station gilt als die prachtvollste des gesamten Netzes: In der „Ruhmeshalle" für den Sieg der Sowjetarmee im 2. Weltkrieg befinden sich Mosaike zu historischen Themen wie der Einnahme des Reichtages in Berlin. Die Siegesparade auf dem Roten Platz wurde allerdings retouchiert, die Konterfeis von Berija und Stalin Mitte der 1950er Jahre entfernt. Jedes Mosaik besteht aus ca. 300.000 Einzelteilen. Auf den Kapitellen der 72 achteckigen Marmorsäulen sind kleine Rundbögen, die die in warmes Kronleuchterlicht getauchte Halle stützen. Über der Erde treffen sich an dieser Station drei große Bahnhöfe.

› **Belorusskaja:** Die Mosaike im Zwischengeschoss zeigen das idyllische Leben in Weißrussland. Ein früher vorhandenes Partisanendenkmal musste dem neuen Metro-Eingang weichen.

› **Nowoslobodskaja:** 30 beleuchtete Buntglasscheiben mit Motiven aus der russischen Gobelin-Kunst geben der Station eine sakrale Atmosphäre.

› **Prospekt Mira:** Hinter Säulen aus schwerem, weißem Marmor zeigen Wandreliefs sowjetische Bauern, denen ihre Arbeit sichtlich Freude macht.

› **Kiewskaja:** Am Kiewer Bahnhof treffen sich drei Metrostationen. Die Arkaden in der Station sind ebenso riesig wie die Mosaiken, die die Freundschaft der Ukraine mit Russland betonen. Thematisiert wird auch die Befreiung Kiews von den deutschen Besatzern 1941.

› **Majakowskaja:** Sollte man im Zuge der Stadterkundung an dieser Station „vorbeikommen", lohnt es sich unbedingt, sich beide Plattformen anzusehen. Im historischen Teil der Station wurden 1941 die Feierlichkeiten zum 24. Jahrestag der Oktoberrevolution gefeiert, und nicht wie sonst im Großen Theater. Das war zu gefährlich, denn die Deutsche Wehrmacht stand vor Moskau. Die Metro diente in den Kriegsjahren auch als Luftschutzbunker, wobei Mütter und Kinder in den Stationen bleiben durften. Den Männern blieben die Tunnel als Zuflucht. In den Mosaiken der „Majakowskaja" wird die Geschichte der ruhmreichen sowjetischen Raumfahrt geschildert. Die Station wurde auf der New Yorker Weltausstellung 1938 mit dem Großen Preis für Architektur ausgezeichnet. Auch der erst im November 2005 fertig gestellte Ausgang an der Twerskaja ist sehenswert. In der beliebten Mosaiktechnik wird hier dem großen revolutionären Dichter Majakowskij mit Zitaten aus seinen Werken gehuldigt.

BUSSE, TROLLEYBUSSE, STRASSENBAHNEN UND MARSCHRUTKA

Busse, Trolleybusse und Straßenbahnen sind nichts für schwache Nerven. Mühsam bahnen sich die großen alten Gefährte den Weg durch den Großstadtdschungel. Und doch überbrückt man mit ihnen große Distanzen, die man sonst womöglich laufen müsste. Immerhin liegen die Metrostationen in Moskau sehr weit auseinander. Als Tourist sollte man mindestens einmal mit einem dieser fast schon nostalgischen Verkehrsmittel eine längere Strecke fahren. Besseres Sightseeing gibt es kaum. Schön ist die Trolleybuslinie 2, die am Kreml ❶ vorbeifährt und am Siegespark ❼⓿ endet. Auch die Trolleys 5 und 15 eignen sich hervorragend für eine Fahrt entlang des **Boulevardrings**, wobei die Linie 15 von der Metro Puschkinskaja bis zum Neujungfrauenkloster fährt.

Den Trolleybus mit dem Buchstaben ъ sollte man sich merken. Er fährt den gesamten **Gartenring** ab und bietet einen ganz anderen, sehr interessanten Eindruck von Moskaus Urbanität. Die Trolleybushaltestellen sind mit weißen Schildern, die unscheinbar in der Oberleitung hängen, markiert. Busse und Trams halten an deutlich sichtbaren, überdachten Haltestellen.

Für jede Fahrt muss ein **Ticket** *(billet)* beim Fahrer gekauft und dann entwertet werden. Das ist an sich schon nicht einfach. Mit einer Hand muss man das Ticket in den veralteten kleinen Entwerter (eine Art Punzautomat) halten und mit der anderen drücken, während der Fahrer gerade mit großer Geschwindigkeit anfährt oder abbremst. Busse neueren Datums haben automatische Passierschranken und einen durchgestrichenen Hasen vorne an der Windschutzscheibe. **Schwarzfahren** heißt auf Russisch „als Hase fahren" und das soll in den neuen Bussen nun nicht mehr möglich sein!

Seit der drastischen Preiserhöhung Anfang 2005 sind die Busse, Trolleys und Trams zwar nicht mehr so überfüllt wie lange Jahre zuvor, aber Sitzplätze sind immer schwer zu ergattern. Zuverlässiger sind die Verkehrsmittel auch nicht geworden. Es kann durchaus vorkommen, dass man bei minus 15 Grad eine halbe Stunde auf den völlig überalterten Trolleybus wartet, der fünf Minuten später von der Oberleitung springt. Zur Entlastung soll es ab Ende 2006 **Doppeldeckerbusse** deutscher Provenienz geben.

Wenn die Wartezeit zu lang wird, sollte man in einen der ebenfalls an den öffentlichen Haltestellen anhaltenden **Minibusse** *(Marschrutka)* einsteigen. Sie sind genau so teuer und halten dort, wo man hin möchte. Man öffnet die Tür und sucht sich einen Platz. Das Ziel sagt man laut und reicht dann das Geld in die Hand eines weiter vorn sitzenden Mitfahrers, der es dem Fahrer übergibt. Das Wechselgeld kommt (erstaunlicherweise) postwendend und vollzählig zurück. Diese Minibusse gibt es vor allem in den Außenbezirken Moskaus, noch eher selten in der Innenstadt. Sie sind ein echter Glücksfall für ein Verkehrssystem, das über der Erde noch immer bestenfalls Dritte-Welt-Niveau hat.

TAXIS

Die offiziellen gelben Taxis mit dem weißschwarzen Schriftzug sind leicht zu finden. Die **freien Taxis** haben ein grünes Licht hinter der Windschutzscheibe. Die

Haltestellen sind mit dem Schild „T" gekennzeichnet, man kann die Wagen aber auch aus dem Verkehr winken.

Die **Taxameter** werden nicht immer eingeschaltet, man muss als Tourist ohne Russischkenntnisse damit rechnen, überhöhte Preise zu zahlen. Hilfreich ist, wenn man sich das Ziel im Hotel auf Russisch auf einen Zettel hat schreiben lassen. Mehr als 8 € sollte keine Fahrt in der Innenstadt kosten. Taxis direkt vor dem Hotel sollte man meiden und lieber ein paar Schritte laufen.

Wer auf der Straße die Hand hebt, kann damit rechnen, dass auch **Privatfahrzeuge** anhalten. Viele Russen bieten diesen Service für einen kleinen Nebenverdienst an. Wenn man kein Russisch spricht, sollte man es lieber lassen. Ansonsten ist dieser private Chauffeurdienst eine gute Alternative und nahezu sicher. Nur wenn zwei Personen im Auto sitzen, sollte man nicht einsteigen.

Im Voraus buchen kann man ein Taxi bei der offiziellen **Taxizentrale** unter Tel. 9270000 (www.taxi.ru). Allerdings muss man etwa eine Stunde vor der gewünschten Abfahrtzeit anrufen und wird kurz vor Eintreffen des Taxis noch einmal zurückgerufen (Nummer bereithalten!). Dafür kann man diesen Service 24 Stunden am Tag in Anspruch nehmen und gelangt sicher ans Ziel.

ELEKTRITSCHKAS

Früher oder später findet sich beinahe jeder Tourist in einem der hoffnungslos veralteten **Vorortzüge**, den Elektritschkas wieder, die Moskau mit dem Rest des nicht gerade kleinen Einzugsgebietes der Metropole verbinden. Die Größe der Waggons steht natürlich in direktem Zusammenhang zu den in Russland grundsätzlich auf Breitspur fahrenden Zügen. Und doch herrscht dort meist **drangvolle Enge**, da entweder die Pendler oder die Wochenendausflügler diese völlig antiquierten, musealen Züge für relativ wenig Geld benutzen. Meist gibt es keine bessere Verbindung in bestimmte, auch touristische Regionen.

Allerdings hat mittlerweile ein hypermodernes **Passiersystem** Einzug gehalten, an dessen Computer man den Code des erstandenen, winzigen und leicht zu verlierenden Tickets halten muss, um vom Bahnsteig herunter zu gelangen.

Sollte man einen der unbequemen Pritschenplätze ergattert haben, lohnt es sich nicht, etwaige Lektüre aus der Tasche zu holen. Sobald der Zug den Bahnhof verlassen hat, bieten die ersten **fliegenden Händler** ihre Waren in den Waggons feil. Dazu hält jeder einzelne einen ungefähr zehnminütigen, lautstarken Monolog über das günstig zu erstehende Gut, das er in seinen Händen hält. Das kann ein Putzschwamm sein, ein Leuchtstift oder eine Tafel Schokolade. Der Passagier hat keine Chance auf besinnliches Gleiten durch russische Weiten und die meist sehr schöne Landschaft. Neben dem Zuglärm ist auch die Temperatur in den Waggons ein Problem für zart besaitete Gemüter. Entweder ist es viel zu heiß oder viel zu kalt.

Die Elektritschkas sind ein typisch russisches Phänomen und ein Relikt aus längst vergangenen Tagen. Mindestens einmal sollte man eine dieser eigentüm-

▶ *Die Motorboote auf der Moskwa ermöglichen eine entspannte Minikreuzfahrt durchs Moskauer Zentrum*

lichen Zeitreisen unternehmen, und sei es nur für einen kurzen Ausflug nach Peredelkino zu *Boris Pasternak*.

EISENBAHN OKTJABR

Seit 2005 verkehren auf der Strecke **Moskau – St. Petersburg** auch Luxuszüge. Sogar Zwei-Zimmer-Suiten mit lärmgeschützten Wänden, heißer Dusche, Fußbodenheizung, Satellitenfernsehen, Internet und DVD-Playern sind darin zu finden. Die klassischen russischen Hausschuhe sind im Preis inbegriffen. Die Züge verlassen den Bahnhof in beiden Städten kurz vor Mitternacht. Nach knapp 9 Stunden erreicht man St. Petersburg, respektive Moskau, vermutlich sehr ausgeruht. Alternativ fährt man tagsüber mit einem normalen Expresszug in nur 4,5 Stunden von Moskau nach St. Petersburg oder umgekehrt.

MOTORBOOTE UND MINIKREUZFAHRTEN

Ein ganzer neuer Blick auf die Stadt bietet sich von der Flussseite aus. Da die Moskwa direkt durch die Innenstadt fließt, ist ein kleiner zweistündiger Ausflug auf dem Wasser bei schönem Wetter absolut lohnenswert. Die zweistöckigen Motorboote verkehren von Mai bis Oktober, **Tickets** sind am Anleger zu kaufen.

Es gibt mehrere **Strecken**. Die beliebteste Route führt vom Danilow-Kloster oder, stadtnäher, von der Nowospasskij-Brücke im Südwesten der Stadt bis zum Kiewer Bahnhof im Osten, mit Zwischenstopps an der Ustinskij Most, am Kreml, am Grauen Haus, an der Krymskij-Brücke, am Park Kultury (Gorki-Park) und am Fuße der Sperlingsberge. Es geht vorbei an alten Klöstern und Stadtschlössern, am Kremlpalast, am Peter-der-Große-

Denkmal, an der wieder aufgebauten Christ-Erlöser-Kathedrale. Für 6 € kann man in beide Richtungen nur einen Teilabschnitt oder bis zur jeweiligen **Endhaltestelle** fahren:

› Nowospasskij Most (Brücke), Krasnocholmskaja Nabereschnaja, Tel. 2767435, Metro: Proletarskaja
› Kiewer Bahnhof, Ploschtschad Kiewskowo Woksala, Tel. 2402285, Metro: Kiewskaja

Auch **außerhalb des Innenstadtbereiches**, allerdings nur am Wochenende, gibt es drei interessante Strecken.

› Marino – Kolomenskoje
› Troize – Lykowo – Serebrjannyj Bor
› Petschatniki – Park Kultury (Gorki-Park)

Die erste Tour bietet sich vor allem im Sommer im Anschluss an die Besichtigung des ehemaligen Sommersitzes der Zaren, Kolomenskoje, im Süden Moskaus an. Man kann bis zum Park Kultury schippern und befindest sich wieder in der Innenstadt.

SESSELLIFT

Der erst vor einigen Jahren konstruierte Sessellift in den Sperlingsbergen bringt den Besucher von der einmaligen Aussichtsplattform an der Moskauer Staatlichen Universität (Metro: Uniwersitet, von dort mit dem Bus, Marschrutka oder zu Fuß) hinunter zum Flussufer Worobjowskaja Nabereschnaja bzw. umgekehrt. Der Ausblick auf die Metropole ist im Winter wie im Sommer einzigartig, vor allem die Skyline und das Luschniki-Stadion sind sehenswert. Im Winter wird hier Ski gefahren.

Unten am Flussufer Worobjowskaja Nabereschnaja angekommen, kann man mit dem Motorboot/Ausflugsdampfer zum Nowospasskij-Kloster fahren oder mit der Metro Worobjowy Gory (10 Min. zu Fuß) über die Station Park Kultury zurück in die Innenstadt (Metro: Ochotnyj Rjad, Biblioteka imeni Lenina u. a.).

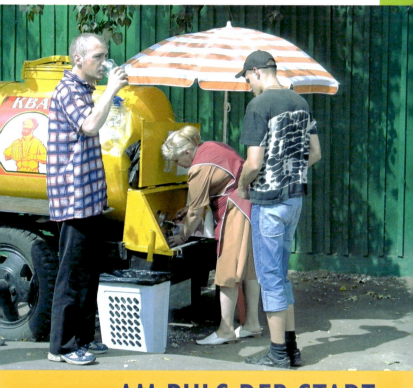

AM PULS DER STADT

Um die Hauptstadt des „philosophischsten Landes der Welt" (Lesley Chamberlain) und seine Bewohner besser zu verstehen, gibt es in diesem Kapitel Hintergrundinformationen zu allen Aspekten des gesellschaftlichen Lebens ... und tiefe Einblicke in die vermeintlich unergründliche „russische Seele".

GEOGRAPHIE UND STADTBILD

Moskau befindet sich im **europäischen Teil Russlands**. Die Stadt liegt 156 Meter über dem Meeresspiegel im Hügelland zwischen Oka und Wolga, auf 55,75 Grad nördlicher Breite und 37,62 Grad östlicher Länge. Der sich von Nord nach Südost ca. 80 Kilometer durch das Stadtgebiet schlängelnde **Fluss Moskwa** ist ein Nebenfluss der Oka, die bei Nischnyi Nowgorod in die Wolga mündet. 1937 wurde der 130 Kilometer lange Moskau-Wolga-Kanal fertig gestellt. Er verbindet die Wolga mit der Moskwa. Der schiffbare Teil des Kanals endet im nördlichen Binnenhafen von Moskau.

Moskau ist **Hauptstadt und Regierungssitz der Russischen Föderation** und größte Stadt Russlands. Sie ist außerdem der Ausdehnung nach und mit knapp 11 Millionen Einwohnern die **größte Stadt Europas**. Als Ballungsraum rangiert Moskau allerdings hinter London und Paris. Das Stadtgebiet hat eine Fläche von über 1000 km², wobei ein Drittel davon aus Grünflächen besteht. Knapp 500 Teiche und über 100 Parks prägen das Stadtbild. Die **Stadtgrenze** wird durch die 1962 erbaute 108 Kilometer lange **Stadtautobahn** markiert.

KONZENTRISCHE KREISE

Um den Kreml haben sich ähnlich wie in Paris fünf konzentrische Kreise gelegt, deren Struktur 1935 beschlossen wurde.

◀ *Vorseite: Kwas, das russische Erfrischungsgetränk, gibt es auf den Straßen direkt vom Fass*

1971 wurde die monozentrische Struktur teilweise durch Tangentialen aufgebrochen. Der erste Kreis, der **Kitaj-Gorod-Ring**, umschließt das historische Zentrum mit dem Kreml und dem Roten Platz. Der zweite Kreis endet am **Boulevard-Ring**, der Stadtgrenze aus dem 16. Jh. und wird als „Weiße Stadt" bezeichnet. Die so genannte „Erdstadt" ist das Stadtgebiet zwischen Boulevard-Ring und **Gartenring**. Die äußere Begrenzung des dritten Kreises entspricht dem Erdwall aus dem 17. Jh. und ist in etwa mit dem Metroring kongruent. Dann folgt der **Transportring** außerhalb des Gartenrings. Die äußerste Grenze bildet der **Autobahnring** (die Stadtautobahn).

DIE SIEBEN HÜGEL

Auch wenn das Stadtgebiet von Moskau aus unzähligen Anhöhen besteht, ist der Mythos von der „Stadt auf sieben Hügeln" nicht haltbar. Das Märchen von der „Stadt der Götter" ersann 1520 der Mönch *Filofei* aus Pskow, der nach dem Untergang von Rom und Byzanz Moskau als „drittes Rom" deklarieren wollte. Zu diesem Zweck machte er sich auf die Suche nach römischen Spuren in Moskau. Die Holzhäuser hatten allerdings mit den Marmorpalästen in Rom nichts gemein, Banja und römische Bäder waren nicht vergleichbar. Als sich auch keine Bögen und Säulen fanden, inspizierten die angestachelten Moskowiter die geographische Lage der Stadt genauer ... und fanden mit viel Fantasie sieben mehr oder weniger kleine Hügel. Im Grunde ist nur der Kreml-Hügel im geographischen Sinne eine nennenswerte Erhebung. In der

Innenstadt gibt es außerdem den Twerskaja-Hügel, den Sucharewskaja-Hügel, den Presnja-Hügel und den Taganka-Hügel. Die anderen Anhöhen wie die Sperlingsberge und der Wagankowskaja-Hügel liegen außerhalb des Gartenrings.

DAS DISPARATE STADTBILD

Dem Besucher eröffnet sich auf den ersten Blick ein offener, inhomogener Stadtraum mit überdimensionierten Magistralen, monumentalen Plätzen, verschiedensten Architekturstilen, beeindruckenden Denkmälern, massiven Häusermeeren und riesigen Blickachsen. Die Stadt atmet Größe und Weite. Riesenhafte Plätze prägen das Stadtbild. Graue Fassaden werden von bunten Kirchen abgelöst, abweisende Häuserschluchten von der breiten Moskwa umspült. Eine Stadt voller Widersprüche, Bauruinen und Brüche. Erst auf den zweiten Blick erkennt man das Europäische an Moskau. So hat der importierte Klassizismus ebenso seine Spuren hinterlassen wie die italienischen Baumeister im Kreml. Begrünte Boulevards erinnern an Paris, zweigeschossige Wohnhäuser an London, symmetrisch angelegte Alleen an Berlin.

ARCHITEKTUR

ALTRUSSISCHER STIL – 15. BIS 17. JAHRHUNDERT

Bis zu Beginn des 15. Jh. gibt es in Moskau fast nur eingeschossige Holzbauten, die so genannten *isbas*. Andere Baumaterialien waren der Kirche und dem Adel vorbehalten. Im 14. Jh. entstehen die **ersten Sakralbauten aus Stein und Ziegel**. Ein Beispiel ist die außerhalb von Moskau liegende Dreifaltigkeitskathedrale in Sergijew Possad ❽❶ mit ihren Kreuzkuppeln nach byzantinischem Vorbild. Das schlichte Äußere steht im Gegensatz zu dem üppig mit Gold und Ikonen ausgestatteten Innenraum. Spätgotische Einflüsse aus dem Westen zeigen sich in ersten halbkreis- oder kielbogenförmigen Ziergiebeln, den *kokoschniki*, die um einen zentralen Kuppeltambour angeordnet sind. Mitte des 15. Jh. beschließt *Peter der Große,* dem Kreml mit italienischen Baumeistern zu mehr Größe zu verhelfen. In dieser Zeit entstehen die Mariä-Himmelfahrts-Kathedrale ❻, die Erzengel-Kathedrale ❹ und der Facettenpalast ❼. Ein neuer russischer Kirchentypus wird mit der ersten **Zeltdachkirche** 1532 in Kolomenskoje ❻❹ geschaffen. Ein weiterentwickeltes Beispiel, eine Verbindung von byzantinischer Kuppelkirche und russischer Zeltdachkirche, ist die 1555 errichtete Basilius-Kathedrale ❷⓿ auf dem Roten Platz, die *Iwan der Schreckliche* in Auftrag gab, als die Osttataren bezwungen worden waren. Die pittoresken Zwiebelkuppeln, die in die Höhe schlagende Flammen symbolisieren, werden erst Ende des 16. Jh. aufgesetzt. Im frühen 16. Jh. entstehen **erste „zivile" Stein- und Ziegelbauten** wie der alte Englische Hof und der Palast der Bojaren *Romanow* im Stadtteil Kitaj-Gorod. Im 17. Jh. werden auch von außen geschmückte und sogar mit Keramikkacheln versehene Kirchen, bestehend aus Zeltdachglockenturm, Refektorium, Nebenkapitellen und der Hauptkirche, zur Norm. Der altrussische Stil, ein verspielter und farbintensiver Stilmix, hält sich bis Ende des 17. Jh.

KOKOSCHNIK, NALITSCHNIK, NARYSCHKIN-BAROCK – RUSSISCHE STILELEMENTE

*Ursprünglich handelte es sich bei einem **kokoschnik** um den kostbaren, festlichen Kopfschmuck russischer Frauen. Die Kokoschnik-Diademe mit einem durchbrochenen Muster aus Perlen wurden für den Hof des Zaren u.a. von Carl Fabergé gefertigt. Heute versteht man unter kokoschnik eine im 15. Jh. aus westlichem, spätgotischem Einfluss entstandene Fassadenverzierung, wie sie an diversen russischen Kirchen zu sehen ist. Die Erzengel-Kathedrale* ❹ *im Kreml ist ein schönes Beispiel für diese Form von Giebelverzierung in Kielbogenform.*

*Wörtlich übersetzt heißt **nalitschnik** (Pluralform ~i) „Verkleidung". Im 18. und 19. Jh. wurden Häuser oft mit diesem typisch russischen Stilelement verziert. Mit nalitschniki sind feine, weiß gestrichene Schnitzereien gemeint, die sich wie ein Spitzenband oder wie eine gemusterte Gardine um Sims und Fenster einer Hausfassade ranken.*

*Vorbilder für den **Naryschkin-Barock** (auch Moskauer Barock genannt) waren die an der Wende 17./18. Jh. von Mitgliedern der vermögenden, mit Peter dem Großen verwandten Familie des Bojaren Naryschkin in Auftrag gegebenen Bauwerke, die sich durch Verwendung westlichen Formengutes und reichen, plastischen Dekors von der russischen Tradition abhoben.*

BAROCK – 17. BIS MITTE DES 18. JAHRHUNDERTS

Den russischen Barock bringt Bojar *Naryschkin* nach Moskau. Er ist ein Verwandter *Peters des Großen*. Die Kirchengrundrisse werden symmetrisch, meist quadratisch und an den Seiten entstehen halbkreisförmige Vorhallen. Halbsäulen, Giebel, Pilaster, üppige Steinmetzarbeiten und intensive Farben prägen die Barockbauten bis Mitte des 18. Jh. Dazu zählen unter anderem die Auferstehungskirche in Kadaschi, die Krutizkij-Klosterresidenz, das Hohe-St.-Peter-Kloster, das Neujungfrauenkloster, die Erzengel-Gabriel-Kirche (auch Menschikow-Turm genannt) und die Mariä-Schutz-Kathedrale im Ismajlowskij Park mit ihren mit Metallschuppen verkleideten schwarzen Kuppeln. Ab 1714 (bis 1741) werden Steinbauten von *Peter dem Großen* nur noch in der von ihm ausgerufenen neuen Hauptstadt St. Petersburg toleriert. Aus diesem Grund gibt es heute in Moskau nur wenige Hinterlassenschaften aus jener Zeit.

KLASSIZISMUS – MITTE DES 18. BIS MITTE DES 19. JAHRHUNDERTS

Katharina die Große bringt nach ihrer Thronbesteigung 1762 den Klassizismus nach Moskau. Im klassizistisch schlichten und pastellfarbenen Stil entstehen der Senat im Kreml, erbaut von *Matwej Kasakow*, aber auch das Paschkow-

▶ *Der Leningrader Bahnhof (1851) markiert den Übergang zum Historismus*

AM PULS DER STADT
Architektur

Haus, die alte Universität und das Haus der Gewerkschaften. Für *Katharina die Große* verkörpert Moskau das mittelalterliche, ländliche Russland, in dem die Menschen „in Trägheit und Luxus" leben. Sie will die Stadt europäisieren, allerdings geht ihr dabei später das Geld aus. Das Bolschoj-Theater und die Alexandergärten entwirft einer der wichtigsten Architekten jener Zeit, *Osip Bowe*. Aus dieser Ära stammen auch die Boulevards, die Manege, die Pretschistenka Uliza und die Dreifaltigkeitskathedrale von Sergijew Possad. Die im Auftrag des Adels gebauten Landsitze wie Ostankino oder Archangelskoje sind ebenfalls schöne Beispiele für diese Epoche. 1812 zerstört der „Napoleon-Brand" (siehe Kap. „Napoleon und das 19. Jahrhundert") drei Viertel der gesamten Bausubstanz in Moskau. Danach löst der griechische Stil den römischen ab. Die nach dieser Zeit errichteten Bauten im Empire-Stil zeichnen sich durch Einfachheit und Strenge aus – meist mit schlichten dorischen Säulen versehen.

HISTORISMUS – ZWEITE HÄLFTE DES 19. JAHRHUNDERTS

Der so genannte Historismus (auch abwertend Eklektizismus genannt) ist eine Rückbesinnung auf die altrussische Baukunst und gleichzeitig der russische Versuch, einen eigenen nationalen Stil nach europäischem Vorbild zu entwickeln. Der „neorussische" Stil wird erst Mitte des 19. Jh. möglich, nachdem das Baugesetz geändert wurde. Gebäude im Zentrum sollen fortan aus Stein errichtet und mit Fassaden im europäischen Stil versehen werden. 1851 hält die große weite Welt Einzug. Die erste Eisenbahntrasse nach St. Petersburg wird eingeweiht und nach dem Pariser Vorbild entstehen in Moskau große Magistralen. Gleichzeitig werden der große Kremlpalast, die Rüstkammer, das Haus der Freundschaft sowie die Christ-Erlöser-Kathedrale in einer Stilkombination aus Renaissance, Klassik und Barock erbaut. Im neo-altrussischen Stil entsteht das Historische Museum auf dem Roten Platz. Letzte historisierende Tendenzen sind noch beim Bau des riesigen Einkaufszentrums GUM (1893) am Roten Platz zu sehen.

JUGENDSTIL UND KONSTRUKTIVISMUS – 1900 BIS 1920

Mit dem Jahrhundertwechsel kommt ein Modernisierungsschub und die kurze, aber prägende Zeit des **stil modern** (Moskauer Jugendstil), der strengen russischen Variante des europäischen Jugendstils. Die Blütezeit dieses opulenten, bürgerlichen, von den Kommunisten als „dekadent" bezeichneten Stils dauert nur 10 Jahre. Großflächige Mosaikfriese, florale Ornamentik, glasierte Ziegel, dekorative (bunte) Glasfenster, Messingbeschläge und Balkongitter stellen Liebe zum Detail, Wohlstand und Individualität unter Beweis. Der Jaroslawler Bahnhof, das Metropol-Hotel und die Villa Rjabuschinskij, das spätere Wohnhaus von *Maxim Gorki*, entstehen in dieser Zeit (siehe Kap. „Architektur-Special"). Charakteristisch sind auch die freie Grundrissgestaltung, variierende Fensterfronten und verschiedenartige Fassaden aus Stein oder Klinker. Einer der größten Verfechter der Moderne ist ausgerechnet ein Deutscher: *Fjodor* (**Theodor**) *Schechtel*. Sein Name ist eng mit Moskau verknüpft. Von ihm werden mehr als 40 Gebäude gebaut.

Nach der Oktoberrevolution im Jahre 1918 bringt die so genannte Revolutionsarchitektur **„Architektur für den neuen Menschen"**. Kommunehäuser und Arbeiterclubs machen Moskau zu ‚Utopia', dem ultimativen Ideal des sozialen Zusammenwohnens. Die Konstruktivisten *Konstantin Melnikow, Charles Le Corbusier, Moisej Ginzburg* und andere läuten mit dem **Konstruktivismus** die 1920er Jahre ein und prägen das Stadtbild mit ihren funktionellen, gut durchdachten Bauten, die in erster Linie den Bedürfnissen des Sowjet-Bürgers gerecht werden sollen (siehe Exkurs „Ikonen des Konstruktivismus").

Alexej Schtschussew erhält den Auftrag, die „neue" Hauptstadt Moskau zu planen. Das in der Zeit von 1924–1930 von ihm zunächst aus Holz und dann aus Marmor konzipierte Lenin-Mausoleum und die riesigen Wohnhäuser an der Twerskaja Uliza stellen eine endgültige Abkehr vom neo-altrussischen Stil hin zum strengen Monumentalstil dar.

STALINS SOZIALISTISCHER REALISMUS (MONUMENTALSTIL) – 1930 BIS 1950

Mit dem **Generalplan von 1935** will Stalin der Metropole eine neue Silhouette und ein anderes Image verleihen. An den Architekturwettbewerben dürfen auch Ausländer wie *Le Corbusier* und *Walter Gropius* teilnehmen. Im Jahr 1931 wird die Christ-Erlöser-Kathedrale als Zeichen der Missachtung der orthodoxen Kirche gesprengt. Ein gigantischer „Palast der Sowjets" mit einer 70 Meter hohen Lenin-Statue soll an deren Stelle treten. Die Verbreiterung der Twerskaja 1931 ist der größte Eingriff in das Stadtbild. 1935 fährt die erste Metro. Nach Ende des Zweiten Weltkriegs wird der Bau des Palastes auf Eis gelegt. Stattdessen beschließt Stalin, sich auf andere Art im Stadtbild zu verewigen. Er lässt **sieben „Stalin-Kathedralen"** (im Volksmund auch **die „sieben Schwestern"** genannt, weil sie *Stalin* sehr am Herzen liegen) im Stil des Sozialistischen Realismus/Monumentalstil („Zuckerbäckerstil") errichten (siehe auch Exkurs ‚Stalins ‚Sieben Schwestern'"). Die „Paläste für das Volk" (Wohnhäuser) demonstrieren sozialistische Errungenschaften. Sie prägen bis heute die Sichtachsen der Stadt. Ihnen ordnet sich perspektivisch alles unter. Moskauer Architektur aus der Stalin-Zeit ist Macht-Architektur, Masse, Volumen, Demonstration von Größe. *Stalin* orientiert sich am antiken Athen, der Stadt, die seinem Ideal am nächsten kommt. Er ist nicht der einzige Diktator, der dem monumentalen Stil verfiel.

PLATTENBAUTEN UND REPLIKEN – MITTE DES 20. JAHRHUNDERTS BIS HEUTE

In den 1950er Jahren dominiert der sachliche Baustil. Der Kongresspalast im Kreml wird errichtet, am Neuen Arbat entsteht möglichst viel Wohnraum auf kleiner Fläche, sprich **Hochhaussiedlungen**. Am Stadtrand werden aufgrund massiven Wohnungsmangels 5-stöckige Wohnhäuser in Schnellbauweise hochgezogen, die so genannten *chruschtschoby* – eine Mischung aus den Wörtern *Chruschtschow* und *truschtschoby* (Slum). 1971 wird ein neuer Generalplan zur Stadtentwicklung ersonnen. Erst Anfang der 1990er Jahre werden die ersten privaten Architekturbüros zugelassen.

Es folgt ein **Investitions- und Bauboom in den 1990er Jahren.** Mitte der 1990er wird *Jurij Luschkow* Bürgermeister und beginnt, das Stadtzentrum zu rekonstruieren und erschwinglichen Wohnraum und Mega-Shopping-Malls zu bauen. Geplant sind bis 2015 ein Ring aus 60 Hochhäusern und ein neues Handelszentrum namens Moscow City mit dem höchsten Turm Europas. Der „Federazija"-Tower wird ein zweitürmiger, 340 Meter hoher Gigant in Form zweier Spitzsegel aus Glas und Aluminium. Rekordpreise für Öl, Gas und Stahl haben Milliarden nach Russland und vor allem in die Hauptstadt gespült. Das mit 264 Metern höchste Wohnhaus Europas, Triumph Palace, steht bereits im Norden Moskaus. Neue Wohnhäuser werden hier auch in Zukunft gebraucht, obwohl die russische Gesellschaft schrumpft. Nach Schätzungen der United Nations Population Division werden am Ende unseres Jahrhunderts im Jemen mehr Menschen leben als in Russland. Die Einwohnerzahl Moskaus wird aber in den nächsten Jahren noch zunehmen.

Aufgrund der Verstrickung von Stadtregierung und Investoren kommt es immer wieder zu **Korruption und Skandalen am Bau.** So sind der Einsturz des Transvaal-Schwimmbades im Februar 2004 und der einer Großmarkthalle im Februar 2006 auf Baumängel zurückzuführen. Das Antlitz der Megalopolis ändert sich in rasantem Tempo. Das liegt zum einen daran, dass Immobilienspekulanten die Preise in die Höhe treiben, sodass zweigeschossige Kleinode in zentraler Lage Bürohäusern weichen müssen. Zum anderen werden Architekturensembles der Weltarchitektur der 1920er Jahre dem Verfall anheim gegeben. Deren Sanierung

STALINS „SIEBEN SCHWESTERN"

1947, auf dem Höhepunkt seiner Macht, beschloss Josef Stalin, Moskau anlässlich des 800-jährigen Stadtjubiläums eine unverwechselbare Silhouette zu geben und sich selbst ein Denkmal zu setzen. In russischen Städten war seit dem Mittelalter nicht das Straßennetz das Orientierungssystem im Raum, sondern Großbauten wie Glockentürme, Kirchen und Paläste.

Acht riesenhafte Turmbauten im neoklassizistischen Stil, dem so genannten „Zuckerbäckerstil" (typische Merkmale sind Verzierungen wie Fenstergewände, Säulen, Gesimse und Turmaufsätze sowie Sockelgeschosse aus Naturstein, vermischt mit Elementen der Renaissance und der tatarischen Bauweise), sollten als vertikale Schwerpunkte den bereits begonnenen „Palast der Sowjets" (420 Meter hoch) einrahmen und den Sozialismus in der Architektur preisen: kleine 2-Zimmer-Wohnungen in monumentaler Palastarchitektur, oder, wie Stalin sagte: „national in der Form, sozialistisch im Inhalt". Mit der Planung wurden nur die namhaftesten Architekten betraut. Stalins geheimes Vorbild waren die New Yorker Wolkenkratzer aus den 1920er und 1930er Jahren. So entstanden keine Massiv-, sondern Stahlskelettbauten, die mit Ziegelsteinen ausgefacht und mit Natursteinplatten verkleidet wurden. Zum Einsatz kam eine ganze Armada von Zwangsarbeitern, darunter auch deutsche Kriegsgefangene.

Die Architekturdenkmäler der Stalin-Zeit dominieren noch heute den Gartenring und die gesamte Silhouette der Stadt. Offiziell heißen die „Stalin-Kathedralen" wyssotnye sdanija (Hochhäuser). Und nur sie. Alle anderen Hochhäuser werden - etwas abwertend - als neboscrjoby (wörtlich übersetzt Wolkenkratzer) bezeichnet.

Eine ursprünglich vorgesehene, achte „Stalin-Kathedrale" sollte auf dem Areal des mittlerweile abgerissenen Hotels Rossija in Kreml-Nähe entstehen. Sie wäre die größte der Schwestern geworden, hätte 2000 Räume für 10.000 Angestellte und ein Auditorium mit 1000 Plätzen haben sollen. Das Vorhaben wurde verworfen, weil die enorme Masse im Verhältnis zur nahen Basilius-Kathedrale und zum Roten Platz ästhetisch nicht vertretbar war.

Eine der „sieben Schwestern" sollte man sich unbedingt aus der Nähe ansehen:

> *Das Wohnhaus am **Kudrinskaja Ploschtschad 1** wurde von Michail Posochin entworfen und 1954 fertig gestellt. Es ist noch heute eine beliebte Adresse für Regierungsbeamte. Metro: Barrikadnaja*

> *Das Wohnhaus **Kotelnitscheskaja Nabereschnaja 17/1** wurde von Dmitrij Tschetschulin entworfen und 1948-1952 erbaut. Metro: Kitaj-Gorod*

> *Das frühere Transportministerium und heutige **Verwaltungsgebäude in der Uliza Sadowaja-Spasskaja** wurde 1948-1953 erbaut und von Alexej Duschkin entworfen. Metro: Krasnyje Worota*

▶ *Die Stalin-Kathedrale an der Kotelnitscheskaja Nabereschnaja*

AM PULS DER STADT
Stalins „Sieben Schwestern"

› Das **Außenministerium** am Smolenskaja-Sennaja Ploschtschad 32/34 wurde von Michail Minkus und Wladimir Gelfreich entworfen, von 1948-1953 erbaut und ist 27 Stockwerke hoch. Metro: Smolenskaja
› Das **Hotel Ukraina** 1 am Kutusowskij Prospekt 2/1 wurde 1950-1956 erbaut und von Arkadi Mordwinow entworfen. Metro: Kiewskaja
› Das **Hotel Leningradskaja** in der Uliza Kalantschewskaja 21/40 wurde 1949-1953 erbaut und von Leonid Poljakow entworfen. Metro: Komsomolskaja
› Die **Moskauer Staatliche Universität (MGU)** am Uniwersitetskaja Ploschtschad 1 wurde 1953 fertig gestellt. Der größte der sieben Turmbauten ist 240 Meter hoch und hat vier Flügel. Der Anfangsentwurf stammte von Boris Iofan, die Ausführung übernahm Lew Rudnew. Die Silhouette mit den Stufentürmen sollte nach den Vorstellungen der Architekten an mittelalterliche russische Städte erinnern. Das Gebäude verfügt über ein Volumen von rund 2 Millionen Kubikmetern. In den Seitenflügeln sind Studentenwohnungen für 6000 Studenten untergebracht. Dieser Monumentalbau übernimmt die führende Rolle im Panorama der Stadt, nachdem der „Palast der Sowjets" schließlich nicht gebaut wurde. Metro: Uniwersitet

wäre weit aufwendiger und weniger ertragreich als Neubauten.

Außerdem scheint es fast so, als sollten Entscheidungen aus der **kommunistischen Ära revidiert** werden. Der umstrittene originalgetreue Wiederaufbau der im Jahr 1931 von *Stalin* gesprengten Christ-Erlöser-Kathedrale, des zu Paradezwecken einige Jahre später abgerissenen Auferstehungstores und der Kasaner Kathedrale zeugen davon. Der detailversessene Nachbau der Manege aus der Zarenzeit scheint Ausdruck einer eigenartigen **Rückwärtsgewandtheit** zu sein. Viele Moskowiter fürchten, dass die Stadt dadurch an Authentizität verliert. Und dabei ist Moskau ein hervorragendes Stadtplanungslabor, das es in dieser Form in der modernen Welt nicht noch einmal gibt: Immerhin wurde die Stadt nie durch einen Krieg zerstört.

GESCHICHTE

MONGOLEN/TATAREN UND „KIEWER RUS" (6.–12. JH.)

Im 6. und 7. Jh. wandern **slawische Stämme** wahrscheinlich aus dem Gebiet der Karpaten in das heutige Russland ein. Im 9. Jh. bringen die als Söldner beschäftigten **schwedischen Waräger (Wikinger)** das Gebiet unter ihre Kontrolle. Unter König *Rurik* vom Geschlecht der Rurikiden (Wikinger) wird Kiew im fruchtbaren Südrussland zum Machtzentrum (Kiewer Rus). Moskau ist zu dieser Zeit eine unbewohnte, waldreiche, aber fruchtarme Sumpflandschaft. Im 10. Jh. bringt der Mönch *Cyril* das Christentum und das nach ihm benannte kyrillische Alphabet aus Byzanz nach Russland. Die erste schriftliche Erwähnung Moskaus stammt aus dem Jahre 1147, das aus diesem Grunde als das **Gründungsjahr Moskaus** gilt. Fürst *Jurij Dolgorukij* (1090–1157) lässt auf seinem Jagdgebiet eine hölzerne Stadt errichten, die er nach dem Fluss benennt, an dessen Ufern sie entsteht: *Moskwa*. Der Standort ist strategisch günstig, weil er die beiden großen Wasserstraßen Wolga und Oka verbindet und an der Kreuzung der russischen Handelsrouten liegt. 1156 entsteht eine **erste Wehranlage des Kreml** aus Holz, in deren Schutz sich der Marktflecken allmählich zu einer beachtlichen Ansiedlung entwickelt. Vor allem im waldreichen Norden um Moskau breitet sich die Landwirtschaft aus. Nach dem Tod von Großfürst *Wladimir II. Monomach* 1125 versinkt Kiew aufgrund innerer Streitigkeiten und ständiger Übergriffe in der Bedeutungslosigkeit, das Zentrum der Kiewer Rus verlagert sich nach Norden. Die Bewohner Kiews flüchten vor den Mongolen und gründen eine neue Hauptstadt im Einzugsgebiet von Moskau: Wladimir.

TATARENHERRSCHAFT (1237–1380)

1237–1240 fallen die Mongolen/Tataren, angeführt von einem Enkel *Dschinghis Khans,* in das dörfliche Moskau ein und brennen es nieder. Auch Kiew wird erobert und in Brand gesteckt. 1263 wird Moskau zum **Fürstentum** erhoben. In den kommenden 240 Jahren müssen die russischen Fürsten, auch die der zahlreichen kleinen Teilfürstentümer, dem Khan beträchtliche Abgaben leisten. Die **Tributherrschaft der „Goldenen Horde"** (so nannten die Russen das Tatarenvölkergemisch) beginnt. Das „tatarische Joch" isoliert Russland von Westeuropa. Renaissance, Reformation und Industrialisierung – davon bleibt Russland jahrhundertelang abgekoppelt. 1325, noch während der Tributherrschaft der Mongolen, nützt der Moskauer Regionalregent **Iwan der Erste**, genannt *Kalita* (der „Geldbeutel"), seine Position als Steuereintreiber des mongolischen Khans zur Erweiterung seiner Hausmacht. 1328 wird *Iwan I.* Großfürst von Wladimir. Das Zentrum der russisch-orthodoxen Kirche verlegt er in die steuerlich interessantere Handelsmetropole Moskau, sodass sich hier schließlich die höchste weltliche und kirchliche Macht vereinen. Mittels Kauf, Gewalt und Erbschaft macht er Moskau zur **Hauptstadt** des russischen Reiches. 1367 wird der Kreml mit einer Kalksteinmauer und einigen Türmen versehen und avanciert zum Zentrum des Fernhandels mit China: In der **Kaufmannssiedlung Kitajgorod** (*kitaj* heißt China) am Fuße des Kreml findet schon bald der größte Markt Moskaus (der Rote Platz) seinen Platz. *Dmitrij* (Enkel von *Iwan I.,* Fürst von Moskau und Großfürst von Wladimir) erhält den Beinamen „Donskoj", als er 1380 die Mongolen „am Don" siegreich schlägt und damit Moskaus Prestige erhöht. Seit dem Untergang Konstantinopels 1453 beansprucht Moskau kirchlich und ideologisch das umfassende Erbe von Byzanz als „drittes Rom".

IWAN DER GROSSE (1462–1505)

Der seit 1462 regierende Großfürst von Moskau *Iwan III.* mit dem Beinamen „der Große" (1440–1505), heiratet 1472 die byzantinische Prinzessin *Sofija Palaiologos,* eine Nichte des letzten oströmischen Kaisers und übernimmt von dort die autokratische Staatsidee und ihre Symbole: den Doppeladler und das Hofzeremoniell. Seither gilt Moskau als „drittes Rom" und Hort der Orthodoxie. *Iwan III.* treibt zur Verbreiterung der Basis gegen die Tataren die Wiedervereinigung der zersplitterten russischen Fürsten- und Großfürstentümer unter Moskaus Führung voran. 1480 stellt er die vom Tatarenführer *Khan* geforderten Tributzahlungen im Rahmen starker Unabhängigkeitsbestrebungen ein und kann sich somit der Tatarenherrschaft entledigen. Moskau wird zur **Hauptstadt** des russischen Reiches. In den beiden letzten Jahrzehnten des 15. Jh. beginnt der Ausbau des Kreml.

IWAN DER SCHRECKLICHE (1533–1584)

Iwan IV. (1530–1584), genannt „der Schreckliche", dehnt nach seiner Krönung 1547 sein Reich bis nach Sibirien aus und heiratet die Bojarentochter **Anastasija Romanowa**. Die Bojaren sind meist über Grundbesitz verfügende altrussische Adlige, die sich ursprünglich aus den Leibwachen des russischen Fürsten entwickelten. *Iwan IV.* nennt sich erstmals nicht mehr Großfürst, sondern **Zar**, von dem lateinischen Wort „Cäsar", in der Tradition des byzantinischen, oströmischen Reiches. Zum Zeichen des Sieges über die Tataren lässt der an Paranoia erkrankte *Iwan IV.* 1555 die Basilius-Kathedrale errichten. Sie soll absichtlich außerhalb der schützenden Kreml-Mauern stehen, zum Zeichen seines unanfechtbaren Sieges über den Khan von Kasan im Jahr 1552. Im Zorn bringt *Iwan IV.* seinen ersten Sohn und Thronfolger mit seinen eigenen Händen um. Als sich sein zweiter Sohn *Fjodor I.*

AM PULS DER STADT
Geschichte

als Thronfolger nicht durchsetzen kann, hält die Macht faktisch Iwans Stiefbruder, der Nichtadelige **Boris Godunow** (1551–1605) in Händen. Godunow wird mit der „Zeit der Wirren" (Bauernaufstände, Machtkämpfe des Hochadels, militärische Invasion durch Polen und Schweden) assoziiert. Erst 1612 befreien *Kusma Minin* und Fürst *Dmitrij Poscharskij* Moskau von der polnischen Belagerung. 1613 wird *Michail* der erste Zar der **Romanows**. Sein Nachfolger Zar *Alexej* ernennt den Reformer *Nikon* zum Patriarchen, der 1653 die Spaltung der russisch-orthodoxen Kirche in Reformer und Altgläubige (Schisma) mit initiiert. Ihm folgen *Fjodor III.* (reg. 1676–1682) und *Iwan V.* (reg. 1683–1696) auf den Thron. Die Dynastie der *Romanows* regiert bis zur Revolution 1918.

▲ *Iwan der Schreckliche, der erste „Zar" (zeitgenössischer Stich)*

PETER DER GROSSE UND DER WESTEN (1682–1725)

1682 gelangt *Peter I.*, „der Große", zunächst noch zusammen mit seinem Halbbruder *Iwan V.*, auf den Thron. 1696 wird er zum Alleinherrscher und forciert den **Anschluss Russlands an den Westen**. Händler, Baumeister und Künstler aus Europa werden an den Zarenhof geholt. Er setzt Reformen durch (nur Priester und Bauern dürfen noch Bärte tragen) und schafft den Bojarenstand ab. Seitdem die *Strelitzen* (die von Zar *Iwan dem Schrecklichen* geschaffene Elitetruppe) seine Verwandten im Kreml ermordet haben, hat *Peter I.* ein gespaltenes Verhältnis zu Moskau. 1712 lässt der selbsternannte „allrussische Kaiser" **St. Petersburg als neue Hauptstadt** im wörtlichen Sinne aus dem Boden – sprich aus dem Sumpfdelta der Newa – „stampfen". Die Hafenstadt soll Russland dem Westen öffnen. Allerdings bleibt Moskau weiterhin Krönungsstadt. 1721 ersetzt *Peter I.* das Patriarchat durch die weniger mächtige Kirchensynode.

Nach Zarin **Katharina I.** (1725–1727, die zweite Ehefrau von *Peter I.*) kommt **Peter II.** 1727 auf den Thron und regiert drei Jahre. Nach dem Tod von **Peter III.** (1762) nach mehr als dreißigjähriger Regentschaft wird seine Frau, die deutsche Prinzessin *Sophie von Anhalt-Zerbst*, die Thronfolgerin **Katharina II.** Sie lässt sich den Beinamen „die Große" verleihen. Während ihrer mehr als 30 Jahre dauernden energischen Herrschaft gewinnt das Land an Prestige und Territorium. Unter Zar **Alexander I.**, dem Enkel von *Katharina II.*, kommt es 1805–1807 zum Krieg mit *Napoleons* Frankreich. Russland wird bei Austerlitz geschlagen.

AM PULS DER STADT
Geschichte

DIE RUSSISCHEN ZAREN

Die letzten Rurikiden

Iwan IV., der Schreckliche
 (1533–1584)
Fjodor I. (1584–1598)

Dynastie der Godunow

Boris Godunow (1598–1605)
Fjodor II. (1605)
Dimitri II. (1605–1606)
Wassili IV. (1606–1610)

Dynastie der Romanow

Michael (1613–1645)
Alexei I. (1645–1676)
Fjodor III. (1676–1682)
Iwan V. (1682–1696)
Peter I., der Große (1682–1725,
 gemeinsam mit Iwan V.)
Katharina I. (1725–1727)
Peter II. (1727–1730)
Anna (1730–1740)
Iwan VI. (1740–1741)
Elisabeth (1741–1761)

Dynastie der Holstein-Gottorp-Romanow

Peter III. (1762)
Katharina II., die Große
 (1762–1796)
Paul I. (1796–1801)
Alexander I. (1801–1825)
Nikolaus I. (1825–1855)
Alexander II. (1855–1881)
Alexander III. (1881–1894)
Nikolaus II. (1894–1917)

Fast 200 Jahre lang steht Moskau **im Schatten St. Petersburgs.** Moskau bleibt eine Stadt aus Holzhäusern, doch auch die „heimliche Hauptstadt", die sich *Napoleon* 1812 als Ziel für seinen Feldzug aussucht.

NAPOLEON UND DAS 19. JAHRHUNDERT (1812–1916)

Wirtschaftliche Schwierigkeiten zwingen Russland im Jahr 1811 zur Aufkündigung des Beitritts zur Kontinentalsperre (Handelsblockade Frankreichs als Antwort auf eine Seeblockade Englands) gegen England (1808), was **Napoleon** mit dem Einfall seiner 600.000 Mann starken „Großen Armee" in Russland beantwortet. Er macht nicht St. Petersburg zum **Ziel seines Feldzugs,** sondern Moskau, weil er „nicht den Kopf Russlands, sondern seine Seele" will. Im Herbst 1812 marschiert *Napoleon* ohne Kriegserklärung in Moskau ein. Zar *Alexander I.* ordnet an, die Stadt zu räumen. 100.000 Moskowiter verlassen Moskau, **Zarentreue setzen Kitaj-Gorod in Brand.** Wenn eine Kapitulation unausweichlich ist, soll *Napoleon* die Stadt nicht als Zufluchtsstätte vor dem russischen Winter, sondern in Schutt und Asche vorfinden. Das Feuer breitet sich rasch aus, fast alle Häuser und der Kreml brennen nieder. Als sich *Alexander I.* weigert zu kapitulieren und die Winterquartiere der Franzosen zerstört sind, tritt *Napoleon* den Rückzug an. Die russische Armee gibt sich nicht geschlagen. Auf dem Rückzug dezimiert sie *Napoleons* Truppen auf 30.000 Mann und marschiert 1814 in Paris ein. Nach dem Sieg über *Napoleon* wird Russland zur **europäischen Großmacht,** bleibt aber ein feudal strukturiertes und autokratisch regiertes Land. Nach dem Tod *Alexanders I.* 1825 kommt es zum Dekabristenaufstand und damit zu ersten revolutionären Versuchen, die Leibeigenschaft und die Zarenherrschaft abzuschaffen. 1861 wird unter dem Reformer *Alexander II.* die Leibeigenschaft formal beseitigt, was den Adel wirtschaftlich hart trifft. Mit der in Russland erst am Ende des 19. Jh. beginnenden **Industrialisierung** (Eisenbahnausbau etc.) ziehen besitzlose Landarbeiter in die Städte. Gleichzeitig bildet sich eine überwiegend städtische Intelligenzija mit sozialrevolutionären Zielen. Am Ende des 19. Jh. ist Moskau eine wieder auferstandene Stadt mit einer Million Einwohnern. 1898 gründet *Wladimir Iljitsch Uljanow* (später: *Lenin*) die Russische Sozialdemokratische Arbeiterpartei, die sich schon 1902 in *Bolschewiki* (Mehrheit) und *Menschewiki* (Minderheit) spaltet. Ab 1900 geht es wirtschaftlich bergab. Arbeitslosigkeit breitet sich aus und führt schließlich zur **Revolution von 1905**, die Zar *Nikolaus II.* blutig niederschlägt.

LENIN UND DIE OKTOBER-REVOLUTION (1914–1924)

Im 1914 beginnenden **Ersten Weltkrieg** kämpft Russland auf der Seite der Alliierten Frankreich und Großbritannien gegen Deutschland, Österreich und Italien. Millionen von Gefangenen und Toten, verlorene Schlachten mit enormen Gebietsverlusten und Hunger im ganzen Land führen zum offenen Widerstand gegen die Zarenherrschaft und zur **Februarrevolution**. Im Februar 1917 wird der Zar zur Abdankung gezwungen und in Jekaterinburg ermordet. In St. Petersburg übernimmt eine bürgerliche Regierung die Macht, die aber den Krieg nicht beenden will. Das noch intakte Feudalsystem bröckelt. Noch im selben Jahr stürmen die Bolschewiken unter Führung *Lenins* das Winterpalais in St. Petersburg. Bei der **Oktoberrevolution** wird die im Winterpalais residierende Regierung entmachtet, die Zarenfamilie gefangen genommen und später ermordet. *Lenin* beendet 1918 den Krieg gegen Deutschland und

macht Moskau zur neuen **Hauptstadt**. Die Bolschewiken erweisen sich bald als ebenso despotisch wie der Zar. Die konstitutionelle Versammlung wird aufgelöst und eine Geheimpolizei *(tscheka)* ins Leben gerufen. Es folgt ein mehrjähriger **Bürgerkrieg** zwischen den von *Trotzki* geführten „Roten" und den bürgerlichen, antirevolutionären „Weißen", letztere von Deutschland, Großbritannien und Frankreich unterstützt. Die Rote Armee siegt. In den 1920er Jahren führt die von *Lenin* durchgesetzte NEP, die Neue Ökonomische Politik, die Privateigentum zulässt, zu einem wirtschaftlichen Aufschwung. Moskau wird zum Zentrum der kulturellen Avantgarde Europas.

STALIN UND DER ZWEITE WELTKRIEG (1924–1953)

Nach dem frühen Tod *Lenins* im Jahr 1924 gelangt *Josef Stalin* an die Macht. Die liberale Phase der 1920er Jahre geht zu Ende. In Moskau regieren das staatliche Plankomitee und der Schrecken. Bei ersten **„Säuberungsaktionen"** werden Intellektuelle verhaftet. Am Dserschinskij-Platz richtet *Stalin* die Zentrale des Geheimdienstes ein, die Lubjanka. In den Folgejahren werden über 1 Million Menschen ermordet und 15 Millionen verhaftet und in Arbeitslager *(gulag)* gesteckt. Moskau wächst trotz Hungersnöten (aufgrund von Missernten und Getreideausfuhr gegen Devisen) weiter. Die Einwohnerzahl steigt von 2 Millionen Menschen im Jahr 1926 auf 4,5 Millionen im Jahr

◀ *Lenin schreitet 1919 auf dem Roten Platz revolutionäre Formationen ab*

1939. Die Stadt wird autoritär umgestaltet. Im neoklassizistischen Stil („Zuckerbäckerstil", s. Exkurs „Stalins ‚Sieben Schwestern'") werden unter *Stalin* Hochhäuser und Metropaläste errichtet, die Moskau zur **modernen Metropole** machen sollen. Straßen werden verbreitert und neu angelegt. Die Kremltürme erhalten Rote Sterne aus elektrisch beleuchtetem sibirischem Rubinglas. 1941 marschieren die Deutschen in der Sowjetunion ein und belagern 900 Tage lang Leningrad (das heutige St. Petersburg). Moskau wird im **Zweiten Weltkrieg** nicht eingenommen. 10 Kilometer vor den Toren der Stadt kehrt *Hitler* um, weil er, wie einst *Napoleon,* den russischen Winter und die Kampfkraft seines Gegners unterschätzt hat. Nach dem Sieg über Hitler-Deutschland, bei dem die Sowjetunion 20 Millionen Menschen verliert, hat das Leid noch immer kein Ende. Bis zu *Stalins* Tod 1953 versinkt das Land in Terror und Despotismus.

CHRUSCHTSCHOW, BRESCHNEW UND DIE STAGNATION (1953–1985)

Unter *Stalins* Nachfolger *Nikita Chruschtschow,* dessen Name mit dem Bau der Mauer, *Jurij Gagarins* erstem Weltraumflug und der Kubakrise verbunden bleibt, bricht das „Tauwetter" an. In dieser Phase kommt es auch zur **Entstalinisierung**. *Chruschtschow* prangert *Stalins* Verbrechen drei Jahre nach dessen Tod öffentlich an und lässt politische Gefangene frei. Aber der „milde" Staatsmann bringt die Welt durch irrationales Handeln an den Rand eines Atomkrieges, indem er auf Kuba Atomwaffen stationiert. *Chruschtschow* erlebt zwar noch die spektakulären Errungenschaften des

AM PULS DER STADT
Geschichte

äußerlich hoch industrialisierten Machtstaates auf dem Gebiet der Rüstung und der Raumfahrt, bleibt aber nur kurz an der Macht. Auch und gerade weil er die wirtschaftlichen Probleme des Landes nicht lösen kann, wird ihm nahe gelegt, zu gehen. Auch seinem wenig liberalen Nachfolger **Leonid Breschnew** gelingt es nicht, die Situation in den Griff zu bekommen. Im Gegenteil: Unter *Breschnews* 18-jähriger Regentschaft (1964–1982) nimmt die Verschwendung von Ressourcen weiter zu. Bis 1982 hält die **Phase der Stagnation** an. Die Privilegien einer parasitären Nomenklatura als herrschender Klasse kontrastieren mit der Ideologie der Gleichheit. Die Versorgungslage verschlechtert sich dramatisch. Unter dem Hardliner *Breschnew* kommt es zum Einmarsch in Afghanistan, der letztlich den internationalen Boykott der XXII. Olympischen Spiele 1980 in Moskau zur Folge hat. Die Sowjetwirtschaft ist auf primitiven Tauschhandel zurückgefallen, Exporte beschränken sich auf Erdöl, Erdgas und Waffen. Durch Kredite und Getreidelieferungen ist die Sowjetunion in ökonomische Abhängigkeit vom „Klassenfeind" geraten und büßt mehr und mehr Souveränität ein. Auch die kurzzeitigen, hoch betagten Zwischenregenten **Jurij Andropow** (1982–1984) und **Konstantin Tschernenko** (1984–1985) können den Niedergang nicht mehr aufhalten.

▶ *Die russische Staatsduma in Moskau war 1993 Ort dramatischer Ereignisse*

GORBATSCHOW UND DIE PERESTROJKA (1985–1991)

1985 wird der erst 53-jährige *Michail Gorbatschow* zum Generalsekretär der Kommunistischen Partei gewählt. Seine **Reformversuche** Glasnost („Transparenz") und Perestrojka („Umgestaltung") machen die Agonie des Sowjetstaates immer sichtbarer, sie sind der Anfang vom Ende des Sowjetkommunismus. Als eine der ersten Amtshandlungen verhängt *Gorbatschow* ein Alkoholverbot und macht sich damit bei der Bevölkerung unbeliebt. Bei der Wahl zum Volksdeputiertenkongress 1989 dürfen sich erstmals mehrere Kandidaten stellen. Der eiserne Vorhang fällt, die Berliner Mauer stürzt ein. Die sowjetischen Truppen werden aus Afghanistan abgezogen. *Gorbatschow* lenkt die destruktiven Energien einer zerfallenen Zwangsgesellschaft nach innen und verhindert so immerhin eine Aggression nach außen.

Boris Jelzin wird zum Vorsitzenden des Obersten Sowjets gewählt. *Gorbatschow* wird als Generalsekretär wieder gewählt. *Jelzin* und die in der Demokratischen Plattform zusammengeschlossenen Delegierten treten aus der KPdSU (Kommunistische Partei der Sowjetunion) aus. 1991 werden Lettland, Litauen und Estland unabhängig. Im Gegensatz zu den radikalen Reformbestrebungen *Jelzins*, bemüht sich *Gorbatschow* um die Konsolidierung seiner Regierung unter Rückgriff auf den alten Apparat und das Militär. Es kommt zu Demonstrationen gegen *Gorbatschow* und für *Jelzin*. Der erhält vom Kongress der Volksdeputierten Sondervollmachten, politische Entscheidungen per Dekret durchzusetzen und wird im Juni 1991 als Präsident das erste frei gewählte Staatsoberhaupt der Russischen Föderation.

Um eine von *Gorbatschow* angestrebte Reformierung der Sowjetunion und einen Systemwechsel unter *Jelzin* zu verhindern, initiieren in Moskau einige Generäle und Regierungsmitglieder einen **Putschversuch**. *Gorbatschow* wird auf seiner Datscha festgesetzt. *Boris Jelzin* ruft zum Generalstreik und zum Widerstand gegen die Putschisten auf. In Moskaus Straßen patrouillieren Panzer. Die ersten Armee-Einheiten laufen über und schützen das russische Parlament, wo *Jelzin* den Widerstand organisiert. Er stellt sich heldenhaft auf einen Panzer und ruft: „Lasst Euch nicht zu blinden Waffen machen." *Jelzin* unterstellt sich alle russischen Truppen. Demonstranten verhindern, dass KGB-Einheiten mit Schützenpanzern zum russischen Parlament vordringen. Der Putsch scheitert.

Gorbatschow ist geschwächt und muss als Generalsekretär zurücktreten.

Im Dezember 1991 vereinbaren der russische Präsident *Jelzin* und *Gorbatschow* als sowjetischer Präsident die **Auflösung der UdSSR**. Nach der Gründung der Gemeinschaft unabhängiger Staaten (GUS) tritt *Gorbatschow* zurück.

JELZIN UND DAS ENDE DER SOWJETUNION (1991–2000)

Boris Jelzin wird 1991 der erste demokratisch gewählte Präsident Russlands. Er verbietet die Kommunistische Partei und veranlasst die ersten freien Wahlen. Moskau wird **Hauptstadt der Gemeinschaft unabhängiger Staaten (GUS)**. Die sowjetische Flagge am Kreml wird durch die russische ersetzt. Das postkommunistische Russland steht vor einem riesigen Trümmerberg. *Jelzin* versucht, markt-

AM PULS DER STADT
Geschichte

HAMMER UND SICHEL

Das Wappen der UdSSR ist auch heute noch im Stadtbild zu finden. Vor dem Erdball mit Sonnenstrahlen sind Hammer und Sichel zu sehen, umrahmt von Ähren und der Aufschrift „Proletarier aller Länder, vereinigt euch!" in den unterschiedlichen Sprachen der Unionsrepubliken. Oben ist ein fünfzackiger Stern dargestellt, ein bis heute nicht wegzudenkendes Symbol im russischen Alltag.

Die italienische Tageszeitung „Il Foglio" schrieb 2006, dass Lenin nicht die nach außen hin viel beschworene Allianz mit Arbeitern und Bauern im Sinn hatte, als er sie sich buchstäblich auf die sowjetische Fahne schrieb. Der stilisierte Hammer hatte Ähnlichkeit mit dem christlichen Kreuz und die Sichel mit dem islamischen Halbmond. Aus propagandistischen Gründen habe sich Lenin für die Symbole der beiden wichtigsten Religionen des zu erobernden zaristischen Imperiums entschieden, heißt es dort.

wirtschaftliche Reformen durchzusetzen – gegen den Widerstand konservativer Kräfte im Parlament. 1993 löst er den Kongress der Russischen Volksdeputierten und den Obersten Sowjet auf. Es kommt zu einem **Putsch** konservativer Politiker. Als diese das Weiße Haus (Parlament), das Rathaus und den Fernsehturm besetzen, lässt *Jelzin* den 10 Stunden andauernden Aufstand mit Gewalt niederschlagen, um so einen Verfassungskonflikt zu seinen Gunsten zu entscheiden. Zu beklagen sind 190 Tote.

Ende 1993 wird die **neue Verfassung** durch eine allgemeine Volksabstimmung angenommen. Es finden freie Wahlen unter der Teilnahme mehrerer Parteien statt. Die Umstellung der sozialistischen Planwirtschaft auf die westliche **Marktwirtschaft** kommt nur langsam voran. Engpässe bei der Lebensmittelversorgung lassen die Bevölkerung reformmüde werden. Russland marschiert in Tschetschenien ein, um die „abtrünnige" Kaukasusrepublik „zur Räson" zu bringen. Bei den Präsidentenwahlen 1996 siegt *Boris Jelzin* erneut. In seiner zweiten Amtszeit bereichern sich viele Geschäftsleute bei der Privatisierung der Staatsbetriebe. Die so genannten „Oligarchen" haben die Kontrolle über Schlüsselrohstoffe wie Gas und Öl und bauen ihren Einfluss weiter aus. *Michail Chodorkowskij*, der Chef von Jukos (bis zur Aufspaltung 2004 einer der größten nichtstaatlichen Erdölkonzerne der Welt), drängt in die Politik. 1997 finden in Moskau die Feierlichkeiten zum 850. Jahrestag der Stadtgründung statt.

1998 gerät die russische Wirtschaft in eine tiefe **Krise**. Börse und Rubel stürzen ins Bodenlose. 1999 wird Moskau von einer **Welle von Terroranschlägen** überrollt, für die Tschetschenen verantwortlich gemacht werden. Der neue Premierminister **Wladimir Putin,** ein ehemaliger KGB-Offizier aus St. Petersburg, beschließt einen erneuten Einmarsch in Tschetschenien. Nach einer Woche liegen 80 % der tschetschenischen Hauptstadt Grosnyj in Trümmern. In seiner Neujahrsansprache am 31. Dezember 1999 tritt der gesundheitlich schwer angeschlagene Präsident *Boris Jelzin* zurück. *Jelzin* ernennt *Wladimir Putin* zu seinem Nachfolger.

PUTIN UND DIE ZWEITE MODERNE (SEIT 2000)

Wladimir Putin schafft es, die Wirtschaft wieder anzukurbeln. Der hohe Ölpreis nach dem 11. September 2001 kommt ihm zu Hilfe. Der Großteil des Geldes, das durch die Ressourcen ins Land kommt, gelangt zunächst nach Moskau. Die Stadt erlebt einen Aufschwung ohnegleichen. Der Tschetschenienkonflikt holt *Putin* mit aller Macht ein, als sich die Gewalt aus dem Kaukasus in die russische Hauptstadt „verlagert". Kriegsschauplatz ist nicht mehr nur Tschetschenien, als 1999, im Anschluss an eine neue Offensive der russischen Armee im Kaukasus, tschetschenische Separatisten mehrere Anschläge auf die Moskauer Metro verüben (siehe Exkurs „Die Hauptstadt und der Kaukasus"). Ende 2003 lässt *Putin* unter dem Vorwurf der Steuerhinterziehung den einflussreichen Geschäftsmann hinter dem Ölkonglomerat Jukos, *Michail Chodorkowskij,* verhaften. 2004 wird *Putin* mit großer Mehrheit wiedergewählt. *Chodorkowskij,* der auch politische Ambitionen hegte, wird nach langer Untersuchungshaft Ende 2005 zu 9 Jahren Haft ohne Bewährung und einer hohen Geldstrafe verurteilt (siehe auch Kapitel „Aktuelle Politik").

VERWALTUNG UND POLITIK

VERWALTUNG

Moskau ist die Hauptstadt der Russischen Föderation, der Sitz von Regierung, Parlament und Präsident. Sitz der Stadtregierung ist das Moskauer Rathaus in der Twerskaja Uliza. Der Bürgermeister wird zusammen mit dem Vizebürgermeister von den Bürgern der Stadt auf vier Jahre gewählt. Innerhalb Russlands ist die Stadt Moskau ein eigenständiges Föderationssubjekt. Sie ist außerdem die Hauptstadt des Föderationskreises Zentralrussland und des Oblast (Verwaltungsgebiet) Moskaus, welches den Großraum Moskau ohne die Stadt selbst umfasst. Der *Oblast* gliedert sich in 39 *Rayons* (Kreise).

Die Stadt Moskau ist gegliedert in 10 Verwaltungsbezirke mit je einem Präfekten und einem eigenen Parlament, das aus 11 gewählten Abgeordneten besteht.

Die Verwaltungsbezirke von Moskau:
1. Zentrum (Zentralnyj)
2. Norden (Sewernyj)
3. Nordosten (Sewerowostotschnyj)
4. Osten (Wostotschnyj)
5. Südosten (Jugowostotschnyj)
6. Süden (Juschnyj)
7. Südwesten (Jugosapadnyj)
8. Westen (Sapadnyj)
9. Nordwesten (Sewerosapadnyj)
10. Selenograd

AM PULS DER STADT
Verwaltung und Politik

AKTUELLE POLITIK

Politik und Macht sind in Moskau eng verknüpft. Moskau ist Sitz des russischen Staatspräsidenten und seiner Präsidialverwaltung, der Föderationsregierung und der Stadtverwaltung. Seit Anfang der 1990er Jahre stimmten die Wähler in Moskau (10 % der Wählerschaft Russlands) im Gegensatz zu der übrigen Bevölkerung meist für liberale oder sozialliberale Parteien. **Bürgermeister Jurij Luschkow** konnte 2003 75 % aller Stimmen auf sich vereinen.

Seit 2000 regiert **Wladimir Wladimirowitsch Putin** (auch WeWePe genannt) als russischer Präsident im Kreml. In seiner ersten Amtszeit von 2000–2004 erreichte der ehemalige KGB-Offizier und Jurist, der zwar 16 Jahre für den KGB arbeitete, aber nie zum Oberst befördert wurde, viele seiner Ziele: Er bündelte die Macht der Legislative, der Exekutive und der Judikative in seinen Händen und schuf damit eine „Vertikale der Macht". Auf diese Weise schwächte er die Konzerne, die unabhängigen Medien, die Kommunisten, die liberalen Parteien und die bür-

PUTIN – DIE STARKE HAND

Putin braucht den Vergleich mit anderen Staatsmännern nicht zu scheuen. Die „Moscow News" sagt ihm eine gewisse Ähnlichkeit mit dem ersten Präsidenten der türkischen Republik Kemal Atatürk nach: „He is a Kemalist in the Kremlin". Beide seien nach Westen orientierte Modernisierer, die das Rechtssystem überarbeiteten, die Korruption bekämpften, das Ansehen der Armee aufpolierten, den Privatbesitz legalisierten und die Wirtschaft ankurbelten. Auch schränkten beide die Pressefreiheit ein. Atatürk sprach von „Liberaldemokratie", während Putin immer noch eine „gelenkte Demokratie" favorisiert. Viktor Jerofejew findet ein russisches Pendant zum russischen Präsidenten: Putin entspreche am ehesten Alexander III., dem vorletzten Zaren der Romanows (Ende des 19. Jh.), schrieb er in „Die Welt". Auch Zar Alexander sei ein großer Spieler der Weltpolitik, „aber dabei kein Intellek-

tueller" gewesen. Auch er habe orthodoxe Ideologie und Staatskapitalismus gefördert. Wie Putin duldete er nur beschränkt Meinungsfreiheit und versuchte, den Terrorismus zu bekämpfen. Putins Chancen auf eine Wiederwahl 2008 stünden gut.

Sollte er noch einmal antreten wollen, müsste aber das Gesetz geändert werden. Im März 2006 erklärte der Präsident allerdings, dass er sich durchaus eine zukünftige Tätigkeit am Verfassungsgericht vorstellen könnte.

Putin genießt in Moskau ein hohes Ansehen. Allerdings hat ein geradezu mystischer Autoritarismus eine lange Tradition in Russland. Der höchste Führer wird vom Volk als unfehlbar angesehen, für Fehler werden die Untergebenen zur Rechenschaft gezogen. Auch ein altes russisches Sprichwort hat neuerdings wieder Hochkonjunktur: „Der Zar ist gut, die Adligen sind schlecht."

JURIJ LUSCHKOW, MOSKAUS BÜRGERMEISTER

Luschkowia wird Moskau von den Moskowitern auch liebevoll genannt. In der Tat ist das Moskau, wie es heute ist, zum großen Teil sein Verdienst. Für den weitsichtigen, engagierten und mutigen Bürgermeister ist die Megastadt vor allem „ein episches, poetisches Gedicht". Luschkow war 1996 noch ein Verbündeter Jelzins und der erste gewählte Moskauer Bürgermeister, 1997 sagte er sich von Jelzin los. Bei den Duma-Wahlen 2005 erhielt Luschkows Partei „Vereintes Russland" 47 % der Stimmen. Per Gesetz hat Luschkow mehr Macht und Verfügungsgewalt in der Hauptstadt als Wladimir Putin. Luschkows Biograf Roj Medwedew ist davon überzeugt, dass Luschkows „Moskauer Modell" Russland in der 1990er Jahren vor dem Zerfall und dem Niedergang gerettet hat. Die Allianz aus einflussreichen Regierungsmitgliedern, Firmendirektoren und Geschäftsleuten hat Erfolg. „Ich will die Vorzüge des Kapitalismus mit denen des Sozialismus vereinen", heißt es in der Biografie.

Aus seiner Entschlossenheit, Moskau in das 21. Jh. zu führen, macht er keinen Hehl: „Ich bin ein Diktator, aber nicht auf dem Gebiet der Politik, sondern der Wirtschaft und des Staatshaushaltes. Für diese Bereiche ist ein Übermaß an diktatorischer Disziplin vonnöten". In Anlehnung an den tatendurstigen Gründervater Moskaus, wird Luschkow auch „Jurij Dolgorukij" genannt. Der (teilweise umstrittene, weil exorbitant teure) Wiederaufbau des Auferstehungstores, des Siegesparks und der Christ-Erlöser-Kathedrale (inklusive Luschkows Namensgravur neben der von Zar Nikolaus in der 28 Tonnen schweren Glocke!) gehen ebenfalls auf seine Initiative und die Großzügigkeit der von ihm akquirierten Sponsoren zurück. Seiner Popularität hat das jedoch keinen Abbruch getan. Pro Jahr lässt der „Moskauer Bär" viereinhalb Millionen Quadratmeter Bürofläche bauen. Den „kulturellen Code" der Stadt will er aber nicht verändern. Bildungsreformen und Sozialpolitik sind ihm über alle Maßen wichtig, Russland dürfe nicht „von der kulturellen Weltkarte verschwinden", schreibt Luschkow 2005.

Kein Wunder, dass viele Moskowiter ihren umtriebigen Bürgermeister gern als künftigen Präsidenten sähen. Putins Verhältnis zu Luschkow ist zwiegespalten. So ließ Putin die Wahlstatuten für 2007 (Dezember) ändern, damit der nächste Bürgermeister von ihm ernannt und nicht mehr vom Volk gewählt wird. Luschkow schreibt in seinem „Handbuch für die Welt der Zukunft" von 2003: „Wir sind wie Kolumbus auf dem Seeweg nach Indien. Wir wissen nicht, wohin wir segeln und ob wir je ankommen werden. Aber wir sind fest davon überzeugt, dass wir auf dem Weg nach Indien sind. Wir brauchen einen guten Kapitän, ein eingespieltes Team und Glück. Wir haben wie Kolumbus keine Karte. Die Karte auf dem Weg in die Zukunft schreiben wir selbst. Als Orientierungspunkt haben wir nur unseren ‚russischen Traum'."

gerliche Gesellschaft. Auch werden Gouverneure jetzt von ihm ernannt und nicht mehr vom Volk gewählt. Die Provinz erhält damit einen kleineren Handlungsspielraum, die Zentralisierung des Landes schreitet voran. Zwar hat Russland heute eine stabile Makroökonomie mit einem Wirtschaftswachstum von 6,5 %, aber es herrscht keine Meinungsfreiheit. Fernsehsender werden abgesetzt, Zeitungen verboten, kritische Journalisten ermordet. „Modernisierung statt Demokratisierung" scheint *Wladimir Putins* Credo zu sein.

WIRTSCHAFT UND TOURISMUS

WIRTSCHAFT

Moskau ist das größte Industriezentrum Russlands. Der Anteil der Stadt am Bruttoinlandsprodukt (BIP) des Landes betrug 2004 12,5 %. Der Internationale Währungsfonds prognostiziert für Russland ein Wirtschaftswachstum von 6,5 % im Jahr 2006. Etwa ein Viertel aller Einnahmen des Staatshaushalts werden in der Hauptstadt erwirtschaftet. Ein Viertel der Industrieproduktion Moskaus entfällt auf den Maschinenbausektor. Das Hüttenwesen und die Leicht-, Kraftfahrzeug-, Baustoff-, Chemie- und petrochemische Industrie sind ebenfalls stark vertreten. Allerdings erweist sich die Schwerindustrie als immer weniger konkurrenzfähig. In den kommenden Jahren wird mit massiven Arbeitsplatzverlusten im produzierenden Gewerbe gerechnet, mit Ausnahme des Bausektors, der seit 2000 einen regelrechten Boom erlebt. Stattdessen wird der Dienstleistungssektor weiter ausgebaut. In Moskau sind etwa 80 % des Finanzpotenzials des Landes konzentriert. Zwei Drittel des Gesamtumfanges ausländischer Investitionen in die Wirtschaft Russlands gehen in die Hauptstadt. Vier Fünftel aller Kapitalbewegungen des Landes finden in Moskau statt. Die Zahl der kleinen und mittelständischen Unternehmen stieg nicht zuletzt dank *Jurij Luschkow* von 2000 bis 2005 von 7000 auf 170.000 an.

Lebensstandard

Auch der Lebensstandard hat sich innerhalb der letzten Dekade erheblich verbessert. Die Auswirkungen des wirtschaftlichen Einbruchs nach dem Ende der Sowjetunion sind in Moskau heute nicht mehr, in anderen Regionen Russlands durchaus noch zu spüren. Die Arbeitslosigkeit liegt bei unter 2 %. Der durchschnittliche Monatsbruttolohn beträgt in Moskau 13.038 Rubel (381 €). Etwa 5–10 % der Moskauer Bevölkerung zählen zur wohlhabenden oder reichen Schicht. Das heißt, etwa eine Million Menschen besitzen eine hohe Kaufkraft. Rund 40 % der Einwohner, das sind etwa vier Millionen Menschen, gehören der neuen Mittelschicht an. Die Bevölkerungsdichte entspricht etwa der von New York (in New York leben 10359 Einwohner pro km², in Moskau sind es 9485). Die Zahl der Privat-Pkw hat sich seit Mitte der 1990er Jahre verdoppelt und liegt nun bei 2,7 Millionen. Kein Wunder, dass die deutsche Autoindustrie massiv nach Russland expandiert. VW plant ein Werk in Moskau, Fiat ist schon da.

▶ *Moskau Boomtown*

Boomtown

Moskau hat sich seit Anfang der 1990er Jahre von einer der preiswertesten zu einer der teuersten Städte der Welt entwickelt. Sie ist die teuerste Stadt Europas und weltweit die Nummer 3 hinter Tokyo und Osaka. Moskau liegt heute im globalen Korridor zwischen Europa und Asien. Die Moskauer Börse verzeichnete 2005 die höchsten Zuwächse weltweit. Aktienbewegungen und Firmenzusammenschlüsse sind plötzlich auch international von Bedeutung. *„Das moderne Moskau will ein orthodoxes New York sein, dessen Wirtschaft nach sozialistischen Regeln funktioniert"*, schreibt *Dan Medownikow*. Ein Viertel der gesamten weltweiten Erdölvorkommen außerhalb des Nahen Ostens befinden sich in Russland. Öl und Gas sind die wichtigsten Exportartikel des Landes.

Seit dem 11. September 2001 erlebt Moskau eine Phase großen wirtschaftlichen Aufschwungs aufgrund hoher Einnahmen aus dem Ölgeschäft. Aus diesem Grunde konnte *Putin* 2005 einen Teil der russischen Auslandsschulden begleichen. Deutschland, das wichtigste Importland für russisches Öl und Gas, zeigte sich erfreut. Der russische Staat hält deutsche Staatsanleihen mit einem Wert von mindestens 14 Milliarden Euro, die russischen Staatsschulden betragen dagegen nur 12 Milliarden Euro.

Die Chinesen kommen

Schon 1836 wusste der russische Philosoph *Pjotr Tschaadajew*, dass Russland mit dem einen Arm auf Deutschland und „mit dem andern auf China gestützt" zwischen den beiden „Hauptteilen der Welt" eine Brücke bilden könnte. Russ-

DIE ACHSE BERLIN – MOSKAU

„Beide Städte, die so wuchtig und eindrucksvoll die Bühne des anbrechenden 20. Jahrhunderts betreten hatten, sind im Laufe des Jahrhunderts aus dem Kreis der großen Weltstädte ausgeschieden in einem ganz eigentümlichen und sehr verschiedenen Prozeß der Selbstzerstörung. (...) Berlin und Moskau als europäische Metropolen des 20. Jahrhunderts wurden im 19. Jahrhundert geboren. Die Nervosität, die Fieberhaftigkeit und Kraft der beiden Städte, beide latecomer, wenn auch mit verschiedener Ausgangsposition, wurzeln in der Aufbruch- und Boomzeit des Wilhelminismus und des späten russischen Kaiserreiches. (...) Berlin und Moskau sind durch die Wucht der gesellschaftlichen und politischen Ereignisse im 20. Jahrhundert aus der allgemeinen Bahn der Stadtentwicklung herausgeschleudert worden. Sie hatten für lange Zeit ihre Rolle als kreative und innovative Zentren der europäischen Existenz und Kultur eingebüßt. Die Zeiten der geschlossenen oder totalitären Gesellschaft waren auch Zeiten der Provinzialisierung und Dezimierung dessen, was Kant die ‚lebendigen Kräfte' genannt hatte. Sie brauchten ein gutes halbes Jahrhundert, um dort wieder anzugelangen, wo sie schon einmal waren. (...)

Aber wahrscheinlich gibt es in Moskau nicht jenen markanten Ort, der dem Ort der Teilung, der Mauer in Berlin, entsprechen würde. Hier zeigt sich doch, dass die Parallelen nur begrenzte Reichweite haben. Moskau war – anders als Berlin – eben nie zerstört durch den Krieg und den Nachkrieg, was immer Kahlschläge und Ikonoklasmus von Stalinisten und Antistalinisten angerichtet haben mögen. Moskau war nie eine geteilte Stadt – es sei denn zwischen „denen da oben" und „denen da unten". Moskaus Bautätigkeit konzentriert sich heute nicht auf einen bestimmten Punkt, sondern die ganze Stadt ist im Baufieber."

(zitiert aus: Karl Schlögel, „Marjampole oder Europas Wiederkehr aus dem Geist der Städte", © 2005 Carl Hanser Verlag, München – Wien)

land orientiert sich stark an China und hofft auf bessere Handelsbeziehungen. Moskau ist noch immer der größte Verkehrsknotenpunkt zwischen Europa und Asien.

Der Staubsauger

Das Gefälle zwischen Hauptstadt und Provinz ist immens. Der amerikanische Ökonom und Russlandspezialist M. Goldman schrieb treffend über Moskau: *„Eine Hauptstadt zieht normalerweise das ganze Land mit. Aber Moskau scheint keine Lokomotive zu sein, sondern ein Staubsauger."*

Im Dezember 2004 gab es in Moskau Überlegungen, den Dollar als Reservewährung abzustoßen und stattdessen auf den Euro umzusteigen. Bis heute sind zwei Drittel aller russischen Währungsreserven in Dollar. Die Gold- und Devisenreserven der russischen Zentralbank erreichten im Mai 2005 mit 145 Milliarden Dollar einen Höchststand.

TOURISMUS

Von den etwa 3,7 Millionen **Touristen**, die die russische Hauptstadt 2005 besuchten, kamen die meisten aus Europa, den USA, der Türkei, China, Japan, Israel und Südkorea. Von den Europäern stellten die Deutschen die größte Gruppe. Im Jahr 2005 waren es 315.000. Bis zum Jahr 2010 soll die Zahl der Touristen auf 5 Millionen steigen. Das hat sich die Moskauer Stadtregierung auf ihre Fahnen geschrieben und 2006 eine Imagekampagne ins Leben gerufen, für die knapp 4,5 Millionen Euro bereitgestellt werden sollen.

Für die Olympiade 2016 will sich Moskau, nachdem die Bewerbung um die Olympischen Sommerspiele für 2012 scheiterte, in jedem Fall erneut bewerben. Während der Goldene Ring (Ring altrussischer Städte im Nordosten Moskaus wie Sergijew Possad, Wladimir, Susdal, Pereslawl-Salesski, Uglitsch, Rostow-Weliki u. a., die lange vor Moskau Handels- und Kulturzentren des Landes waren) in den letzten Jahren an Bedeutung verloren hat, wird die Achse Moskau – St. Petersburg stärker frequentiert. Die bis auf wenige Ausnahmen recht hochpreisigen Hotels und Restaurants machen Moskau zu einem relativ **teuren Reiseziel**.

Hinter dem Eisernen Vorhang tauchte plötzlich der Rest der Welt auf. Moskau ging in den letzten Jahren sukzessive **Städtepartnerschaften** mit einer Vielzahl interessanter Städte ein: mit Buenos Aires (1990), Berlin (1990), Seoul (1991), Tokyo (1991), Wien (1991), Paris (1992), Düsseldorf (1992), Peking (1992), Warschau (1993), Helsinki (1993), Prag (1995), Brüssel (1996), Rom (1996), Madrid (1997) und Tel Aviv (2000).

BEWOHNER, MENTALITÄT UND ALLTAGSKULTUR

„Sie müssen Russland so nehmen wie es ist. Fährt ein Westler in ein afrikanisches Dorf, respektiert er doch auch die Bräuche dieses Dorfes. Uns aber messt ihr mit eurer Elle – vielleicht, weil wir weiß aussehen und euch damit ähneln. Äußerlich sind wir Weiße, sicher, aber im Inneren auch ein wenig schwarz oder von eher undefinierbarer Farbe. Ihr solltet aufhören, euch darüber zu wundern."
(Viktor Jerofejew)

NICHTS FÜR SCHWACHE NERVEN

Moskau ist nichts für schwache Nerven. Um so mehr verblüfft die pragmatische Art der mehr als 10 Millionen Moskowiter, sich in diesem undurchdringbar scheinenden Dschungel zurechtzufinden. Weite Entfernungen, fragwürdige Verkehrsführungen, schwierige Witterungsbedingungen, große Schlaglöcher, überfüllte Metrowaggons, hektischer **Lebensrhythmus** und endloses Warten an Bushaltestellen machen das Leben in dieser Metropole zu einer wahren Übung in Demut. Und doch empfinden Russen Moskau als ihre Heimat – und nicht Russland. Ausländer nannten des russischen Staat nicht von ungefähr früher auch „Moskowia". *„Moskau ist für jeden Russen wie eine Mutter"*, sagte schon *Lew Tolstoj*.

Drei **ethnische Grundeinflüsse** finden in diesem Amalgam aus 140 Nationalitäten zusammen: das Ost-Slawische, das Finno-Ugrische und das Turkvölkische. Moskau ist die größte Stadt Europas. Sie ist maßlos, extrem und laut.

Moskau ist im Sommer extrem heiß und im Winter extrem kalt. Der goldene Mittelweg ist verpönt, auch im Zwischenmenschlichen. Man mag einander sehr oder eben nicht. Ein gewisses Misstrauen anderen gegenüber rührt noch aus den Zeiten der Diktatur.

Wider Erwarten sind die Moskowiter sehr **deutschfreundlich**. Sie bewundern die Tatkraft der Deutschen. Lange Jahre fühlten sich die Russen wie Kriegsverlierer, aber ihrer Bewunderung für die Deutschen hat das keinen Abbruch getan. Problematisch ist das Verhältnis zu den „Schwarzen" (*tschornyje*), den in Moskau lebenden Kaukasiern (siehe Exkurs „Die Hauptstadt und der Kaukasus"). Sie werden aufgrund ihres dunkleren Teints meist für Tschetschenen gehalten und sehen sich ständigen Passkontrollen ausgesetzt.

Spricht man einen Moskowiter an, ist er **oft mürrisch**. Die Antwort auf eine Frage fällt meist kurz aus – oder ganz ausführlich. Nach dem Weg fragt man am besten junge Frauen oder Babuschkas, Männer trauen sich häufig nicht, zuzugeben, dass sie keine Ahnung haben, und sagen irgendetwas. Versucht man sich als Ausländer auf Russisch, wiederholen sie jedes Wort, als hätte man es falsch ausgesprochen (hat man wahrscheinlich auch!). Aber sie zeigen auch, wenn man ihnen gefällt. Nur lächeln tun sie nie. Man kennt sich schließlich nicht. Wer lächelt, hat böse Absichten, heißt es. Auch in Geschäften und an Kiosken gibt es verschiedene Zuneigungsgrade. „*Spasibo, do swidanija*" („Danke. Auf Wiedersehen") ist noch die neutralste Antwort. „*Wsjewo choroschewo*" („Alles Gute") ist schon deutlich wärmer gemeint. Hört man den Satz: „*Prichodite jescho ras.*", ist das wie ein Ritterschlag. Sie möchten, dass man „mal wieder vorbei kommt." In welcher anderen (europäischen) Metropole würde einem so etwas widerfahren?

NÄHE UND DISTANZ

Moskau ist eben anders. Berührung und Körpernähe spielen eine wichtige Rolle in diesem Kontext. Deutsche halten etwa einen Meter Abstand zu ihrem Gegenüber, Russen weniger als einen halben Meter. Willkürlichen **Berührungen** beispielsweise in der Metro wird nicht ausgewichen und Zwischenräume werden, anders als in Deutschland, ausgefüllt. Türen werden nicht aufgehalten, eine gewisse Rücksichtslosigkeit erstaunt den Besucher. Sie kommt noch aus einer Zeit, als Moskau *„peasant metropolis"* war, eine von Bauern bevölkerte Handelsstadt. Möglicherweise hat dieser direkte, unverkrampfte Umgang mit anderen seine Wurzeln auch im orthodoxen Christentum, das Leib und Seele als Einheit betrachtet. Die Körperfeindlichkeit der katholischen und protestantischen Kirche stößt auf Unverständnis. Die fehlende Vorstellung von **„Grenzen"** ist ein Wesensmerkmal der russischen Kultur. „Sich abgrenzen" und „für sich sein" kennen die Russen nicht. Auch die zwischen 1914 und 1930 eigentlich aus Wohnungsnot, im Grunde aber aus ideologischen Gründen zugeteilte *kommunalka* (Gemeinschaftswohnung) machte das Privatleben öffentlich. Bezeichnend ist, dass es kein russisches Wort für Privatsphäre gibt. Russen können nicht allein sein und ihre Familie ist ihnen über alle Maßen wichtig. Sie sind ohne weiteres bereit, Fremden, die sie mögen, intime Dinge zu erzählen, erwarten das aber auch von ihrem Gegenüber. Das macht es für ausländische Geschäftsleute manchmal schwierig, da in anderen Kulturen, insbesondere in der deutschen, das Private vom Beruflichen eher getrennt wird.

„FORT KNOX"

Andererseits bleibt dem Besucher Moskau oft verschlossen. Die Moskowiter leben hinter mehrfach verriegelten, nur mit Codes zu öffnenden Haustüren und schallisolierten Etagentüren. Moskowiter lieben **Hintereingänge**. Oftmals muss man stundenlang in Hinterhöfen nach einem Eingang zu einem Lokal oder einer Galerie suchen. Dem Phänomen der verschlossenen Türen begegnet man in Moskau auch an Museumseingängen, sogar in öffentlichen Gebäuden wie dem Bolschoj-Theater oder in der Metro: von sieben Türen meist riesengroßer Eingänge ist fast immer nur eine einzige geöffnet. Dort drängeln sich dann die Massen.

Verschlossen bleibt die Stadt auch vielen Russen. Ein komplexes System der Meldebescheinigungen stellt eine Art **Zuzugsverbot** dar, dem nur mit mindestens 10.000 US-$ für eine *propiska* (Wohn- und Arbeitserlaubnis für die Hauptstadt) beizukommen ist. In den ersten 6 Monaten des Jahres 2005 wurden 20.000 illegale Arbeiter aus Moskau ausgewiesen. Erwachsene Kinder ziehen oft nicht aus der Wohnung der Eltern aus, weil sie dann ihr Wohnrecht für Moskau verlieren.

Jahrhunderte gewaltsamer Zentralisierung haben aus Moskau ein verriegeltes Fort Knox mit besonderen Bewohnern gemacht. Die Abwesenheit von Demokratie und Föderalismus haben Moskau einen imperialen Glanz verliehen, den es sich bis heute bewahren konnte. Es herrscht die **Diktatur der richtigen Geburt**. *„Wer nicht in Moskau lebt, ist in diesem Land verloren"*, heißt es im Volksmund.

KOSMOPOLITEN

Moskau ist kosmopolitisch geworden. Der **westliche Einfluss** hat die multiple, asiatisch-europäische Identität der Bewohner bereichert. Vor allem die jüngere Generation spricht Englisch, genauer: Amerikanisch. Moskowiter sind cool, lässig, arrogant und weltläufig geworden, gastfreundlich sind sie geblieben. Die Stadt ist in der Jetzt-Zeit angekommen und hat mit anderen Metropolen gleichgezogen. Fast alle Lokalitäten haben 24 Stunden am Tag geöffnet, die Moskowiter von heute sind Nachteulen und Langschläfer.

Seit der Einführung der **Reisefreiheit** 1993 und der besseren Verdienstmöglichkeiten jetten sie um die Welt und bringen von dort Ideen und neue Ansprüche mit. Coffeeshops *(kofechaus)* und Sushi-Bars sind heute eine Selbstverständlichkeit in einer Stadt, die bis 1991 nur wenige Cafés und Restaurants kannte. Die Vororte von Moskau und die ehemaligen „Bruderstaaten" sind dagegen in weite Ferne gerückt. Ein Zugticket nach Nischnyj Nowgorod ist teurer als ein Flug nach Sharm el-Sheik. Die Tatsache, dass die Moskowiter selber reisen und die Welt sehen können, hat deren Horizont erweitert. Junge Moskowiter finden Ausländer „cool", nicht selten wird man gefragt, woher man kommt.

40% der Moskowiter gehören bereits der **neuen Mittelschicht** an, die zwischen 1000 und 2000 € netto im Monat verdient, ein Auto und eine Wohnung besitzt, Essen geht, in den Urlaub fährt und Geld sparen kann. Viele Moskowiter nehmen **Nebenjobs** an, um sich das Leben in der Hauptstadt leisten zu können. Die **Arbeitslosigkeit** liegt bei 2%. Eine Quote, von der deutsche Politiker nur träumen können.

Die Gesellschaft hat an Struktur gewonnen, es gibt endlich ein **Freizeitangebot**. Auch und vor allem, ähnlich wie in Rom, Madrid oder Berlin, an öffentlichen Plätzen. Der Puschkinplatz (genannt *puschka*) ist noch immer ein beliebter Treffpunkt für junge Russen. Im Sommer sind die Patriarchenteiche sehr beliebt. Dies gilt auch für den Alten Arbat, die erste Fußgängerzone Moskaus. Moskau oszilliert zwischen intimen Räumen und offiziellen Plätzen. Kein Moskowiter träumt mehr vom vermeintlich verheißungsvollen Westen.

DIE SELBSTDARSTELLUNG

Wie in anderen Metropolen auch spielt in Moskau das äußere Erscheinungsbild eine große Rolle. Dabei fallen dem Besucher in erster Linie die stets perfekt geschminkten, auffallend farbenfroh und damenhaft gekleideten **russischen Frauen** auf. Stöckelschuhe lenken die Blicke der vergleichsweise uniform gekleideten russischen Männer auf die oft sündhaft teuren eleganten Roben der Damen. Pelze, Schmuck und Designerkleidung bestimmen heute das Selbstverständnis der Moskowiterinnen.

Die Wichtigkeit von Äußerlichkeiten spiegelt auch eine Samsung-Reklame wider, in der es heißt: *„In Geschäftskreisen ist alles von Bedeutung: Ihre Kleidung, Ihre Uhr, Ihr Umfeld ..."* Hat man einen bestimmten gesellschaftlichen Status er-

AM PULS DER STADT
Bewohner, Mentalität und Alltagskultur

reicht, braucht man **sichtbare Statussymbole**, die teilweise auf ziemlich unbeholfene Art zur Schau gestellt werden. Dazu gehören bei (erfolgreichen) (Geschäfts-)Männern große Autos und protzige Markenuhren. Nur die Rolex am Arm, die obligatorische Sonnenbrille und die (schwarze) Hermès-Krawatte unterscheiden den fast ausschließlich in Schwarz gekleideten „**neuen Russen**" von den im Stadtbild überall zu sehenden Security Guards, die ebenfalls eine Neigung zum Dunklen zu haben scheinen. Ungezwungene Treffen in Freizeitkleidung wird man in der Öffentlichkeit nicht finden, schon gar nicht unter Männern.

Den Moskowitern wird außerdem ein gewisser **Hang zur Exzentrik,** zum Hedonismus und zum Märchenerzählen nachgesagt. Dabei gehört es zum guten Ton, es mit der Wahrheit nicht so genau zu nehmen. Der Unterhaltungsfaktor ist wichtiger. Dabei ist das gesprochene (und das geschriebene) Wort von immenser Bedeutung. Die Moskowiter lieben ihre hoch komplizierte Muttersprache, die feinste Schattierungen und Mehrdeutigkeiten zulässt. Eine gewisse List, ein angeborenes Improvisationstalent und ein ausgeprägter, uneuropäischer Aberglaube bilden einen wohltuenden **Kontrast zur neuen europäischen Sachlichkeit.**

DER IRRSINN

Eine gewisse **Absurdität** ist dem Alltag der Moskowiter nicht abzusprechen. Auch kämpfen sie gegen einen Irrsinn, den sie oft selbst heraufbeschwören. Sie baden in verseuchten Flüssen und in den Whirlpools snobistischer Fitness-Clubs für 2000 € Mitgliedsbeitrag im Monat, sie lieben billige schwarze Lederjacken und teure Nerzmäntel, sie essen Gänseleberpastete in sündhaft teuren Restaurants und kaufen bei –30 Grad Eis am Straßenkiosk, sie trinken Wodka auf Friedhöfen und Bier an Metroeingängen, sie verehren *Puschkin* und Hausschuhe ... und sie haben immer noch jederzeit eine Plastiktüte parat. Ein Relikt aus der Sowjetzeit, als man nie vorhersehen konnte, wann es was zu kaufen gab. Dann konnte man gleich einen Hamstervorrat anlegen. Die ebenfalls aus der Sowjetära stammende Russenpelzmütze ist übrigens nur bei Männern unter 40 out. Alle älteren Russen tragen bis auf wenige Ausnahmen im Winter noch immer die schwere, unförmige Kopfbedeckung. Das Paradeutensil des ewiggestrigen Homo Sovieticus ist heute fast nur noch auf Touristenmärkten zu kaufen. Auf die Kaninchenfellausgabe sollte man allerdings verzichten, echte Russen tragen Nerz oder Zobel! Als Nicht-Russe macht man sich mit dem sperrigen Tierfell ohnehin nur lächerlich. Der selbstbewusste junge Russe von heute trägt auch bei Temperaturen unter –20 Grad nur eine Wollmütze oder eine französische Baskenmütze, wenn überhaupt.

Das gespaltene **Verhältnis zur Vergangenheit** wird auch in anderen Kontexten deutlich. In einer Umfrage Anfang 2006 hielten 43 % der Befragten *Stalin* für eine herausragende historische Persönlichkeit. Auch das vielschichtige Symbol des fünfzackigen roten Sterns trifft man noch überall im Straßenbild an.

Die **Unfreundlichkeit** im Dienstleistungsgewerbe erinnert nach wie vor an

◀ *Schon lange nicht mehr brav: Moskauer Jugendliche*

kommunistische Zeiten, als man auf Kunden nicht angewiesen war, da es ohnehin wenig zu kaufen gab und jedes Geschäft in Staatsbesitz war. Servicekräfte waren mit dem Kunden gleichgestellt, ihre Stellen schlecht bezahlt und praktisch unkündbar.

Der russische Staat hat heute 1,5 Millionen Menschen in seinen Diensten. Ob die noch immer anzutreffende Lethargie, der frappierende Fatalismus und der tiefe Glaube an eine metaphysische Ordnung, die den Moskowitern zu eigen sind, etwas mit dem jahrzehntelangen Mangel an Wahl- und Aufstiegsmöglichkeiten zu tun hat, oder tief in der russischen Seele verankert ist, ist schwer zu sagen. Bei der jungen Generation ist Aufbruchstimmung zu spüren. Das geflügelte Wort „Wer soll das für dich machen? Puschkin etwa?" scheint für sie nicht mehr zu gelten.

RELIGIONEN UND BRAUCHTUM

Die Russische Föderation ist nach der gültigen Verfassung ein laizistischer Staat, der seinen Bürgern Gewissensfreiheit und Glaubensfreiheit garantiert. In Russland treffen mehr als 40 unterschiedliche Konfessionen in ca. 9000 religiösen Vereinigungen aufeinander. 75 bis 80 % der Russen bezeichnen sich als orthodox, aber nur 58 % als gläubig. Moskau ist die größte orthodoxe Stadt der Welt.

Zweitwichtigste Religion in Russland ist nach der Zahl der Anhänger der Islam, zu dem sich viele Tataren, Baschkiren, Tschetschenen, Aserbaidschaner, Kasachen und andere bekennen. Russland hat nach der Türkei die zweitgrößte muslimische Bevölkerung in Europa. Die Mehrzahl der Moslems sind Sunniten. Die Zahl der in Moskau lebenden Moslems wird auf 100.000 geschätzt.

Die russische Bevölkerung gliedert sich nach der Religionszugehörigkeit in: 58 % orthodoxe (gläubige) Christen, 32 % Atheisten, 5 % Moslems, 2 % andere christliche Konfessionen und 0,2 % Juden.

GESCHICHTE DER ORTHODOXIE

Die größte Glaubensgemeinschaft ist die seit 1000 Jahren existierende russisch-orthodoxe Kirche. Die Führung der von Schweden eroberten ehemaligen Hauptstadt Kiew entschied sich für die Annahme des Christentums von Byzanz. 988 regte Fürst *Wladimir* die **Christianisierung** in Russland an, die zur Herausbildung des russischen Staatswesens, zur Entwicklung von Bildung und Kultur beitrug. Die Symphonia (harmonisches Zusammenwirken von Kirche und Krone) sollte die Kräfte im Gleichgewicht halten. Sie wurde der Ausgangspunkt der Idee des „Heiligen Russland" *(Swjataja Rus)*.

Die Frage nach dem Zentrum der Christenheit, das der lateinische Westen in Rom und der griechische Osten in Konstantinopel sah, und der Machtverteilung kirchenpolitischer Interessen führte schließlich zur **Spaltung der beiden Kirchen**, dem großen morgenländischen Schisma im Jahr 1054.

Mitte des 17. Jh. spalteten sich die **Altgläubigen** von der russisch-orthodoxen Kirche ab, weil sie mit den Reformen von Patriarch *Nikon* nicht einverstanden waren. Im 18. Jh. wurde die russisch-orthodoxe Kirche **Staatskirche**, auch ihre Finanzen unterlagen fortan staatlicher Kon-

AM PULS DER STADT
Religionen und Brauchtum

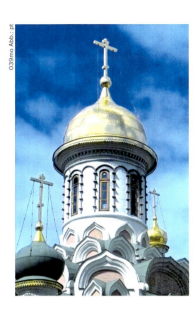

trolle. *Peter der Große* ließ die Kirche wieder weltlicher ausrichten und setzte 1721 einen Synod (Kirchenregierung) nach deutsch-lutherischem Vorbild ein. 1917 wurde das Patriarchat wieder etabliert, Patriarch *Tichon* wurde zum Metropoliten Moskaus gewählt.

Nach der Oktoberrevolution wurde 1918 die Trennung von Kirche und Staat vollzogen. In der **Sowjetzeit** wurden Gläubige und Mönche verhaftet und Klöster zerstört. Kirchliche Reformansätze wurden von der kommunistischen Partei instrumentalisiert oder planvoll verhindert. *Lenin* nahm *Marx'* Credo wieder auf und bezeichnete Religion als „Opium fürs Volk". Er propagierte eine atheistische Erziehung. Im Zweiten Weltkrieg benutzte der Staat die Kirche abermals für seine eigenen Zwecke und erhoffte sich die patriotische Motivierung der Bevölkerung. Nach Kriegsende konnte die Kirche in relativer Freiheit, wenngleich ohne Einfluss agieren.

1000 JAHRE ORTHODOXER GLAUBE

Das Millennium der russisch-orthodoxen Kirche 1988 ging einher mit der **Rückgabe** zahlreicher Kirchengebäude und einer Aufwertung des Glaubens. Der Patriarch zog in das altehrwürdige Danilow-Kloster. Von da an erlebten die Gemeinden einen Aufschwung, der bis heute anhält. In Artikel 28 der russischen Verfassung von 1993 wird der russisch-orthodoxen Kirche **religiöse Freiheit** garantiert. Nach der Oktoberrevolution enteignete Kirchen und Klöster wurden ihr zurückgegeben, auch die Kreml-Kathedralen und die Basilius-Kathedrale. Die Christ-Erlöser-Kathedrale wurde wieder aufgebaut. 1997 wurde das **Religionsgesetz** überarbeitet, wonach den Religionsgemeinschaften gleiche Rechte eingeräumt werden.

Der **Moskauer Patriarchat** ist das Zentrum der russisch-orthodoxen Kirche. Die höchste Macht liegt in den Händen von acht ständigen Mitgliedern der Heiligen Synode, die durch einfache Stimmenmehrheit entscheidungsfähig bleibt, wenn der Patriarch ausfällt. Der Patriarch ist Repräsentant und Integrationsfigur wie etwa ein europäischer Monarch.

RUSSISCH-ORTHODOX VERSUS RÖMISCH-KATHOLISCH

Die russisch-orthodoxe Kirche sieht sich nicht nur als Religion, sondern als Bewahrerin des Russentums. Auch wenn die Unterschiede zwischen der römisch-katholischen und der russisch-orthodoxen Kirchenlehre vielfältig sind, glauben sowohl orthodoxe Christen als auch Katholiken an die Heilige Dreifaltigkeit (Gott Vater, Gottes Sohn und Heiliger Geist) und tolerieren weder Homosexualität noch voreheliche Sex oder Empfängnisverhütung und Abtreibung. Anders als in der katholischen Kirche gibt es in der orthodoxen Kirche **kein Zölibat**. Nur die Patriarchen dürfen nicht heiraten. Die orthodoxe Kirche sieht ihr Oberhaupt nicht als unfehlbar an und lehnt die Dogmen von der unbefleckten Empfängnis Marias und dem Fegefeuer ab. In der **Sakramentenlehre** gibt es auch Abweichungen. Der Bestattungsritus am offenen Grab mit letztem Kuss für den Verstorbenen soll den Abschied erleichtern. Neben den universellen christlichen Heiligen verehrt die orthodoxe Kirche auch Nationalheilige wie den Fürsten *Alexander Newskij*. In ihren Anschauungen gehen beide Kirchen von unterschiedlichen Standpunkten aus. Während die katholische Kirche das irdische Leben verbessern und der Welt mehr Menschlichkeit, Gerechtigkeit und Freiheit bringen will, spielt in der orthodoxen Kirche die **Jenseitsverheißung** eine größere Rolle. Die den Gläubigen vermittelte Passivität gilt daher als Phänomen der Ostkirche, das sich auch im russischen Nationalcharakter wieder findet.

MESSEN UND IKONEN

In den überreich geschmückten orthodoxen Kirchen versetzen dunkle, sakrale Gesänge, Weihrauchduft und Kerzenlicht den Besucher in eine Art Trance. Ungewohnt sind die Goldelemente und die Ikonen, auf denen Personen oder Zyklen der Kirchenfeste abgebildet sind. Der Glaube besagt, dass die Kraft der dargestellten Heiligen auf die Ikone selbst übergeht. Im Kirchenraum befindet sich die **Ikonostase**, eine Bilderwand, die den Altarraum vom Laienraum trennt und die Grenze zwischen geistiger und materieller Welt symbolisiert. Im untersten der vier waagerechten Ränge der Ikonostase befinden sich drei Türen, die zur Liturgie geöffnet werden.

In orthodoxen Kirchen gibt es keine Kirchenorgeln und keine Bänke. Im Unterschied zu den Katholiken bewegen sich die orthodoxen Christen während der Messe. Von den Gläubigen wird nicht erwartet, dass sie der gesamten, bis zu drei Stunden andauernden Messe beiwohnen.

DAS ENDE DES ATHEISMUS

Heute stehen die Gläubigen in den Moskauer Kirchen Schlange. Die spirituelle Sinnsuche und die Werte der Zarenzeit haben wieder Hochkonjunktur. In den letzten 15 Jahren ist in ganz Russland die Anzahl der Kirchen gestiegen – um 15.000 auf 25.000. Im Laufe der nächsten Jahre soll Religionsunterricht in Russland Pflicht werden. Wenn man bedenkt, dass die religiöse Erziehung von Kindern noch in den 1920er Jahren den Tatbestand der „konterrevolutionären Agitation" erfüllte, ist das ein riesiger Schritt Richtung Zukunft.

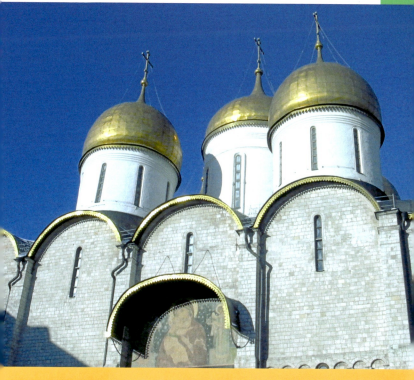

MOSKAU ENTDECKEN

In diesem Kapitel stellen wir die Sehenswürdigkeiten Moskaus im Detail vor. Sie sind nach Stadtgebieten geordnet und können in der Reihenfolge der Beschreibung besucht werden. Kulinarische Tipps laden zur kleinen Pause zwischendurch ein.

Wer diese Rundgänge nicht absolvieren möchte, kann sich leicht seine eigene Route zusammenstellen. Dazu ist bei jeder Örtlichkeit die Lage bzw. Anfahrt angegeben. Zudem findet sich die Nummer der Sehenswürdigkeit sowohl in den Detailplänen als auch im Kartenatlas.

RUNDGANG 1:
KREML, ROTER PLATZ UND KITAJ-GOROD

Dieser Rundgang führt den Besucher direkt ins Epizentrum Moskaus. Jahrhundertelang war das heute 28 ha große Areal geistliches und weltliches Zentrum des Landes und Keimzelle der Stadt Moskau auf dem Borowizkaja-Hügel. Die mystische Festung symbolisierte Moskaus Aufstieg. Der Kreml war Zarensitz, Herz der russisch-orthodoxen Kirche, Residenz der Romanow-Dynastie, Schaltzentrale des Weltkommunismus und ist heute das Machtzentrum der Russischen Föderation und noch vieles mehr.

❶ KREML (Кремль) ★★★ [I F/G7]

„Der Kreml ist der gordische Knoten der russischen Seele."
 (Erich Klein)

„Nichts ist über Moskau als der Kreml und über dem Kreml ist nichts als der Himmel."
 (altes russisches Sprichwort)

Der prächtige Kreml wird von Einheimischen und Besuchern, die zunächst von der Größe und dem Glanz des Bauwerks beeindruckt sind, auch als abweisendes Kastell, als Gefängnis von Gespenstern, als Bollwerk des Totalitären wahrgenommen. Auch kann man dem Ensemble eine gewisse Musealisierung nicht absprechen. Der Präsident ist hier nur tagsüber anzutreffen, er wohnt mit seiner Familie außerhalb der Stadt.

Das **Wort „Kreml"** leitet sich wahrscheinlich von dem griechischen Wort *kremnos* ab, es heißt „Anhöhe", „Festung". *Michail Lermontow* nannte den Kreml „den Altar Russlands", auf dem „dem Vaterland die Opfer dargebracht" werden.

In den meisten mittelalterlichen Ortschaften wuchs die Stadt um Festungsanlagen herum, die, geschlossen und unzugänglich, von den sie umgebenden Straßen und Plätzen durch hohe Wälle oder Mauern abgeschirmt waren. Als **topographischer Mittelpunkt** Moskaus bedingt der Kreml nicht nur dessen Radial- und Ring-Anlage, sondern vereinigt die Stadt mit ihren konzentrischen Kreisen zu einem einheitlichen Ganzen.

Kremlbesichtigung

Die Besichtigung der wohl bekanntesten Sehenswürdigkeit Moskaus sollte man gut planen. Und selbst dann kann es passieren, dass der Kreml, immerhin auch Regierungssitz, ohne Vorankündigung geschlossen wird. Das kann aus Sicherheitsgründen der Fall sein, weil ein Staatsgast eingetroffen ist.

Ein **24-Stunden-Auskunftstelefon** (Tel. 2023776) hilft bei Fragen aller Art weiter. Auf der Website www.kremlin.museum.ru findet man eine Fülle von aktuellen und historischen Informationen, bald auch auf Deutsch.

Anlässlich der Ausstellung „Der Kreml" wurde 2004 im Auftrag der Bundeskunsthalle in Bonn mit staatlichen För-

◀ *Vorseiten: die Mariä-Himmelfahrts-Kathedrale im Kreml*

dermitteln eine weltweit bislang einmalige **Rekonstruktion der 850-jährigen Geschichte** des Kreml auf Grundlage digitaler Informations- und Kommunikationstechnologien erarbeitet. Die CAD-Bilder und andere Informationen sind unter www.bundeskunsthalle.de zu finden. Ab 2007 ist die Animation in Moskau an Ort und Stelle zu sehen. Ursprünglich sollte das deutsch-russische Gemeinschaftsprojekt zum 200-jährigen Jubiläum der Kreml-Museen 2006 der russischen Öffentlichkeit zugänglich gemacht werden. Am 10. März 1806 hatte Zar *Alexander I.* das Kreml-Ensemble per Beschluss in ein Museum umgewandelt.

Man sollte sich für das 28 ha große Gelände, das von 2235 Metern Mauer umsäumt ist, in jedem Fall einen Tag Zeit nehmen und sich der Tatsache bewusst sein, dass es **keine Cafés oder Sitzgelegenheiten** gibt. Da man auch kein Essen mit hineinnehmen darf, ist es wichtig, sich vorher zu stärken oder noch einmal wieder zu kommen. Im Winter ist es ziemlich kalt und im Sommer manchmal brütend heiß, weil es keinerlei Schutz vor der Sonne gibt. Mit Shorts wird kein Einlass gewährt. Mobile **Toilettenhäuschen** befinden sich hinter der Mariä-Gewandlegungskathedrale. Die Wachen achten sehr genau darauf, dass die Besucher die **weiß markierten Striche** auf dem gesamten Kremlgelände nicht übertreten.

Der **Haupteingang** des Kreml befindet sich auf der westlichen Seite und nicht am Roten Platz. Am Kutawja-Turm sind rechts die Kassen untergebracht. Der letzte **Einlass** ist 16.30 Uhr, nach 16 Uhr ist der Eintritt verbilligt. Allerdings reicht die Zeit dann nur für ein oder zwei Fotos.

Das **Ticket** erlaubt Zutritt zum gesamten Areal inklusive der Kathedralen. Auch für die berühmte Rüstkammer **12** und den auf der Welt einzigartigen Diamantenfonds **13** kann man hier bereits die Tickets kaufen. Beide Museen im hinteren Gelände kosten zusätzlich Eintritt. Wenn man sich nur für die beiden Schatzkammern oder eine der beiden interessiert, kann man auch direkt durch den Eingang am Borowizkaja-Turm gehen und die Tickets im Foyer der Rüstkammer erwerben. Meist muss man dort Schlange stehen und Einlass wird nur viermal täglich gewährt (um 10, 12, 14.30 und 16.30 Uhr). Eine russische Führung durch den Diamantenfonds gibt es um 11 und um 14 Uhr.

Größere Taschen müssen in dem **Garderobenhäuschen** unterhalb des Kutawja-Turms deponiert werden. Für das **Fotografieren** in den Kathedralen kauft man eine Extra-Genehmigung an der Kasse. Dort kann man auch einen gut zu bedienenden **Audioguide** mieten, muss als Pfand aber seinen Pass abgeben.

Führungen sind über die verschiedenen Anbieter (s. Kap. „Stadttouren") im Voraus zu buchen, die Besichtigung ist auch allein möglich. Die am Kutawja-Turm wartenden privaten oder lizensierten (mit Schild) Führer sind ebenfalls zu empfehlen. Allerdings variiert die Qualität der einzelnen Führer ebenso wie die (meist verhandelbaren) Preise, die zwischen 10 und 20 € pro Stunde liegen.

Dann geht es durch die **Sicherheitskontrollen** über die Brücke durch den Troitzkaja-Turm in den Kreml und am Ende des Spaziergangs am Borowizkaja-Turm wieder heraus. Das kleine Stück zurück zum Kutawja-Turm führt durch den Alexandergarten, am Ausgang rechts.

In unmittelbarer Nähe liegt das einladende **Café** Eat & Talk **8**.

Rundgang 1: Kreml, Roter Platz und Kitaj-Gorod

Die Geschichte des Kreml

„Der Kreml war für mich ein Turm mit einem Stern obendrauf. Oder noch genauer – der Stern auf dem Turm. Oder noch genauer – der leuchtende Punkt in der Mitte dieses Sterns. Ja, das ist der Kreml. Das ist das Zentrum Moskaus, des Landes, der Welt. Aber wie sich zeigt, kann man im Kreml herumspazieren, wie sich zeigt, kann man in Moskau herumspazieren, und das Zentrum ist dort, wo man es selber hinverlegt." *(Lew Rubinstein)*

Der Moskauer Kreml ist Zeuge von Ereignissen vieler Jahrhunderte. Seine Geschichte ist untrennbar mit der Geschichte der Stadt verbunden.

1156 erbaut Fürst *Jurij Dolgorukij* auf der Höhe des heutigen Borowizkaja-Turms den **ersten hölzernen Kreml**, der fortan Residenz eines kleinen feudalen Fürstentums ist. 1325 zieht der Metropolit von Wladimir nach Moskau, in den Kreml.

Im Auftrag des Großfürsten *Dmitrij* wird 1367 der **erste Kreml mit Kirchen und Verwaltungsgebäuden** aus Kalkstein errichtet. 1444 brennt der Kreml bis auf die Grundmauern nieder. Erst 1475 lässt *Iwan III.* den Kreml neu errichten, die witterungs- und brandanfälligen Kalksteinbauten werden durch **Backsteingebäude** ersetzt. Im 14. Jh. werden Feuerwaffen erfunden, sodass man den Palast, die Kirchen und Verwaltungsgebäude weiträumiger abschirmen muss. Aus diesem Grunde wird der Mauerring in einem großen Kreis um die Bauten gezogen. *Iwan III.* beauftragt italienische Architekten, die mit russischen Meistern zusammenarbeiten sollen. Moskau ist bereits Metropole der vereinten russischen Fürstentümer. Der Kreml wird Repräsentationsbau und Zentrum der russisch-orthodoxen Kirche.

1547 vernichtet ein Brand den Kreml, 1571 verwüsten **Krimtataren** die Stadt. 1610 besetzen polnische Truppen die Festung. Anfang des 17. Jh. wird aus der reinen Festung im Rahmen des Wiederaufbaus eine **Repräsentationsanlage der Romanow-Dynastie**. Seit dem Ende des 17. Jh. zieren dekorative Elemente und Zeltdächer die Türme. Eine nach einem Verwandten von *Peter dem Großen*, dem Bojaren *Naryschkin,* benannte Variante des westlichen Barock erobert die Hauptstadt. Die Bauherren holen sich aus westlichen Architekturzeitschriften Inspiration.

1712 verlegt *Peter der Große* die **Hauptstadt nach St. Petersburg**, der Kreml verliert an Bedeutung. 1773 baut *Katharina die Große* den Kreml um. Sie kann aus finanziellen Gründen nicht all ihre Vorstellungen umsetzen, aber der **Senatspalast** geht auf ihr Engagement zurück. 1812 will *Napoleon* den Kreml sprengen. Da die noch verbliebene Bevölkerung rechtzeitig eingreift, fallen nur einige wenige Gebäude der Sprengung zum Opfer. Die **vollständige Restaurierung** ist 1825 beendet, der Festungsgraben zugeschüttet. 1849 wird der **Große Kremlpalast** gebaut.

Als *Lenin* 1918 die **Hauptstadt erneut nach Moskau** verlegt, erlebt der Kreml eine Renaissance. 30 Jahre lang ist er Russlands „Verbotene Stadt" und wird erst 1955 wieder **der Öffentlichkeit zugänglich** gemacht. Heute zählt der Kreml 1,6 Millionen Besucher pro Jahr.

Seit 1990 ist die „größte mittelalterliche Festung der Welt" mit der einzigartigen Farbgebung aus habsburgergelb, blütenweiß und scharlachrot **UNESCO-**

MOSKAU ENTDECKEN 165

☐ Detailkarte Seite 190

KREML ❶

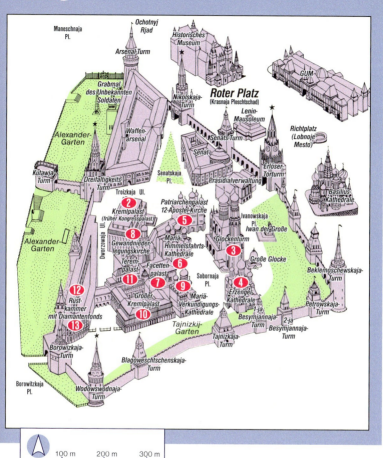

Weltkulturerbe. *Bill Clinton* konnte bei seinem ersten Staatsbesuch 2000 in Moskau nicht glauben, dass der vor Gold und Größe strotzende Kreml echt und „nicht aus Plastik" ist. Vor Zeugen soll der damalige amerikanische Präsident gesagt haben: „Und dieses Volk will von uns Kredite?"

Kremlmauer und Türme

Schon 1367 gab es um die hölzernen Kremlgebäude eine Schutzmauer aus Kalkstein, die *Iwan III.* Ende des 15. Jh. durch eine rote, orientalisch anmutende **Backsteinmauer** ersetzen ließ. Die zwei Kilometer lange Mauer wurde allerdings von italienischen Baumeistern errichtet.

Die Wände der Mauer sind zwischen 6 und 17 Meter hoch und 2 bis 5 Meter dick.

Einst war der Kreml auf der nördlichen Seite von einem 32 Meter breiten **Festungsgraben** umgeben. *Napoleon* ließ einige der 20 Kreml-Türme, die auch Wachposten waren und über Schießscharten verfügten, sprengen. Bei der Restaurierung 1813 bis 1815 wurde der Festungsgraben zum Roten Platz zugeschüttet, der **Fluss Neglinnaja** umgebettet. Über dem heute unterirdischen Fluss liegt der Alexander-Garten. Auch die anderen Wassergräben sind verschwunden. Geblieben sind die von Turm zu Turm führenden **Verbindungsgänge**.

Die Ende des 15. Jh. erbauten Türme erhielten erst im 17. Jh. ihre schmalen, aufsteigenden Spitzen, die grünen, achteckigen Zeltdächer. Während der Zarenzeit schmückte der Doppeladler die Spitzen der fünf höchsten Kreml-Türme. Nach der Revolution, 1917, tauschte *Lenin* sie durch riesige **rote Sterne** aus Rubinglas aus, die einen Durchmesser von bis zu 3,75 Metern und ein Gewicht von bis zu 1,5 Tonnen haben. Der fünfzackige rote Stern wird als Symbol für die kommunistische Weltanschauung gesehen und soll die Hand des befreiten Menschen in einer klassenlosen Gesellschaft darstellen. Die 5 Zacken stehen für die 5 Finger der Hand, aber auch für die Solidarität aller Arbeiter auf allen 5 Kontinenten. Die Kreml-Sterne drehen sich je nach Windrichtung.

▶ *Aus der monströsen Zarenkanone wurde nie ein Schuss abgefeuert*

❷ **Kremlpalast (früher Kongresspalast)** (Кремлёвский дворец) [I F7]

Am Kutawja-Eingang geht es nach der Sicherheitskontrolle über die Brücke durch den Dreifaltigkeitsturm in das Innere des russischen Fort Knox, das sich der Besucher zunächst meist anders vorgestellt hat. Auf der rechten Seite sticht als Erstes der nicht eben schöne, graue Kongresspalast aus den 1960er Jahren ins Auge.

Die ästhetisch fragwürdige Hinterlassenschaft von *Nikita Chruschtschow* fällt aus dem Rahmen, obwohl der 120 Meter lange Glaskubus des ehemaligen Kongresspalastes 15 Meter in die Erde gesenkt wurde. Aus den Fernsehübertragungen zu Sowjetzeiten erinnert man sich noch an Bilder von den Parteikongressen in dem kühlen, schmucklosen 1960er-Jahre-Ambiente mit 6000 Sitzplätzen und einem Monumentalbildnis *Lenins* hinter dem Podium. Heute finden hier Ballettaufführungen des Kreml-Balletts (in der Umbauphase auch die des Bolschoj-Theaters) und Rockkonzerte statt.

Man geht geradeaus weiter an den Grünanlagen entlang, bis in der Ferne die ersten goldenen Kuppeln aufblitzen. An der Zarenkanone auf der rechten Seite geht es weiter am Glockenturm vorbei, den man rechts liegen sieht.

❸ **Glockenturm „Iwan der Große"** (Колокольня Ивана Великого) [I F7]

Auf dem Kathedralenplatz ist das imposante Architekturdenkmal aus dem 16. Jh. schon von weitem zu erkennen. Die in die Höhe aufstrebende Säule des aus weißem Stein erbauten Glockenturms bildet die Kompositionsachse des

MOSKAU ENTDECKEN
Rundgang 1: Kreml, Roter Platz und Kitaj-Gorod

gesamten Kremlensembles und vereint alle Gebäude zu einem Ganzen.

Der 81 Meter hohe **Turm** wurde von einem Italiener namens *Bon Frjazin* 1508 errichtet und im Jahr 1600 um 21 Meter aufgestockt. 1532 wurde an der Nordseite nach Nowgoroder Vorbild ein vierstufiger Glockenstuhl für große Glocken angebaut. Den Anbau mit dem Zeltdach gab Patriarch *Filaret* 1642 in Auftrag. Der Turm hat heute 21 **Glocken**, die größte, die Uspenskij-Glocke, wiegt 70 Tonnen. Sie schlug beim Tod des Zaren dreimal.

Das kleine **Museum** im ersten Stock zeigt wechselnde Ausstellungen.

Der mehrstufige **Turmschaft** besteht aus drei hohen, übereinander gestellten Oktogonen (Achtecken), von denen jeder im jeweils oberen Teil eine offene Terrasse und in den Bogenöffnungen eine Galerie mit Glocken besitzt. Darüber erhebt sich ein zylinderförmiger Kuppelunterbau mit schmalen Seitenfenstern. Den Turmschaft schließt eine zwiebelförmige **Kuppel** ab, die mit vergoldeten Kupferplatten belegt ist.

Am Fuß des Glockenturms steht auf einem steinernen Postament ein Wunder der Gießkunst des 18. Jh.: die mit 200 Tonnen gewichtigste und **größte Glocke der Welt**. Das Original bekam während der Feuersbrunst 1737 noch in der Gussform wegen der ungleichmäßigen Erhitzung Risse. Als die noch heiße Glocke mit kaltem Wasser übergossen wurde, löste sich das heute an ihrer Seite liegende, 11,5 Tonnen schwere Stück. Außen ist die Glocke mit Bildnissen des Zaren *Alexej* und der Zarin *Anna* sowie mit fünf Ikonen und Inschriften geschmückt, welche die Geschichte des Glockengusses schildern. Der Philosoph *Pjotr Tschaadajew* sah in der Glocke, „die nicht läuten kann", sowie in der unweit stehenden Kanone,

MOSKAU ENTDECKEN
Rundgang 1: Kreml, Roter Platz und Kitaj-Gorod

„aus der man nicht schießen kann", ein Sinnbild für die Absurdität und Sprachlosigkeit Russlands.

Die 1586 aus Bronze gegossene **Zarenkanone** wiegt 40 Tonnen. Sie wurde zwar von *Leo Tolstoj* in dem Epos „Krieg und Frieden" verewigt, aber ein Schuss wurde aus ihr nie abgefeuert.

Ende 2006 soll der **Glockenturm für Touristen geöffnet** werden. Bis zur Revolution konnte man ihn besteigen, danach nie wieder. Die Renovierung des Turmes ist als Geschenk für den 200-jährigen Geburtstag des Kreml-Museumskomplexes im Jahr 2006 gedacht. Im obersten Stock wird es das geben, was der Dichter *Michail Lermontow*, der zweitwichtigste Repräsentant der russischen Romantik nach *Alexander Puschkin,* 1814 allen Besuchern gewünscht hatte: eine Aussichtsterrasse, von der aus man sich wie „der Herrscher über diese außerirdische Welt" fühlen darf.

Außerdem ist ein **Museum** zur Architektur und zur Geschichte des Kreml geplant, an deren computerisierter Aufarbeitung deutsche Wissenschaftler maßgeblich mitgearbeitet haben (siehe Abschnitt „Kremlbesichtigung").

Kurz hinter der riesigen Zarenglocke, die man links liegen lässt, biegt man vor der Erzengel-Kathedrale rechts auf den Kathedralen-Platz. Der Blick auf die unzähligen Kuppeln ist das, was man mit dem Kreml verbindet.

❹ Erzengel-Kathedrale
(Архангельский собор) [I F7]

Die Erzengel-Kathedrale ist ein außerordentlich reiches Geschichts- und Kunstmuseum. Die Nord- und Westfassade der von 1505 bis 1508 erbauten Kathedrale ist dem Kathedralen-Platz zugewandt, die Südfassade weist zur Moskwa hin. Im 14. Jh. stand an dieser Stelle eine ältere Kirche. Die **Architektur** wiederholt in ihren Grundzügen das traditionelle Kompositionsschema aus fünf Kuppeln und in einzelne Flächen gegliederte Mauern, die von Sakomaren abgeschlossen werden. In der Außengestaltung bediente sich der Baumeister einiger Motive der venezianischen Renaissance wie etwa Fabeltiere und Kandelaber. Über dem Portal befindet eine Loggia. Der Bau weist Pilaster mit korinthischen Kapitellen auf, unter den Sakomaren sind Muschelformen aus weißem Stein zu erkennen. Die Kathedrale fügt sich gut in das Ensemble ein.

Das beengte **Innere** mit den Pfeilern im kreuzförmigen Querschnitt ist typisch für altrussische Kirchen. Die im 18./19. Jh. vorgenommenen Umbauten haben dazu geführt, dass die jüngste Kreml-Kathedrale heute etwas düster wirkt. Die ersten Fresken aus dem 16. Jh. sind nicht erhalten geblieben, die farbenprächtige Bemalung russischer Maler um *Semjon Uschakow* aus dem 17. Jh. ist jedoch heute noch zu sehen. Die Fresken stellen historische, religiöse Schlachtszenen dar. Einige Sujets zeigen Szenen der Wundertaten des Erzengels Michail, der als Beschützer der russischen Fürsten in Kriegszeiten galt. Die Wandmalerei der Kathedrale ist einheitlich in der Farbgebung und bedeckt wie ein prächtiger Teppich die Wände, Pylonen und das Deckengewölbe.

Die Erzengel-Kathedrale war drei Jahrhunderte lang die letzte **Ruhestätte der Moskauer Fürsten und Zaren.** Als 1712 die Hauptstadt nach St. Petersburg verlegt wurde, wurden die Zaren dort beigesetzt. *Iwan Kalita, Iwan III.* und *Iwan IV.*

sind hier bestattet. Insgesamt beherbergt die Kathedrale 46 fürstliche Sarkophage, die 1903 mit Bronzeplatten ergänzt wurden, über denen die lebensgroßen stilisierten Bildnisse der Verstorbenen zu sehen sind.

Das Fresko in der **Hauptkuppel** stellt die Dreifaltigkeit mit Vater, Sohn und dem Heiligen Geist in Form einer Taube zwischen den beiden dar. Der **Ikonostas** stammt aus dem Jahr 1681, Anfang des 19. Jh. wurden die Ikonen erneuert.

Am besten überquert man jetzt den heiligen Platz und besichtigt die Zwölf-Apostel-Kathedrale mit dem sich anschließenden Patriarchenpalast am Kopfende links.

❺ Zwölf-Apostel-Kirche und Patriarchenpalast
(Церковь Двенадцати Апостолов и Патриарший дворец) [I F7]

Der 1656 fertig gestellte Patriarchenpalast mit dem Kreuzgemach, den Wohngemächern des Patriarchen und der im selben Gebäude untergebrachten Zwölf-Apostel-Kirche steht auf dem Grundstück, das die Metropoliten schon zu Beginn des 14. Jh. für den Bau ihre Hofes erhalten hatten. Im 15. und 16. Jh. wurden hier einige Bauten aus Holz und Stein errichtet, die jedoch immer wieder durch Brände vernichtet wurden. Im 16. Jh. übernahm der Patriarch für die Metropoliten die Rolle des Kirchenoberhauptes der russisch-orthodoxen Kirche. Daraufhin zogen die Metropoliten in das Krutizkij-Kloster ⓻. Patriarch *Nikon* weilte fortan im Kreml und ließ das ursprüngliche Gebäude erweitern.

Der mit kleinen, vergitterten Fenstern versehene Baukomplex des Patriarchenpalastes mit der auf einem hohen Sockel ruhenden Zwölf-Apostel-Kirche ist für das damalige Moskau typisch. Die übliche **Kreuzkuppelkirche** mit den 5 Kuppeln weist ein Dekor aus Bögen auf, die einen Gürtel bilden.

Im Innenraum sieht man einen geschnitzten **Ikonostas** aus Holz vom Beginn des 18. Jh., der aus einem der 1929 unter *Stalin* zerstörten Klöster stammt. Im Kreuzgemach stellten die Mönche Salböl her und benutzten dazu den noch verbliebenen Ofen.

Die **Gemächer des Patriarchen** mit Esszimmer, Schlafzimmer, Arbeitszimmer und Kassenraum befinden sich im zweiten Stock. Im ersten Stock liegt das **Kreuzgemach**, in dem der Patriarch den Zaren und ausländische Gäste empfing. Der 1655 errichtete, fast 300 m² große Raum stellte damals den Höhepunkt russischer Baukunst dar. Er war der prächtigste und größte Saal Russlands mit freitragender Decke. Die hier ausgestellten Gegenstände vermitteln eine Vorstellung von der Opulenz der Festessen und feierlichen Empfänge, die der Patriarch für den Zaren und die Bojaren gab.

Im dritten Stock befindet sich die **Zwölf-Apostel-Hauskirche** mit dem Refektorium (Speisesaal). In der Kirche sind persönliche Gegenstände des Patriarchen und Geschenke der Bojaren ausgestellt. Im ersten Stock ist heute ein **Museum** für Volkskunst und Kultur des 17. Jh. untergebracht. Hier werden u. a. Kirchenroben, Silber- und Kupfergeräte, goldene Knöpfe, mit Edelsteinen versetzte Schnallen und Ohrringe ausgestellt. Auch zwei Bojarenwohnräume aus dem 17. Jh. sind zu besichtigen. Verlässt man die Zwölf-Apostel-Kirche, bietet sich der Besuch der Mariä-Himmelfahrts-Kathedrale rechts daneben an.

❻ Mariä-Himmelfahrts-Kathedrale
(Успенский собор) [F7]

Die **Krönungskirche aller Zaren** in einer gelungenen Stilkombination aus altrussischer Baukunst und italienischer Renaissance sollte man sich unbedingt auch von innen ansehen. Sie ist die größte Kreml-Kathedrale. Ihr prominentes gleichnamiges Vorbild steht in Wladimir.

Fünf massiv vergoldete **Kuppeln**, eine große Haupt- und vier Nebenkuppeln, zieren den majestätischen Bau, die Türme haben Fenster, durch die Licht ins Innere dringen kann. Die **Mauern** der Kathedrale wurden in der Zeit von 1475–1479 aus weißem Stein errichtet, das Gewölbe und der Unterbau der Kuppeln aus Ziegeln. Auf halber Höhe ziert die Süd-, Nord- und Westfassade der Kathedrale ein aus schlanken Säulen und kleinen Bögen bestehender dekorativer Gürtel. Feierliche Portale, die in die dicken Mauern eingeschnitten sind, umsäumen die Eingänge.

Die in geringen Abständen voneinander angeordneten Kuppelunterbauten und Kuppeln mit den vornehmen Umrissen betonen zusätzlich die großen Ausmaße der Kathedrale, die ihre **dominierende Position** im architektonischen Komplex des Platzes bestimmen.

Beeindruckend wirkt auch das **Innere** der Kathedrale. Im Unterschied zu den kleinen, engen Kirchen, wie sie in Moskau im 14. Jh. üblich waren, findet sich hier ein hoher, weitläufiger Saal mit sechs Rundpfeilern, auf denen das leichte Gewölbe ruht. Sämtliche Oberhäupter der russisch-orthodoxen Kirche bis zum 17. Jh. wurden hier begraben.

Die warme **Wandbemalung** der wichtigsten Kirche der „*Rus*" vom Ende des 15. Jh. wurde von dem als äußerst begabt angesehenen russischen Maler *Dionissij* ausgeführt. Die Figuren in den Fresken atmen moralische Reinheit und Edelmut, sie wirken fein und feierlich. Einige Fresken sind erhalten geblieben und in den 1960er Jahren restauriert worden. Im 17. Jh. beschloss der Zar, Meister aus Wladimir und Suzdal kommen zu lassen und die Malereien zu erneuern. Im 18. und 19. Jh. gab es weitere Korrekturen. Der **Zarenthron** *Iwans IV.* aus dem Jahr 1551 ist mit Reliefkompositionen geschmückt, die Szenen aus dem Leben des Kiewer Großfürsten *Wladimir Monomach* darstellen. Der Thron ist von einem mehrstufigen, mit Schnitzereien geschmückten Zeltdach gekrönt. Der **Patriarchenstuhl** für das Oberhaupt der orthodoxen Kirche wurde 1653 aus weißem Stein gemeißelt. Das Mittelschiff der Kathedrale mit seinen beeindruckenden Leuchtern ist durch einen 16 Meter hohen **Ikonostas** aus dem Jahre 1652 abgegrenzt, der Mitte des 19. Jh. eine vergoldete Silberfassung erhielt. Der Ikonostas weist sehr schöne Werke der altrussischen Ikonenmalerei auf. Die wertvollsten Ikonen sind heute in der Tretjakow-Galerie zu sehen. Zu den ältesten Ikonen gehören „Muttergottes Rührung" und „Heiliger Georg" aus dem 12. Jh. Manchmal waren die Bilder mit bis zu sechs Farbschichten überzogen. Auf diese Weise gingen einige Werke der altertümlichen Kunst verloren. 1812 zog *Napoleon* in die Kathedrale, seine Armee sattelte hier ihre Pferde und verfeuerte einige Ikonen als Brennholz. Anderes wurde Diebesgut und fand sich später vor den Toren der Stadt wieder. 1918 ließ *Stalin* die Kathedrale schließen, sie wurde erst 1989 der orthodoxen Kirche zurückgegeben.

Am Ausgang rechts liegt der nicht zu besichtigende, aber auffallend schöne Facettenpalast.

❼ Facettenpalast
(Грановитая палата) [I F7]

Für die Öffentlichkeit nicht zugänglich ist der von italienischen Bauherren 1491 nach sechsjähriger Bautätigkeit fertig gestellte Facettenpalast an der Westseite des Kathedralen-Platzes. Der als Fest- und Thronsaal dienende Palast ist einer der ältesten Profanbauten Moskaus. Der Palast ist ein zweigeschossiger, würfelförmiger Bau aus Ziegeln, der auf einem hohen Unterbau ruht. Die **Hauptfassade** wurde mit facettierten weißen Buckelquadern verkleidet, denen der Palast seinen Namen verdankt.

Durch die Heilige Diele gelangt man in den majestätischen, 500 m² großen **Festsaal** des eigentlichen Palastes, dessen Kreuzgewölbe auf einem Vierkantpfeiler ruht. Die ursprüngliche Innenausstattung ist nicht erhalten. Neue Wandmalereien wurden 1881 von Malern aus dem Ort Palech ausgeführt, die sich an den Sujets altertümlicher Fresken orientierten. Von dem Schmuckwerk aus dem 15. Jh. ist im Innenraum nur das geschnitzte Portal erhalten. Die Leuchter wurden im Stil byzantinischer Lüster aus dem 12. Jh. angefertigt. Im 16. und 17. Jh. diente der Saal als Inspirationsquelle für Baumeister, die Steingebäude mit großen Sälen bauen wollten. Bis Anfang der 1990er Jahre fanden hier noch Staatsbankette statt.

❽ Gewandniederlegungs-Kirche
(Церковь Ризположения) [I F7]

Dieses weiße Kleinod am Facettenpalast war die **Hauskapelle der Metropoli**ten. Sie wurde 1484 fertig gestellt. An ihrer Stelle hatte eine Kirche gestanden, die 1451 erbaut worden und 1473 abgebrannt war. Früher hatte die mit einer einzigen goldenen Kuppel versehene Kirche zur Gewandniederlegung der Mutter Gottes (ein byzantinischer Feiertag) an den Hof des Patriarchen gegrenzt. Dem Gewand wird nachgesagt, die Stadt vor Invasoren geschützt zu haben.

Die Wände, das Gewölbe und auch die Stützpfeiler sind mit farbenprächtigen **Wandmalereien** geschmückt, die 1643 von Ikonenmalern ausgeführt wurden. Die Fresken haben die Lobpreisung der Mutter Gottes zum Thema. Sie ist das Symbol der Güte und der Barmherzigkeit. Die harmonische, helle Farbgebung lässt den Innenraum mit einem 1627 geschaffenen Ikonostas festlich erscheinen. Alle Heiligenbilder sind in der traditionellen altrussischen Manier gemalt. Ihr Farbenspiel ergibt sich aus weichen hellrosa, olivgrünen und grauen Tönen. Schön sind die für die Pskower Architekten üblichen schlanken Säulen. Verlässt man das Gotteshaus und tritt wieder auf den Kathedralen-Platz, geht es weiter, am Facettenpalast vorbei, zur Mariä-Verkündigungs-Kathedrale am südlichen Ende.

❾ Mariä-Verkündigungs-Kathedrale
(Благовещенский собор) [I F7]

Neben dem Großen Kremlpalast steht die mit zunächst drei und heute neun goldenen Kuppeln bekrönte Mariä-Verkündigungs-Kathedrale, die 1489 nach fünfjähriger Bautätigkeit von russischen Meistern aus Pskow fertig gestellt wurde. Als *Iwan IV.* 1552 am neunten Belagerungstag Kasan eingenommen hatte, erkor er die Zahl 9 zu seiner Glückszahl und ergänzte die drei Kuppeln der Kathe-

drale um sechs weitere. Viele Kathedralen erhielten seitdem **neun Kuppeln**, auch die Basilius-Kathedrale ⑳ (1555–1560 erbaut).

Die Mariä-Verkündigungs-Kathedrale war die **Hauskirche der russischen Großfürsten.** Hier fanden Hochzeiten und Taufen statt. Der Kubus mit Hauptapsis und zwei Nebenapsiden steht auf einem hohen Natursteinunterbau und war seinerzeit von einer offenen Galerie umgeben. Das Gebäude vereint verschiedene **architektonische Formen** russischer Sakralbauten. Trotz seiner geringen Ausmaße bildet das Gotteshaus dank der ausgeklügelten Proportionen und der pyramidalen Konstruktion keinen Kontrast zu den anderen Kathedralen.

Das **Innere** ist dunkel und wirkt aufgrund der vollständigen Bemalung etwas erdrückend, aber so prachtvoll wie der Boden aus roten Japsisfliesen. Die Empore war der Zarenfamilie vorbehalten. Die erste **Bemalung** zu Beginn des 16. Jh. erfolgte unter der Leitung von *Feodossi*, dem Sohn der berühmten Freskenmalers *Dionissij*. Dank aufwendiger Restaurationen konnten viele Fresken erhalten werden. Von unschätzbarem Wert sind die Ikonen von *Andrej Rubljow, Theophanes dem Griechen* und *Prochor aus Gorodezkij,* die zunächst für die Vorgängerkirche an derselben Stelle geschaffen worden waren. Von der berühmten „Muttergottes vom Don" von *Feofan Grek* hängt hier nurmehr eine Kopie, das Original ist in der Tretjakow-Galerie zu sehen.

Der **Ikonostas** gilt als der schönste Russlands. Nach der Oktoberrevolution wurden die Ikonen restauriert und erlangten auf diese Weise ihren hohen künstlerischen Wert zurück.

Aus der Kathedrale kommend, geht es rechts um die Ecke. Von hier aus hat man einen schönen Blick auf die Innenstadt von Moskau. Das riesige, klassizistische, gelb-weiße Gebäude auf der rechten Seite ist der Große Kremlpalast, dessen Besuch man als Einzelreisender vorher planen muss.

❿ Großer Kremlpalast (Большой Кремлёвский дворец) [I F7]

Erst seit Beginn des neuen Jahrtausends ist es auch für Touristen möglich, unter bestimmten Bedingungen einen Blick hinter die imposante klassizistische Kulisse des 1849 fertig gestellten Großen Kremlpalastes zu werfen. Man muss 2–3 Tage vor dem gewünschten Besuch eine Tour inklusive Mittagsmenü in den ehrwürdigen Hallen bei dem Veranstalter Patriarschij Dom Tours (siehe Kap. „Stadttouren") buchen.

Der Kremlpalast beherbergt nicht nur den 1250 m² großen **Georgssaal**, sondern neben der Rüstkammer und dem Diamantenfonds auch noch 700 weitere Zimmer und Säle. Früher waren die prächtigen Innenräume ausschließlich im Fernsehen bei Staatsempfängen zu sehen. Das dreistöckige Gebäude hat eigentlich nur zwei Stockwerke, nachdem die oberen beiden zu einem zusammengelegt wurden. Das hätte dem Architekten *Konstantin Thon* sicher nicht gefallen. Er wollte die einstige **Zarenresidenz** mit einem üppigen dritten Stock ausstatten. Der russische Präsident hat im Gegensatz zu den Zaren keine Privaträume im Kreml-Palast. Der Große Kremlpalast bleibt **offiziellen Besuchen und Empfängen** vorbehalten.

Passiert man den Innhof, der auf der rechten Seite den Blick auf das rote Dach des Terempalastes und die elf Kuppeln freigibt, bekommt man eine Vorstellung von der Größe des vollständig renovierten Kreml-Ensembles.

⓫ Terempalast (Теремной дворец) [I F7]

Der fünfgeschossige, für die Öffentlichkeit nicht zugängliche, archaisch aussehende Terempalast wurde 1636 an der Stelle der alten Zarenpaläste errichtet. Unter Terem versteht man eine Art **Turmzimmer** mit rot-weißem Dach, das dem Palast seinen Namen gab.

Im ersten Stock waren seinerzeit die **Ankleidezimmer der Zarenfamilie** und das goldene, vollständig erhaltene **Zarinnengemach** mit unzähligen Spiegeln. Im zweiten Stock lagen die Diensträume und Wohngemächer der Kinder. Die **Privatgemächer des Zaren** mit niedrigen Gewölbedecken befanden sich im dritten Stock.

Die Architektur des Palastes entbehrt jeder Strenge. Der Stufenbau mit den sich nach oben verjüngenden und niedriger werdenden Geschossen, den schönen Aufgängen und Treppen wirkt romantisch und fröhlich. Die ursprüngliche Ausstattung wurde aber rekonstruiert. Das bunte Fensterglas, die Kachelverkleidung der Öfen und die farbintensive Wandbemalung verleihen dem Terempalast ein märchenhaftes Gepräge.

◀ *Mariä-Verkündigungs-Kathedrale*

⑫ Rüstkammer
(Оружейная палата) [I F7]

Die auf der Höhe des Borowizkij-Tores gelegene staatliche Rüstkammer ist eines der ältesten Museen Russlands und eines der reichsten der Welt.

Die Geschichte der „Schatzkammer" reicht ins 15. Jh. zurück, als für den Schatz der Moskauer Großfürsten ein geeignetes Gebäude errichtet wurde. Zu Beginn des 16. Jh. wurden hier auch Gegenstände für den Hausgebrauch wie etwa Prunk- und Jagdwaffen hergestellt. Ende des 16. Jh. kam die **Zarenwerkstatt** hinzu. Hier wurden Pretiosen mit Gold, Silber oder Seidenstickereien verschönt. Etwa 50 Jahre später arbeiteten in der „Allrussischen Kunstakademie" die besten Schmiede und Juweliere des Landes. Die Werkstätten waren eines der größten Zentren der Waffenproduktion in Russland. Auch wertvolle Kunstgegenstände aus dem Ausland und Beutestücke aus berühmten Schlachten fanden hier Platz.

Anfang des 19. Jh. wurde die Rüstkammer in das **Kaiserliche Palastmuseum** umgewandelt, für das 1851 von dem russischen Architekten *Konstantin Thon* das Gebäude errichtet wurde, in dem es heute untergebracht ist. Ein großes Kollektiv von Restauratoren kümmert sich um die Reliquien von unschätzbarem Wert.

In **Saal 1 und 2** im ersten Stock ist der Schatz von Rjasan ausgestellt, russische Gold- und Silbererzeugnisse aus dem 12.–17. Jh. Die im 12. und 13. Jh. verbreiteten *barmen* (Schulterumhänge der Zaren) und die große, aus einem Stück Gold geschmiedete Kelle, die dem Zaren *Boris Godunow* gehörte, sind hier ebenfalls zu sehen.

Gold- und Silbererzeugnisse russischer Meister des 18.–20. Jh. sind in **Saal 2** vertreten. Das Prachtstück der Sammlung sind 10 goldene und silberne Fabergé-Eier, die der Zar in der Zeit von 1884 bis zum Ende der Romanow-Dynastie jedes Jahr als Ostergeschenke von dem Hof-Goldschmied *Peter Carl Fabergé* anfertigen ließ. In ihrem Inneren finden sich erstaunliche, handgefertigte Kostbarkeiten. In einem zierlichen Silberei kommt ein goldenes Uhrwerk in Form der Transsibirischen Eisenbahn mit einer Lokomotive aus Platin und einem winzigen roten Rubin als Scheinwerferlicht zum Vorschein. Das Ei wurde zur Feier der Vollendung des letzten Teils des Streckennetzes in Auftrag gegeben.

In **Saal 3** sind Waffen und Rüstungen vom 15.–19. Jh. ausgestellt.

In **Saal 4** ist eine einzigartige Auswahl an Meisterwerken der europäischen Waffenschmiedekunst des 12.–17. Jh. zu sehen. Ebenso die *baidana*, der mit dem Siegeswunsch „Wenn Gott mit uns, keiner gegen uns" versehene Ringpanzer des Zaren *Boris Godunow*. Mit Edelsteinen geschmückte Prunksäbel, Dolche und Schilde sind hier ausgestellt. Die Sammlung von Schusswaffen aus dem 17. Jh. gehört weltweit zu den größten ihrer Art. In diesem Saal befindet sich auch eine große Sammlung russischer Orden aus der vorrevolutionären Zeit.

Saal 5 beherbergt eine außerordentlich wertvolle Sammlung westeuropäischer Silberwaren, alles Geschenke ausländischer Gesandter an die russischen Zaren vom 15.–19. Jh., nach Herkunftsländern geordnet. In einer Vitrine ist das Sèvres-Porzellan ausgestellt, dass *Napoleon* dem Zaren *Alexander I.* zum Gedenken an den Tilsiter Frieden schenkte.

In **Saal 6** im Erdgeschoss findet man eine Sammlung kostbarer Webstoffe und

Rundgang 1: Kreml, Roter Platz und Kitaj-Gorod

prunkvoller Krönungsroben, wie die von *Katharina der Großen* aus Brokat mit goldenem Doppeladler.

In **Saal 7** befindet sich die älteste in der Rüstkammer ausgestellte Zarenkrone, die „Monomachkappe" (siehe Kap. „Geschichte"), mit Zobel besetzt und mit Edelsteinen verziert. Der mit 800 Diamanten besetzte Thron des ersten Romanow-Zaren *Alexej* ist das wertvollste Stück dieser Sammlung.

Saal 8 zeigt eine seltene Sammlung von Paradezaumzeug. In **Saal 9** der Rüstkammer werden zahlreiche Staatskutschen aus dem 16.–18. Jh. gezeigt, die russischen Zaren und Kaisern gehörten. Die für *Katharina II.* gebauten Kutschen zeichnen sich durch sanfte Formen des dekorativen Schnitzwerks aus.

> Nur viermal am Tag wird Einlass gewährt, um 10, 12, 14.30 und 16.30 Uhr. Man sollte aber schon 20 Minuten früher dort sein. Am besten kauft man das Ticket an der Zentralkasse am Kutawja-Turm. Dann erspart man sich das Schlangestehen im Vorraum der Rüstkammer. Allerdings kann man das Borowizkij-Tor auch ohne Karte passieren. Wenn man den Rest des Kreml gesehen hat, kann man an einem anderen Tag direkt in die Rüstkammer gehen. Im Rahmen der Tour darf man nicht länger als eine halbe Stunde vor den Exponaten verweilen. Souvenirs gibt es im Foyer, auch Audioguides sind hier zu haben.

> Kreml, Metro: Biblioteka imeni Lenina, Borowskaja, www.kremlin.museum.ru, Tel. 9214720

⓭ Diamantenfonds
(Алмазный фонд) [I F7]

In der Rüstkammer ist auch der auf der Welt einzigartige Diamantenfonds untergebracht. Die hinter Panzerglas in einem vollkommen abgedunkelten „Safe" neben der Rüstkammer ausgestellten Pretiosen der Zaren sollte man sich nicht entgehen lassen, auch wenn man ein Extra-Ticket braucht und sich eventuell noch einmal in die Schlange stellen muss.

Der 190-Karat-Diamant, ein Geschenk an die Zarin *Katharina II.* von ihrem Liebhaber Graf *Orlow*, funkelt wie die anderen Exponate in all seiner Pracht, auch hinter dem dicken Glas. Die Schönheit gänzlich ungeschliffener Diamanten kann man ebenfalls bewundern. Die extravaganten Zarenjuwelen strotzen vor Edelsteinen, die große Zarenkrone von *Katharina II.* ist mit 5000 Diamanten besetzt. Der größte je gefundene Goldklumpen wiegt 36 kg und ist ebenfalls hier ausgestellt. Als Wiedergutmachung für die Ermordung des russischen Diplomaten und Dramatikers *Gribojedow* in Teheran, schenkte der Schah von Persien Zar *Nikolaus I.* einen 89-karätigen Diamanten, der auch hier zu sehen ist. Die Exponate sind im Einzelnen kaum beschriftet, da russische Besucher ohnehin nur im Rahmen einer Führung Zugang zum Diamantenfonds haben. Ausländische Besucher werden meist durchgewunken, da es nur selten englischsprachige Führungen gibt. Im Ernstfall muss man sich einer geführten russischen Gruppe um 11 oder 14 Uhr anschließen und versuchen, die Vitrinen etwas abseits der Gruppe trotz der zahlreichen Wachen allein und in Ruhe zu betrachten. Der Diamantenfonds ist im Übrigen der einzige Teil des Kreml, der dem Finanzministerium unterstellt ist (!).

> Kreml, Metro: Biblioteka imeni Lenina, Borowizkaja, Einlass Fr.–Mi. 10–13, 14–17 Uhr, Tel. 2292036, www.kremlin.museum.ru

Arsenal (Арсенал) [I F7]

Das gelb-weiße klassizistische Gebäude aus dem Jahr 1828 ist nicht zu besichtigen, sondern nur vom Manegenplatz ㉜ aus zu sehen. Es wurde als Waffenlager genutzt. Der Vorgängerbau lag 37 Jahre auf Eis, als *Peter der Große* 1712 St. Petersburg zur neuen Hauptstadt machte und Steinbauten in Moskau verbieten ließ.

Senat (Сенат) [I F7]

Mit dem vom Roten Platz und vom Kreml-Areal aus gut sichtbaren Kuppelbau setzte sich der Architekt *Matwej Kasakow* 1787 ein Denkmal. Der Senat diente 1918–1991 als Sitz der Sowjetregierung. Im Zweiten Weltkrieg war das Hauptkommando der Roten Armee unter *Stalin* hier stationiert. Seit 1991 ist der neoklassizistische Bau der offizielle **Sitz des Präsidenten** der Russischen Föderation. Unter der im Durchmesser 25 Meter großen Kuppel befindet sich der prunkvolle, mit 24 zwischen den Wänden angeordneten korinthischen Säulen versehene **Swerdlow-Saal** mit einer stattlichen Deckenhöhe von 25 Metern. Heute weht die weiß-blau-rote Flagge der Russischen Föderation über dem Senat; die rote Vorgängerin war 1991 abgeflaggt worden. Ende der 1990er Jahre beschloss *Boris Jelzin* im Zuge der Senatsrenovierung, *Lenins* frühere Kreml-Wohnung und dessen Arbeitszimmer aus dem Senat zu entfernen und auf dessen früheren Landsitz in Gorki Leninskije ⓮ zu schaffen. Wie ein heiliger Schrein waren *Lenins* persönliche Gegenstände über Jahrzehnte im Kreml belassen worden. Heute sind die eindrucksvollen Hinterlassenschaften inklusive der 14.000 Bände umfassenden Bibliothek würdig untergebracht und sogar zu besichtigen. Zum Senat haben Besucher allerdings keinen Zutritt.

Präsidialverwaltung (Президиум) [I F7]

Das ebenfalls vom Roten Platz aus zu sehende Gebäude wurde ursprünglich als Ausbildungsstätte für Offiziere der Roten Armee 1934 errichtet. Zu Zeiten der Sowjetunion war hier das Hauptquartier des Obersten Sowjet. Heute ist hier die Präsidialverwaltung untergebracht.

ROTER PLATZ UND KITAJ-GOROD

„Dieser Platz war von jeher das Herz Russlands" (Stefan Zweig)

⓮ Historisches Museum (Исторический музей) ★ [I F6]

Wenn man an der Metrostation Ochotnyj Rjad den Ausgang „Roter Platz" genommen hat, gelangt man nach einem längeren Marsch unter der Erde erst auf dem etwas leblos wirkenden, zugigen Manegenplatz ans Tageslicht. Man lässt das unterirdische Einkaufszentrum, zu erkennen an den Bullaugen, rechts liegen und geht geradeaus direkt auf das Historische Museum zu.

Von dem riesigen, tiefroten Museumsgemäuer im neorussischen Stil mit den bizarren Spitzen, Simsen und Winkeln und dem majestätisch davor thronenden Marschall *Schukow* (dem verdienstvollsten russischen Kommandeur des 2. Weltkriegs) ist man zunächst eingeschüchtert. Das **Denkmal** zeigt *Schukow* in der

▶ *Das Standbild Marschall Schukows vor dem Historischen Museum*

MOSKAU ENTDECKEN
Rundgang 1: Kreml, Roter Platz und Kitaj-Gorod

Pose, die er während der Siegesparade 1945 auf dem Roten Platz eingenommen hatte und steht dort erst seit 1995. Links daneben steht das frühere **Lenin-Museum**, ebenfalls aus rotem Backstein. Obwohl es 1993 geschlossen wurde, ist der Ort immer noch Treffpunkt der Altbolschewiken.

Die irritierende, zuckergussige „Schönheit" des größten russischen Nationalmuseums, das erst 1997 nach jahrelanger Renovierung wiedereröffnet wurde, korrespondiert mit der überladenen Ausstattung.

Für die 4,5 Millionen **Exponate** und 12 Millionen Dokumente, die zum Teil von reichen russischen Aristokraten- oder Industriellenfamilien gestiftet wurden, braucht man einen langen Atem. Am besten sucht man sich vorher einen oder zwei bestimmte Säle aus. Die archäologischen Fundstücke wie Münzen und Medaillen, kostbare alte Manuskripte, wertvoller Schmuck, darstellende Kunst und historischen Dokumente spiegeln die Geschichte der Völker der Sowjetunion wider. Interessant sind hin und wieder stattfindende, temporäre Ausstellungen aus dem 12.500 Exponate umfassenden Bestand des inzwischen geschlossenen Lenin-Museums im Nachbarbau. Dort befindet sich auch der Adler des Ehrenhofes von *Hitlers* Reichskanzlei, die 1949 von den russischen Besatzern abgerissen wurde.

Trotz der didaktischen Neuaufbereitung nach der Wiedereröffnung 1997 ist es schwierig, sich zurecht zu finden. Ein englischer Audioguide und die am Eingang ausliegende englische Broschüre helfen bei der Orientierung. Sehenswert sind nicht nur die opulent gestalteten Säle, sondern auch einige Exponate wie To-

tenmasken aus dem Altai-Gebirge, antike Bernsteinjuwelen und ein 5000 Jahre altes Eichenschiff.

Wer sich für Ethnien und Geschichte der Völker der Sowjetunion von den Anfängen bis heute interessiert, der ist hier richtig. Wer nicht, geht links an dem massigen Bauwerk mit dem auffallend weißen Dach vorbei zum Auferstehungstor.

› **Historisches Museum**, Krasnaja Ploschtschad (Roter Platz), Metro: Teatralnaja, Ochotnyj Rjad, Mi.–Mo. 10–18 Uhr, geschl. erster Montag des Monats, Tel. 2924019, www.shm.ru

⓯ Auferstehungstor
(Воскресенские ворота) ★ [I F7]

Unmittelbar vor dem Auferstehungstor mit den Zwillingstürmen, durch das fast jeder Tourist den Roten Platz zum ersten Mal betritt, befindet sich der **Straßennullkilometer**, markiert durch eine Bronzeplatte im Pflaster. Eine kleine Gruppe russischer Babuschkas ist dort versammelt, um Geld aufzufangen. Dieses Fleckchen hat einen historischen Hintergrund: Als Ausgangspunkt für die Bestimmung der Entfernung zweier Städte wurden früher die jeweiligen Stadttore verwendet, bis *Nikolaj I.* verfügte, dass in St. Petersburg die Admiralität und in Moskau der Kreml zu gelten hätten. Damit ein Wunsch in Erfüllung geht, muss man sich mit dem Gesicht zum Auferstehungstor postieren und eine oder mehrere Münzen über die Schulter werfen. Die Babuschkas freuen sich über den seit 1996 wieder belebten Brauch.

Das Auferstehungstor wird auch **Iberische Pforte** genannt, weil die dazu gehörige Kapelle der Iberischen Mutter Gottes mit einer Kopie der als Beschützerin Moskaus verehrten Ikone ausgestattet ist. Das Auferstehungstor wurde zusammen mit der Kasaner Kathedrale Mitte der 1990er Jahre wieder aufgebaut. Die imposanten Türme mit den grünen Zeltdächern mussten unter *Stalin* den Panzerparaden weichen.

Geht man durch den Nachbau des ursprünglichen Tores aus dem Jahr 1538, tauchen in der Ferne die Turmspitzen der Basilius-Kathedrale auf. Links steht die kleine Kasaner Kathedrale.

▶ *Der Rote Platz im Festtagsschmuck, geradeaus das Historische Museum, rechter Hand das Kaufhaus GUM*

⓰ Kasaner Kathedrale
(Казанский собор) ★ [I F7]

Die Kirche der Gottesmutter von Kasan wurde erst zu Beginn der 1990er Jahre nach altem Vorbild mit Spendengeldern wieder aufgebaut, nachdem das Original in den 1930er Jahren auf Geheiß *Stalins* abgerissen worden war. Wie das Auferstehungstor auch, blockierte die himbeerfarbene Kathedrale den Aufmarsch der Paraden. Sie war 1636 als Denkmal für Zar *Michail Romanows* Sieg über die Polen errichtet und nach der Ikone der Jungfrau von Kasan benannt worden. Charakteristisch für eine frühe Moskauer Kirche sind die verzierten Fenster *(nalitschniki)*, die Kokoschnik-Giebel und die grünen und goldenen Kuppeln.
› Geöffnet Mo.–So. 8–19 Uhr

⓱ Roter Platz
(Красная площадь) ★★★ [I F/G7]

Nicht nur für Russen ist der Rote Platz ein magischer Ort. Den ersten Blick auf die Basilius-Kathedrale ⓴ wird man nicht zuletzt deshalb nie mehr vergessen, weil die **gewölbte Oberfläche** des imperialen Pflasters, der Erdkrümmung gleich, den Platz unwirklich erscheinen lässt. Der 500 Meter lange und 150 Meter breite frühere Marktplatz erscheint einem zunächst kleiner, als man ihn aus dem Fernsehen in Erinnerung zu haben glaubt. Doch er ist **einer der größten Plätze der Welt**.

Im 14. Jh. hieß der winzige, von Holzhäusern umgebene Marktflecken *torg* (Handel). 1403, nach dem Stadtbrand, wurde der Platz erweitert und hieß dann *poschar ploschtschad* (Feuerplatz). Bis Ende des 15. Jh. standen hier bis an die Kremlmauer Häuser, die *Iwan III.* schließlich entfernen ließ. Wenig bekannt ist,

MOSKAU ENTDECKEN
Rundgang 1: Kreml, Roter Platz und Kitaj-Gorod

dass der Rote Platz fast 120 Jahre lang auch **Platz der Wissenschaften** war. Dort wo heute das Historische Museum ⑭ steht, nahm 1755 die erste Moskauer Universität ihren Lehrbetrieb auf. Sie wurde später ein paar hundert Meter weiter an die Mochowaja Uliza verlegt.

Der Rote Platz hieß eigentlich „schöner Platz", denn ursprünglich bedeutete das Wort *krasnyj* „schön". Ende des 19. Jh. verschob sich die Bedeutung „schön" zugunsten von „rot" (Roter Platz). Mit der kommunistischen Symbolfarbe Rot hat die Bezeichnung nichts zu tun. Allerdings hatte der Platz immer auch eine **politische Bedeutung,** er schien alle Triumphe und Tragödien Russlands zu verkörpern. Hier verlasen Herolde die Zarenerlasse, hier gab es Hinrichtungen und Militärparaden, Demonstrationen und Prozessionen. Spätestens seit der Beisetzung des verstorbenen *Wladimir Iljitsch Lenin* 1930 im eigens für ihn errichteten Mausoleum ist der Platz ideologisch und emotional besetzt. Anders als vermutet, befindet sich der Kreml-Eingang nicht hinter dem Mausoleum, sondern an einer ganz anderen Seite, im Alexander-Garten. Die Geschichte des Roten Platzes hat viele Facetten. 1945 fand hier die Siegesparade statt. Fahnen und Standarten der deutschen Wehrmacht wurden vor der Kremlmauer auf das Pflaster geworfen. 1968 wurde hier *Jurij Gagarin* als erster Kosmonaut im All gefeiert. Auch der 60. Jahrestag der Oktoberrevolution wurde 1977 auf dem Platz mit einem großen Fest begangen.

Im Mai 1987, als der Kalte Krieg noch in vollem Gange war, landete ein deutscher Amateurflieger namens **Matthias Rust** mit einer Cessna mitten im Feierabendverkehr auf der Brücke Bolschoj Moskworetzkij Most (nicht auf dem Roten

Platz, wie eine übereifrige deutsche Zeitung meldete). Die Brücke liegt, vom Roten Platz aus gesehen, hinter der Basilius-Kathedrale. Damit brüskierte der Deutsche die Luftraumkontrollen der UdSSR. Passanten dachten, es würde ein Film gedreht. Sie überreichten dem „Friedenskämpfer" Blumen. *Rust* war, wie er später in einem Interview mit der Süddeutschen Zeitung sagte, „auf der Suche nach der Quelle des Friedens", den es seiner Meinung nach „nur noch in der Sowjetunion" gab. Im Gegensatz zu den westlichen Regierungen sei „die sowjetische Führung immer zu Abrüstungsverhandlungen bereit" gewesen. Nach 18 Monaten in einem russischen Gefängnis durfte er nach Deutschland zurückfliegen – in einer Boeing.

Unter *Breschnjew* wurden die **Militärparaden** zu einem leeren Ritual, aus den Lautsprechern tönten aufgezeichnete Hurra-Rufe. Seit dem Putsch 1991 gibt es auf dem Roten Platz keine Militärparaden mehr. Es können ohnehin keine Panzer mehr passieren, seitdem das Auferstehungstor wiedererrichtet wurde. 2005 fand das **Live8-Konzert** auf dem Roten Platz statt und jedes Jahr gibt es ein rauschendes Feuerwerk an Silvester, am Tag des Sieges (9. Mai), am Unabhängigkeitstag (12. Juni) und manchmal auch zu anderen Gelegenheiten.

⑱ GUM (ГУМ) ★★★ [I G7]

Als perfektes Gegengewicht zu dem hinter der roten Mauer auf der rechten Seite des Roten Platzes liegenden Kreml ❶ wurde 1888 auf der linken Seite mit dem Bau des imposanten, einzigartigen Glaskuppelbaus, dem GUM, begonnen.

Das von innen unbedingt sehenswerte **größte „Kaufhaus" Russlands** mit den drei riesigen Arkadengängen (Reihen) wurde von *Alexander Pomeranzew* in neo-altrussischem Stil entworfen und 1893 nach fünfjähriger Bautätigkeit, fast zeitgleich mit dem Historischen Museum fertig gestellt. Geschäfte, beziehungsweise einfache Kioske gab es an dieser Stelle sogar schon 1825. Der neue, raffiniert konstruierte Sandsteinbau diente jedoch bis zur Revolution zunächst als Waffenlager und Verwaltungsgebäude. 1921 wurde das „Kaufhaus" verstaatlicht, unter dem 250 Meter langen Glasdach zogen nach und nach mondäne Geschäfte ein. Das russische Harrods mit über 1000 Läden erfreute sich schon damals großer Beliebtheit. 1932 wurde hier *Stalins* Frau *Nadeschda*, die freiwillig aus dem Leben geschieden war, aufgebahrt. *Stalin* soll tagelang hinter einer Säule gestanden haben, um zu sehen, wer seiner Frau die letzte Ehre erwies.

Als 1952 im obersten Stockwerk ein Bekleidungsgeschäft für die Partei-Elite seine Pforten öffnete, brach für die überdachte, bahnhofsähnliche Markthalle neue Zeiten an. Im GUM gab es plötzlich all die Gebrauchsartikel des täglichen Lebens zu kaufen, die zu Sowjetzeiten absolute Mangelware und damit ein fast unerschwinglicher Luxus waren. Für Toilettenpapier, Tampons, Kinderbekleidung und Schnürsenkel bildeten sich dennoch lange Schlangen. Die Vorräte waren gering. Wenn man die westlichen Designer- und Luxusgütergeschäfte von heute sieht, die vor allem eine exklusive Klientel anlocken, kann man sich die Tristesse vergangener Zeiten nicht mehr vorstellen. Im dritten Stock des Konsumtempels sind zwar noch einige Läden aus Sowjetzeiten erhalten geblieben, aber deren Stunden scheinen gezählt.

MOSKAU ENTDECKEN
Rundgang 1: Kreml, Roter Platz und Kitaj-Gorod

Nachdem das GUM mit seinen schmiedeeisernen Geländern, den riesigen Kronleuchtern und verspielten Springbrunnen Anfang der 1990er Jahre renoviert und in eine **Aktiengesellschaft** umgewandelt worden war, flossen westliche Gelder nach Moskau. Die Hälfte der GUM-Aktien ist heute in ausländischem Besitz. Und doch scheint die Rechnung nicht aufgegangen zu sein. Gerüchten zufolge sucht die Moskauer Stadtregierung derzeit einen (russischen oder ausländischen) Investor für den riesigen Konsumtempel.

Viele **Cafés und Bistros** in den oberen Etagen des GUM bieten köstliche Kleinigkeiten. Das gediegene italienische Bosco Café 8 im Erdgeschoss ist schon eine Institution. Der herrliche Blick auf den Roten Platz 17 ist einzigartig.

› GUM (*Gosudarswtwennyj Universalnyj Magasin*, ГУМ) 1, Krasnaja Ploschtschad 3, Metro: Ploschtschad Rewoluzii, Mo.–Sa. 8–21 Uhr, So. 11–20 Uhr, Tel. 9215763, www.gum.ru

19 Lenin-Mausoleum (Мавзолей В. И. Ленина) ★★★ [I G7]

Die wohl berühmteste Leiche der Welt sollte man auf keinen Fall verpassen. Die Mystik des Ortes ist dabei weitaus interessanter als der Leichnam selbst. Das konstruktivistische rot-schwarze Äußere des Lenin-Mausoleums ist vor dem inneren Auge jedes Moskau-Reisenden genau so präsent wie der Kreml und die Basilius-Kathedrale. Via Fernsehen konnte man auch schon zu Sowjetzeiten in der ganzen Welt mitverfolgen, wie der einem Pharaonengrab nachempfundene Kubusbau von *Alexej Schtschussew* als **politische Bühne** fungierte, von der aus die Paraden auf dem Roten Platz abgenommen wurden. Vor allem anderen aber ist das Mausoleum ein **architektonischer Geniestreich**. Nach *Lenins* Tod war an dieser Stelle 1924 zunächst ein Holzbau errichtet worden. Nach der Einbalsamierung des Revolutionärs wurde schließlich eine Stufenpyramide aus dunkelrotem Granit mit einem schwarz abgesetzten Trauerflor aus Labradorit entworfen, auf der in großen Lettern der Name *Lenin* zu lesen ist. Unter dem Schriftzug befindet sich der Eingang. Die Wegeführung ist so einfallsreich wie das indirekte Licht beim Hinuntergehen der schwarzen Stufen aus Porphyr. Sie führen in die stille **Grabkammer** mit dem gläsernen, in Bronze eingefassten Sarkophag in der Mitte, der von oben über einen Lichtschacht beleuchtet wird. Das Innere der streng geometrischen Grabkammer aus grauem und schwarzem Labradorit wirkt abweisend und kühl. Die dramatischen roten Flammenintarsien verleihen der Stätte etwas Geheimnisvolles. In einem dunklen Anzug liegt der friedlich, aber etwas wächsern wirkende *Lenin* hinter Glas. Passend zum Treppenaufgang auf der anderen Seite scheint von oben direktes Licht auf den Besucher. Die ernsten Mienen der unzähligen Wachen lässt den Besucher mit einem seltsam mulmigen Gefühl zurück. Zu kurz ist die Zeit, um zu realisieren, dass man gerade den „heiligsten" kommunistischen Schrein passiert hat.

Im Zweiten Weltkrieg war der „Messias der atheistischen Sowjetideologie" aus Sicherheitsgründen kurzzeitig nach Tjumen in Sibirien verbracht worden. Von 1953 bis 1961 bekam er Besuch von **Stalins Leichnam**, der ebenfalls im Mausoleum aufgebahrt und dessen Name neben dem *Lenins* in den Labradorit-Stein eingraviert wurde. Der Lenin-Kult war ja von *Stalin* initiiert worden. Im Zuge der beginnenden „Entstalinisierung" unter Regierungschef *Nikita Chruschtschow* wurde *Stalins* Leichnam 1961 aus dem Mausoleum entfernt. Auf dem 20. Parteitag soll der damalige Staatschef gesagt haben: „Das Mausoleum stinkt nach Stalins Leiche". *Stalins* Grab an der **Kremlmauer** hinter dem Mausoleum, wo auch alle großen russischen Politiker, *Lenins* Frau *Nadeschda Krupskaja,* der berühmte Kosmonaut *Jurij Gagarin,* der ehemalige Tscheka-Chef (Vorgängerorganisation des KGB) *Felix Dserschinskij* und andere Persönlichkeiten beigesetzt sind, passiert man beim Verlassen der Anlage – und nur dann. Dieser Teil hinter dem Mausoleum ist durch eine Tannenreihe vom Roten Platz abgetrennt und daher nur bei einem Besuch der Grabstätte zugänglich.

Die Mausoleum-Wache wurde 1993 von *Boris Jelzin* abgeschafft. Auch sonst hat sich einiges geändert. *Jurij Luschkow,* der Moskauer Oberbürgermeister, hatte die Idee, ein Privatunternehmen *(Ritual Service)* zu gründen, um dem Mausoleumslabor Einbalsamierungsaufträge von „Neureichen" zu beschaffen. Der russische Staat muss immerhin jährlich eine Million Euro für *Lenins* Konservierung aufbringen.

Der **Einbalsamierungsprozess** vollzog sich seinerzeit in mehreren Stufen. Nach einem Formaldehydbad wird eine Alkohol-Glyzerinmischung angesetzt und schließlich eine Tinktur aus Kaliumazetat, Glyzerin, Chlorodinin und Wasser. Diese Zusammensetzung wird auch heute noch verwendet.

In den letzten Jahren wurde immer wieder diskutiert, *Lenins* Leichnam nach St. Petersburg zu überführen und neben seiner Mutter und seiner Schwester zu beerdigen. Proteste kamen nicht nur von Seiten der Kommunisten und Neo-Bolschewisten. *Lenin* wird noch immer als der russische Nationalheld des letzten Jahrhunderts gefeiert und selbst *Wladimir Putin* hielte es für „das falsche Zeichen", *Lenin* aus dem Mausoleum zu entfernen. Denen, die *Lenin* heute noch verehren, würde sonst das Gefühl gegeben, an die falsche Sache geglaubt zu haben.

Da man beim **Besuch des Mausoleums** keinen Fotoapparat und keine Taschen mit in das Innere nehmen darf, muss man sie entweder unten am Kutawja-Turm des Kreml ❶ (15 Gehminuten) auf der rechten Seite im Alexander-Garten deponieren oder besser gleich im Hotel lassen. Dann stellt man sich in der Schlange am Manegenplatz ㉜, rechts vom Historischen Museum an und wartet geduldig. Wer um Punkt 13 Uhr noch immer dort steht, hat verloren. Der Rote Platz wird weiträumig abgesperrt, wenn das Mausoleum geöffnet ist. Im Mausoleum selbst darf keine Kopfbedeckung getragen und nicht gesprochen werden. Meist sind mehr Wachen vor Ort als Besucher. In weniger als einer Minute muss man den Sarkophag passiert haben. Alle 18 Monate wird das Mausoleum für sechs Wochen geschlossen, damit *Lenin* „aufgefrischt" werden kann.

› Krasnaja Ploschtschad, Metro: Ochotnyj Rjad, Mi./Do./Sa./So. 10–13 Uhr, Tel. 9235527

▶ *Auch wenn der Frost klirrt – ein Foto vor der Basilius-Kathedrale gehört zur Hochzeitsprozedur*

MOSKAU ENTDECKEN
Rundgang 1: Kreml, Roter Platz und Kitaj-Gorod

⑳ Basilius-Kathedrale (Храм Василия Блаженного) ★★ [I G7]

„Wie der Turmbau zu Babel baut sich die Kirche vielstufig auf und gipfelt schließlich in einer riesigen, gezackten, in allen Regenbogenfarben schillernden Blüte." (Michail Lermontow)

Kein Foto vermag die opulente, orientalische Schönheit der farbenprächtigen Basilius-Kathedrale originalgetreu wiederzugeben. Aus der Ferne wirkt die als Schlüssel zur kryptischen, vielfarbigen russischen Seele geltende Basilius-Kathedrale fremdartiger und eindrucksvoller als aus der Nähe. Nach der Anfang 2005 beendeten Restaurierung erscheinen die Farben künstlich und etwas kitschig.

Die **Geschichte** der Kathedrale reicht bis in das 16. Jh. zurück, als *Iwan der Große* nach der Eroberung von Kasan 1552 befahl, auf dem Roten Platz eine (neue) Kathedrale errichten zu lassen. Sie sollte an die orthodoxe Tradition von Byzanz anknüpfen und Moskaus Rolle als Hauptstadt eines religiösen Kreuzzuges gegen die „ungläubigen" Tataren hervorheben. Moskau sollte das Dritte Rom werden und die Kathedrale der steinerne Beweis dafür. In nur fünf Jahren Bauzeit, zwischen 1555 und 1560, schufen die angeblich von Gott geschickten Bauherren *Postnik* und *Barma* die „steinerne Blume". Zur Zeit ihrer Errichtung hieß die Kathedrale Pokrowskij Sobor (Mariä-Schutz-Kirche), denn Kasan wurde am 1. Oktober erobert, am Feiertag *pokrow* (Mariä-Schutz-Fest).

Die Kathedrale wurde auf einem kreuzförmigen **Grundriss** erbaut. Vier kleine Kapitele auf achteckigen Türmen gruppieren sich an den Endpunkten des Kreuzes um die in der Mitte befindliche Turmkirche.

Erst 1588 kam die kleine Kapelle hinzu, in der der heilige **Basilius** begraben wurde. *Basilius* galt als Narr, sagte aber voraus, dass *Iwan der Schreckliche* seinen eigenen Sohn umbringen würde und konnte damit seine Glaubwürdigkeit unter Beweis stellen. Natürlich erst nach dem Tod des Zaren wurde die Kathedrale nach dem heiligen *Basilius* benannt.

Die **orientalische Opulenz**, die Galerien und das Zeltdach erhielt die Kathedrale erst im 17. Jh. Bis dahin war sie weiß und hatte goldene Kuppeln. 1812 wollte *Napoleon* das imposante Bauwerk sprengen lassen, aber die Zeit reichte nicht.

Stefan Zweig beschrieb Moskaus wohl bekannteste Kathedrale folgendermaßen: Ein „Wunderbau ohnegleichen, morgenländisch phantastisch, abendländisch architektural, die kühnste Vermählung byzantinischer, italienischer, urrussischer und manchmal auch buddhistisch-pagodischer Formen. Sie ist das kostbarste Kleinod der Stadt und nichts rühmt sie mehr als die finstere Legende, dass Iwan der Schreckliche dem Baumeister zum Dank für seine Meisterschaft die Augen ausstechen ließ, damit er keine zweite ähnliche Kirche in der Welt bauen könnte."

Eine **Besichtigung** ist zwar möglich, aber das Innere wirkt klaustrophobisch und ist im Vergleich zu vielen anderen Moskauer Kirchen trotz des psychedelischen Freskenlabyrinthes mit geometrischen und floralen Mustern und dem rot-blau-goldenen Ikonostas in der Kapelle nicht unbedingt sehenswert. Die Basilius-Kathedrale, die Le Corbusier das „Teufelswerk eines beschwipsten Konditors" nannte, ist wahrscheinlich das endgültige Symbol Russlands. Selbst *Stalin* hatte so große Ehrfurcht vor ihr, dass er sie, obwohl sie bei den Militärparaden auf dem Roten Platz störte, an Ort und Stelle beließ. Rechts neben der Kathedrale liegt die offizielle Haupteinfahrt zum Kreml, der Erlöser-Torturm mit der genauesten Uhr Russlands.

› Krasnaja Ploschtschad, Metro: Ochotnyj Rjad, Kitaj-Gorod, Mi.–Mo. 11–18 Uhr, im Winter bis 16 Uhr (Kassenschluss eine Stunde früher), Tel. 2983304

㉑ Minin-Poscharskij-Denkmal (Памятник Минину и Пожарскому) ★ [I G7]

Das heute direkt vor der Basilius-Kathedrale stehende Denkmal wurde 1818 als erstes seiner Art in Moskau von dem Bildhauer *Iwan Martos* im klassizistischen Stil entworfen und zunächst vor dem heutigen GUM aufgestellt. Der Metzger *Kuzma Minin* und Fürst *Dmitrij Poscharskij* hatten eine Freiwilligenarmee gegründet und befreiten Moskau 1612 von der zwei Jahre dauernden polnischen Invasion. Als Dank wurde dieses Denkmal errichtet.

㉒ Richtplatz (Лобное Место) ★ [I G7]

Historisch von trauriger Bedeutsamkeit ist auch der vorgelagerte, steinerne, runde Richtplatz auf dem schon 1606 die ersten Hinrichtungen stattfanden. 1698 legte *Peter der Große* selbst Hand an, als er die aufständischen Strelitzen (siehe Kap. „Geschichte") zum Tode verurteilte und teilweise selbst enthauptete.

㉓ Alter Englischer Hof (Старый английский двор) ★★ [I G7]

Lässt man die Basilius-Kathedrale rechts liegen und biegt links hinter der neuen Fabergé-Galerie in die älteste Straße Moskaus, die Warwarka Uliza ein, ist man im Herzen des alten Stadtviertels Kitaj-Gorod angekommen. Rechts auf der Ecke steht die **Kirche der heiligen Warwara** (die russische Version des Mädchennamens Barbara), die der Straße ihren Namen gab.

Kitaj-Gorod heißt „befestigte Stadt". Der Begriff kommt aus dem Tatarischen und bezieht sich auf die Stadtmauer, die nach ihrem Bau 1538 das Stadtviertel umschloss. Die Ableitung von dem russischen Wort *kitaj* für China ist daher irreführend und nicht richtig. Kitaj-Gorod stellte durch seine begünstigte Lage am Moskwa-Ufer das Handelszentrum der Stadt dar.

Hinter der klassizistischen Warwara-Kirche schließt sich auf der rechten Seite

> **EXTRATIPP**
>
> *Souvenirtruhe*
> Der kleine Kiosk an der Ecke Warwarka Uliza verkauft ungeahnte Schätzchen, vor allem die historischen Briefmarken sind ein ausgezeichnetes Souvenir.

der Alte Englische Hof an. Das weiße Gebäude mit dem Holzdach und den winzigen Fenstern war die **erste Botschaft in Moskau**. Englische Kaufleute hatten 1553 einen Seeweg nach Indien gesucht und waren in Russland gelandet. In Archangelsk erlitten sie Schiffbruch und wurden zum Hof *Iwans des Schrecklichen* gebracht. Er überließ ihnen großzügigerweise das Gebäude direkt neben dem Kreml, anstatt sie zu verhaften. Seitdem bestehen zwischen England und Russland diplomatische Beziehungen, die in dem Museum dokumentiert werden. 1994 wurde es nach der Instandsetzung durch *Queen Elizabeth II.* feierlich eingeweiht. Jeden Monat finden im Foyer Konzerte mittelalterlicher Musik statt.

Hinter dem Englischen Hof befindet sich eine kleine Kirche im altrussischen Stil. Sie ist dem **besessenen heiligen Maxim** geweiht. Besessene wurden in Russland stets verehrt, sie galten als Hellseher. *Maxim* war ein Bettler, der in der Warwarka Uliza gewohnt hat.

㉔ Gostinyj Dwor
(Гостиный двор) ★   [I G7]

Auf der gegenüberliegenden Seite befindet sich die **Einkaufspassage** Gostinyj Dwor. Unter anderem hat Artpoint-Design ① hier eine Filiale (Eingang 6, Sektor 14). *Katharina die Große* hatte den „Alten Kaufhof" mit den korinthischen Pilastern 1790 in Auftrag gegeben. Die riesige Ausstellungsfläche wird u. a. an die Veranstalter der **Internationalen Moskauer Modemesse** vermietet. Heute erstrahlt das imposante Gebäude in neuem Glanz. Als 1996 die Komplettrestaurierung in Angriff genommen wurde, mussten schon bald Archäologen zu Rate gezogen werden, hatte man doch einen **Schatz** aus 95.429 russischen Silbermünzen entdeckt. Dieser einzigartige Zufallsfund soll demnächst in einem Museum ausgestellt werden.

› Uliza Warwarka 4a, Metro: Kitaj-Gorod, Di./Do./Sa./So. 10–18 Uhr, Mi./Fr. 11–19 Uhr, Tel. 2983952

㉕ Palast der Bojaren Romanow
(Музей Палаты в Заряде) ★★ [I G7]

Der zum **Snamenskij-Kloster** gehörende, märchenhaft verschnörkelte Palast bildete im 16. Jh. das steinerne Zentrum einer kleinen **Holzsiedlung namens Sarjade** (Hinter den Marktständen), die sich von der Warwarka Uliza bis zur Moskwa hinunter erstreckte. *Nikita Romanow* (Schwiegersohn von *Iwan dem Schrecklichen*) ließ den Palast erbauen und residierte dort mit seiner Familie. Heute ist der Palast ein beeindruckendes **Museum**, in dem das Leben des Adels im 16. und 17. Jh. dokumentiert wird. Als *Michail Romanow* 1613 zum Zaren gewählt wurde, zog die Familie in den Kreml. Schon 1859 wurde der Palast auf Anordnung von *Nikolaus I.* in ein Museum umgewandelt. Über der Tür ist das Wappen der *Romanows*, ein doppelköpfiger Adler, zu sehen.

› Uliza Warwarka 10, Metro: Kitaj-Gorod, Do.–Mo. 10–17, Mi. 11–18 Uhr, letzter Mo. im Monat geschl., Tel. 2983706, www.shm.ru

Hinter dem Palast der Bojaren *Romanow* erheben sich die vier himmelblauen Kuppeln mit einer goldenen Kuppel in der Mitte. Die St.-Georgskirche ist benannt nach dem Schutzheiligen der Stadt Moskau. Die Kirche wurde 1657 von Händlern aus Pskow erbaut, der Glockenturm kam erst im 19. Jh. dazu.

Das dahinter thronende **Hotel Rossija**, das einstmals größte Hotel der Welt, wurde 2006 abgerissen. In den Jahren von 1964 bis 1967 entstand der von *Dmitrij Tschetschulin* in Plattenbaumanier entworfene Hotelkomplex mit 1000 Zimmern, den die Moskowiter für das größte Verbrechen der Stadtarchitektur halten. Weiter geht es links in die Ipatajewskij Pereulok und dann gleich rechts in die Nikitnikow Pereulok. Auf der linken Seite liegt die Dreifaltigkeitskirche in Nikitniki.

26 Dreifaltigkeitskirche in Nikitniki (Церковь Троицы в Никитниках) ★★ [I G7]

1635 ließ der reiche Kaufmann *Gregorij Nikitnikow* dieses Kleinod im alten Stadtzentrum errichten. Die irritierend schönen Farben der nach Renovierungsende 2006 in neuem Glanz erstrahlenden Dreifaltigkeitskirche in Nikitniki heben sich von dem Grau der umliegenden Verwaltungsgebäude wohltuend ab. Ihre asymmetrische Form, die verzierten weißen Kokoschnik-Giebel, die Säulen und Keramikfriese kontrastieren mit den purpurroten Ziegeln und den grünen Kuppeln. Im mittelalterlichen Kitaj-Gorod überragte der offene Glockenturm die gesamte Holzsiedlung.

Seit 1967 ist die Kirche mit dem hohen Sockelgeschoss zu besichtigen. Vor allem die von *Simon Uschakow* angefertigten Fresken lohnen einen Blick in das überirdisch schöne, mit Blattgold und mit einem einzigartigen Ikonostas ausgestattete Innere. Die angrenzende Kapelle beherbergt interessante Porträts der Nikitnikow-Familie.

› Nikitnikow Per. 3, Metro: Kitaj-Gorod, Mo., Fr.–So. 10–17 Uhr, Mi.–Do. 12–19 Uhr

Um den Rundgang hier zu beenden oder bis zum nächsten Tag zu unterbrechen, geht man nach dem Besuch der Kirche links die Straße hinunter. Vor dem Grünstreifen geht es rechts bergab, bis auf der gegenüberliegenden Seite das Metroschild auftaucht. Hier kann man die Warwarka Uliza unterqueren und von der Me-

◀ *Die Dreifaltigkeitskirche in Nikitniki mit ihren grünen Kuppeln*

trostation Kitaj-Gorod abfahren. Zuvor führt ein kleiner Abstecher den Kitajgorodskij Projesd rechts hinunter Richtung Moskwa zu den Resten der **alten Stadtmauer** von Kitaj-Gorod.

Wer noch Energie hat und gut zu Fuß ist, kann von der Dreifaltigkeitskirche aus weiter durch Kitaj-Gorod und wieder zurück zum Ausgangspunkt am Manegenplatz gehen.

Der Spaziergang führt die Warwarka Uliza wieder Richtung Roter Platz zurück, vorbei an den schönen Kirchen auf der linken Seite. Man biegt die vierte Straße rechts in die Kristallgasse (Chrustalnyj Pereulok) und geht durch die alten Handelsreihen mit dem Gostinij Dwor auf der rechten Seite bis zum Ende der Straße.

❷❼ Elias-Kirche, Uliza Ilinka ★ [I G7]

Architektonisch betrachtet ähnelt dieses Viertel St. Petersburg. Der Stadtteil scheint wie aus einem klassizistischen Guss und die reich verzierten Fassaden erinnern an die St. Petersburger Prachtstraße Newskij Prospekt.

Man biegt rechts in die Uliza Ilinka, benannt nach dem einstmals an der Ecke liegenden Elias-Kloster, von dem heute nur noch die kleine **Elias-Kirche** aus dem 17. Jh. erhalten ist. Im 19. Jh. entwickelte sich die Straße zum Handelzentrum. Versicherungen, Banken und die an dem nun folgenden Börsenplatz liegende **Börse** aus dem Jahr 1836 zeugen davon.

> **EXTRATIPP**
> *Teesorten vom Feinsten*
> *Das Teegeschäft Nadin, eine lohnende Adresse für den Teeliebhaber, befindet sich ebenfalls in der Uliza Ilinka* 1.

❷❽ Epiphanienkloster (Богоявленский монастырь) ★★ [I G7]

Am Börsenplatz biegt man links in die Bogojawlinskij Pereulok. Auf der linken Seite taucht dann plötzlich wie eine Fata Morgana die frisch renovierte und unwirklich schöne Kathedrale des Epiphanienklosters auf.

Das Epiphanienkloster in Scharlachrot wurde von Fürst *Daniil* bereits im 13. Jh. gegründet und ist damit das zweitälteste Kloster nach dem Danilow-Kloster in Moskau. Der mit Mosaiken verzierte, himbeerfarbene Glockenturm des Klosters ist erst im Jahr 1690 hinzugekommen und ein Meisterwerk des Moskauer Barock (siehe Exkurs „Kokoschnik, Nalitschnik, ..."). Zu sehen sind auch noch einige Mönchszellen aus dem 18. Jh. Seit der Renovierung erklingen wieder Glockenkonzerte und auch Messen dürfen wieder besucht werden.

› Bogojawlinskij Per. 2/4, Metro: Ploschtschad Rewoluzii, Mo.–So. 8–20 Uhr

❷❾ Alte Synodaldruckerei (Печатный двор) ★ [I G6]

Verlässt man das Kloster, geht es links weiter bis zur Straßenkreuzung. Man biegt ein kleines Stück rechts in eine der lebendigsten Geschäftsstraßen der Stadt ein, die Ende des 19. Jh. Zentrum des Buchhandels war, die **Nikolskaja Uliza**. Schon Ende des 12. Jh. siedelten hier Händler und Kaufleute, die den Zarenhof belieferten. Sie war einst die direkte Handelsstraße vom Kreml nach Wladimir. Benannt ist die Straße nach dem Nikolausturm des Kreml. Sie ist heute, obwohl Fußgängerzone, nicht sehr anheimelnd.

Auf der linken Seite erhebt sich die die blau-weiße alte Synodaldruckerei im neogotischen Stil, in der 1563 das **erste**

Rundgang 1: Kreml, Roter Platz und Kitaj-Gorod

Buch Russlands gedruckt wurde, die „Apostelgeschichte". *Iwan der Schreckliche* hatte den Bau angeordnet. Das jetzige Gebäude entstand erst 1814. Im Hof sind allerdings noch zwei Gebäude des alten Druckereihofes erhalten.

In dem angrenzenden Haus hinter Nr. 17 befand sich im 19. Jh. das einzige Restaurant Moskaus (Slawjanskij Basar). Hier traf sich auch die Moskauer Bohème um *Konstantin Stanislawskij*. Seit einem Brand 1993 ist es geschlossen.

❸⓪ Saikonospasskij-Kloster (Заиконоспасский монастырь) [I F6]

Flaniert man die Nikolskaja Uliza weiter Richtung Kreml, lohnt sich ein Blick in den Innenhof von Nummer 7. Dort sind noch Überbleibsel des Sajkonospasskij-Klosters aus dem 15. Jh. zu sehen. Der Name bedeutet „Heiland hinter den Ikonen" und erinnert an die Zeit, als an der Straße der Ikonenhandel blühte. Von 1687 bis 1814 befand sich an dieser Stelle auch die erste Hochschule Russlands, die „Akademie für Slawisch, Griechisch und Latein", an der auch der spätere Gründer der Moskauer Universität und Universalgelehrte *Michail Lomonossow* studierte. Heute ist hier ein Archiv untergebracht.

Am Ende der Nikolskaja Uliza gelangt man wieder zur Kasaner Kathedrale ⓰ und zum Roten Platz ⓱, wenn man nicht vorher links in das GUM ⓲ abbiegt, um zu bummeln und einen Kaffe zu trinken.

❸① Revolutionsplatz (Площадь Революции) ★ [I F6]

Dann geht es zurück durch das Auferstehungstor ⓯, an dessen Ende man wieder zum Manegenplatz gelangt. Biegt man am Lenin-Museum rechts mit Blick auf die riesige Baustelle vom Hotel Moskwa, gelangt man zum **Revolutionsplatz**, auf dessen nördlicher Seite sich das **Karl-Marx-Denkmal** erhebt.

Rechts daneben befindet sich das legendäre **Jugendstilhotel Metropol,** das häufig als Filmkulisse diente.

Auf dem Platz selbst ist der **konstruktivistische Metroeingang** unübersehbar. Von der Station Ploschtschad Rewoluzii kann man auch unterirdisch zu den Metrostationen Teatralnaja und Ochotnyj Rjad laufen.

KLEINE PAUSE

In der sehr gut sortierten **Buchhandlung Knigi** ① kann man sich in einem der großen Ledersessel kurz erholen. Alternativ geht man die Nikolskaja Uliza noch ein Stück rechts hoch zum **Café PirOGI** ① und verweilt bei einem Kaffee oder Drink.

Zurück Richtung Roter Platz, in Hausnummer 13, versteckt sich ein nur von Russen besuchter, ausgesprochen skurriler Stehimbiss namens **Butterbrotnaja** (das Wort „butterbrot" ist dem Deutschen entlehnt, im weiteren Sinn wird es heute als Synonym für Snacks gebraucht), der wie aus dem Setting gepurzelt zu sein scheint. Hier bekommt man einfache russische Küche, leckere Pelmeni und Frikadellen zu sehr günstigen Konditionen.

▶ *Die Manege, einst Reitstall, heute ein beliebtes Ausstellungsgebäude*

MOSKAU ENTDECKEN
Rundgang 1: Kreml, Roter Platz und Kitaj-Gorod

㉜ Manegenplatz
(Манежная площадь) ★★ [I F6]

Zurück zum Manegenplatz, gelangt man in etwa 10 Minuten zum **Grabmal des unbekannten Soldaten** im Alexandergarten und zum **Ausstellungsgebäude Manege**, der ehemaligen Moskauer Reitschule.

Der **Alexandergarten** hieß bis zur Krönung *Alexanders II.* 1856 Kremlgarten und wurde im Zuge der Trockenlegung des Flusses Neglinnaja 1812 angelegt. Vor dem **Grabmahl des unbekannten Soldaten** mit der ewigen Flamme, 1967 von Leningrad nach Moskau verbracht, verneigen sich auch heute noch Hochzeitspaare. In den roten Porphyrblöcken befindet sich Erde aus den russischen „Heldenstädten" des Zweiten Weltkriegs: Leningrad, Minsk, Stalingrad, Kiew, um nur einige zu nennen. Am 9. Mai, dem Tag des Sieges über Deutschland, findet hier eine Kranzniederlegung statt.

Vom Manegenplatz ist es nur ein Katzensprung zum Museum für Archäologie ③ und zur Twerskaja Uliza ㊸ mit unzähligen Restaurants und Cafés.

🟦 ESSEN UND TRINKEN

- **9** [I G7] **Amsterdam**, Gostinyj Dwor, Uliza Ilinka 4, Metro: Ploschtschad Rewoluzii, Mo.–Sa. 12–4 Uhr, Tel. 9562772. 150 Meter vom Roten Platz entfernt liegt dieses kleine, szenige Café-Restaurant, das sich abends in einen Tanzclub verwandelt. Tagsüber trifft man junge Geschäftsfrauen oder Models. Unter großen Spiegeln sitzt man gemütlich in Ledersesseln und bestellt eine Kleinigkeit aus der Karte. Mittleres Preisniveau.
- **10** [I G7] **Bosco Café**, Roter Platz 3, Metro: Ochotnyj Rjad, Ploschtschad Rewoluzii, Mo.–Fr. 9–23 Uhr, Sa./So. 10–23 Uhr, Tel. 9293182. Vor allem im Sommer auf der Terrasse kann man sich in Moskau kein schöneres, stilvolleres und zentraleres Plätzchen für

Detailkarte I: KREML und ROTER PLATZ

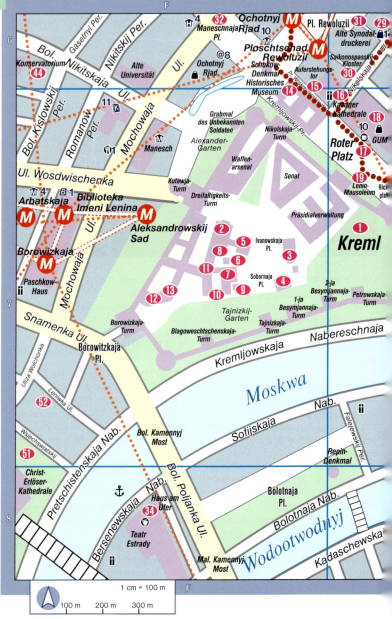

einen Kaffee vorstellen. Die Aussicht auf den Roten Platz und das Lenin-Mausoleum ist einzigartig. Da kann der Latte Macciato auch schon mal 4 € kosten. Kleine Salate und ein herrliches Kuchenbüffet ziehen junge, gut gekleidete Russen und Touristen gleichermaßen an. Allerdings sollte man sich einen Platz in der Sonne suchen und eine große Sonnenbrille mitbringen, die Atmosphäre ist etwas unterkühlt. Eingang vom Roten Platz aus durch das „Articoli"-Geschäft oder direkt durch das GUM ⑱. Für einen sundowner ist die Bosco Bar (auch ein Restaurant) nebenan zu empfehlen.

○11 [I H7] **Café Prosto**, Lubjanskij Projesd 25/2, Metro: Kitaj-Gorod, Mo.–So. 12–23 Uhr. „Einfach" ist dieses kleine Kellercafé am Alten Platz wirklich, aber die Atmosphäre ist warm und freundlich. Leckere Soljanka und Pelmeni gibt es hier auch.

🍴1 [I F7] **Eat & Talk**, Mochowaja Uliza 7, Metro: Aleksandrowskij Sad, Biblioteka imeni Lenina, Tel. 9612193, tägl. 24 Stunden. Hier trifft man vor allem mittags russische Angestellte, die in den umliegenden Verwaltungsgebäuden arbeiten. Sonst ist es ruhiger. Nette Bistroatmosphäre, Zweiertische und ein breites Angebot. Pizza Arabiata, russische Pelmeni für knapp 7 € oder Sushi. Der Cocktail des Hauses mit schwarzem Wodka „Blavod", Kahlua und Limone für 3 € ist wohl eher etwas für die Abendstunden! Leider kein Tageslicht, aber nach einem Besuch der Manege oder des Kreml sehr zu empfehlen. Auch E-Mail-Checken im Internet möglich!

○12 [I G6/7] **Kofechaus**, Uliza Ilinka 13/19, Metro: Kitaj-Gorod, 24 Stunden, Tel. 2066248. Sehr rummelig ist dieser Coffeeshop in bester Innenstadtlage. Neben dem köstlichen Kaffee gibt es hier vor allem Sandwiches. Auch Erdbeeren mit Eis oder Kuchen stehen auf der Karte. Rauchen ist erlaubt, das Sitzen auf Barhockern (die Tische sind meist belegt) ist eher etwas für den kleinen Espresso zwischendurch.

○2 [I G6] **Schelesnyj Feniks** (siehe Kapitel „Teeclubs")

🍴3 [I H7] **Zebra Square**, Slawjanskaja Ploschtschad 2, Metro: Kitaj-Gorod, Tel. 9743218, www.zebrasquare.com. Nach Paris und Monte Carlo hat jetzt auch Moskau einen französischen Luxustempel, in dem wilde Zebras an den Wänden, Lüstern und Blumenvasen für die zügellosen Abgesandten des Mode- und Showbusiness ihre Spuren hinterlassen haben. Von den hohen Decken hängen unzählige Lampen, die großen Fenster geben den Blick auf die große Welt frei. In diesem Ambiente lässt man sich gern von französischer und mediterraner Küche verwöhnen. Auch die Lounge ist sehr einladend. Und nachher geht es auf einen Absacker ins „Sorry, Babuschka" ④, den neuen Club im Souterrain.

MOSKAU ENTDECKEN

Rundgang 1: Kreml, Roter Platz und Kitaj-Gorod

Legende für Detailkarte I auf Seite 190/191

- 🍴1 Eat & Talk [I F7]
- 🍴3 Zebra Square [I H7]
- 🍴11 Kitajskij Ljotschik Dschao Da [I H7]
- 🍴16 Moskwa 28 [I H7]
- 🍴24 Sorry, Babuschka [I H7]
- ☕9 Amsterdam [I G7]
- ☕10 Bosco Café [I G7]
- ☕11 Café Prosto [I H7]
- ☕12 Kofechaus [I G6/7]
- 🛍14 Knigi [I G6]
- 🛍17 PirOGI 1 [I G6]
- 🛍60 Kiosk an der Basilius-Kathedrale [I G7]
- 🛍63 Nadin [I G6]
- 🏨4 Hotel National [I F6]
- ℹ1 Tourist Information Center der Moskauer Stadtregierung [I G7]
- 📕1 Russische Staatsbibliothek [I F7]
- 🎬11 Romanow Kino [I F7]
- 🏛4 Schtschussew-Architekturmuseum [I F7]
- 🏛9 **Museum der Geschichte der Stadt Moskau** [I G6]
- 🏛10 Museum für Archäologie [I F6]
- @8 Time Online 1 [I F6]

●●● Rundgang 1

- ❶ Kreml [I F/G7]
- ❷ Kremlpalast [I F7]
- ❸ Glockenturm „Iwan der Große" [I F7]
- ❹ Erzengel-Kathedrale [I F7]
- ❺ Zwölf-Apostel-Kirche und Patriarchenpalast [I F7]
- ❻ Mariä-Verkündigungs-Kathedrale [I F7]
- ❼ Facettenpalast [I F7]
- ❽ Gewandniederlegungs-Kirche [I F7]
- ❾ Mariä-Verkündigungs-Kathedrale [I F7]
- ❿ Großer Kremlpalast [I F7]
- ⓫ Terempalast [I F7]
- ⓬ Rüstkammer [I F7]
- ⓭ Diamantenfonds [I F7]
- ⓮ Historisches Museum [I F6]
- ⓯ Auferstehungstor [I F7]
- ⓰ Kasaner Kathedrale [I F7]
- ⓱ Roter Platz [I F/G7]
- ⓲ GUM [I G7]
- ⓳ Lenin-Mausoleum [I G7]
- ⓴ Basilius-Kathedrale [I G7]
- ㉑ Minin-Poscharskij-Denkmal [I G7]
- ㉒ Richtplatz [I G7]
- ㉓ Alter Englischer Hof [I G7]
- ㉔ Gostinyj Dwor [I G7]
- ㉕ Palast der Bojaren Romanow [I G7]
- ㉖ Dreifaltigkeitskirche in Nikitniki [I G7]
- ㉗ Elias-Kirche [I G7]
- ㉘ Epiphanienkloster [I G7]
- ㉙ Alte Synodaldruckerei [I G6]
- ㉚ Saikonospasskij-Kloster [I F6]
- ㉛ Revolutionsplatz [I F6]
- ㉜ Manegenplatz [I F6]
- ㉞ Haus am Ufer [I F8]
- ㊹ Konservatorium [I E/F6]
- ㊶ Christ-Erlöser-Kathedrale [I E/F8]

RUNDGANG 2: SAMOSKWORETSCHJE

Es ist nicht allein die Atmosphäre des 19. Jh., die diesen Stadtteil jenseits („sa" bedeutet „hinter") der Moskwa für Besucher interessant macht. Die einmalige Zeitreise, vorbei an zweigeschossigen Wohnhäusern und verwunschenen Kirchen, beinhaltet außerdem vier Highlights, die sich kein Moskau-Besucher entgehen lassen sollte: die Christ-Erlöser-Kathedrale, die Alte und die Neue Tretjakow-Galerie und den Skulpturenpark (Museon).

Von der Metro Kropotkinskaja geht es direkt zur **Christ-Erlöser-Kathedrale** ❺ (siehe „Rundgang 4: Pretschistenka"), die unübersehbar in neuem Glanz erstrahlt. Das prunkvolle, überladene Innere ist allerdings Geschmackssache. Hinter der Kathedrale bietet die erst kürzlich fertiggestellte Fußgängerbrücke herrliche Panoramablicke auf den Kreml ❶. Überquert man die Moskwa, gelangt man zunächst auf die **„Insel ohne Namen"**. Das flache südliche Ufer der Moskwa verwandelte sich bei jedem Hochwasser in einen Sumpf, sodass es bis zum Ende des 18. Jh. praktisch unbewohnbar blieb. Erst nach dem Hochwasser im Jahre 1783 wurde parallel zur Moskwa entlang eines alten Flussbettes auf Geheiß von *Katharina der Großen* ein Entlastungskanal gebaut. So entstand die „Insel ohne Namen", die trotz ihrer 1a-Lage stadtplanerisch lange vernachlässigt wurde. Lediglich das **Hotel Baltschug Kempinski** ❼ am Südufer des Flusses schien lange Zeit erwähnenswert. Es war eines der Moskauer Luxushotels des 19. Jh.

Inzwischen hat Bürgermeister *Jurij Luschkow* für die unbeschriebene Insel große Pläne. Eine nach ihm benannte Fußgängerbrücke überquert bereits den Kanal. Doch damit nicht genug: Hinter seiner jüngst ins Leben gerufenen **Initiative „Die goldene Insel"** verbirgt sich die Umwandlung des zentral gelegenen Areals in ein schickes Szeneviertel mit Wohnungen, Büros und Kasinos.

㉝ SCHOKOLADENFABRIK ROTER OKTOBER ★★
(Красный Октябрь)   [II F8]

Ein schönes Beispiel für die industrielle Vergangenheit der Insel ist die unterhalb der Brücke in rotem Klinker erbaute **Schokoladenfabrik** „Krasnyj Oktjabr" („Roter Oktober") am Südufer des Flusses. Moskaus älteste und berühmteste Pralinenmanufaktur präsentiert sich heute als moderne, computergesteuerte Süßwarenfabrik.

Moskaus älteste Süßwarenfabrik wird ihren angestammten Firmensitz demnächst räumen, um Luxuswohnungen Platz zu machen. Höchste Zeit, sich die traditionsreiche Fabrikation auf der „Insel ohne Namen" noch einmal anzusehen. Das ist allerdings nur im Rahmen einer rechtzeitig geplanten Exkursion bei Patriarschij Dom Tours möglich oder

> **EXTRATIPP** — *Fotogalerie GLAS*
> Hinter dem Fabrikverkauf, gleich an der Treppe findet man auf dem Kunstareal Art-Strelka seit Anfang 2006 auch die sehenswerte Fotogalerie GLAS ❶, die aufgrund der Renovierung des Hauses der Fotografie vorübergehend hierher gezogen ist.

MOSKAU ENTDECKEN
Rundgang 2: Samoskworetschje

nach Vereinbarung mit Nina Semjonowa. Die Produktion ist heute weitgehend computerisiert, sie wurde in den 1990er Jahren mit deutscher Hilfe modernisiert. 1992 hat man die Fabrik, in der heute noch 2500 Menschen arbeiten, in eine Aktiengesellschaft umgewandelt. Zur Jahrhundertwende konnte sich nur die Oberschicht die handgefertigten *konfety* leisten. Wer in einer Schokoladenfabrik arbeiten durfte, kam in den Genuss vieler Privilegien. Eines war jedoch vor allem nach der Verstaatlichung 1917 verboten: Schokolade mit nach Hause zu nehmen. Da haben es die Besucher besser. Am Ende einer Führung darf man eine Tüte mit den unterschiedlichsten Produkten wie Mischka-Waffeln oder Aljonka-Schokolade (die mit dem Babygesicht) einfach mitnehmen. Anwohner werden den unwiderstehlichen Duft der 1867 von dem deutschen Konditor *Ferdinand von Ei-*

nem erbauten Fabrik vermissen. Nur das Hauptgebäude mit dem alten Kontor und dem kleinen Museum mit Vorführanlage werden an dieser Stelle bleiben. Der Rest wird 2007 in den Norden der Stadt ausgelagert.

› Bersenewskaja Nabereschnaja 6, Metro: Kropotkinskaja, Mo.–Fr. 9–17 Uhr, Tel. 6963552 (besser: Patriarschij Dom Tours – siehe Kap. „Stadttouren" – kontaktieren), deutschsprachige Führungen nach Vereinbarung mit Nina Semjonowa unter Tel. 5418080, knv@redoct.biz. Nicht entgehen lassen sollte man sich den auch am Wochenende geöffneten Fabrikverkauf 1 am Fuße der Brücke, wenn man die Treppe hinunter kommt gleich links.

▲ *Das monströse Denkmal Peter des Großen an der Spitze der Moskwa-Insel, links die Fabrik „Roter Oktober"*

㉞ HAUS AM UFER
(Дом на набережной) ★ [II F8]

Über die breite Treppe geht es ans Ufer hinunter und dort rechts die Moskwa entlang bis zum grauen, mit einem unübersehbaren Mercedes-Stern versehenen „Haus am Ufer" rechts, das für seine **wechselvolle Geschichte** bekannt ist, die in einem kleinen Museum dokumentiert wird. Es wurde im Jahr 1931 fertig gestellt und beherbergte Tennisplätze, einen Supermarkt und ein Kellerrestaurant (Auch heute speist man hier noch ganz vorzüglich.)

Sowjetnostalgiker sollten sich das **Spezbufet Nomer 7** 9 nicht entgehen lassen. Stalingetreue durften in diesem grauen, aber luxuriösen Komplex in bester Innenstadt- und Kremllage wohnen, solange sie nicht in Ungnade fielen. Das geschah allerdings recht häufig, sodass bei Nacht und Nebel unzählige Mitglieder der russischen Intelligenzija aus diesem Haus verschwanden. Wenn man um die Straßenecke biegt, sieht man Ihre Namen auf Gedenktafeln an der Hauswand.

Man gelangt auf die lärmende Serafimowitscha Uliza, die am grauen Haus mit dem Kino Udarnik (als Kino nicht zu empfehlen) und an dem **Sushi-Restaurant Ris i Ryba** 9 im ersten Stock vorbeiführt. Hier kann man mit Blick auf den Kreml eine Kleinigkeit essen oder auch nur einen Tee trinken. Alternativ gibt es Snacks im **Supermarkt** Sedmoj Kontinent.

Der Blick auf den Kreml ist zu jeder Tageszeit herrlich. Auch die Tschajka-Spur für große Regierungslimousinen ist von hier gut sichtbar. Weiter geht es über die Brücke, hinter der man links in die Kadaschewskaja Nabereschnaja (Uferstraße) einbiegt. Am Ufer entlang entschädigen schöne Sichtachsen für den tosenden, aber langsam abnehmenden Lärm. An der Luschkow-Brücke geht es rechts in die Lawruschinskij Pereulok und damit direkt in den noch sehr ursprünglichen Stadtteil Samoskworetschje.

㉟ SAMOSKWORETSCHJE [II F/G/H8]

Dieser Stadtteil diente als **Vorposten** gegen die aus dem Süden angreifenden Mongolen. In Zeiten der „friedlichen Koexistenz" siedelten die Tartaren in Samoskworetschje. Straßen wie die Tatarskaja Uliza (Tatarenstraße), Krymskij Wal (Krimwall) und Uliza Bolschaja Ordynka (Straße der Goldenen Horde) zeugen von dieser Epoche. Seit dem 14. Jh. ließen sich in diesem Stadtteil Handwerker, die im Kreml arbeiteten, nach Zünften geordnet nieder. Im 16. Jh. stationierte *Iwan der Schreckliche* seine Elitetruppe, die **Strelitzen**, in diesem Stadtviertel südlich der Kremlmauern. Später zogen nach und nach reiche **Kaufleute** aus den engen, lärmenden Gassen der Kreml-Vorstadt Kitaj-Gorod nach Samoskworetschje.

Im 19. Jh. entstanden hier im Zentrum die ersten Fabriken, von denen heute viele in Lofts und Büros umgewandelt sind. *Sergej Ejsenstejn* verwendete die Straßenzüge in diesem geheimnisvoll wirkenden Stadtteil oft als Kulisse für seine Filme. Samoskworetschje blieb von der stalinistischen Stadterneuerung der 1930er Jahre weitgehend verschont. Seine bis heute erhaltenen **Kaufmannsvillen** und die alten ein- und zweigeschossigen Zunfthäuser der Handwerker zeugen von längst vergangenen Moskauer Zeiten und verleihen diesem Stadtteil seine einzigartige, malerische Atmosphäre.

Rundgang 2: Samoskworetschje

❸❻ (ALTE) TRETJAKOW-GALERIE
(Третьяковская галерея)
★★★ [II G8]

Idyllisch ist auch die Fußgängerzone Lawruschinskij Pereulok, die direkt zur alten Tretjakow-Galerie  auf der rechten Seite führt.

Der russische Textilkaufmann und **Kunstliebhaber Pawel Tretjakow** begann in den 50er Jahren des 19. Jh. damit, Kunstobjekte zu sammeln. Er wollte mit seinem Vermögen eine Art russische Nationalgalerie gründen und kaufte ganze Gemäldeserien, aber auch Ikonen und Skulpturen. Nachdem er eine Sammlung westeuropäischer Gemälde von seinem Bruder geerbt hatte, vergrößerte sich die Galerie, die schon damals eine der wichtigsten Sehenswürdigkeiten Moskaus war. 1892 vermachte *Tretjakow* die Sammlung und das Gebäude der Stadt Moskau, die sich für einen kompletten Neubau entschied. Das von dem russischen Märchenmaler *Viktor Wasnezow* im neo-altrussischen Stil entworfene Hauptgebäude wurde 1995 nach 10-jähriger Renovierung wieder eröffnet.

Heute beherbergt die Tretjakow-Galerie mit 100.000 Exponaten die weltweit **umfangreichste Sammlung russischer Kunst** aus dem Mittelalter bis zum Beginn des 20. Jh. und die größte Ikonensammlung der Welt. Die 62 Räume der Tretjakow-Galerie sind nummeriert, wobei in den Räumen 56–62 ausschließlich Ikonen und Juwelen gezeigt werden.

Es empfiehlt sich, mit der **Ikonenausstellung** in der zum Areal gehörenden **St.-Nicholas-Kirche** anzufangen. Während der 1990er Jahre erhielt die Kirche ihre verstaatlichten Ikonen, die jahrzehntelang konfisziert waren, zurück. Um die Kirchenoberen zu besänftigen, wurde die alte Kirche auf dem Museumsgelände restauriert und mit einem Belüftungs- und Alarmsystem ausgestattet. Die Ikone „Gottesmutter von Wladimir" aus dem frühen 12. Jahrhundert, die in der Kirche untergebracht ist, und *Andrej Rubljows* „Dreifaltigkeitsikone" aus dem Kloster Sergijew Possad gelten als die berühmtesten russischen Ikonen. Die „Gottesmutter vom Don" verhalf angeblich den russischen Truppen mehr als einmal zum Sieg und wird seither als Wunder-Ikone verehrt. Das Wort „Ikone" leitet sich aus dem griechischen Wort *eikon* für Bild ab. Ikonen kamen wie das orthodoxe Christentum aus Byzanz. Verehrt wird die auf der Ikone abgebildete Person. Fast 600 Jahre lang war jede Form von Kunst in Russland religiösen Ursprungs.

Wer sich für **Porträtmaler des 18. Jh.** und **Städteporträts** von Moskau und St. Petersburg interessiert, sollte sich im Anschluss die Räume 1–15 ansehen. Den Schwerpunkt der alten Tretjakow-Galerie bilden die Werke der *peredwischniki* (Wanderer) in den Räumen 16–31 und 35–37, die *Pawel Tretjakow* besonders schätzte, weil sie politische und soziale Themen in ihren Bildern umsetzten. Auf Wanderausstellungen zeigten die Maler ihre Gemälde in der Provinz, um so der Zensur zu entgehen. *Ilja Repin, Wassilij Polenow, Wassilij Surikow* und *Walentin Serow* gehörten ebenso dazu wie *Iwan Kramskoj,* der Kopf der Gruppe.

Die nachfolgende Generation zu Beginn des 20. Jh. schwor den Idealen der „Wanderer" ab und wandte sich der „L'art pour l'art" zu. **Michail Wrubel** wurde von den russischen Symbolisten und der französischen Kunst beeinflusst. Sein Stellenwert in Russland ist mit dem von

MOSKAU ENTDECKEN
Rundgang 2: Samoskworetschje

Cézanne im Westen zu vergleichen. In Raum 33 hängen *Wrubels* düstere, hintergründige Werke, die den Betrachter verzaubern, aber auch verstören.
› Lawruschinskij Pereulok 10, Metro: Tretjakowskaja, Di.–So. 10–18.30 Uhr (Kassen schließen um 17.30 Uhr), Tel. 9511362, Audioguide empfehlenswert.

Nach dem kulturellen Highlight kann man in einem der umliegenden Cafés einkehren. Sehr schön ist das **Café Aldebaran** 9 an der Ecke neben dem Hochhaus im Stil der 1930er Jahre, in dem seinerzeit die Schriftsteller *Boris Pasternak* und *Konstantin Paustowskij* lebten. Frisch gestärkt geht es für Liebhaber russisch-orthodoxer Kirchen links in die Tolmatschwskij Pereulok, vorbei an dem großen gelb-weißen Palast der Industriellenfamilie *Demidow,* der heute die pädagogische Stadtbibliothek beherbergt, weiter bis zur Straßenkreuzung.

37 KIRCHEN IN SAMOSKWORETSCHJE ★★ [II G8]

Biegt man rechts in die Bolschaja Ordynka, sieht man schon von Ferne zwei bedeutende Kirchen, weiter vorn die weiße **Nikolajkirche in Pyschi.** Nach der Renovierung ist das weiße Gebäude mit den fünf Kuppeln und dem kleinen Zeltdachturm, das Mitte des 17. Jh. erbaut wurde, unbedingt sehenswert. Weiter hinten steht die **Kirche der Heiligen Gottesmutter in Wspolje** mit der hoch aufragenden Spitze.

Am besten kehrt man nun um und geht zurück zur Metrostation Tretjakowskaja rechts in die Klimentowskij Pereulok. An der Station vorbei gelangt man noch zu der verfallenen, dunkel wirkenden **Kliment-Kirche,** die aus Sicherheitsgründen nicht betreten werden darf.

Die berühmteste Kirche des Stadtteils, die **Auferstehungskirche in Kadaschi** mit den fünf grünen Zwiebeltürmen im Barockstil befindet sich ein ganzes Stück weiter im Norden. Wer gern möchte, kann sie auch noch besichtigen: 2-oj Kadaschewskij Per. 7, Metro: Tretjakowskaja. Doch wahrscheinlich hat man sie vom Kreml aus bereits gesehen. Aus Sanierungsgründen ist das Kirchenschiff nicht zu betreten.

◂ *So leer ist der Eingangsbereich der Tretjakow-Galerie nur montags*

▸ *Lenin „kaltgestellt" im Skulpturenpark*

MOSKAU ENTDECKEN
Rundgang 2: Samoskworetschje

Kunstbeflissene, die gut zu Fuß sind, können nun weiter zur neuen Tretjakow-Galerie spazieren. Man kann den Spaziergang auch hier beenden und in die Metro steigen. Sonst kehrt man zurück zur alten Tretjakow-Galerie, durch die Fußgängerzone Lawruschinskij Pereulok wieder ans Moskwa-Ufer. Über den Zebrastreifen geht es am Fluss entlang weiter bis zum Skulpturenpark, der nach einem 10-minütigen Spaziergang mit Blick auf das gigantische **Denkmal Peters des Großen** [II F8] auf der rechten Seite auftaucht. Die riesige Bronzestatue ist bei den Moskowitern sehr umstritten und ein Beispiel für die unbedarfte Geschichtsverklärung im heutigen Russland. *Zurab Zereteli,* Luschkows „Hofkünstler" mit Hang zum Monumentalen, machte sich mit dieser monströsen Skulptur bei den Moskauern unbeliebt, hatte *Peter der Große* Moskau doch geschmäht und 1712 die Hauptstadt nach St. Petersburg verlegt.

Man erreicht auf der linken Seite den Skulpturenpark.

❸❽ SKULPTURENPARK
(Парк скульптур) ★★   [II F8]

Dieser stimmungsvollste Ort für Sowjetnostalgiker hieß Anfang der 1990er Jahre „Friedhof der gestürzten Denkmäler" und wird heute auch als Skulpturenpark „Museon" bezeichnet. Der erste „Verstorbene" war *Felix Dserschinskij,* der Begründer des KGB, dessen riesenhafte Statue 1991 während des Putsches auf dem Lubjanka-Platz gestürzt und hierher gebracht wurde. *Stalin, Lenin* und *Breschnew* folgten, als sowjetische Helden in Ungnade gefallen waren und auch deren Konterfeis vom Sockel gestürzt wurden. Über **600 Statuen** kamen noch hinzu, als

Denkmäler schließlich gänzlich unpopulär wurden. In Frieden vereint sind hier auch *Kalinin* und *Gorki, Gandhi* und *Jessenin, Adam* und *Eva* neben *Albert Einstein* und *Nils Bohr* anzutreffen. Die Sammlung wurde durch neuere Arbeiten ergänzt. So ist den Gulag-Opfern ein großer Käfig gewidmet, in den unzählige steinerne Köpfe mit Gesichtern eingesperrt sind.

Lagen die entthronten Größen zu Beginn zunächst absichtlich umgestürzt und würdelos im Gras, sind sie nun wieder in aufrechter Haltung und teilweise sogar von Graffiti befreit anzutreffen. Das gibt zu denken … Manche Statuen haben eine lange Reise hinter sich, andere eine eher kurze. Ein **Stalin-Denkmal** lag 40 Jahre im Garten eines Bildhauers begraben, bis es hier seine letzte Ruhestätte fand. Von den 150 **Lenin-Statuen,** die über die Stadt verteilt waren, sind heute nur noch 20 übrig geblieben. Zur gleichen Zeit, als in den 1930er Jahren Denkmäler wie Pilze aus dem Boden schossen, wurde das einzelne Menschenleben schlagartig weniger wert. Denkmäler tauchten auf, während zeitgleich Personen verschwanden. Eine düstere Verquickung, der sich die Menschen durchaus bewusst waren. Das Errichten von Denkmälern ging in Russland mit der Beschneidungen von Menschenrechten einher. Und weil man die Verantwortlichen nicht zur Rechenschaft ziehen konnte, ließ man seine Wut an den Denkmälern aus. So kam es nach dem Ende des Kommunismus zu einer vielfachen Schändung der steinernen Zeugen.

Überhaupt spielen **Denkmäler in Moskau** eine besondere Rolle. Kein Platz ohne ein Schriftsteller-Denkmal, kein berühmtes Grab ohne eine Skulptur. Anders als in westlichen Ländern wechseln Statuen in Russland oft den Standort. Im Volksmund heißt es, sie würden nie älter als der Durchschnittsrusse, ergo 50 Jahre.

> Metro: Poljanka, Oktjabrskaja, Mo.–So. 9–21 Uhr, Tel. 2307008, www.muzeon.ru, Touren möglich

39 NEUE TRETJAKOW-GALERIE, ZENTRALES HAUS DES KÜNSTLERS (ЦДХ) ★★★ [II E/F9]

Vom Skulpturenpark geht es weiter bis zum Eingang in das von *Alexej Schtschussew* entworfene „Zentrale Haus des Künstlers", das diverse Galerien und die **Neue Tretjakow-Galerie** beherbergt. Anstelle des von *Schtschussew* geplanten mehrgeschossigen, neoklassizistischen Baus mit Kuppeln entschied *Stalin* schließlich, einen flachen, dreigeschossigen, fensterlosen Baukörper zu errichten, der seit Jahren abgerissen werden soll.

> Uliza Krymskij Wal 10, Metro: Oktjabrskaja, Di.–So. 10–19.30 Uhr, Tel. 2381378, www.tretyakov.ru

Der erste Eindruck täuscht. In dem schmucklosen Gebäudekomplex am Krymskij Wal schlägt das Herz des Liebhabers **russischer Kunst des 20. Jh.** Die Ausstellung erstreckt sich über 40 Räume. Im Foyer des zweiten Stocks ist der Entwurf von einem nicht gebauten „Monument der Dritten Internationalen" von *Tatlin* zu sehen.

Primitivisten und die Blaue Rose (Räume 1–9)

Die Gruppe der Primitivisten, die nur die russische Kunst als authentisch und nichtdekadent bezeichneten, ist mit den Werken von *Natalja Gontscharowa* und

Michail Larionow sowie *Aristarch Lentulows* einmaligen Bildern russischer Kirchen und Klöster würdig vertreten. Die Begründer der vorrevolutionären Künstlervereinigung „Blaue Rose" hatten eine Vorliebe für die spirituelle Farbe blau, für Träume und einfache Formen *(Pawel Kusnezow, Martiros Saryan)*. Zu sehen in Raum 9.

Futuristen (Räume 10–14)

Unter dem Einheitsbegriff Futurismus versteht man die Umsetzung verschiedenster russischer Kunststile und Kunsttheorien aus der Zeit von 1910 bis 1920. Die Räume 10–14 allein sind schon einen Besuch der Neuen Tretjakow-Galerie wert. **Kasimir Malewitsch's** „Das Schwarze Quadrat", seine abstrahierte schwarze Ikone, revolutionierte die Kunst weltweit. Es gibt mehrere schwarze Quadrate. Das älteste Original hängt in St. Petersburg. *Wladimir Tatlin, Malewitschs* großer Avantgarde-Rivale, kooperierte mit *Ljubow Popowa* und *Nadeschda Udalzowa* und trug seinen Teil zur Entwicklung des Konstruktivismus bei. Sehenswert sind auch die kaleidoskopartigen Bilder von *Pawel Filonow,* deren Motive sich erst bei näherer Betrachtung erschließen (Raum 12).

Agitprop und Sozrealismus (Räume 15–29)

Nach 1932 wurden alle Künstlergruppen aufgelöst. Die einzige noch tolerierte Kunstrichtung war der staatlich verordnete Sozrealismus mit nur drei möglichen Themen: die Partei, der Sozialismus und das Urrussische. Viele Künstler der ersten Generation der Sowjetunion wurden als „Formalisten" verunglimpft, verhaftet oder ins Exil gedrängt. Der Maler *Alexander Gerasimow* machte aus seiner Bewunderung für das sowjetische Regime keinen Hehl. Das Auftragsgemälde in Raum 26 mit *Stalin* und Außenminister *Woroschilow* auf der Kreml-Mauer wurde, so heißt es, in zweifacher Ausführung angefertigt. Auf dem zweiten Bild sollte *Woroschilow* nicht mehr zu sehen sein, falls er in Ungnade und einer Säuberung zum Opfer fallen sollte.

Malerei der 2. Hälfte des 20. Jh. (Räume 30–40)

In den Räumen 30–40 hängen Bilder von Künstlern der zweiten Hälfte des 20. Jh., die neben der offiziellen Richtung aber auch die inoffizielle, die so genannte „Zweite Russische Avantgarde" vertreten. Unter *Chruschtschow* und *Breschnew* sollte die Kunst einzig und allein die Errungenschaften des Sozialismus widerspiegeln.

㊵ GORKI-PARK
(Парк культуры и отдыха имени Горького) ★★ [II E9]

Verlässt man das „Zentrale Haus des Künstlers" zur Rechten, erreicht man in wenigen Minuten den Gartenring und sieht gegenüber den Gorki-Park liegen. Um hier einen Spaziergang machen zu können, muss man die riesige Magistrale des Gartenrings unterqueren. Der nach *Maxim Gorki* benannte „Kultur- und Erholungspark" war der erste und einzige **Vergnügungspark** der Sowjetunion. 1928 errichtet, wurde er zum Schauplatz vieler Filme und Romane, auch die Scorpions sangen hier „Wind of change", auf Russisch wohlgemerkt.

Auch wenn die Zeichen der Zeit nicht spurlos an den riesigen Grünflächen und

Rundgang 2: Samoskworetschje

Legende für Detailkarte II auf Seite 204/205	
🍴4	Oblomow [II G9]
🍴5	Ris i Ryba [II F8]
🍴8	Spezbufet Nomer 7 [II F8]
☕1	Apschu [II G8]
☕28	Vermel [II G7]
🍺13	Aldebaran [II G8]
🍺14	Schokoladniza [II G8]
🍺15	Truffaut [II G8]
🛍15	Molodaja Gwardia [II F8/9]
🛍20	Sojus [II G8]
🛍30	Fotogalerie Brüder Lumière [II E9]
🛍31	GLAS [II F8]
🛍46	Krasnyj Oktjabr Bonbons [II F8]
🛍47	Moskauer Kulturstiftung [II G8]
🛍50	Rot Front [II G9]
2	Art-Strelka [II F8]
7	Marat Guelman [II F9]
9	Zentrales Haus des Künstlers [II E9]
🏨3	Baltschug Kempinski [II G7]
🏨8	Tatjana [II G9]
🏨16	Medea [II G8]
8	Pjat swjosd [II H9]
🏨20	Bachruschin-Theatermuseum [II H9]
1	BKS Iyengar Yoga Zentrum [II G8]
@1	Altavista [II G8]
@3	Cafemax 2 [II G8]
@6	Net City 1 [II G9]
33	Schokoladenfabrik Roter Oktober [II F8]
34	Haus am Ufer [II F8]
36	Alte Tretjakow-Galerie [II G8]
38	Skulpturenpark [II F8]
39	Neue Tretjakow-Galerie [II E/F9]
40	Gorki-Park [II E9]
51	Christ-Erlöser-Kathedrale [II E/F8]
52	Puschkin-Museum der bildenden Künste [II E7]
53	Tolstoj-Museum [II E8]
●●●	Rundgang 2

den bunten Fahrgeschäften vorbei gegangen sind, lohnt vor allem **im Winter** ein Besuch. Dann verwandelt sich der gesamte Park in eine Eisfläche. Schlittschuhläufer ziehen ihre Bahnen, Künstler meißeln übermannsgroße Figuren in Eisblöcke.

Im Sommer überwiegt der Eindruck, im russischen Disney-Land unterwegs zu sein. Das am Flussufer postierte **Buran-Raumschiff**, benannt nach den zentralasiatischen Schneestürmen, ist ein Prototyp des russischen Spaceshuttle. Darin befindet sich heute ein Café, in dem man auch Astronautenkost aus der Tube probieren kann. Das Buran-Spaceshuttle flog nur einmal unbemannt ins All, Ende der 1980er Jahre. Offiziell wurde die Entwicklung Ende der 1990er Jahre aus Kostengründen auf Eis gelegt. Nach unbestätigten Quellen zu urteilen, sollen zu dem Zeitpunkt schon fünf russische Spaceshuttles in Bau gewesen sein.

› Krymskij Wal 9, Metro: Park Kultury, Mo.–So. 10–22 Uhr (im Winter bis 21 Uhr)

Sollte man den Spaziergang am Zentralen Haus des Künstlers beenden wollen, steigt man für eine Station in einen der auf dieser Seite ankommenden Busse, überquert die Brücke und erreicht die zentral gelegene Metrostation Park Kultury, von wo man bequem in die Innenstadt fahren kann.

Verlässt man den Gorki-Park, unterquert man wieder den Gartenring und steigt ebenfalls in einen der Busse bis zum Park Kultury.

▶ *Blick aus der City Space Bar auf das Neue Kloster des Erlösers*

MOSKAU ENTDECKEN
Rundgang 2: Samoskworetschje

9 ESSEN UND TRINKEN

13 [II G8] **Aldebaran**, Bolschoj Tolmatschowskij Pereulok 4/1, Metro: Tretjakowskaja, Tel. 9536268, tägl. 10–24 Uhr. Sechzig Lichtjahre ist der Stern Aldebaran von der Erde entfernt. In eine andere Zeit fühlt man sich in diesem Jugendstilcafé mit hohen Decken und einem großen Lüster tatsächlich versetzt. In echter Wiener Kaffeehausatmosphäre mit russischem, vorwiegend weiblichem Publikum kann man bei einem Capuccino darüber sinnieren, warum ausgerechnet dieser Stern dreihundertfünfzig Mal intensiver strahlt als die Sonne.

1 [II G8] **Apschu**, Klimentowskij Pereulok 10/1, Tel. 9539944, Metro: Tretjakowskaja, www.apshu.ru, 24 Stunden geöffnet. Angesagtes Clubrestaurant, wie so oft in Moskau in einer unscheinbaren Kellerlocation (siehe Kap. „Musikszene und Nachtleben").

5 [H9] **City Space Bar**, Im Swisshotel, Kosmodamianskaja Nabereschnaja 52/6, Metro: Pawelezkaja, Tel. 7879800, Mo.–So. 17–3 Uhr. Im 34. Stock des im Oktober 2005 eröffneten Swisshotel Krasnyje Holmy hat man einen atemberaubenden Blick aus den riesigen, schräg nach unten abfallenden Fenstern. Bei einem leckeren Cocktail oder auch nur einem kleinen Kaffee sieht man auf die Moskwa und die unzähligen Lichter der am eindrucksvollsten beleuchteten Stadt Europas nach Paris. Die Hemmschwelle am Hoteleingang ist ungleich höher als die in der Krasnyj Bar und nur der erste Fahrstuhl vorne links fährt überhaupt in den obersten Stock. Die Trüffelcremesuppe mit Porto ist übrigens sehr teuer, aber wie alles in diesem einladenden, exquisiten Ambiente ihren Preis wert.

4 [II G9] **Oblomow**, 1. Monetschikowskij Pereulok 5, Metro: Dobryninskaja, Tel. 9536828. Der lethargische Fürst Oblomow hätte seine helle Freude an dieser Stadtvilla

mit den unterschiedlich eingerichteten Etagen gehabt, hätte er doch zu Hause bleiben und ohne großen Aufwand immer wieder die Räume wechseln können. Im blauen Saal stehen weiche Sofas und Sessel, der rosafarbene Saal lädt mit seinem pastellfarbenen Kamin mit Kerzen zum Verweilen ein. Im Sommer ist es herrlich, draußen zu sitzen. Altrussische Spezialitäten munden sowohl den zahlreichen Geschäftsleuten aus dem In- und Ausland als auch Einheimischen, die hier ihre Familienfeste abhalten. Als Hauptgericht empfiehlt sich Rindfleisch „Oblom Off", Rinderlendenfilets an Sahnesauce mit Beilage (20 €), oder hausgemachte Lammfleischpastete. „Zarentee" mit Cognac oder „Smej"-Tee mit Chrysanthemenblüte zu russischem Beerenstrudel, Klaviermusik oder Live-Jazz und im dritten Stock eine Wasserpfeife – Hier bleibt kein Wunsch unerfüllt.

MOSKAU ENTDECKEN

Detailkarte II: SAMOSKWORETSCHJE

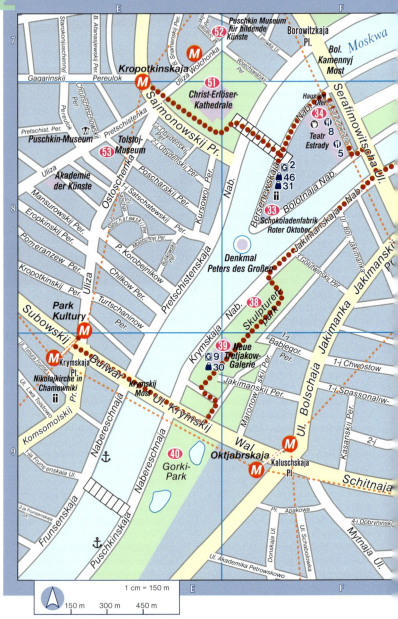

MOSKAU ENTDECKEN 205

□ Legende Seite 202

Rundgang 2: Samoskworetschje

5 [II F8] **Ris i Ryba (Reis und Fisch),** Uliza Serafimowitscha 2 (im 1. Stock des Udarnik-Komplexes), Metro: Kropotkinskaja (dann über die Fußgängerbrücke hinter der Christ-Erlöser-Kathedrale), Tel. 9594949, Mo.–So. 24 Stunden. Das netteste Lokal der Sushi-Kette Ris i Ryba ist großzügig, aber minimalistisch eingerichtet, Service und Musik sind erstklassig. Köstliche leichte Gerichte der nicht ganz billigen japanischen Küche (Sushi, aber auch Dim Sum und Miso-Suppe) mit unschlagbarem Blick auf den (abends angestrahlten) Kreml und die zehnspurige Verbindungsstraße mit der Präsidentenspur *tschajka* in der Mitte. Auf diese gesperrten Fahrspur werden oft Privatautos mit gefälschtem Blaulicht erwischt, obwohl am Verkehr vorbei eigentlich nur die Kremllimousine fahren darf. Das Vergnügen kostet 2000 €.

14 [II G8] **Schokoladniza,** Klimentowskij Pereulok 10, Metro: Tretjakowskaja, 24 Stunden, Tel. 9513703. Eine heiße Schokolade bekommt man in einem dieser gemütlichen, mit abgetrennten Raucherecken eingerichteten Cafés der russischen Kette schon für 4 €. Aber auch Kaffee steht hoch im Kurs, im Winter „mit Schuss" ... Dazu kann man Blintschiki mit Schokoladen-Rosinen-Füllung oder pikanten Sandkuchen mit Pilzen und Schinken für etwa 4 € bestellen. Fünf verschiedene Käsekuchensorten lehren Coffee Bean das Fürchten.

7 [E10] **Sky Lounge,** Leninskij Prospekt 32a (außerhalb des Gartenrings), Metro: Leninskij Prospekt, Tel. 9385775. Dieses elegante, neue Restaurant im 22. Stock der Akademie der Wissenschaften (direkt am Flussufer) bietet nicht nur einen spektakulären Panoramablick, sondern auch mediterran-japanische Küche. Dampfgegarter Karpfen mit asiatischen Gemüsen steht ebenso auf der Karte wie Langustenrisotto mit schwarzen Trüffeln. Die minimalistische, mit asiatischen Elementen kombinierte Inneneinrichtung und eine erstklassige Terrasse erinnern an Hong Kong. Samstags und sonntags legen DJs auf. Die Preise sind dem Umfeld angemessen. Leider ist die Anreise ohne Auto etwas umständlich. Von der Metro geht man 20 Minuten und muss den zugigen und sehr befahrenen Gagarin-Platz überqueren.

8 [II F8] **Spezbufet Nomer 7,** Uliza Serafimowitscha 2 (im Haus am Ufer **34**, Eingang an der Seite des Estrada-Theaters, im Hinterhof immer geradeaus), Metro: Kropotkinskaja (dann über die Fußgängerbrücke hinter der Christ-Erlöserkirche), Tel. 9593135. Hinter der abweisenden Fassade des mythenumrangten „grauen" Hauses am Ufer, das jahrelang eine bevorzugte Wohnadresse für Stalin-Treue war, finden Sowjetnostalgiker im Hinterhof diese nette Restaurant-Oase mit Originalpostern an den Wänden und authentischer russischer Küche. Auf Hammer- und Sichelporzellan werden „Huhn Klara Zetkin" oder „Steak Proletariertraum" serviert. Pelmeni gibt es überbacken oder als Suppeneinlage, alles zu „demokratischen" Preisen. Der Salat „International" ist mit der Bemerkung „bis zur Revolution Olivensalat genannt" und mit allerlei russischem Dill versehen. Das CCCP-Logo dominiert hier die Speisekarte und die Vergangenheit die Gegenwart.

15 [II G8] **Truffaut,** Pjatnizkaja Uliza 20, Metro: Tretjakowskaja, Nowokusnezkaja, Tel. 9513202, Mo.–So. 11–23 Uhr. Ein kleines unscheinbares Wiener Caféhaus mitten im Stadtteil Samoskwortschje. Hier gibt es russische Torten und kleine Snacks. Dazu köstlichen Kaffee und Schwarz-Weiß-Fotos aus alten Tagen an den Wänden.

RUNDGANG 3: TWERSKAJA

Das Stadtviertel Twerskaja ist der Stadtteil, in dem sich prozentual die meisten Sehenswürdigkeiten der Stadt befinden. Hier gibt es das klassische Moskau mit dem Bolschoj-Theater, der Twerskaja Uliza, dem Konservatorium, dem Wohnhaus von *Maxim Gorki,* dem Museum für Moderne Geschichte Russlands (dem früheren Revolutionsmuseum), *Bulgakows* Patriarchenteichen und *Tschechows* Wohnhaus zu entdecken.

④① THEATERPLATZ
(Театральная площадь) ★★ [III F6]

Fährt man mit der Rolltreppe der Station Teatralnaja an die Oberfläche, eröffnet sich dem Besucher auf dem Theaterplatz der spektakuläre Blick auf das **Bolschoj-Theater** ⑤⑧ links und das legendäre **Jugendstilhotel Metropol** rechts. An diesem Platz wird deutlich, dass den Stadtvätern ein einheitliches Stadtbild nicht wichtig war, die Symbolik und Ästhetik einzelner Gebäude aber sehr.

Auf dem riesigen Bauplatz gegenüber entsteht in unmittelbarer Kreml-Nähe das neue alte **Hotel Moskwa**. Das Areal erwies sich zunächst als schwer vermittelbar. Ein amerikanischer Investor sprang ab, da er ein Hotel ohne mehrere Untergeschosse als nicht rentabel erachtete. Ausgerechnet an dieser Stelle befindet sich aber der Kremlbunker. Auffallend sind die großen Werbeflächen. Was für das zaristische Russland die Ikonen waren und für Sowjetrussland die kommunistischen Slogans, das ist für das heutige Russland die Werbung.

Dreht man sich nun um und biegt rechts in die Bolschaja Dmitrowka, liegt auf der linken Seite das grüne **Haus der Gewerkschaften** (Dom Sojusow) zwischen einigen anderen schönen Jugendstilgebäuden wie der alten Manege links.

④② MCHAT THEATER UND MUSEUM (MXAT) ★ [III F6]

Die zweite Straße links ist keine gewöhnliche Fußgängerzone. Hier wurde hinter Hausnummer 3 Theatergeschichte geschrieben, als 1897 **Konstantin Stanislawskij** mit einigen Kollegen das MCHAT-Theater als erstes Theater in Moskau gründete. Zu *Stanislawskijs* Methode des „authentischen Theaters" passten *Tschechows* dramaturgisch-tragische Stücke hervorragend, sodass dessen Name noch heute im Untertitel firmiert. Der Textilfabrikant *Sawwa Morosow* stellte nicht nur das Startkapital zur Verfügung, er bezahlte auch für die aufwendige Renovierung unter *Fjodor Schechtel* 1902, inklusive indirekter Beleuchtung und Drehbühne. Heute zählt das Moskauer Künstlertheater zu den progressivsten und populärsten unter den klassischen Theatern des Landes.

Das **Museum** nebenan ist nur etwas für Theaterfans. In der Kamergerskij

---

KLEINE PAUSE

Kamergerskij Pereulok
Heute kann man hier schön draußen sitzen, bei Prime ⑩ einen kalorienarmen Snack zu sich nehmen oder vom **Internetcafé Net City** (siehe Kap. „Internetcafés") ein paar Grüße in die Heimat senden.

Rundgang 3: Twerskaja

Pereulok spielten auch Szenen aus *Pasternaks* Büchern.
> Kamergerskij Pereulok 3, Metro: Teatralnaja, Mo.–Fr. 12–15 Uhr, 16–19.30 Uhr, Sa./So. 10–15 Uhr, 16–18.30 Uhr (Kasse), Tel. 62926748, www.art.theatre.ru

㊸ TWERSKAJA ULIZA
(Тверская улица) ★★★ [III E5/F6]

Folgt man der Straße bis zum Ende, gelangt man zwangsläufig auf die Twerskaja Uliza, der Blick fällt auf das Zentrale Telegrafenamt gegenüber. Die von den Moskowitern „Zarenstraße" genannte Twerskaja Uliza, die nach Twer und nach St. Petersburg führt, hieß bis in die 1990er Jahre noch **Gorki-Straße**. Die Prachtstraße wird gesäumt von imposanten Wohnhäusern im eklektischen Stil mit beeindruckenden, zum Teil sehr verschnörkelten Fassaden, hinter denen sich weniger repräsentative Hinterhöfe und Häuserreihen verbergen. Dieses Phänomen der Fassadenbildung lässt sich auch entlang des Gartenrings beobachten. Die Twerskaja Uliza wurde 1935 auf 42 Meter verbreitert, ein Blick hinter die Torbögen auf der linken Seite verrät, dass sich in zweiter Reihe kleinere, gedrungenere und weniger repräsentative Häusern befanden. Erst 2004 wurde die gesamte Twerskaja Uliza in einer einzigen Nacht neu geteert.

Bevor man weitergeht, bietet sich links ein schönen Ausblick auf das urbane Herz der Stadt und den Kreml in der Ferne. Nun läuft man die Twerskaja Uliza bergauf. Rechts in einem Hinterhof ist das CD-Mekka Moskaus **Transylvanien** ① untergebracht. In der Nähe ist auch die **Buchhandlung Moskwa Kniga** ①.

Am **Dolgorukij-Denkmal** auf der rechten Seite, das an den Gründer der Stadt Moskau, *Jurij Dolgorukij* erinnert, unterquert man die Twerskaja und nimmt die linke Treppe nach oben. Am besten verschwindet man nun durch die riesenhaften Torbögen des imposanten **Rathauses** der Stadt Moskau und biegt rechts in die Wosnesenskij Pereulok. Ein gemütlicher Spaziergang durch das **alte Künstlerviertel** schließt sich an und führt vorbei an einer anglikanischen Kirche zur Linken und dem ehemaligen Stanislawskij-Wohnhaus zur Rechten zum Konservatorium.

⓮ KONSERVATORIUM
(Консерватория) ★★ [III E/F6]

An der Auferstehungskirche an der Straßenecke links vorbei, taucht der Prachtbau des weltberühmten Konservatoriums mit dem **Tschaikowsky-Denkmal** zur Rechten auf. Es wurde 1861 von dem Bruder des Pianisten *Anton Rubinstein*, **Nikolaj Rubinstein**, der vom Hof finanzielle Unterstützung bekam, gegründet. *Anton Rubinstein* und der Komponist *Peter Tschaikowsky* propagierten in diesen Räumen Musikerziehung nach deutschem Vorbild und vertraten die nationalrussische Schule. 1862 rief der Komponist *Michail Glinka* als Gegenströmung die Kutschka-Gruppe („das mächtige Häuflein") ins Leben. Die Kutschkisten (unter anderem *Mussorgski, Rimski-Korsakow*, auch *Rachmaninow*) waren Anhänger des russischen Stils. Sie kamen aus dem ländlichen Kleinadel, wollten Elemente aus Dorf- und Kosakenliedern und Melodien von Kirchenglocken einbringen. Ihre Stücke enden in einer anderen Tonart als sie beginnen und zeichnen sich durch eine grobe Klangfärbung aus, die in den westlichen Harmonien nicht vorkommt.

Schon vor 1917 war das Konservatorium keine aristokratische Institution, sondern immer der breiten Öffentlichkeit zugänglich. Bis zum Beginn der 1930er Jahre war es das **Labor der europäischen Musikavantgarde** schlechthin und gehört auch heute noch zu den besten Konservatorien der Welt.

> **KLEINE PAUSE**
>
> *Kofemania*
>
> Unten im Gebäude des Konservatoriums gibt es das Kofemania [3], in dem man unbedingt einkehren und bei einem Caffè Latte und einem Stück Kuchen Kraft sammeln sollte für den weiteren Spaziergang.

Das Konservatorium im Rücken geht es links die Bolschaja Nikitskaja hoch am **Majakowskij-Theater** und der **Helikon-Oper** (mit der Teeetage 108, siehe Kap. „Teeclubs") vorbei bis zum großen Platz Nikitskije Worota, an dem sich das **TASS-Gebäude** befindet. Itar-TASS ist noch heute die größte Nachrichtenagentur Russlands und mit 130 Ablegern eine der größten Agenturen der Welt. 2004 feierte sie ihr 100-jähriges Jubiläum, wobei sie in der langen Geschichte zwischenzeitlich auch das Sprachrohr der Sowjetunion und nicht unumstritten war. Geradeaus auf dem großen Platz sieht man die **Studita-Fjodor-Kirche**, in der 1831 *Alexander Puschkin* und *Natalja Gontscharowa* heirateten.

◀ *Die Twerskaja war ursprünglich nicht so weitläufig, sie wurde erst 1935 zur Magistrale verbreitert*

㊺ MATRJOSCHKA-MUSEUM
(Музей Матрёшки) ★ [III E6]

Matrjoschka-Fans sollten einen kleinen Abstecher in das Matrjoschka-Museum rechts in die Leontjewskij Pereulok machen. Im Oktober 2001 wurde das erste Matrjoschka-Museum eröffnet. Und zwar genau in dem Haus, das früher die Werkstätte und das Kaufhaus Detskoje Wospitanije („Kinderbildung") beherbergte. Hier wurden die ersten Holzpuppen hergestellt.

Die Sammlung umfasst 14.000 Exemplare und zeigt, welche Entwicklungen die russische Bauernpuppe durchgemacht hat. Kindern bringt das Museum große Freude. Politisch nicht ganz korrekte Matrjoschkas findet man hier allerdings nicht. Da sollte man lieber über den Alten Arbat ㊵ schlendern, der nur einen kleinen Fußmarsch entfernt ist.
> Leontjewskij Pereulok 7/1, Metro: Ochotnyj Rjad, Di.–Fr. 12–18 Uhr, Sa./So. 11–17 Uhr, Tel. 2918718.

Unermüdliche verpassen auf keinen Fall das ebenfalls in der Leontjewskij Pereulok liegende **Stanislawskij-Museum** ③ ein Stück weiter die Straße hoch.

Zurück auf die Bolschaja Nikitskaja, geht es geradeaus an der Hochzeitskirche *Puschkins* vorbei in die Malaja Nikitskaja Uliza.

Das **Antiquariat Knigi** ① ist nur einen Katzensprung entfernt.

㊻ GORKI-WOHNHAUS
(Дом-музей Горького) ★★ [III E6]

Das Judenstiljuwel wurde von *Fjodor Schechtel* entworfen und ist auch von innen unbedingt sehenswert ③. Kein Jugendstilarchitekturbuch kommt ohne dieses eindrucksvolle Beispiel aus. Der Prachtbau samt Jugendstilinterieur sollte ausgerechnet dem „Schriftsteller der kleinen Leute" von 1931 bis 1936 als Wohnsitz dienen. So hatte es die Regierung verfügt. Neben der 12.000 Bücher umfassenden Privatbibliothek des hoch dekorierten Schriftstellers sind viele Originalaufzeichnungen und sogar seine Buntstifte und seine Lesebrille in Augenschein zu nehmen. Rechts hinter dem Maxim-Gorki-Wohnhaus biegt man in die Uliza Spiridonowka und dann gleich rechts in die Bolschaja Bronnaja Uliza.
> **Gorki-Wohnhaus,** Malaja Nikitskaja Uliza 6/2, Metro: Arbatskaja, Mi./Fr. 12–19 Uhr, Do./Sa./So. 10–16.30 Uhr, geschl. letzter Do. im Monat, Tel. 2900535

Folgt man dem Straßenverlauf, gelangt man zum **Alexander-Blok-Denkmal,** hinter dem man der Straße durch zwei Häuserzeilen hindurch auf einem schmalen Weg folgen sollte, bis die Straße wieder breiter wird und auf der rechten Seite die erst im April 2005 fertig gestellte **Synagoge** auftaucht, die im Januar 2006 für

---

EXTRATIPP

Einkaufen bei Jelissejew

Das legendäre Luxus-Delikatessengeschäft Jelissejew in der Twerskaja Uliza 14 ist mehr als einen Blick wert. 1898 kaufte Grigorij Jelissejew das Haus und staffierte es mit Marmortischen, Riesenlüstern und Spiegelglasfenstern aus.
Die bis heute erhaltenen Jugendstilornamente sind genau so einzigartig wie der Beluga-Kaviar aus Astrachan und der Honig aus dem Altai-Gebirge, die es hier zu kaufen gibt.

Schlagzeilen sorgte, als ein junger Krimineller mehrere Menschen niederstach.

An der Synagoge vorbei geht es weiter in der Bolschaja Bronnaja Uliza bis zur Bogoslowskij Pereulok, in die man rechts einbiegt. Bevor man den Twerskoj Bulwar erreicht, sieht man schon von Ferne auf der gegenüberliegenden Seite das frisch renovierte Restaurant **Café Puschkin** 10. Links hoch erreicht man nach zirka 10 Minuten den **Puschkinplatz** mit dem Denkmal des Lieblingspoeten der Russen, der wie kein Zweiter den Freigeist verkörpert, und die Metro Twerskaja bzw. Puschkinskaja.

47 MUSEUM FÜR MODERNE GESCHICHTE RUSSLANDS (FRÜHER REVOLUTIONSMUSEUM)
(Музей современной истории)
★★★ [III E5]

Von der Metro Puschkinskaja geht es auf der Twerskaja Uliza, die in ihren Ausläufern nach Twer und nach St. Petersburg führt, bergauf bis zum Museum für zeitgenössische Geschichte auf der linken Seite. Das frühere Revolutionsmuseum lohnt unbedingt einen Besuch und entführt in eine Welt voller politischer Wirren und Umschwünge eines Riesenreiches, das einst ein Sechstel der Erde umfasste. In diesem hübschen Stadtpalais war bis 1924 der Englische Club untergebracht, wo sich die russische Aristokratie mit begüterten Ausländern traf. Die Zahl der Mitglieder war auf 300 beschränkt, auch *Alexander Puschkin* gehörte zu dem erlauchten Kreis. In dieser pompösen Umgebung ließ *Lew Tolstoj* auch „Anna Karenina" aufführen.

Während des didaktisch sehr gut strukturierten Rundgangs bestaunt man liebevoll exponierte Erinnerungsstücke, wie etwa ein kleines Holzmodell des Lenin-Mausoleums, das nachgebaute Arbeitszimmer *Stalins* und illustre Staatsgeschenke an die russische Staatsführung wie ein Kreml-Modell aus Bernstein. Die in den Archiven des Museums schlummernde größte Plakatsammlung der Welt ist nur in Teilen dem Besucher zugänglich. Aus einer Fülle von Exponaten der Stalin-Ära erinnern Politiker-Sammeltassen aus der Lomonossow-Manufaktur, aus denen Ende der 1950er Jahre die Konterfeis von *Berija* und *Kaganowitsch* wegretouchiert wurden, an das verwirkte Recht in Ungnade Gefallener am eigenen Bild. Im Museumsshop gibt es Sowjetposter und andere nette Souvenirs.

› Twerskaja Uliza 21, Metro: Puschkinskaja, Twerskaja, Di.–Sa. 10–18 Uhr, So. 10–17 Uhr, letzter Fr. im Monat geschl., Tel. 2996724, www.sovr.ru.

> **KLEINE PAUSE**
> *Café Le Gateau*
> Verlässt man das Museum für Moderne Geschichte, bietet sich ein kleiner Kaffee an mit exquisiten, hausgemachten Pralinen in dem nur einige Schritte entfernten, französisch angehauchten Café Le Gateau 10.

48 MUSEUM FÜR MODERNE KUNST JERMOLOWA
(Музей современного искусства в Ермолаевском) ★★ [III E5]

Weiter bergauf geht es links in die auch auf Englisch ausgeschilderte ruhige Seitenstraße Blagoweschenskij Perulok, die nach einer kleinen Linksbiegung Jermolajewskij Pereulok heißt, bis auf der rechten Seite der Ableger des Museums für Moderne Kunst in einem wunderschönen Patrizierhaus mit einem unscheinbaren Eingang unter Nummer 17 überrascht. Hier werden Fotostrecken von Künstlern aus aller Welt ausgestellt. Für Fotofans ein Muss!

> Jermolajewskij Pereulok 17, Mo. 12–19, Mi.–So. 12–20 Uhr, Tel. 2002890, Metro: Majakowskaja

㊾ BULGAKOWS PATRIARCHENTEICHE (Патриаршие) ★★ [III E6]

Tritt man wieder auf die Straße, geht es rechts bis zur Straßenkreuzung, die den Blick auf die sagenumwobenen Patriarchenteiche freigibt. Hier spielt nicht nur *Bulgakows* Teufelswerk „Der Meister und Margarita" (*Bulgakows* unbedingt sehenswertes Wohnhaus ❸ ist gleich um die Ecke), auch der Fabeldichter *Iwan Krylow* (1768–1844) hinterließ seine Spuren. Ihm ist auf dem Spielplatz ein Denkmal gewidmet, seine Tierszenen sind in Bronze gegossen.

Um dieses Plätzchen am Ziegenmoor rankten sich schon vor *Bulgakow* viele Legenden. Eine besagt, dass hier die Ziegen grasten, deren Wolle für den Zaren- bzw. Patriarchenhof verwendet wurde. Das Grundstück gehörte zu jener Zeit dem Patriarchen, dem Oberhaupt der russisch-orthodoxen Kirche. Früher waren an dieser Stelle sogar drei Teiche, aber nach dem großen Brand von 1812 wurde ein Teich zugeschüttet.

Den Patriarchenteichen haftete schon immer etwas Verzaubertes, Verteufeltes an. Es ist also kein Wunder, dass Berlios in *Bulgakows* Roman ausgerechnet in dieser mystischen Ecke der Stadt der unheimliche Fremde zum ersten Mal erscheint.

MOSKAU ENTDECKEN
Rundgang 3: Twerskaja

KLEINE PAUSE

Ausspannen und Shopping

Direkt am Teich befindet sich das **Café Pavillon** [10], in dem man sogar unten am Wasser sitzen kann. Stilecht sitzen können Bulgakow-Fans auch im **Café Margarita** an der Ecke, unschwer zu erkennen an den bemalten Wänden. Ganz in der Nähe sind auch das (teure) **Antiquitätengeschäft** bei den Patriarchenteichen und das **Souvenirgeschäft Büro Nachodok**. Einrichtungsgegenstände findet man im **Novodel** (alles [1]).

Entlang des Teiches (links in die Malaja Bronnaja Uliza) schlendert man gemütlich weiter. Im Winter drehen hier Schlittschuhläufer ihre Runden.

Weiter geht es am Teich rechts in die Bolschoj Patriarschij Pereulok und dann wieder rechts in die Malyj Patriarschij Pereulok. Am Ende biegt man am besten links in die Jermolajewskij Pereulok und folgt der Gasse, die dann in die Wspolny Pereulok übergeht, bis zum Ende. Das ist ein kleiner Spaziergang durch das malerische Viertel, das erst teilweise restauriert ist.

50 TSCHECHOW-WOHNHAUS
(Дом-музей Чехова) ★★   [III D6]

Am Ende der Straße geht es rechts in die Malaja Nikitskaja Uliza und am großen, lärmenden Gartenring mit Blick auf eine der sieben **Stalin-Kathedralen** (siehe Exkurs), in der unten das **Geschäft Baboushka** [1] zu finden ist. Auf derselben Seite biegt man gleich wieder rechts ab, bis ein zauberhaftes rotes Kleinod auftaucht, hinter dessen alten Mauern sich das komplett renovierte und äußerst instruktive Tschechow-Wohnhaus befindet. Kaum zu glauben, dass es hier einmal viel gemächlicher zuging. Die zehnspurige Straße, der riesige Zoo-Eingang und das Planetarium gegenüber zeigen Moskaus urbane Seite und lassen den Puls der Jetztzeit spürbar werden. Da will *Tschechows* bescheidene, aber sehr poetische Bleibe wie aus dem Setting gepurzelt scheinen. Das Wohnhaus ist unbedingt sehenswert und versetzt den Besucher in eine andere Zeit.

In dem zweistöckigen Gebäude lebte *Anton Tschechow* von 1886 bis 1890 zusammen mit seiner Familie und seiner Frau *Olga Knipper*. Heute sind in den etwas beengten Räumen noch einige wenige Reliquien des berühmten, vor allem von großer Menschlichkeit geprägten Arztes und Schriftstellers zu finden, u. a. sein Arztkoffer, der Schreibtisch, Erstausgaben seiner Werke, Fotos und Originaldokumente von seiner Forschungsreise nach Sachalin im Jahre 1890. Er war unter schwierigen Bedingungen dorthin aufgebrochen, um sich selbst ein Bild der Missstände in den Lagern machen zu können.

› Uliza Sadowaja-Kudrinskaja 6, Metro: Barrikadnaja, Di./Do./Sa./So. 11–16 Uhr, Mi./Fr. 14–18 Uhr, geschl. letzter Tag im Monat, Tel. 2916154

Nach dem Verlassen des Museums kann man den Gartenring unterqueren und rechts an der Stalin-Kathedrale vorbei zur Metro Barrikadnaja/Krasnopresnenskaja gehen. Hier endet der Rundgang.

◀ *Die Patriarchenteiche – eine ruhige Oase inmitten der Großstadt*

Rundgang 3: Twerskaja

🔟 ESSEN UND TRINKEN

39 [D6] **317 Bar,** Glubokij Pereulok / Ecke Krasnopresnenskaja Nab., Metro: Krasnopresnenskaja, Mo.–So. 24 Stunden, Tel. 2051997, www.317.ru. Es kann durchaus möglich sein, dass man hier dann und wann Duma-Abgeordnete trifft. Die Staatsduma ist schließlich nebenan. Jedenfalls wirkt dieses „Stadtcafé" sehr einladend in der eher abweisenden Gegend. Kleine russische Gerichte und allerhand Hochprozentiges gibt es für ein mittleres Budget. Eine ideale Lokalität für den frühen Abend.

1 [III F6] **5 Swjosd (5 Sterne),** Kamergerskij Pereulok 6, Metro: Ochotnyj Rjad, Mo.–So. 8–23 Uhr, Tel. 6921276. Direkt gegenüber von Prime ist neuerdings ein Ableger der Kette mit den fünf Sternen. Auch hier gibt es leckere Snacks, Wraps und Salate (Ceasar's für 3 €). Auf Englisch sucht man die Zutaten vergeblich, aber letztlich schmeckt hier alles. Für Zögerliche ist die täglich frisch zubereitete Minestrone-Suppe (minestrone) für 2,50 € eine gute Alternative. Kaffee Americano ist für 3 € zu haben und ebenfalls sehr lecker.

2 [III F6] **Akademia,** Kamergerskij Pereulok 2/1, Metro: Ochotnyj Rjad, Mo.–So. 11–24 Uhr, Tel. 6929649, www.academiya.ru. Die beste Pizza der Stadt backt Luigi in diesem charmanten Restaurant gegenüber dem MCHAT-Theater mitten im Stadtzentrum. Das Interieur ist italienisch, man wähnt sich überall, nur nicht in Moskau. Dennoch ist diese etwas rummelige Café-Pizzeria ein Lieblingstreffpunkt der Moskowiter. Netter Service, aber westliche Großstadtpreise.

9 [III E6] **Architekt,** Malaja Nikitskaja 20, Mo.–So. 11–24 Uhr, Metro: Krasnopresnenskaja, Tel. 2917738. Für Architekten und Geschäftsleute mit Weinvorlieben ist dieses etwas nüchterne, aber sehr stilvolle Restaurant genau das Richtige. Ein „Architektenkotelett mit gebackenen Äpfeln und Rum" für 25 € ist stattlich, aber entspricht dem allgemeinen Preisniveau. Dafür sind auch argentinische Weine, Live-Musik, ein großer Kamin und echte Kerzen im Angebot. Die Weite des Raumes und die Lichtverhältnisse wirken sehr einladend.

16 [III D6] **Café Karetnyj Dwor,** Powarskaja Uliza 52, Metro: Barrikadnaja (dann den Gartenring unterqueren), Mo.–So. 12–24 Uhr, Tel. 2916376. Russische und vor allem georgische Spezialitäten kann man hier in plüschig-rustikalem Ambiente genießen. Im Sommer sitzt man zwar auf Plastikstühlen, dafür aber in einem herrlich ruhigen Hinterhof neben dem Zentralen Haus der Schriftsteller. Das Essen ist relativ preiswert, der Service südländisch freundlich.

17 [III E5] **Café Le Gateau,** Twerskaja Uliza 23, Metro: Puschkinskaja, Mo.–So. 10–24 Uhr, Tel. 9375678. Croissants, hausgemachte Pralinen und französische Baguettes, aber auch Diner à la carte gibt es in diesem französischen Café. Runde Marmortische, Bistrobeleuchtung, Spiegel und schöne Musik machen diesen etwas snobistisch wirkenden Ort zu einem Treffpunkt für heimatlose Franzosen und andere Frankophile.

18 [III E6] **Café Pavillon,** Bolschoj Patriarschij Pereulok (direkt am Teich), Metro: Majakowskaja, Tel. 2035110, tägl. 24 Stunden, Hauptgerichte 18–26 €. An einem mystischen Ort befindet sich dieser 1937 errichtete klassizistische Pavillon. Direkt an den Patriarchenteichen, die Michail Bulgakow in seinem Roman „Der Meister und Margarita" verewigt hat, speist man nun in modernem, geschmackvollem Ambiente mit Blick aufs Wasser. Neben 15 Salatvariationen mit fernöstlichen und europäischen Dressings gibt es auch Borschtsch und Bliny, hier allerdings

Rundgang 3: Twerskaja

nicht mit Kaviar, sondern mit Fleisch oder Zucchini serviert. Zum Boeuf Stroganoff mit Püree empfiehlt der stadtbekannte Küchenchef Ilja Tjukow auch mal ein Schweizer Mineralwasser. Als Dessert hat er eine Wasserpfeife im Programm, die sich in diesem stilvollen Umfeld mit Schwarz-Weiß-Fotografien an den ungewöhnlich hohen Wänden durchaus genießen lässt.

19 [III F6] **Coffee Bean**, Twerskaja 10, Metro: Puschkinskaja, Tel. 7886357; Uliza Pokrowka 18, Metro: Kitaj-Gorod, Mo.–Sa. 8–23 Uhr, So. ab 9 Uhr, Tel. 9239793. Im ehemaligen Hotel Lux auf der Twerskaja Uliza fühlt man sich wie in einem Wiener Kaffeehaus. Stuckdecken, Kronleuchter und (meist) leise Musik machen dieses Café zum Wohlfühlort Nummer 1. Hier darf nicht geraucht werden, damit der schöne Kaffeeduft nicht gleich verpufft! Es gibt leckere Backwaren, aber auch Zwiebelkuchen mit Roquefort-Käse und dazu natürlich eine der zig verschiedenen Kaffeesorten. Der Service ist erstklassig. Hier findet man die englischsprachigen Zeitungen Moscow Times und Exile, aber auch die Moskauer Deutsche Zeitung. Ein zweiter, ebenfalls sehr schöner Ableger der Coffee-Bean-Kette liegt im Stadtteil Kitaj-Gorod.

20 [III E6] **Delis Kafe**, Nikitskij Bulwar 25/1, Metro: Arbatskaja, Tel. 2911094, tägl. 8–23 Uhr. Der Duft dieser Pariser Oase mitten in Moskau zieht den Passanten vom Boulevard förmlich in das französische Café mit eigener Bäckerei und unzähligen Köstlichkeiten aus dem historisch gar nicht so fernen Frankreich. Bei Schoko-Croissants und heißer Schokolade vergisst man die Hektik der Stadt, den Duft trägt man noch tagelang in der Nase.

10 [III F6] **Ketama**, Bolschaja Dmitrowka 5/6, Metro: Ochotnyj Rjad, Tel. 6929268. Eine sehr ausgefallene Lokalität mitten im Zentrum. Unscheinbar im ersten Stock über einem Casino an der Ecke zur Kamergerskij Perulok liegt dieses Kleinod. Man sitzt im Fenster oder in einer der lauschigen Ecken in und um einen großen Holzkubus und speist vorzüglich marokkanisch. Auch auf einem Diwan liegend kann man sich an Spinatsalat mit Ananas und Weintrauben für 10 € laben. Schisch kebab gibt es ab 13 €. Der Flan „Mohammed" mit Honig und Feigen als Nachtisch machen den gehetzten Stadtmenschen genau so selig wie die Lounge-Musik, die eigens für die Restaurants der Dolce Vita Gruppe (dazu gehört auch das Moskau-Berlin) konzipiert und als CD herausgegeben wird.

21 [III E6] **Kofemania**, Bolschaja Nikitskaja Uliza 13, Metro: Arbatskaja, Mo.–So. 8–1 Uhr, Tel. 2293901. Direkt neben dem Konservatorium (Filiale Bolschaja Nikitskaja) liegt eines der schönsten und größten Cafés Moskaus. Der Lärmpegel ist rund um die Uhr relativ hoch. Dafür mischen sich hier Musiker mit Designern und Geschäftsleute mit Touristen. Im Hintergrund läuft angesagte Musik. Interessant ist auch die Auswahl an russischen Kuchen und Snacks. Die Küche ist exzellent. Der köstliche Business Lunch kann im Sommer sogar draußen eingenommen werden. Kein Kaffee unter 4 €, aber ein echter Wohlfühlort.

11 [III F6] **Makikafe**, Glinischtschewskij Pereulok 3, Metro: Twerskaja, Tel. 6929731. Dieses ausgefallene, junge Restaurant in einer Seitengasse der Twerskaja Uliza könnte auch in New York oder Paris anzutreffen sein. Hohe Gewölbedecken, dunkle Holztische mit echten Kerzen, aktuelle Lounge-Musik. Das alles bei Maki-Sushi und europäischer Küche. Das Publikum ist so unprätentiös wie der Stil dieses äußerst angenehmen Plätzchens mitten im Zentrum. Viel Understatement, zivile Preise.

MOSKAU ENTDECKEN
Rundgang 3: Twerskaja

22 [III E5] **Mon Café**, 1. Twerskaja Jamskaja 4, Metro: Majakowskaja, Tel. 2508800. Eines der wenigen Cafés in Moskau, in denen man stundenlang sitzen bleiben kann. Französische Snacks, Salate und Kuchen in unmittelbarer Nähe zum neuen Ausgang der Metro Majakowskaja. Freundliche Bedienung, leise Musik, in einer kleinen oberen Etage auch Sofas und zivile Preise. Ein sehr beliebtes Café, in dem man viele nicht mehr ganz so junge Russen antreffen kann.

12 [III E6] **Na Melnize,** Twerskoj Bulwar 7, tägl. 24 Stunden, Metro: Arbatskaja, Tel. 2030012. Russische Hausmannskost in gutbürgerlichem Ambiente genießt man in diesem einstigen Lokal für Kaufleute. Ein echtes beschauliches Mühlrad *(melniza)* dreht seine Runden durch das Wasser, in dem possierliche Fische schwimmen. Auch ein Fasan kann neben dem Tisch herstolzieren, während man sich gütlich tut an Kohl- oder Pilzpasteten (5 €) oder Plinsen-Röllchen mit Lachs und rotem Kaviar (17 €), ukrainischem Borschtsch (8 €) oder sibirischen Pelmeni (10 €). Typisch russisch ist neben der Tracht des Personals auch die große Auswahl an Wodka-Variationen. Hinter „Potapowka" verbirgt sich Wodka mit Kirschen und schwarzen Johannisbeeren. „Schmarowka" ist Sanddornwodka. Ein Glück, dass die Karte auch ins Englische übersetzt wurde.

17 [III F6] **Ogonjok Bar,** Twerskaja 5/6, Metro: Ochotnyj Rjad, 24 Stunden geöffnet, Tel. 6926158. In zentraler Lage neben dem inzwischen abgerissenen Intourist-Hotel eine herrlich anheimelnde Bar, die sich über zwei Stockwerke erstreckt. Lüster und Schummerlicht verbreiten angenehme Stimmung … Cooles Understatement. Nicht billig, aber stilvoll und hip!

23 [III E5] **Peko,** 1. Twerskaja-Jamskaja 1, Metro: Majakowskaja, Tel. 9746261, www.peko-tea.ru. Hinter dem unscheinbaren Kellereingang am zugigen Majakowskij-Platz würde man alles vermuten, aber keinen derart gemütlichen Tearoom mit Sushi-Küche. Der freundliche Service und das junge Publikum schaffen eine entspannte Atmosphäre. Ganz japanisch entledigt man sich der Schuhe und fühlt sich wie daheim. Schummriges Licht und angenehme Musik laden zum Verweilen ein.

3 [III F6] **Prime,** Kamergerskij Pereulok 5/7, Tel. 6295011, Metro: Ochotnyj Rjad, Uliza Arbat 9/1, Tel. 7390014, Metro: Arbatskaja, Mo.–Fr. 8.30–23 Uhr, Sa./So. 9–24 Uhr. Das russische Pendant zu der britischen Erfolgskette „Prêt-à-manger", meist in der Nähe eines Internetcafés. Für die verpackten, immer frischen Sandwiches für 3 € muss man als Tourist experimentierfreudig sein, da der jeweilige Belag nur auf Russisch angegeben ist. Von den in der heißen Theke zu findenden köstlichen Piroggen sollte man „s gribami" (mit Pilzen) mindestens einmal probieren. Daneben gibt es aber auch Waldbeer, Fisch oder Huhn mit Oliven, jeweils für 3,50 €. Die Salate sind lecker, aber klein und teuer. Der Trinkjoghurt eignet sich prima als Nachtisch.

13 [III E6] **Puschkin,** Twerskoj Bulwar 26a, Metro: Puschkinskaja, Mo.–So. 24 Stunden, Reservierung unbedingt zu empfehlen! Tel. 6295590 (EG), Tel. 6299411 (1. Stock). Erstklassige russische Küche und echtes Puschkin-Bohème-Feeling des vielfach ausgezeichneten Restaurants ziehen Touristen ebenso an wie reiche Russen. Man mag kaum glauben, dass das Stadtpalais eine Kopie seines Vorgängers aus dem 19. Jh. ist, so stilecht wirken die Fassade und das Interieur der beiden unterschiedlichen Etagen. Die „Apotheke" unten ist ebenso sehenswert und liebevoll rekonstruiert wie die mit echten antiken Büchern bestückte „Bibliothek" im

MOSKAU ENTDECKEN
Rundgang 3: Twerskaja

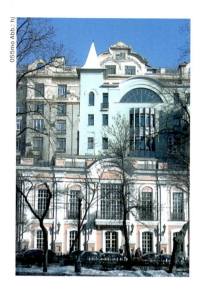

ersten Stock. Zu jeder Tages- und Nachtzeit fühlt man sich wie in einem alten russischen Kinofilm, bestens umsorgt von den perfekt Englisch sprechenden Kellnern in Originaltracht. Ein Hauptgericht, etwa Pelmeni mit Pilzen gefüllt, kostet ab 10 €, auch die Weinkarte ist exzellent. Überbackener Stör ist kostspieliger, dazu gibt es den typisch russischen Rote-Bete-Salat. Nicht umsonst wurde das „Puschkin", in dem Wladimir Sorokin gern nur auf einen Tee vorbeikommt, wiederholt zum besten Restaurant der Stadt gekürt.

41 [III E5] **Pyramida,** Twerskaja 18, Metro: Puschkinskaja, www.piramida-cafebar.com, Tel. 2003603. Ein quirliger Treffpunkt in futuristischem Blau gehalten für junge, gut verdienende Russen direkt am Puschkinplatz. Relativ laute, aber gute Musik. Kleine Snacks und DJ-Abende. Lauschig ist es im oberen Stock auf den roten Sofas unter der Glaspyramide, an der auch ägyptische Pharaonen ihre Freude gehabt hätten.

4 [III E5] **Russkoje Bistro,** Twerskaja Uliza 23, Metro: Puschkinskaja, Mo.–So. 10–23 Uhr. Diese russische Fast-Food-Kette mit mehreren Ablegern wurde von Bürgermeister Jurij Luschkow höchst persönlich ins Leben gerufen, als Gegengewicht zum imperialistischen McDonalds gewissermaßen. Die Piroggen und Blinys sind absolut in Ordnung. Dazu gibt es Kräutertee und Kwas.

5 [III F6] **Sbarro,** Twerskaja Uliza 10, Metro: Puschkinskaja, Mo.–So. 10–24 Uhr, Tel. 7853875. An dem großen italienischen Buffet hat man die Wahl zwischen köstlichen Pizza-Stücken, warmen Nudelgerichten oder opulenten Salatkreationen. Alles ist frisch und lecker, dafür relativ teuer. Das Essen wird abgewogen und bezahlen kann man auch mit EC-Karte. Über die Stadt verteilt gibt es inzwischen viele Filialen, so auch am Arbat und im Einkaufszentrum Manege. Als Erkennungsmerkmal hilft die italienische Flagge im Logo.

24 [III E5] **Scandinavia,** Malyj Palaschewskij Pereulok 7/Ecke Twerskaja 19, Metro: Ochotnyj Rjad, www.scandinavia.ru, Tel. 9375630. Skandinavisch leger und luftig wie die Pusteblume aus der Werbung mutet dieses Lieblingscafé der Moskowiter an. Versteckt, aber mitten im Zentrum gelegen, kann man hier richtig durchatmen. Viel Platz über mehrere weiträumige, aber sehr gemütlich-loungige Etagen und im Sommer eine herrliche Terrasse bietet dieser Wohlfühlort, an dem man außerdem noch erstklassig speist. Von einfachen Snacks bis hin zu raffinierten Menüs ist für jeden Geschmack etwas dabei. Das Personal ist nordisch freundlich, höflich und offen.

◀ *Das Puschkin – ein Restaurant mit Bohème-Atmosphäre*

218 MOSKAU ENTDECKEN

Detailkarte III: TWERSKAJA

MOSKAU ENTDECKEN
Rundgang 3: Twerskaja

- 🍴9 Architekt [III E6]
- 🍴10 Ketama [III F6]
- 🍴11 Makikafe [III F6]
- 🍴12 Na Melnize [III E6]
- 🍴13 Puschkin [III E6]
- 🍴14 Schan-Schak [III E6]
- 🍴15 Schokolad [III E5]
- 🍴16 Stanislawskowo 2 [III E6]
- 🍴17 Tram [III F5]
- 🍴18 ZDL [III D6]
- 1 5 Swjosd [III F6]
- 2 Akademia [III F6]
- 3 Prime [III F6]
- 4 Russkoje Bistro [III E5]
- 5 Sbarro [III F6]
- 6 Stardogs [III E5]
- 3 Bar'd Kafe [III E6]
- 6 Club na Brestskoj [III E5]
- 8 FAQ Café [III F6]
- 10 Gogol [III F6]
- 17 Ogonjok Bar [III F6]
- 19 Plastilin [III F6]
- 21 Podmoskowje [III E7]
- 31 12 Wolt [III F6]
- 41 Pyramida [III E5]
- 1 Klub Tschajnoj Kultury [III F5]
- 4 Teeetage 108 [III E6]
- 5 Teehaus Tschajnaja [III E5]
- 6 Teerestaurant GUN [III F5]
- 8 Tschajchona Lounge [III F5]
- 16 Café Karetnyj Dwor [III D6]
- 17 Café Le Gateau [III E5]
- 18 Café Pavillon [III E6]
- 19 Coffee Bean [III F6]
- 20 Delis Kafe [III E6]
- 21 Kofemania [III E6]
- 22 Mon Café [III E5]
- 23 Peko [III E5]
- 24 Scandinavia [III E5]

Fortsetzung auf S. 221

Rundgang 3: Twerskaja

14 [III E6] **Schan-Schak (Jean-Jacques)**, Nikitskij Bulwar 12, Metro: Arbatskaja, 24 Stunden geöffnet, Tel. 2903886. Eine Brasserie, die französischer nicht sein könnte. Zehn Sorten Cidre, unzählige Sorten Wein und die guten alten Klassiker wie Croque Monsieur, Quiche Lorraine und französische Zwiebelsuppe. Authentisch ist hier nicht nur das Essen, sondern auch die ländlich-provenzalische Einrichtung mit rot-grünen Wänden, kleinen gemütlichen Brasserietischen und Papiersets. Gutes Preis-Leistungs-Verhältnis. Der französische Besitzer Jean-Jacques ist bei den Einheimischen so beliebt, dass es demnächst einen Ableger geben wird. Ein paar Häuser weiter auf der gegenüberliegenden Seite dinieren dann „Les amis de Jean-Jacques" ... Glücklich, wer sich dazu zählen darf!

15 [III E5] **Schokolad**, Bolschoj Putinkowskij Pereulok 5 (im Innenhof), Metro: Puschkinskaja, Tel. 7878867, 24 Stunden geöffnet. Einen Hauch von süßem Leben gibt es in diesem schönen, modernen Ambiente in der von Fjodor Schechtel erbauten und vollständig sanierten Druckerei des „Utro Russii" hinter dem Casino Europa gratis. Europäisch-italienisch-japanische Küche (englische Speisekarte) und rote Sofas im obersten Stock auf der traumhaften Sommerterrasse laden zum Loungen ein. Mit Blick auf die frisch renovierte kleine, weiße Christi-Geburts-Kirche lässt sich der Entenbrustsalat mit Mango für 30 € ebenso genießen wie die Eiscremepyramide mit dreierlei Saucen für 16 €.

16 [III E6] **Stanislawskowo 2**, Leontjewskij Pereulok 2, Tel. 2918689, Metro: Arbatskaja, Mo.–So. 18–2 Uhr. In die New York Times hat es dieses älteste Familienrestaurant Moskaus auch schon geschafft. Im Erdgeschoss einer absolut stilechten russischen Privatwohnung gehobenen Niveaus speist man an Häckeldecken mit großen Wassergläsern, aus denen in erster Linie Wodka (was sonst?) getrunken wird. Köstliche russische Gerichte kocht die Mama, der Sohn der Familie spielt in dem kuscheligen Ambiente Piano. Unnachahmliches Russland-Feeling. Ehrliche Preise, liebenswerte Menschen und russische Gastfreundschaft. Ein Erlebnis der besonderen Art.

6 [III E5] **Stardogs** (Kiosk), Triumfalnaja Ploschtschad, Metro: Majakowskaja. An den mobilen Hotdog-Kiosken mit dem langweiligen Würstchensmiley gibt es wahlweise holländische (gollandskije) oder französische (franzysskije) Hotdogs. Die Franzosen haben in diesem Fall die Nase nicht vorn. In einem Brötchenhohlkörper steckt ein dünnes Würstchen, dazu gibt es Senf oder Ketchup. Die holländische Variante ist dagegen sehr schmackhaft. Für knapp 1 € bekommt man ein knackiges Würstchen in einem knusprigen Brötchen, Senf und Ketchup, Röstzwiebeln und Gurkenscheiben. Gut für den kleinen Hunger.

17 [III F5] **Tram**, Malaja Dmitrowka 6, Metro: Twerskaja, Tschechowskaja, Mo.–So. 24 Stunden, Tel. 2990770. In dem zunächst etwas snobistisch wirkenden Theaterrestaurant des traditionsreichen Lenkom-Theaters kann man ausgezeichnete russische Salate und Sakuski, benannt nach Theaterstücken (Kabuki etc.), bestellen und am Nachbartisch den einen oder anderen Schauspieler antreffen. Viel Holz, kein Tageslicht, aber russische Bohème, angenehme Musik, gemäßigte Preise und eine erstklassige Möhren-Orangen-Suppe für 5 €. Dazu französisches Baguette.

18 [III D6] **ZDL** (Zentralnyj Dom Literatow – Haus der Schriftsteller), Powarskaja Uliza 50, Metro: Barrikadnaja, Mo.–So. 12–24 Uhr, Tel. 2911515. In diesem vollständig mit Eichenholz ausgekleideten Palais durften

Legende für Detailkarte III auf Seite 218 (Fortsetzung)

- 🛍2 Antiquariat Knigi [III E6]
- 🛍3 Bei den Patriarchenteichen [III E6]
- 🛍10 Bookberry [III E6]
- 🛍11 Dom Knigi [III E7]
- 🛍16 Moskwa Kniga [III F6]
- 🛍18 PirOGI 2 [III F6]
- 🛍22 Transylvanien [III F6]
- 🛍32 13.20 [III F5]
- 🛍34 Bosco Sports [III F6]
- 🛍37 Arbat Prestige [III E5]
- 🛍39 Jelissejew [III E6]
- 🛍49 Novodel [III E5]
- 🛍56 Baboushka [III D6]
- 🛍59 Museumsshop [III E5]
- 🏨2 Golden Apple Hotel [III E5]
- 🏨6 Courtyard Marriott [III E6]
- 🏨14 Klub 27 Hotel [III D6]
- 🏨15 Marco Polo Presnja [III E6]
- 🏨22 Zentralnaja [III F6]
- 🎬4 Kodak Kino Mir [III E5]
- 🎬7 Oktjabr [III D7]
- 🏛1 Museum des fernen Ostens [III E6]
- 🏛12 Bulgakow-Wohnhaus [III E5]
- 🏛19 Zwetajewa-Wohnhaus [III E7]
- 🏛21 Stanislawskij-Museum [III E6]
- 🏛22 Glinka-Musikmuseum [III E6]
- ◯4 Helikon-Oper [III E6]
- ◯6 Neue Oper [III F5]
- ◯7 Lenkom Theater [III F5]
- ◯8 Theater Praktika [III E5]
- ◯11 Teatr.doc [III E5]
- ◉3 Tschaikowsky-Konzertsaal [III E5]

- ●1   Dom na Brestskoj [III E5]
- 🅂3   Eisbahn im Ermitage-Garten [III F5]
- 🅂14 Majakowka Sport [III E5]
- ★1   Planetarium [III D6]
- ★11 Narkomfin Kommunehaus [III D6]
- ✚1   European Medical Centre [III E6]
- ✚7   Farmakon [III F6]
- @9   Time Online 2 [III D5]

- ⑭ Historisches Museum [III F6]
- ⑮ Kasaner Kathedrale [III F7]
- ⑰ Roter Platz [III F/G7]
- ㉚ Saikonospasskij-Kloster [III F6]
- ㉛ Revolutionsplatz [III F6]
- ㉜ Manegenplatz [III F6]
- ㊶ Theaterplatz [III F6]
- ㊷ MCHAT Theater und Museum [III F6]
- ㊸ Twerskaja Uliza [III E5/F6]
- ㊹ Konservatorium [III E/F6]
- ㊺ Matrjoschka-Museum [III E6]
- ㊻ Gorki-Wohnhaus [III E6]
- ㊼ Museum für Moderne Geschichte Russlands [III E5]
- ㊽ Museum für Moderne Kunst Jermolowa [III E5]
- ㊾ Bulgakows Patriarchenteiche [III E6]
- ㊿ Tschechow-Wohnhaus [III D6]
- ㊽ Bolschoj-Theater [III F6]
- ㊾ Hohes Sankt-Peter-Kloster [III F5]

- ●●● Rundgang 3

zu Sowjetzeiten nur verdiente Schriftsteller speisen. Schon damals trauten sie ihren Augen nicht. Hier gab es feinste russische Küche, die man nirgendwo anders finden konnte. Heute sind französische und italienische Einflüsse hinzugekommen. Bei hohem Staatsbesuch (auch als George Bush 2005 in Moskau war) wird der stilvolle, altehrwürdige „Club" geschlossen. Bulgakows Roman „Der Meister und Margarita" spielte hier. Mit 20 € pro Gericht muss man rechnen. Mit Harfenmusik live auch. Aber selbst Anna Karenina fand diesen mystischen Ort mit Kellnern in Livree unvergesslich.

🕐 **19** [D4] **Jar** (Großraum Moskau), Leningradskij Prospekt 32/2 (Verlängerung der Twerskaja-Jamskaja Uliza), Metro: Dinamo, Tel. 9602004, www.sovietsky.org. Baden-Baden-Charme mit plüschigem Saalambiente, aber erstklassige russische Küche findet man im Erdgeschoss des ehrwürdigen Hotels Sowetskaja. Die Preise sind europäisch, Blinys gibt es mit verschiedenen Sorten Kaviar, aber auch viele andere köstliche traditionelle Gerichte. Je nach Saison sind auch sehr experimentelle Desserts wie etwa „Pilzeis mit schwarzen Trüffeln" dabei. Gediegen speisen konnten hier schon Rasputin, Stalin und Margret Thatcher. Im 19. Jh. galt dieses Haus als das beste Restaurant Russlands.

▶ *Prachtvoll und majestätisch – die Christ-Erlöser-Kathedrale*

RUNDGANG 4: PRETSCHISTENKA

Dieser Spaziergang führt durch das alte Moskauer Adelsviertel, vorbei an grandiosen klassizistischen Bauten und Jugendstilhäusern, vom Puschkin-Museum der Bildenden Künste bis zum Tolstoj-Wohnhaus.

🔴 **CHRIST-ERLÖSER-KATHEDRALE** (Храм Христа Спасителя)
 [IV E/F8]

Die Metrostation Kropotkinskaja sollte man in Fahrtrichtung vorn verlassen. Man steht vor der Christ-Erlöser-Kathedrale, dem größten Gotteshaus Russlands. Es ist 1997 wie Phönix aus der Asche wieder erstanden. Rechtzeitig zum 850. Stadtjubiläum konnte nach nur vier Jahren Bauzeit die alte, neue Christ-Erlöser-Kathedrale eingeweiht werden.

Zur Feier des Sieges über *Napoleon* hatte Zar *Alexander I.* 1839 den **Bau der prunkvollen Kathedrale** in Auftrag gegeben. Die von *Konstantin Thon* entworfene Gedächtniskirche wurde allerdings erst 1883 unter *Alexander III.* vollendet, da die komplexe Konstruktion 44 Jahre Bauzeit in Anspruch nahm. Allein die goldenen Kuppeln waren mit 425 kg Gold verziert.

Fast genau so lange wie die Bauzeit dauerte, war die Kathedrale religiöses Zentrum der Stadt und des Landes – bis *Stalin* an die Macht kam. Da er keine anderen Götter neben sich duldete, ließ er das gigantische Gotteshaus in Kreml-Nähe 1931 kurzerhand **sprengen**. Allerdings mussten mehrere Versuche unternommen werden, den kostspieligen Bau

Detailkarte Seite 230

MOSKAU ENTDECKEN **223**
Rundgang 4: Pretschistenka

in seine Einzelteile zu zerlegen. Das wurde von den Moskowitern als schlechtes Omen für *Stalins* Pläne angesehen. Die Säulen des Portikus sollen beim Bau der Universität und der Marmor beim Bau der Metro wieder verwendet worden sein. *Stalin* hatte eine Vision. Er wollte an dieser Stelle einen 315 Meter hohen, quasi Turm zu Babel, offiziell ein „Politik- und Kulturforum" mit einer 100 Meter hohen Leninstatue bauen, in dem Kundgebungen, Kongresse und Filmvorführungen stattfinden sollten. 1937 begannen die Bauarbeiten für den gigantischen **„Palast der Sowjets"**. Bis Ende 1939 waren die bis 20 Meter unter den Wasserspiegel reichenden Fundamente fertig betoniert. Es tauchten jedoch viele Statikprobleme auf, da der Untergrund zu sandig und der Entwurf von *Boris Iofan* für die damalige Zeit zu kühn war. Auch wäre der luftige Aluminium-Lenin mit den rot leuchtenden Augen die meiste Zeit von den tief hängenden Wolken verdeckt geblieben. Bei Ausbruch des Krieges 1941 wurden die Bauarbeiten eingestellt. Der fünfgeschossige Stahlbau wurde abgetragen und zur Panzerproduktion verwendet.

Nach dem Krieg wurde das Projekt aus Geldmangel auf Eis gelegt. 1947 begann der Bau der **Stalin-Kathedralen**, die im Generalplan und im Stadtbild als Pendant zu dem großen Palast erdacht waren. Das Areal, wenngleich brachliegend, war und blieb imaginärer Mittelpunkt der Stadt. Den Stalin-Kathedralen fehlte die architektonische Mitte.

Der Geist des Palastes der Sowjets umweht das Areal noch heute. 1958 wurde nach einem Entwurf von *Dmitrij Tschetschulin* an dieser Stelle das **Schwimmbad „Moskwa"**, das größte der Welt errichet. Das kreisrunde Riesenbassin zog bis zu 15.000 Besucher pro Tag an, mit 27 Grad Wassertemperatur konnte man das ganze Jahr hindurch schwimmen. Im Stadtbild erhob sich nunmehr eine Dampfglocke, die mit ihrer Luftfeuchtigkeit die Exponate des in der Nachbarschaft befindlichen Puschkin-Museums gefährdete.

Als das inzwischen baufällig gewordene Schwimmparadies 1993 geschlossen wurde, erhob die orthodoxe Kirche Anspruch auf ihr ehemaliges Eigentum. Bürgermeister *Jurij Luschkow* warb um Unterstützung für den Wiederaufbau und konnte 350 Millionen Dollar aus der Geschäftswelt mobilisieren. Um pünktlich zum Stadtjubiläum fertig zu sein, wurden beim **Neubau der Kathedrale** modernere Materialien verwendet. Anstelle eines Backsteinbaus entschied man sich für ein mit Ziegeln ausgeschachtetes Stahlgerüst. Das mit 103 Tonnen Blattgold überzogene Innere der Kathedrale wurde außerdem mit Marmor und Granit ausgekleidet. In Alabaster eingraviert sieht man die Namen der im Krieg verstorbenen Soldaten ... und die der Sponsoren. Über den riesigen bronzefarbenen Türen hat sich *Luschkows* Hofkünstler *Zurab Zereteli* verewigt.

Im Zuge der **Modernisierung** wurde das Gotteshaus auch mit einer Tiefgarage ausgestattet, von der man angeblich mit einem VIP-Fahrstuhl direkt in den Altarraum fahren kann. Im Untergeschoss befinden sich außerdem eine Hostienbäckerei, ein Restaurant und ein Museum. Die Moskowiter schwanken zwischen Bewunderung und Ablehnung. Allzu prunkvoll thront der seltsam geschichtslose Gottestempel über der Moskwa. Der Wiederaufbau scheint vielen ein Symbol für die Rückkehr zu verlorenen kulturellen Werten und für das Scheitern des Kommunismus. Der Großteil der Bevölkerung aber hätte das Geld lieber in andere Bereiche der Gesellschaft investiert gesehen.

Aus der Kathedrale kommend, geht es rechts die Straße herunter. Auf der gegenüberliegenden Straßenseite liegt nach etwa 5 Minuten unübersehbar das Puschkin-Museum der Bildenden Künste.

› Uliza Wolchonka, Metro: Kropotkinskaja, Mo.–So. 10–18 Uhr, Tel. 2012847 (Reservierung von Gruppenführungen mit Besuch der Aussichtsplattform 1–2 Tage im Voraus, Zugang zur Aussichtsplattform auf eigene Faust nicht möglich), www.xxc.ru

52 PUSCHKIN-MUSEUM DER BILDENDEN KÜNSTE
(Музей изобразительных искусств им. Пушкина) ★★ [IV F7]

Das zunächst nach *Alexander III.* benannte „Museum der Schönen Künste" wurde erst 1937 an *Puschkins* 100. Todestag dem Schriftsteller zu Ehren zum „Puschkin-Museum der Bildenden Künste" und zählt heute zu den **bedeutendsten Kunstmuseen der Welt.** Der Moskauer Professor für Kunstgeschichte *Iwan Zwetajew* sammelte die Mittel für ein Museum, in dem er für seine Studenten die von zahlreichen Reisen mitgebrachten Kopien griechischer, römischer und mittelalterlicher Gipsabdrücke als Anschauungsmaterial ausstellen konnte. Der neoklassizistische Bau wurde mit

▶ *Das Puschkin-Museum der Bildenden Künste*

MOSKAU ENTDECKEN
Rundgang 4: Pretschistenka

diesen Spendengeldern finanziert und nach 14-jähriger Bauzeit 1912 fertig gestellt. Als nach der Oktoberrevolution viele Kunstsammler enteignet wurden, vergrößerte sich der Bestand in rasantem Tempo. Die exzellente Sammlung der beiden Mäzene *Iwan Morosow* und *Sergej Schtschukin,* kam Ende der 1940er Jahre hinzu. Nach dem Wiederaufbau des im Krieg beschädigten Gebäudes gelangten als Kriegsbeute auch Kunstwerke aus deutschen, ungarischen, niederländischen und französischen Sammlungen in das Museum. Das Puschkin-Museum beherbergt heute eine der besten Impressionisten- und Postimpressionisten-Sammlungen der Welt.

Deutsche Besucher zieht es seit 1996 zunächst in Raum 7. Dort ist jetzt nach mehr als 50 Jahren der spektakuläre **Goldschatz von Troja** zu sehen, der nach dem Zweiten Weltkrieg von der Roten Armee aus Deutschland nach Moskau verbracht wurde. *Heinrich Schliemann* hatte den sagenumwobenen Schatz des Priamos 1873 in Troja entdeckt und aus der Türkei nach Berlin geschmuggelt. Die rund 9000 Teile waren bis 1943 im Berliner Museum für Vor- und Frühgeschichte zu sehen, verschwanden dann in einem Berliner Schutzbunker und galten schließlich bis Anfang der 1990er Jahre als vermisst. Erst nachdem 1995 sämtliche Beutekunst von der Duma zu russischem Nationaleigentum erklärt wurde, war die gestrenge Museumsdirektorin bereit, die 250 Exponate auszustellen. Das große goldene Diadem der schönen Helena ist nur eines der unzähligen, äußerst wertvollen Ausstellungsstücke, die wohl auf absehbare Zeit in Moskau verweilen werden. Das Troja-Gold mit unzähligen Schmuck- und Silberstücken, Gefäßen, Äxten und Ketten stammt aus der

Zeit um 2400 v. Chr. und gilt als die kostbarste russische Kriegstrophäe.

Im **Erdgeschoss** befinden sich die Räume 1–16, in denen alte ägyptische Waffen, Juwelen, Grabsteine, Porträts, Totenmasken, koptische Textilien und Ikonen aus Byzanz ausgestellt sind. Italienische, deutsche und holländische Kunst aus dem 13.–16. Jh. ist ebenso vertreten wie griechische Skulpturen und Modelle der Bestandteile der Akropolis.

Im **ersten Stock** sind antike Masken und Waffen, griechische Skulpturen und Friese vom Tempel des Zeus ausgestellt. Die Künstler des 20. Jh. sind mit einigen der berühmtesten Gemälde von *Matisse* und weniger bekannten von *Picasso* vertreten. *Miro, Kandinsky, Chagall* und die Postimpressionisten *Cézanne* und *Gaugin* ergänzen das Spektrum. *Van Gogh, Manet, Monet, Renoir, Degas, Toulouse-Lautrec* und die Rodin-Skulpturen bilden das Herzstück des Museums.

› Uliza Wolchonka 12, Metro: Kropotkinskaja, Di.–So. 10–18 Uhr, Tel. 2039578, deutschsprachige Führungen zu reservieren unter Tel. 2037998, www.museum.ru/gmii

Verlässt man das Museum, geht es auf derselben Straßenseite rechts herunter, vorbei an der **Jugendstiltankstelle für die Kremllimousinen** auf dessen Seite und der Christ-Erlöser-Kathedrale auf der anderen. An der großen Kreuzung biegt man in die zweite Straße schräg rechts, in die **Pretschistenka Uliza**. Im Mittelalter führte diese Straße vom Kreml direkt zum Neujungfrauenkloster, eine wichtige Verbindung. Leicht bergan geht es an der 1976 aufgestellten **Friedrich-Engels-Statue** vorbei. Dahinter steht der **Golowin-Palast**, ein Klinkerbau mit Nalitschniki-Barockelementen, der Ende des 17. Jh. erbaut wurde. Der große klassizistische Bau auf der rechten Seite wurde seinerzeit von *Nikita Chruschtschow* bewohnt und beherbergt heute das **Puschkin-Museum** 3, nicht zu verwechseln mit dem Puschkin-Wohnhaus 57 auf dem Arbat. Hell und einladend ist der überdachte Innenhof des Ensembles, in dem heute auch Konzerte stattfinden.

53 TOLSTOJ-MUSEUM
(Музей Толстого) ★ [IV E8]

Auf der gegenüberliegenden Straßenseite befindet sich das 1911 zu Ehren der russischen Schriftstellerikone *Leo Tolstoj* eröffnete Museum. Das herrschaftliche Jugendstilanwesen beherbergt u. a. sein neunzigbändiges Gesamtwerk, unzählige persönliche Aufzeichnungen und Gemälde von so berühmten Malern wie *Ilja Repin* oder *Iwan Kramskoj*. Gelebt hat *Tolstoj* allerdings nicht hier, sondern in einem geräumigen, sehenswerteren Holzhaus am Park Kultury (s. u.) und in seiner Datscha in Jasnaja Poljana außerhalb von Moskau.

› **Tolstoj-Museum,** Pretschistenka Uliza 11, Metro: Kropotkinskaja, Di.–So. 10–17 Uhr, geschl. letzter Fr. im Monat, Tel. 2022190

Ein Stück die Straße weiter, liegt auf der linken Seite die **frühere Akademie der Künste**, in der sich Luschkows Hofkünstler *Zurab Zereteli* eine Art Privatmuseum mit riesenhaften Bronzeskulpturen und kitschigen Malereien eingerichtet hat. Auf der gegenüberliegenden Seite steht ein schön renoviertes, reich verziertes **Jugendstilwohnhaus**.

Weiter gelangt man zum Gartenring, den es nun zu überqueren gilt. Neuerdings gibt es eine Sekundenanzeige am

Zebrastreifen, man sollte sich dennoch beeilen und danach die Straße wechseln. Es geht links in die Uliza Lwa Tolstowo, bis auf der rechten Seite in einem verwunschenen, großen Garten das Tolstoj-Wohnhaus auftaucht.

54 TOLSTOJ-WOHNHAUS (Дом-музей Толстого) ★★★ [IV D8]

Das einstige Haus des aus einer alten Adelfamilie stammenden Schriftstellers gehört zu den schönsten Wohnhausmuseen der Stadt und lohnt unbedingt einen Besuch. Im Gegensatz zum sakralen Gedenkmuseum sprüht *Tolstojs* Wohnhaus vor Lebendigkeit. Fast könnte man meinen, er lebte noch immer dort. Der Esstisch ist noch gedeckt, die Kerzen auf seinem Schreibtisch sind zur Hälfte heruntergebrannt. Die Fülle von persönlichen Gegenständen wie Schuhe, Fahrrad und Hanteln geben einen tiefen Einblick in das sehr einfache Leben des berühmten Schriftstellers und seiner Zeit. Von 1882 bis 1901 verbrachte *Tolstoj* mit seiner Frau *Sofia* und den neun Kindern die Winter in diesem Holzhaus mit immerhin 16 Zimmern. Sein Werk „Die Auferstehung" entstand hier. Viele russische Geistesgrößen jener Zeit gaben sich in *Tolstojs* spartanisch eingerichtetem Arbeitszimmer ein Stelldichein, wie etwa *Sergej Rachmaninow, Fjodor Schaljapin, Ilja Repin* und *Maxim Gorki*. Trotz vitaler Lebensfreude und dem Austritt aus der Kirche vertrat *Tolstoj* urchristliche moralische Werte wie Nächstenliebe und Gewaltlosigkeit, gab sich später aber ausschließlich dem weltabgewandten Mystizismus hin. Am Ende seines Lebens fand er aus dem Irrgarten der menschlichen Psyche, den er in seinen historisch-philio-sophischen Romanen so eindrucksvoll seziert hatte, selbst nicht mehr zurück und starb nach dem Bruch mit der Familie 1910 auf dem Weg zu einem unbekannten Domizil.

› Uliza Lwa Tolstowo 21, Metro: Park Kultury, April–Sept. Di.–So. 10–17 Uhr, Okt.–März Di.–So. 10–15.30, geschl. letzter Fr. im Monat, Tel. 2469444, www.tolstoy.ru, www.yasnayapolyana.ru

> **LITERATURTIPP**
>
> Nach dem Besuch des Tolstoj-Wohnhauses kann man sich bei einem Kaffee im **Café Keks** 11 in dem Fabrikkomplex erholen. Am besten geht man vom Tolstoj-Wohnhaus links die Straße wieder zurück und biegt rechts in die kleine Daschkow Pereulok und dann sofort wieder rechts in die Timura Frunse Uliza. Auf der rechten Seite kommt der sanierte Fabrikkomplex der **Seidenfabrik „Krasnaja Rosa"**, in dem sich neben einigen Galerien das erstklassige Tuchgeschäft gleichen Namens 1 und die **Suzy Wong Bar** 11 befindet. Hier lässt es sich zu jeder Tageszeit herrlich ausruhen. Suppen, Kaffee oder Kuchen zu „demokratischen" Preisen.

Von der Seidenfabrik geht man rechts die Straße hinunter, bis auf der Ecke rechts einer der schönsten Kirchen Moskaus, die **Nikolajkirche in Chamowniki** zu sehen ist. Am Ende biegt man links in den Komsomolskij Prospekt und erreicht nach einigen Minuten den großen Gartenring. Auf der Ecke links befindet sich der Metroeingang der Station Park Kultury. Von dort aus ist man flexibel. Ein Abstecher in den **Gorki-Park** 40 und/oder die **Neue Tretjakow-Galerie** 39 bietet sich an. Dazu steigt man in einen der

MOSKAU ENTDECKEN
Rundgang 4: Pretschistenka

Trolleybusse an der Metro rechts in Fahrtrichtung und fährt eine Station über die Brücke (Krymskij Most).

Alternativ geht man von der Seidenfabrik links die Straße hinunter bis zur Hauptstraße Subowskaja Uliza und steigt nach deren Überquerung in einen der beiden Trolleybusse 5 oder 15 Richtung stadtauswärts. Der Trolleybus fährt direkt zum ältesten und größten Moskauer Barockkloster, dem **Neujungfrauenkloster** 66, und später auch wieder zurück bis zur Metrostation Kropotkinskaja.

11 ESSEN UND TRINKEN

○25 [IV E9] **Café Keks**, Uliza Timura Frunse 11/34, im selben Gebäude wie die Galerie Artplay, Metro: Park Kultury, Tel. 2460864, www.cafekeks.ru. Die Moskauer Bohème liebt diese Mischung aus 1950er Jahre-Retro-Optik, gemütlichen Sesseln und ruhiger Lounge-Musik. Abends legt auch ein DJ auf, aber die Atmosphäre bleibt entspannt. Zu „demokratischen" Preisen gibt es Suppen und Snacks, man kann auch in Büchern stöbern oder einfach zu jeder Tageszeit einen Kaffee trinken. Business Lunch gibt es schon für 4 €.

20 [IV E8] **Casual**, 1. Obydenskij Pereulok 3, Metro: Kropotkinskaja, Tel. 7752310, Mo.–So. 12 bis zum letzten Gast. Die zweitschönste Terrasse Moskaus (nach dem Ararat Hyatt) gibt den unschlagbaren Blick auf die goldenen Kuppeln der wieder errichteten Christ-Erlöser-Kathedrale frei. Das erlesene Restaurant mit seiner modernen provenzalischen Küche mit italienischem Einschlag und dem exquisiten Interieur lohnt an sich schon einen Besuch. Gut, dass die Preise auf der Terrasse 20 % günstiger sind. Hier schlägt das Herz des krawattenmüden Kosmopoliten höher. Alles ist „casual". Ein Rinderfilet mit Bohnen und Spinat kostet 20 €,

MOSKAU ENTDECKEN
Rundgang 4: Pretschistenka

Schokoladencreme mit Bergamotte 11 €. An lauen Sommerabenden fühlt man sich wie in Italien und möchte dieses Örtchen nicht mehr verlassen.

7 [IV E7] **Kroschka Kartoschka,** (Kartoffelbrösel), Christ-Erlöser-Kathedrale, Metro: Kropotkinskaja. Mit großem Abstand ist dies die gesündeste Fast-Food-Variante. Eine Ofenkartoffel wird vor den Augen des erstaunten Touristen zerteilt und mit Butter und Käse vermengt. Dann hat man die Wahl zwischen unterschiedlichsten Beilagen wie eingelegte Pilze, Würstchenscheiben in Senfsauce, Lachs, Fleischsalat, Tunfisch etc. Das alles isst man an einem der Stehtische. Ein leckerer, typisch russischer Snack, der garantiert nicht schwer im Magen liegt und das Herz der Autorin an langen Recherchetagen sehr erfreut hat. Der Kiosk an der Christ-Erlöser-Kathedrale bietet zusätzlich einen schönen Ausblick!

21 [IV E8/9] **Suzy Wong Bar,** (in der Galerie Artplay) Uliza Timura Frunse 11, Metro: Park Kultury, Tel. 2454849, www.suzywongbar.ru. Benannt nach der lasziven chinesischen Femme Fatale aus dem Hongkong der 1930er Jahre erwartet man eigentlich einen lasterhaften Vergnügungsort, eine Moskauer Pigalle in altem Fabrikviertel. Doch weit gefehlt. Leicht aseptisch und etwas unterkühlt wirkt dieser neomoderne russische Ableger. An den weiß gemauerten Wänden hängen zeitgenössische Gemälde im Wechsel. Feine Speisen verwöhnen den eher anspruchsvollen Gaumen. Getanzt wird am späteren Abend. Perfekt durchkomponiert, ein wenig zu perfekt.

22 [IV E8] **Tiflis,** Ostoschenka 32, Metro: Park Kultury, Mo.–So. 12–24 Uhr, Tel. 2902897. Die Terrasse ist im Sommer unschlagbar, aber auch im Winter ist das Tiflis das beste georgische Restaurant der Stadt. Schaschlyk und Chatschapury sind ihr Geld wert und die Portionen recht groß. Der Service auf beiden Ebenen ist so langsam, dass man zwischendurch Zeit hätte, nach Tiflis und zurück zu fliegen, aber dafür gibt es hier keine Häkeldecken und Glaselefanten.

23 [IV E8] **Vertinsky,** Ostoschenka 3/14, Metro: Kropotkinskaja, Tel. 2915276, Mo.–So. 12–24 Uhr. Alexander Vertinsky war nicht nur Russlands berühmtester Cabaretsänger zu Beginn des 20. Jh., er war auch eine echte Kultfigur. Als der Künstler wie viele andere 1917 gezwungen wurde, Russland zu verlassen, emigrierte nach Shanghai. Nikita Michalkows Sohn Stepan Michalkow hat mit dem ausgefallenen Interieur das China der 1930er Jahre nachempfunden, in dem sein Onkel einst lebte. Chinesische Köche verwöhnen den Gast mit europäisch-chinesischen Köstlichkeiten. Exklusive Tees, Weine und Pralinen sind in der kleinen Boutique am Eingang zu kaufen. Das Logo ist authentisch: es ist das grün-gelb-rote chinesische Glückssymbol.

42 [IV E9] **Vodkabar,** Uliza Lwa Tolstowo 18b, Metro: Park Kultury, Tel. 2469669, www.vodkabar.ru. Auch wenn mit dem Klischee des dem Wodka verfallenen Russen gespielt wird, ist diese ausgefallene Bar in einer alten Fabrik einen Abstecher wert. Nicht nur Expats werden die Anspielungen auf vergangene Zeiten in Form von riesigen Lüstern mit Sowjetstern, vergilbten Prawdaaufdrucken auf den Servietten und Cocktails wie „BMW" (Baileys, Malibu, Whisky) oder „Neuer Russe" (Blue Curacao, Grenadine, Wodka) lieben. Echtes Metropolen-Feeling mit Restaurant, Bar und Lounge für über 500 Sowjetnostalgiker, die gern auch zu Konzerten vorbeikommen.

◀ *In diesem schlichten Holzhaus schuf Tolstoj Weltliteratur*

230 MOSKAU ENTDECKEN

Detailkarte IV: PRETSCHISTENKA

Puschkin-Wohnhausmuseum 57

Österreichische Botschaft

Akademie der Künste

Neujungfrauenkloster 66

Tolstoj-Wohnhaus 54

Nikolajkirche in Chamowniki

Sportiwnaja

Frunsenskaja

Stadion Luschniki

Straßen und Plätze:
Smolenskij Bulwar, Subowskij Bulwar, Pretschist. Uliza, Gagarinskij Per., Starokonjuschennyj Per., M. Wlassowskij Per., Denoschnyj Per., Plotnikow Per., Tschistyj P., B. Lewschinskij Per., Mal. Lewschinskij Per., Mansurowskij Per., Eropkinskij Per., Pomeranzew Per., Kropotkinskij Per., Ul. Burdenko, Nowokonjuschennyj Per., Pr. Dewitschewo Polja, 2.j Truschennikow Per., 1-j Wraschskij Per., Rostowskaja Nab., 1-j Rostowskij Per., Pljuschtschicha, 1-j Neopalimowskij Per., Sawinskaja Nab., M. Sawinskij Per., B. Sawinskij Per., Nowodewitschja Nab., Bereschkowskaja Nab., Nowodewitschij Projesd, Luschnezkij Pr., Uliza Hamownitscheskij, Pogodinskaja Ul., Bol. Pirogowskaja Ul., M. Pirogowskaja Ul., Mal. Trubezkaja Ul., Ul. Rossolimo, Ul. Olsufiewskij Per., Obolenskij Per., Per. Tolstowo, Uliza Lwa Tolstowo, Neswischskij Per., Cholsunowa, Ussatschjowa, Ul. Kooperatiwnaja, 10-Letija Oktjabrja, Ul. Jefremowa, 3-ja Frunsenskaja Ul., 2-ja Frunsenskaja Ul., 1-ja Frunsenskaja ul., Frunsenskaja Prospekt, Komsomolskij Prospekt, Tretje Transportnoje Kolzo, Chamownitscheskij Wal

1 cm = 150 m
150 m 300 m 450 m

MOSKAU ENTDECKEN
Rundgang 4: Pretschistenka

- 🍴 20 Casual [IV E8]
- 🍴 21 Suzy Wong Bar [IV E8/9]
- 🍴 22 Tiflis [IV E8]
- 🍴 23 Vertinsky [IV E8]
- 🍴 7 Kroschka Kartoschka [IV E7]
- 🍴 42 Vodkabar [IV E9]
- ☕ 25 Café Keks [IV E9]
- 🍴 1 Mamma Mia! [IV E9]
- 🛍 23 Andrej Scharow [IV D8]
- 🛍 35 Krasnaja Rosa [IV E9]
- 🛍 57 Büro Nachodok [IV D8]
- 🅖 1 Artplay Designzentrum [IV E9]
- 🅖 5 Haus der Fotografie [IV E8]
- 🏨 9 Tiflis Hotel [IV E8]
- 🏛 16 Puschkin-Museum [IV E8]
- 🏛 25 Metromuseum [IV D9]
- 🅚 5 MDM Kino [IV D/E9]
- 🅢 10 Tschajka [IV E8]
- ★ 9 Kautschuk Arbeiterclub [IV D8]

- ㊳ Skulpturenpark [IV F8]
- ㊴ Neue Tretjakow-Galerie [IV E/F9]
- ㊵ Gorki-Park [IV E9]
- ㊶ Christ-Erlöser-Kathedrale [IV E/F8]
- ㊷ Puschkin-Museum der bildenden Künste [IV F7]
- ㊸ Tolstoj-Museum [IV E8]
- ㊹ Tolstoj-Wohnhaus [IV D8]
- ㊻ Puschkin-Wohnhausmuseum [IV D7]
- ㊿ Neujungfrauenkloster [IV C/D9]

- ••• Architekturrundgang (s. S. 288)
- ••• Rundgang 4

RUNDGANG 5: ARBAT

Die Bezeichnung „alter" Arbat aus Bulat Okudschawas berühmtem Song („Ach, Arbat, mein Arbat") datiert noch aus den 1960er Jahren, als hier Dichter und Sänger, Gaukler und Schriftsteller lebten. In der alten Hauptverkehrs- und Geschäftsstraße herrscht auch heute noch reges Treiben. Mittlerweile findet man in der einstmals ersten Fußgängerzone Moskaus mehr Touristen als Einheimische, dafür aber auch gute Einkaufsmöglichkeiten für Souvenirjäger, das Konstruktivisten-Juwel von Alexander Melnikow … und das Flair vergangener Tage.

Am Ausgang der Metro-Station Arbatskaja geht man links vorbei an dem 1909 von *Fjodor Schechtel* erbauten **Kino Chudoschwestwennyj** durch das Gewimmel von kleinen Händlern und Kiosken, das es hier schon zu Sowjetzeiten gegeben hat. Man gelangt an den großen Verkehrsknotenpunkt, an dem sich der neue und der alte Arbat mit dem Boulevardring kreuzen. Als im November 1963 Präsident *Kennedy* in einem Verkehrsstau erschossen wurde, beschloss die russische Regierung, die Straßenführung an der wichtigsten Verbindungstraße zwischen dem damaligen Parlamentsgebäude, der heutigen Staatsduma, und dem Kreml zu ändern. Es wurde eine Unterführung für den Boulevardring gebaut, sodass der **Neue Arbat**, damals Kalinin-Prospekt, seitdem oberirdisch Richtung Stadtzentrum weiterführt. Dem Besucher eröffnet sich an dieser Stelle ein Paradoxon. Die kleine **Simeon-Stolpnik-Kirche** aus dem 17. Jh. wirkt neben den grauen Hochhäusern, die seinerzeit unter *Chruschtschow* gebaut wurden und als „Zähne Chruschtschows" verunglimpft werden, ein wenig surreal. Auch die breite Schneise des Neuen Arbat hat Moskau dem pragmatischen Staatslenker zu verdanken.

55 ALTER ARBAT
(Старый арбат) ★★ [V D/E7]

Nach der Unterquerung geht es links in die Fußgängerzone des „alten" Arbat. Auf der Ecke befindet sich das restaurierte, geschichtsträchtige **Restaurant Praga** aus Zarenzeiten, in dem jetzt wieder Bankette und große Feierlichkeiten zelebriert werden.

Die Häuser links und rechts der gepflasterten Zone erinnern noch an die Zeit zu Beginn des 19. Jh., als hier hohe Beamte und Adelige wohnten, die gegen Ende des Jahrhunderts von Geschäftsleuten abgelöst wurden. Aber auch Gaukler und Ganoven zog es auf den „Vergnügungshügel".

Die ersten Siedler waren orientalische Kaufleute, der **Name „Arbat"** leitet sich

> **KLEINE PAUSE**
> Auf der linken Seite des Arbat befindet sich eine Filiale der **Prime-Kette** [12].
> Kleine Salate, Milchshakes und vor allem warme gefüllte Piroggen lohnen eine Einkehr.
> Für Souvenirjäger sind die **Galerie des Antiquars** (Arbat 20) und das Geschäft **Arbatskaja Lawitsa** (Arbat 27) interessant. Freunde antiquarischer Souvenirs sollten sich noch bei **Uniset Art** (alles siehe [1]) umsehen.

▶ *Auf dem Arbat lässt sich gut Bummeln und auf Souvenirjagd gehen*

MOSKAU ENTDECKEN
Rundgang 5: Arbat

von dem arabischen Wort für „Vorstadt" *(rabad)* ab. Im Zuge der Renovierungsmaßnahmen der letzten Jahre sind viele der stattlichen Mehrfamilienhäuser für Spekulanten interessant geworden. Unzählige Cafés und Souvenirgeschäfte ziehen immer noch Touristen in Scharen an, sodass man viele Sprachen hört, aber kaum Russisch. Kleine Stände und fliegende Händler verkaufen in erster Linie Kitsch, aber auch russische Pelzmützen und die geliebten Matrjoschkas.

Auf der rechten Seite sieht man eine etwa 100 Meter lange Wand aus bunten Kacheln. Die sogenannte **„Wand des Friedens"** stammt noch aus einer Zeit, als der Kalte Krieg die Welt in Schach hielt. Sowjetische Kinder hinterließen hier ihre Friedenswünsche.

Danach geht es auf dem Arbat weiter Richtung Westen. Auf der rechten Seite sieht man das abweisende, massiv und düster wirkende **Wachtangow-Theater**, das noch heute zu den großen Theatern der Stadt zählt. Biegt man an der großen, mit Graffiti für den Kultsänger *Viktor Zoy* bemalten Hauswand links in die Kriwoarbatskij Pereulok, macht die Straße zunächst einen Knick. Folgt man ihr, liegt auf der rechten Seite hinter einem nur wenig durchsichtigen grauen Zaun ein unscheinbares Haus, das Architekturgeschichte geschrieben hat.

56 MELNIKOW-HAUS
(Дом Мельникого) ★★ [V E7]

Das wabenartige, einem Getreidesilo ähnelnde Privathaus entwarf in den 1930er Jahren der konstruktivistische Architekt *Alexander Melnikow*. Er war einer der originellsten Architekten der 1920er Jahre (Arbeiterclub Kautschuk Club). Als Anerkennung für den Gewinn der Goldmedail-

Rundgang 5: Arbat

Detailkarte V: ARBAT

- 🍴24 Bosfor (Bosporus [V D7]
- 🍴25 Wostotschnaja Komnata [V D7]
- 🍴26 Wostotschnyj Kwartal [V D7]
- 🍴8 Mu-Mu [V D7]
- 🍴9 Prime [V E7]
- ☕26 Café Om [V E7]
- 🛍4 Galerie des Antiquars [V E7]
- 🛍7 Uniset Art [V E7]
- 🛍38 Stockmann [V D7]
- 🛍43 Arbatskaja Lawitsa [V E7]
- 🛍51 Russkij Promysl [V E7]
- 🛍53 Souvenirgrad [V D7]
- 🛍66 Supermarkt Sedmoj Kontinent [V D7]
- 🏨10 Arbat [V D7]
- 🏨18 Ukraina [V D7]
- 🏨20 Belgrad [V D7]
- 🎭1 Chudoschestwennyj [V E7]

- ⑤⑤ Alter Arbat [V D/E7]
- ⑤⑥ Melnikow-Haus [V E7]
- ⑤⑦ Puschkin-Wohnhausmuseum [V D7]

••• Rundgang 5

1 cm = 150 m
150 m   300 m   450 m

le auf der Weltausstellung in Paris 1925 erhielt er von der Regierung dieses Stück Land und schrieb mit dem ausgefallenen Bau aus drei ineinander gekeilten Zylindern mit den sechseckigen Fenstern Architekturgeschichte. Den besten Blick auf die geniale Konstruktion hat man von dem Restaurant Wostotschnyj Kwartal in der Plotnikow Pereulok am Ende der Straße. Als unter *Stalin* nurmehr Monumentalarchitektur angesagt war, verlor *Melnikow* Arbeit, Ruhm und Ehre. Bis Februar 2006 lebte *Melnikows* 91-jähriger Sohn in dem denkmalgeschützten, von innen nicht zu besichtigenden Kleinod, das seine besten Zeiten leider schon hinter sich hat. Jetzt ist die Zukunft des Architekturdenkmals ungewiss.

Weiter der Straße folgend, gelangt man wieder auf den alten Arbat, in den man links einbiegt. Auf dem kleinen Platz steht rechts ein **Denkmal**, das an den großen Poeten **Bulat Okudschawa** erinnert, der wie kein anderer das Flair des Arbat-Viertels in Liedertexte fasste („Arbat, mein Arbat, du bist meine Religion") und wegen seiner melancholischen Stimme unsterblich wurde. Auf der Rückseite des Bronzebogens sind seine Liedtexte eingraviert. Er selbst lebte in den 1960er

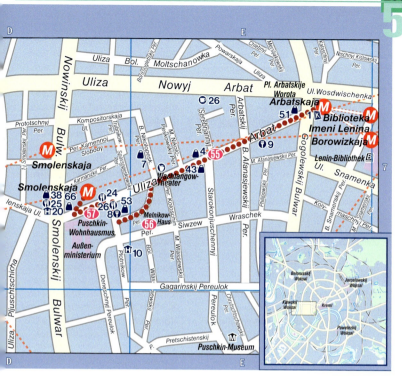

Jahren in Hausnummer 43. Dort befindet sich heute ein gut sortiertes Souvenirgeschäft namens **Souvenirgrad** 11.

57 PUSCHKIN-WOHNHAUSMUSEUM
(Дом-музей Пушкина) ★★ [V D 7]

Neben dem Wohnhaus des symbolistischen Dichters *Andrej Belyj* steht auf der linken Seite das neuerdings in frischem Türkis gestrichene Stadtpalais von *Alexander Puschkin*. Auch wenn er nur wenige Monate des Jahres 1831 hier lebte, ist die Hausnummer 53 eine Art Kultstätte für Russen und Reisende. Sehenswert ist vor allem das Interieur mit Lüstern und antiken Möbeln. Neben einigen persönlichen Gegenständen, Porträts und Skulpturen, Lithografien und Buchillustrationen findet sich hier auch eine Reihe interessanter Stiche aus jener Zeit. *Puschkins* große Liebe galt jedoch St. Petersburg, wo er später lange Jahre lebte. Russlands berühmtester Dichter, der auf tragische Weise bei einem Duell mit seinem Schwager ums Leben kam, wird in diesem etwas verstaubt wirkenden Ambiente zu einer echten Ikone.

› Arbat Uliza 53, Metro: Smolenskaja, Mi.–So. 10–18 Uhr, Tel. 2419295

Rundgang 5: Arbat

Hinter dem Wohnhaus sieht man in der Ferne eine der alles überragenden „Stalin-Kathedralen". Es ist das **Außenministerium** am Smolenskaja Ploschtschad.

Der Weg führt bis zum Gartenring, an dem man noch ein kleines Stück links einbiegen und einen kurzen Blick auf die inzwischen etwas verwitterte Fassade des Außenministeriums werfen sollte. Dann geht es rechts zur Metrostation Smolenskaja und von dort zurück ins Zentrum.

Ungefähr 20 Gehminuten von hier entfernt liegt das sehr eindrucksvolle frühere Wohnhaus der **Dichterin Marina Zwetajewa** 3.

12 ESSEN UND TRINKEN

24 [V D7] **Bosfor (Bosporus)**, Uliza Arbat 47/23, Metro: Arbatskaja, Smolenskaja, Mo.–So. 11–24 Uhr. In diesem gemütlichen türkisch-kaukasischen Restaurant auf der Ecke zur Plotnikow Pereulok gibt es schlichte tolma und schaschlyki, aber auch überbackene Forelle an Weinsauce. Dazu werden georgische, italienische und spanische Weine serviert. Business Lunch kostet nur 8 €.

26 [V E7] **Café Om**, Nowyj Arbat 15, Metro: Arbatskaja, tägl. 24 Stunden Tel. 2021582. Der Dalai Lama lächelt freundlich von der Wand, Ganesha, der indische Elefantengott, thront daneben. Und das alles ausgerechnet im Las Vegas der Stadt. Vegetarische Lasagne für 7 € und Avocado-Salat mit Käse und Reiskartoffeln (9 €) schmecken fantastisch. Die Portionen sind überschaubar, der Hauscocktail aus Whiskey, Gin und Martini ist nur etwas für Hartgesottene. Auf der Karte verheißt Vegetariertum unter anderem ein längeres Leben. Wer würde ahnen, dass man sich in dieser zugigen Gegend für ein Stündchen ganz „om" fühlen kann.

8 [V D7] **Mu-Mu**, Alter Arbat 45/23, Metro: Smolenskaja, Mo.–So. 10–23 Uhr. Teller, Tassen und Schüsseln ziert das schwarzweiße Kuhfleckenmuster. Man sieht an dem Selbstbedienungsbuffet, was für Speisen im Angebot sind. Unbedingt probieren sollte man die kleinen Pilz-Julienne-Pfännchen für 2 €. Die Hauptgerichte sind auch erschwinglich. Entscheidet man sich für ein Steak, erhält man ein Holzfähnchen. Die Bedienung bringt das Gericht an den Tisch. Zur Mittagszeit tobt der Bär, vor allem junge Russen zieht es hierhin.

9 [V E7] **Prime**, Uliza Arbat 9/1, Tel. 7390014, Metro: Arbatskaja (siehe „Rundgang 3: Twerskaja")

25 [V D7] **Wostotschnaja Komnata** (Zimmer nach Osten), Smolenkaja Ploschtschad 3 (in der 2. Etage der Smolenskij-Passage), Metro: Smolenskaja, Mo.–So. 12–24 Uhr, Tel. 9378423. Die indische Dekoration des früheren Schampur-Restaurants ist geblieben. Die riesigen Lampen und arabisch-türkischen Elemente sind neu. Auch die Speisekarte wurde um Humus, Chatschapuri und Sushi ergänzt. Auch das Tandoori-Huhn ist eine Sünde wert. Ein Multi-Kulti-Wohlfühlort. Kein Wunder, dass hier der Teufel los ist.

26 [V D7] **Wostotschnyj Kwartal** (Stadtteil Ost), Uliza Arbat 45/24, Metro: Smolenskaja, Mo.–So. 12–23 Uhr, Tel. 2413803. Gegenüber dem Bosfor in der Plotnikow Pereulok liegt dieses kunterbunte und bei Touristen sehr beliebte usbekische Restaurant. Die Suppen und usbekischen Pelmeni sind köstlich. Für 15 € kann man hier reichlich essen. Sehr aufmerksamer Service. Gut für zwischendurch.

▶ *Das Bolschoj-Theater erstrahlt bald wieder im alten Glanz*

RUNDGANG 6: PETROWKA

Dieser Spaziergang führt in das frühere „Moskauer Paris mit einer Prise Wien, Berlin und Warschau", wie der Schriftsteller Pjotr Boborykin am Ende des 19. Jh. über dieses Viertel schrieb, und bietet Altstadtflair, historische Einblicke in das geschäftige Treiben der Stadt und herrliche Shopping-Möglichkeiten.

58 BOLSCHOJ-THEATER
(Большой театр) ★★★ [VI F6]

Von der Metro-Station Teatralnaja geht es links in Blickrichtung Bolschoj-Theater. Auch wenn das Theater noch einige Zeit restauriert werden wird, kann man sich von außen einen Eindruck verschaffen. Es gilt noch heute als **eines der schönsten Theater der Welt** und erlebte in seiner wechselvollen Geschichte unzählige Höhepunkte. 1776 wurde das Bolschoj-Theater erbaut und hieß zunächst **Petrowskij-Theater**, da die Hauptfassade zur Petrowka-Straße hin lag. 1805 brannte das Gebäude ab. An seiner Stelle entstand 1825 nach Plänen von *Ossip Bove* ein noch pompöseres Theater, das ebenfalls schon die **Quadrilla** von *Pjotr Klodt* schmückte. Sie stellt Apoll im Sonnenwagen dar, mit dem der griechische Gott der Musen und des Lichts die Sonne ans Firmament zieht. 1853 fiel auch dieses Theater einem Brand zum Opfer. 1856 entstand schließlich das **Bolschoj-Theater** (*bolschoj* heißt groß) nach altem klassizistischen Entwurf mit knapp 2500 Sitzplätzen. Zunächst wurden Komödien und komische Opern, später **Konzerte**

MOSKAU ENTDECKEN
Rundgang 6: Petrowka

DAS KLASSISCHE RUSSISCHE BALLETT

*Ballett ist in Russland ein nationales Heiligtum und neben Wodka und Kalaschnikow der russische Exportartikel schlechthin. Das Bolschoj-Theater hat seinen Ruhm der **klassischen Schule** des russischen Balletts zu verdanken, deren Gründer allerdings ein in Russland lebender französischer Choreograf namens Marius Petipa war. Um 1900 verkörperte das Ballett auf eine neue Weise die Totalität, das Ganze der Künste. Musik, Bewegung, Bühnenbild, Pantomime und Skulptur in einem war die ideale Kunst für das große Experiment einer integralen, die **Einzelkünste übergreifenden Kunst**. Hinter der Leichtigkeit und Schwerelosigkeit steht immens große Disziplin und eine Form von Dressur, die aber nicht sichtbar werden darf. Es ist kein Zufall, dass das Ballett aus der Verfügung über Leibeigene und dem klassischen Hoftheater hervorging. Ballett wurde identitätsstiftend, vereinte es doch die sich widersprechenden russischen Charakterzüge wie Schwere und Leichtigkeit, Orthodoxie und Heidentum, Wildwuchs und grazile Arbeit an der Form.*

*Nach der Revolution 1917 verließen viele Tänzer das Land, aber das prestigeträchtige russische Ballett konnte sein hohes Niveau halten. Die wichtigsten **Ballerinen der Sowjetzeit** waren Galina Uljanowa und die große alte Dame Maja Plisetskaja, die am 20. November 2005 ihren achtzigsten Geburtstag feierte. 1950 gab das Bolschoj-Ballett das erste Auslandsgastspiel. Zu Sowjetzeiten gelangte die klassische Inszenierung des Balletts „Schwanensee" zu trauriger Berühmtheit. Sie lief als Aufzeichnung immer dann im Fernsehen, wenn die Regierung eine Nachrichtensperre verhängt hatte, so auch im August 1991, als Gorbatschow gestürzt worden war.*

*Auch wenn es gerade geschlossen ist, die **Zukunft des Bolschoj-Theaters** hat schon begonnen: junge Ballerinen wie Swetlana Sacharowa und Anastasija Wolotschkowa erobern die Herzen der Zuschauer. Und der erst 35 Jahre alte Choreograf Alexej Ratmanskij schaffte in nur drei Jahren das, was eigentlich unmöglich schien: eine Verjüngungskur.*

aufgeführt. *Arthur Rubinstein, Pjotr Tschaikowsky* und *Sergej Rachmaninow*, aber auch internationale Künstler gaben hier Konzerte. *Richard Wagner* überraschte 1863 das Moskauer Publikum mit einer gänzlich neuen Art des Dirigierens, indem er den Musikern den Rücken zudrehte und das Orchester quasi blind dirigierte. 1925 fand die Premiere von *Ejsensteins* „Panzerkreuzer Potjomkin" hier statt. Um sich von der europäischen Tradition der Klassik abzusetzen, spezialisierten sich die Russen in den 1920er und 1930er schließlich auf das Ballett und machten das Bolschoj-Theater zu einer der besten **Ballettbühnen** der Welt. Seit Ende 2005 wird das Bolschoj-Theater von Grund auf saniert. Bis zur Wiedereröffnung 2008 finden alle Darbietungen auf der ebenfalls stilvollen, 2003 eingeweihten, mangels großer Logen eher „demokratischen" **Kleinen Bühne** statt. Das

MOSKAU ENTDECKEN **239**
Rundgang 6: Petrowka

tut der Beliebtheit des Balletts keinen Abbruch. Die Aufführungen sind noch immer ausverkauft. In Russland gehen schon Sechzehnjährige ins Ballett, die größte Gruppe aber sind gebildete Frauen ab 25. Ausschlaggebend bei der Wahl der Aufführung sind die Darsteller. Erst an zweiter Stelle steht das Stück.

Neben dem Bolschoj-Ballett gibt es schon seit den 1990er Jahren noch ein zweites Ensemble, das **Kremlballett**. Die Aufführungen werden von einer Immobilienfirma gesponsert, finden im Großen Kremlpalast statt und sind ebenfalls erstklassig.

Als Opernliebhaber sollte man sich eine **russische Oper** ansehen, wie etwa „Piquedame" oder „Godunow" und sich eine Aufführung auf der **Neuen Szene** nebenan nicht entgehen lassen, solange das „Große" noch geschlossen ist.

Zwischen Bolschoj-Theater und Malyj Theater (*malyj* heißt klein) geht es links in die Petrowka-Straße. Das frisch renovierte Edelkaufhaus **ZUM** 1 (mit Designerlabels wie Denis Simachev) gegenüber auf der rechten Seite könnte auch in New York stehen, hier ist jeder Markenartikel der westlichen Zivilisation zu finden. Kaum vorstellbar, dass das „Zentrale Universalgeschäft" einst eine kleine, aber graue Oase in der von Mangel bestimmten Sowjetzeit war. Jetzt wird sogar noch angebaut.

Architektonisch sehenswert ist die beigefarbene **Petrowskij-Passage** mit roten Baldachinen über den Schaufenstern auf der rechten Seite. Shopping-Victims kommen hier auf ihre Kosten.

Von der sowjetischen Geschichte eingeholt wird man im kürzlich eröffneten, kleinen, aber sehr eindrücklichen **Gulag-Museum** 3, das einen Besuch lohnt.

> **KLEINE PAUSE**
> Für einen kleinen Kaffee oder Snack zwischendurch eignet sich das gemütliche Café **Kofejnja** 13 gegenüber der Petrowskij-Passage auf der Ecke zur Dmitrowskij Pereulok.
> Folgt man der Petrowka-Straße weiter nördlich, kann man sich kurz im **Café 25** 13 stärken.

Durch den mit Stacheldraht und Grenzturm auf das Museum einstimmenden Innenhof geht es die Treppe hoch.

Für Kunstinteressierte liegt auf der linken Seite mit der Hausnummer 25 das kurios arrangierte **Museum für Moderne Kunst** 3, das *Luschkows* Hofküstler *Zurab Zereteli* vereinnahmt hat. Über drei Etagen erstreckt sich das dringend renovierungsbedürftige Museum, in dem es einige wenige, aber sehr bedeutende Ausstellungsstücke zu sehen gibt. Neben den haushohen Bronzeskulpturen im Hof sind im dritten Stock *Kasimir Malewitsch* und *Natalja Gontscharowa* zu finden.

Für Literaturinteressierte, die sich von staubigen Vitrinen und abweisenden Babuschkas nicht abschrecken lassen, empfiehlt sich ein kurzer Besuch im **Literaturmuseum** 3 gegenüber. Viele Originaldokumente aus der Feder von *Dostojewskij* oder *Tolstoj* sind allerdings auch in deren privaten Wohnhausmuseen in Augenschein zu nehmen. Das 1970 in erster Linie zu Forschungszwecken eröffnete Literaturmuseum ist spezialisiert auf die russische Literatur des 17. und 18. Jh. und befindet sich in einem Teil des Hohen Sankt-Peter-Klosters, dessen Haupteingang ein Stück weiter die Straße hoch zu finden ist.

Rundgang 6: Petrowka

59 HOHES SANKT-PETER-KLOSTER
(Высокопетровский монастырь) ★★ [VI F5]

Um die **Gründung** der Klosteranlage mitsamt roter Steinmauer ranken sich verschiedene Legenden. Angeblich wurde das Kloster Anfang des 14. Jh. von *Iwan Kalita* gegründet, der an dieser Stelle eine Fata Morgana mit einem schneebedeckten Berg erlebt haben soll. Er soll daraufhin zu dem Metropoliten *Pjotr* gesagt haben: „Der Berg, das bist du. Der Schnee, das bin ich. Und ich muss vor Dir aus dem Leben scheiden." Eine andere Legende besagt, dass *Dmitrij Donskoj* 1380 das Kloster als Teil eines Verteidigungsringes um Moskau gründete, zum Dank für seinen Sieg über die Tataren.

Das Hohe Sankt-Peter-Kloster ist das zweitbedeutendste Barock-Kloster nach dem Neujungfrauenkloster und eine kleine Stadt in der Stadt. Den **russischen Barockstil**, in dem es erbaut wurde, nennen die russischen Kunstkritiker Naryschkin-Barock (siehe Exkurs). Zu dem Klosterkomplex gehören sechs Kirchen, die in verschiedenen Stilen und Epochen entstanden, ein Glockenturm und mehrere Mönchszellen.

In dem stimmungsvollen Innenhof sticht die **Kirche der Ikone der Jungfrau von Bogoljubowo** ins Auge, die zum Gedenken an drei Onkel von *Peter dem Großen* errichtet wurde, die 1682 bei einem Strelitzenaufstand ihr Leben ließen und hier begraben sind. Die kleine **Kirche des Metropoliten Pjotr**, die von der Mutter *Peter des Großen* 1689 in Auftrag gegeben wurde und dem Kloster seinen Namen gab, ist mit einem Schindeldach versehen. Besonders sehenswert ist die große rot-weiße Refektoriumskirche mit fünf grünen Kuppeln. Der Bau ist über eine Arkade mit dem **Naryschkin-Palast** verbunden. Zu Sowjetzeiten diente der Palast als Arbeiterwohnheim und Fabrik. Jetzt ist hier die Verwaltung des Moskauer Patriarchenseminars untergebracht. Schön ist auch der achteckige **Glockenturm**, den man schon von weitem sehen kann.

› Uliza Petrowka 28, Metro: Tschechowskaja, Puschkinskaja, Mo.–So. 9.30–18 Uhr, Tel. 9237580

▲ *Unübersehbar – der Glockenturm des Hohen Sankt-Peter-Klosters*

MOSKAU ENTDECKEN
Rundgang 6: Petrowka

KLEINE PAUSE
In der **Bar 30/7** [4] lässt es sich herrlich im schwarz-weißen Wintergarten mit Blick auf den Boulevard und das Kloster bei Kaffee oder Cocktail verweilen. Abends verwandelt sich die Bar in einen Club!

Verlässt man das Kloster, erreicht man rechts den belebten Platz Petrowskije Worota mit dem **Wyssotzkij-Denkmal** links. Der berühmte Barde trägt seine Gitarre auf dem Rücken. Nun biegt man rechts in den Petrowskij Bulwar.

Ausgeruht geht es links ein kleines Stück den Boulevard weiter und dann rechts in die Krapiwenskij Pereulok. In dem riesigen Gebäude auf der linken Seite, das im russischen Märchenstil im 19. Jh. errichtet wurde, ist die **Verwaltung des Patriarchats** der russisch-orthodoxen Kirche untergebracht. Nur der vordere Teil ist renoviert, wie man sieht. Die zum Areal gehörende kleine Kirche Sergej Krapiwnik steht seltsam eingerahmt. Das Hohe Sankt-Peter-Kloster ist nun von der anderen Seite zu sehen.

Man gelangt schließlich zurück auf die Petrowka-Straße und geht sie links wieder herunter, bis rechts eine der wenigen **Fußgängerzonen** Moskaus kommt. Man biegt (rechts) in die noble Stoleschnikow Pereulok und geht die erste Straße links (Ul. Bolschaja Dmitrowka) hinunter.

den unbeschädigte Teile der zerstört geglaubten Brücke zufällig bei Bauarbeiten gefunden. Archäologen wollen sie nun komplett bergen. Klassizistische Kleinode säumen die noch immer hügelige Straße, in der bis zur Oktoberrevolution das Herz der Moskauer Eleganz schlug. Die Geschäfte waren fest in französischer Hand, allerdings gab es neben französischen Waren (wie Parfüm) auch italienische Kunst und deutsche Optikgeräte zu kaufen. Bei dem großen Brand von 1812 blieb die Kusnezkij-Brücke nicht zuletzt deshalb verschont, weil die napoleonische Garde die französischen Inhaber schütze.

KLEINE PAUSE
Auf der rechten Seite kommt ein **Adidas Originals Store**, in dem auch DJ-Abende stattfinden.
Bücher und Bildbände gibt es in diesem Viertel auch heute noch, vor allem die auf englische Bücher spezialisierte, erstklassig sortierte **Buchhandlung Inostrannaja Kniga** lohnt einen Besuch. Gegenüber kann man auch im **Almanach** (alles [1]) nach englischen Stadtplänen fragen.
In einem der wenigen vegetarischen Restaurants der Stadt, dem **Jagannath** [3], sollte man eine Pause einlegen. Das Buffet mit asiatischen und europäischen Speisen entführt in eine andere Welt. Kaum zu glauben, dass sich diese ferne Galaxie in Moskau befindet.

60 KUSNEZKIJ MOST
(Кузнецкий мост) ★★ [VI F/G6]

Vor dem Operettentheater biegt man links in die Uliza Kusnezkij Most, die tatsächlich früher eine **Brücke** *(most)* über den Neglinnaja-Fluss war. Erst 1986 wur-

61 LUBJANKA (Лубянка) ★ [VI G6]

Folgt man der Straße weiter, läuft man noch an einigen Boutiquen, an Valentino und Fabergé vorbei und erreicht schließlich das die Uliza Bolschaja Lubjanka, in die man rechts einbiegt. Auf der gegenüberliegenden Seite sieht man den **Supermarkt Sedmoj Kontinent** 1, in dem man sich einen Snack mitnehmen kann, und die Straße herunter auf der rechten Seite das noch aus Sowjetzeiten bekannte **Kinderkaufhaus Detskij Mir** 1 (das russische Designerlabel Artpoint ist in der 3. Etage zu finden). Hinter seiner gigantischen Fassade verbarg sich schon damals das einzige richtige Spielwarengeschäft der Stadt. An der ersten Fußgängerampel wechselt man die Straße und geht direkt am **KGB-Hauptgebäude** (siehe Exkurs „Mythos KGB"), dem heutigen Föderalen Sicherheitsdienst, vorbei bis zur Metro.

Man verlässt den berüchtigten **Lubjanka-Platz**, in dessen Mitte bis 1991 ein Denkmal des früheren KGB-Chefs *Felix Dserschinskij* stand, das heute im Skulpturenpark 38 seine letzte Ruhestätte gefunden hat. An dem roten M taucht man in die Moskauer Unterwelt ab.

13 ESSEN UND TRINKEN

○ **2** [VI F5] **Bar 30/7**, 24 Stunden geöffnet, Montag bis Sonntag, Uliza Petrowka 30/7, Tel. 2095951. Ein echtes Lieblingsplätzchen im Herzen Moskaus. Eine lange Bar und freundliches Personal empfangen das internationale Publikum in schwarz-weiß gehaltenem Ambiente bei schöner Lounge-Musik, leckeren Cocktails, Tee und Sandwiches. Ein anheimelnder Wintergarten gibt auch bei Nacht den Blick auf den Petrowskij Bulvar und die Zwiebeltürme des Hohen Sankt-Peter-Klosters frei. Abends wird die Bar zum Hotspot, von den Zweizentner-Türstehern sollte man sich nicht abschrecken lassen. Echte Kerzen sorgen für entspannte Stimmung. Hier ist alles möglich außer Tanzen.

○ **27** [VI F6] **Baraschka**, Uliza Petrowka 20/1, Metro: Puschkinskaja, Mo.–So. 11 bis zum letzten Gast (Küche schließt um 24 Uhr), Tel. 2004714. Chic und edel ist das Interieur dieses neuen aserbaidschanischen Ablegers der Nowikow-Restaurants. Die Auswahl an kaukasischen Spezialitäten ist groß. Ein Hauptgericht wie etwa Hammelfleischfilet mit grünem Salat kostet ab 8 €. Der obligatorische kaukasische Tee mit Thymian ist im „Lämmchen" in einem eher reduzierten, landesuntypischen Ambiente ohne Schnickschnack zu genießen.

○ **27** [VI F4] **Bookafe**, Uliza Sadowaja-Samotjotschnaja 13, Metro: Zwetnoj Bulwar, Tel. 2000356. In unmittelbarer Nähe des Puppentheaters, jedoch erst nach Unterquerung des Gartenrings zu erreichen, liegt ein neuer Szenetreff der Stadt. In dem quietschbunten 1970er-Jahre-Ambiente mit angenehmer Lounge-Musik kann man ohne weiteres einen ganzen Nachmittag oder Abend bei Café, Crêpes oder anderen kleinen Gerichten verbringen und gleichzeitig die erstklassige Auswahl an Bild- und Kunstbänden aus aller Welt in Augenschein nehmen. Zu kaufen sind die englischen, amerikanischen, französischen, deutschen oder auch russischen Bände ebenfalls. Abends DJ-Musik.

○ **28** [VI F5] **Café 25**, Uliza Petrowka 25/1, Metro: Puschkinskaja, Tschechowskaja, Mo.–So. 10 Uhr bis zum letzten Gast, Tel. 2255771. Angenehm und erfrischend ist das in der Lieblingsfarbe der Russen, dem Lebenskraft versprühenden Rot, gestrichene Kellercafé, in dem es Sandwiches für 2,50 €, Salate für 6 € und leckere Spaghetti für 10 € gibt. Ein netter Hotspot mit jungem Publikum und entspannter Atmosphäre.

○ **29** [VI F6] **Guylian**, Neglinnaja Uliza 8/1, Metro: Kusnezkij Most, Mo.–Fr. 9–23.30, Sa./So. 12–0 Uhr, Tel. 9287602. In ausgesucht freundlicher Atmosphäre genießt man hier die gleichnamigen belgischen Schokoladenspezialitäten zu einer Tasse köstlichen Kaffees. Hohe Decken, helle Räume und eine liebevoll mit Kuchen und Desserts bestückte Vitrine machen dieses Plätzchen in zentraler Lage zu einer Oase der Ruhe. Das Schokoladenfondue lässt sich ebenso empfehlen wie der Salat mit Entenleber (13 €) und das Gazpacho (6 €). Das Konfekt kann man auch kaufen, verschenken ... oder selbst essen.

28 [VI G6] **Jagannath**, Kusnezkij Most 11, Metro: Kusnezkij Most, Mo.–Fr. 12–23 Uhr, Sa./So. 11–22 Uhr, Tel. 9283580, www.jagannath.ru. Das netteste vegetarische Restaurant der Stadt eignet sich auch für die Mittagspause. Im vorderen Teil kann man an der Selbstbedienungstheke z. B. Soja mit Reis und Möhren oder Pasta mit Karotten und Pilzen für 1,50 € à 100 Gramm auf dem Tablett in den orientalisch anheimelnden hinteren Teil balancieren. Garantiert vegetarische und köstliche Salate gibt es für 80 Cent à 100 Gramm. Der Ingwerdrink kostet nur 80 Cent und ist wie alle anderen (sehr süßen) Süßspeisen eine Sünde wert. Die sphärischen Klänge sind auch im eigentlichen, etwas schummrigeren Restaurant mit Esoterik-Ambiente im hinteren Teil zu hören. Die Preise sind angemessen. Eine echte Oase!

29 [VI F5] **Kafe Galereja**, Petrowka 27, Metro: Tschechowskaja, 24 Stunden geöffnet, Tel. 9374544. Eines der besten und teuersten Restaurants der Stadt, in dem das Sehen und Gesehenwerden eine große Rolle spielt. Das durchgestylte Lokal mit schwarzen Tischen, beigefarbenen Stoffbahnen und einer einladenden Bar ist zu jeder Tageszeit gut besucht. Die internationale Küche ist erstklassig, die Portionen durchaus angemessen. Architekten und Designer werden sich hier wohler fühlen. Ähnliche Preise wie im Café Puschkin.

30 [VI F6] **Kofejnja**, Dmitrowskij Pereulok 11, Metro: Ochotnyj Rjad, tägl. 10–23 Uhr. Zwischen alten Kaffeemühlen-, säcken und -bohnen kann man in dem charmanten Café mitten im Petrowka-Viertel auch kleine Snacks zu sich nehmen, der angenehmen Musik lauschen oder eben einfach nur kurz einen Caffe Latte schlürfen.

31 [VI G6] **Kofemania** (siehe „Rundgang 3: Twerskaja"), Roschdestwenka Uliza 6/9, Metro: Kusnezkij Most, 8–23 Uhr, Tel. 9240075

30 [VI G5] **Ogni**, Malaja Sucharewskaja Ploschtschad 8/1, Metro: Sucharewskaja, Tel. 2071222, www.ogny.net. Hier gehen bei Lebenskünstlern alle Lichter (ogni) an. Ein idealer Ort für moderne Großstadtbohèmiens, an dem man rund um die Uhr frühstücken kann. Gekochte Eier mit Toast, frisches Beerenmousse und Couscous für jeweils 1,50 € sind auch für den schmalen Geldbeutel erschwinglich. Das warme Licht aus alten Lüstern und modernen Lampen macht spontan gute Laune. Die Musik auch. Ein echter Tipp!

44 [VI F5] **Pod Muchoj**, Strastnoj Bulwar 6/2, Metro: Puschkinskaja, Tel. 2092779, 24 Stunden geöffnet. Die freche Fliege (mucha) auf dem Logo dieser kleinen, jungen, flippigen Bar mit Holzfußboden im Hinterhof am belebten Strastnoj Bulwar korrespondiert mit den kleinen Fotos an den Wänden der Kellerbar. Hier sind schlicht und ergreifend alle erstklassig schmeckenden Cocktails festgehalten, die es im Angebot gibt. Da stört es nicht, dass die Karte nur auf Russisch ist. Die Musik hält nach dem Theaterbesuch noch ein Weilchen wach. Die kleinen Snacks zu den Cocktails oder auch zu einem kühlen Bier auch. Sehr moderate, „demokratische" Preise.

Detailkarte VI: PETROWKA

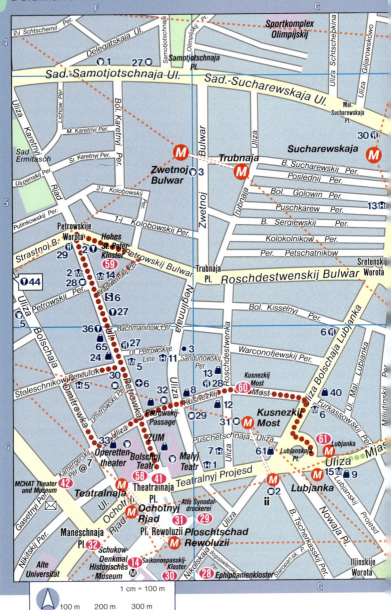

MOSKAU ENTDECKEN
Rundgang 6: Petrowka

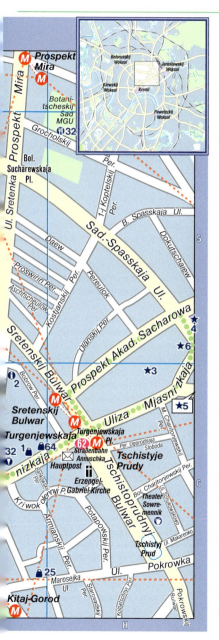

- 🍴 6 Schtschit i Mjetsch [VI G6]
- 🍴 27 Baraschka [VI F6]
- 🍴 28 Jagannath [VI G6]
- 🍴 29 Kafe Galereja [VI F5]
- 🍴 30 Ogni [VI G5]
- 🍴 32 Coconclub [VI H5]
- 🍷 2 Bar 30/7 [VI F5]
- 🍷 27 Uliza OGI [VI F5]
- 🍷 32 Basa [VI G6]
- 🍷 36 Sassada [VI F6]
- 🍷 44 Pod Muchoj [VI F5]
- ☕ 2 Schelesnyj Feniks [VI G6]
- ☕ 27 Bookafe [VI F4]
- ☕ 28 Café 25 [VI F5]
- ☕ 29 Guylian [VI F6]
- ☕ 30 Kofejnja [VI F6]
- ☕ 31 Kofemania [VI G6]
- ☕ 32 Vogue Café [VI F6]
- 🛍 1 Antiquariat auf der Mjasnizkaja [VI G6]
- 🛍 8 Almanach [VI F6]
- 🛍 9 Biblio-Globus [VI G6]
- 🛍 12 Inostrannaja Kniga [VI 6G]
- 🛍 13 Kiosk „Architekt" [VI G6]
- 🛍 24 Denis Simachev [VI F6]
- 🛍 25 Mainaim [VI G6]
- 🛍 33 Adidas Originals [VI F6]
- 🛍 40 Supermarkt Sedmoj Kontinent 2 [VI G6]
- 🛍 61 Detskij Mir [VI G6]
- 🛍 64 Teehaus Dom Perlow [VI G6]
- 🛍 65 Indigo [VI F6]
- 🏨 1 Ararat Park Hyatt [VI G6]
- 🏨 5 Aquarell Hotel [VI F6]
- 🏨 7 Savoy [VI G6]
- 🏨 11 Budapest [VI F6]
- 🏨 13 Hotel Sretenskaja [VI G5]

Fortsetzung auf S. 246

Rundgang 6: Petrowka

Legende für Detailkarte VI auf Seite 244 (Fortsetzung)

- 🏛 2 Museum für Moderne Kunst [VI F5]
- 🏛 5 Gulag-Museum [VI F6]
- 🏛 6 KGB-Museum [VI G6]
- 🏛 14 Literaturmuseum [VI F5]
- 🏛 15 Majakowskij-Museum [VI G6]
- ❶ 2 Intourist [VI G6]
- ★ 3 Zentrosojus-Bürohaus [VI H6]
- ★ 4 Narkomsem-Bürohaus [VI H5]
- ★ 5 NKPS-Gebäude [VI H6]
- ★ 6 Gostorg-Bürohaus [VI H5]
- ➕ 6 Deutsche Apotheke [VI F6]
- ● 3 Sandunowskaja Banja [VI F6]
- 🅢 6 Le Futur [VI F5]
- ○ 1 Obraszow-Puppentheater und -Museum [VI F4]
- ○ 3 Zirkus Nikulin [VI G5]
- ○ 5 Musiktheater Stanislawskij-Dantschenko [VI F5]
- @ 7 Net City 2 [VI F6]

- ⓮ Historisches Museum [VI F6]
- ㉘ Epiphanienkloster [VI G6]
- ㉙ Alte Synodaldruckerei [VI G6]
- ㉚ Saikonospasskij-Kloster [VI F6]
- ㉛ Revolutionsplatz [VI F6]
- ㉜ Manegenplatz [VI F6]
- ㊶ Theaterplatz [VI F6]
- ㊷ MCHAT Theater und Museum [VI F6]
- ㊺ Bolschoj-Theater [VI F6]
- ㊾ Hohes Sankt-Peter-Kloster [VI F5]
- ㊿ Kusnezkij Most [VI F/G6]
- ㉛ Lubjanka [VI G6]
- ㉜ Straßenbahn Annuschka [VI H6]

- ••• Architekturrundgang (s. S. 292)
- ••• Rundgang 6

🏛 6 [VI G6] **Schtschit i Mjetsch (Schild und Schwert)**, Bolschaja Lubjanka Uliza 13/16, Metro: Lubjanka, Tel. 2224446. Die KGB-inspirierte Lieblingskantine der russischen Sicherheitsorgane bietet russische und kaukasische Gerichte zu extrem moderaten Preisen. Dafür muss man mit Gerichten Vorlieb nehmen, die „Huhn Roter Terror" (Huhn mit Pilzen und Kirschsauce) oder „Rote-Armee-Salat" (Crevetten mit Früchten und Mayonnaise) heißen. Der Wodka „Spionskaja" für knapp 1 € (50 Gramm) ist da schon leichter verdaulich. Aber Vorsicht: Am Nachbartisch sitzen vielleicht echte „Kundschafter" (als „Spione" wurden immer nur nicht-russische Agenten bezeichnet), die sich auch schon mal an einen anderen Tisch setzen, wenn sie belauscht zu werden glauben!? Alte Fotos, Orden und Uniformen ehemaliger KGB-Genossen und eine überlebensgroße Dscherschinskij-Statue machen diese Lokalität zu einem echten Eldorado für Sowjetnostalgiker, die kein Problem damit haben, dass sich das Ende des Kalten Krieges bis hierhin noch nicht herum gesprochen hat.

○ 32 [VI F6] **Vogue Café**, Uliza Kusnezkij Most 7/9, Metro: Kusnezkij Most, Tel. 9231701. Es ist zweifelsohne das beliebteste Lokal unter den Moskauer Trendsettern. Die stylish wirkende grüne Topfrasenbepflanzung an den Fenstern hat sich zwar nicht lange gehalten, dieser Hotspot aber schon. Die *tussowka* (Szene) trifft sich zu beinahe jeder Tages- und Nachtzeit in diesem edlen Ambiente mit Bücherregalen, gerahmten Schwarz-Weiß-Fotografien und viel Tropenholz. Die Speisekarte enthält neben exklusiven Gerichten wie Mahi-Mahi-Fisch mit Karottensauce auch russische Quarkpfannkuchen und ... Kefir für nur 2 €. Vor dem Auftritt sollte man sich allerdings noch einen Besuch im Solarium und ein ausgedehntes Fitnessprogramm gönnen ...

RUNDGANG 7: TSCHISTYJE PRUDY

Geschichtsträchtig, romantisch und bei Nachteulen wohl bekannt ist dieses Stadtviertel, durch dessen Herz die alte Straßenbahn den grünen Tschistoprudnyj Bulwar entlanggondelt. Es geht vorbei an den „Sauberen Teichen" und schönen klassizistischen Bauten bis in den Stadtteil Samoskworetschje ㉟ mit Lenins Trauerzug und den beiden bekannten Klöstern Danilow und Donskoj im Süden der Stadt. Die kulinarische Auswahl ist riesig. Hier gibt es unzählige gute Restaurants, Bars und Clubs.

▲ *Die schrille „Annuschka" an den „Sauberen Teichen"*

⓬ FAHRT MIT DER STRASSENBAHN ANNUSCHKA
(трамвай Аннушка)   [VI H6]

Dieser Rundgang ist eigentlich eine Rundfahrt. Allerdings kann man die gesamte Strecke auch laufen. Von der Metro-Station Tschistyje Prudy geht es den Boulevard-Ring entlang, vorbei an den „Sauberen Teichen", mit der Möglichkeit, in Samoskworetschje an der Alten Tretjakow-Galerie ㊱, an Lenins Trauerzug ⓓ, am Danilow-Kloster ⓺ und schließlich am Donskoj-Kloster ⓱ eine Pause einzulegen.

Auf der Strecke fahren mehrere **Straßenbahnen**, tagsüber die Nr. 3 und die Nr. 39 und zusätzlich ab 17 Uhr (bis Mitternacht) die Vergnügungsstraßenbahn

Rundgang 7: Tschistyje Prudy

"Traktir", auch **Annuschka** (A) genannt. Sie ist unschwer zu erkennen an der bunten Bemalung mit Figuren aus *Bulgakows* Roman „Der Meister und Margarita". Hinter kleinen russischen Gardinen wird man freundlich bedient, während man bei einem Kaffee, Wodka oder auch bei einem Cocktail durch das nächtliche Moskau gondelt. Kleine Snacks sind ebenfalls bis Mitternacht im Angebot.

> **EXTRATIPP**
>
> *Briefmarken als Souvenir*
> Direkt an der Metro Tschistyje Prudy, in der Mjasnizka Uliza, befindet sich übrigens das **Hauptpostamt** [VII H6], wo man u. a. Souvenirbriefmarken erwerben kann.
> Im **Projekt OGI** (beides 1) bekommt man Bücher und einen Kaffee.

Man steigt hinter dem Ausgang der Metrostation Tschistyje Prudy, am Tschistoprudnyj Bulwar, in eine der ankommenden Straßenbahnen mit der **Nr. 3** oder **39** (sie fahren nur in eine Richtung), kauft bei der Schaffnerin ein Ticket und nimmt am besten auf der rechten Seite Platz. Kaum hat die Fahrt begonnen, taucht auf der linken Seite das **Alexander-Gribojedow-Denkmal** auf. Es wurde zu Ehren des großen Diplomaten und Stückeschreibers errichtet, der sein geliebtes Moskau in dem Drama „Verstand schafft Leiden" verewigte und 1829 in Teheran ermordet wurde.

Weiter geht es den **Tschistoprudnyj Bulwar** entlang, laut Schriftsteller *Wladimir Sorokin* eine der „sieben erogenen Zonen Moskaus", vorbei an wunderschönen klassizistischen Häusern dieser bevorzugten Wohngegend .

Gleich rechts sieht man hinter den hübschen Stadtpalais den rosafarbenen Turm der **Erzengel-Gabriel-Kirche** [VII H6], die Fürst *Menschikow*, ein Günstling *Peters des Großen*, 1707 auf seinem Herrensitz erbauen ließ. Die Kirche ist gut erhalten, der ursprüngliche Turm (**Menschikow-Turm**), der sogar höher war als der Glockenturm im Kreml, wurde von einem Blitz getroffen und in kleinerer Form wieder aufgebaut. *Menschikow* war es auch, der befahl, den „schmutzigen Teich" zu säubern und dann in „sauberen Teich" *(tschistyj prud)* umzubenennen.

Auf der linken Seite sieht man das **Theater Sowremennik** [VII H6]. In dem Nachbarhaus lebte von 1929 bis 1934 der Filmregisseur *Sergej Ejsenstejn*. Das große Gebäude weiter unten ist die **Militärakademie**.

Auf der rechten Seite fährt man am **Kino Rolan** (siehe Kap. „Kino") und dem **Restaurant Nostalgie** 14 vorbei. Dieser Teil Moskaus ist noch sehr ursprünglich, homogen und unbedingt sehenswert.

In der Ferne taucht eine der sieben **Stalin-Kathedralen** [VII H6] (siehe Exkurs „Stalins ‚Sieben Schwestern'") auf. Das Wohnhaus am Kotelnitscheskaja Ufer ist die größte der sieben Stalin-Schwestern.

Es geht auf der Bolschoj Ustinskij Most über die Moskwa mit herrlichem Panoramablick rechts auf den Kreml. Die Tram fährt zunächst über die „Insel ohne Namen" und dann über den Kanal direkt ins Herz des idyllischen **Stadtviertels Samoskworetschje** (siehe „Rundgang 2: Samoskworetschje").

▶ *Sehenswert nicht nur für Eisenbahnfreaks – Lenins Beerdigungszug*

An der Metrostation Nowokusnezkaja kann man einen Zwischenstopp einlegen, um eventuell 10 Minuten bis zur **Tretjakow-Galerie** 39 zu laufen (links in die Pjanizkaja Uliza, dann die erste rechts in die Klimentowskij Pereulok) und den Rest des Tages im Museum zu verbringen. Wahlweise kann man auch in Moskaus größtem **Mediamarkt Sojus** 1 stöbern oder im Internet surfen.

Wer das nicht möchte, fährt mit der Straßenbahn weiter, vorbei an der verfallenen roten Kliment-Kirche auf der rechten Seite. Man erreicht den **Pawelezker Bahnhof** [II H8], von dem aus man mit der Metro wieder in die Innenstadt fahren kann.

Theaterbegeisterte sollten sich noch das **Bachruschin-Theatermuseum** 3 am Bahnhofsplatz ansehen. Und für Lenin-Anhänger lohnt unbedingt ein kleiner Gang entlang des Pawelezker Bahnhofs.

63 LENINS TRAUERZUG
(Траурный поезд Ленина)
★★ [II H9]

Hinter den Verkaufskiosken, am Anfang der Koschewnitscheskaja Uliza befindet sich in einem Gartenpavillon rechts *Lenins* luxuriöser, erstklassig erhaltener Trauerzug 3. Das kleine, unbedingt sehenswerte Museum aus Glas ist klimatisiert und ein echter Tipp. In einer Vitrine wird hier die orange-schwarze Oldtimer-Dampflok mit dem Anhänger aufbewahrt, in dem *Lenins* Leichnam 1924 von Gorki Leninskije 80 nach Moskau überführt wurde.

Wer tagsüber Lust hat, mit der Tram 3 oder 39 weiterzufahren oder (am Abend) in der Annuschka-Tram 62 noch einen zweiten Wodka bestellt hat, kann bis zum **Danilow-Kloster** 68 sitzen bleiben. Die Klöster schließen allerdings um 19 Uhr

ihre Pforten. Die Tram Nr. 3 endet am Danilow-Kloster. „Annuschka" (A) und die Tram Nr. 39 fahren noch bis zum **Donskoj-Kloster** 74 weiter. Dort sollte man in jedem Fall aussteigen und, wenn man mit der Tram 39 gefahren ist, zur Metro Schabolowskaja laufen. Die Tram „Annuschka" fährt direkt bis zur Metrostation Schabolowskaja.

14 ESSEN UND TRINKEN

○ 31 [VII H6] **Avocado**, Tschistoprudnyj Bulwar 12/2, Metro: Kitaj-Gorod, Tel. 9217719, tägl. 10–23 Uhr. Eines der wenigen vegetarischen Restaurants in Moskau. Die internationale Küche mit slawischen Einflüssen ist sehr zu empfehlen, die Lage auch. Man blickt auf die „Sauberen Teiche" und die aus Bulgakows Roman „Der Meister und Margarita" bekannte Tram „Annuschka" oder im Winter auf die Schlittschuhläufer. Das Interieur ist eher schlicht und einfach, das eine oder andere Plastikschneeglöckchen für die „demokratischen" Preise durchaus akzeptabel. Avocado(!)-Tomaten-Salat mit Spinat und Räucherkäse kostet 8 €, Papaya-Salat mit Rosmarin und Körnern 7,50 €. Als warme Vorspeise empfiehlt der Küchenchef Camembert mit Heidelbeersauce. Auch die Pfannkuchen (Bliny) mit Ahornsirup werden wie alle Speisen liebevoll angerichtet. Raffiniert und sehr lecker.

○ 33 [VII H6] **Bibi**, Uliza Marosejka 15/1, Metro: Kitaj-Gorod, 24 Stunden, Tel. 7401378. Terracottafarbene Wände hat das anheimelnde, orientalisch bunte, libanesische Studentencafé, in dem es den besten Humus und das beste Mutabal der Stadt gibt. Die Preise sind sehr moderat, ein arabischer Kaffee liegt bei 2 €. Da freut sich die Moskauer Bohème, die das Apschu schon in- und auswendig kennt.

○ 10 [VII H6] **Blinnaja Teremok**, Uliza Pokrowka 4, Metro: Kitaj-Gorod, Tel. 9562730. Blinys in allen Ausführungen, salzig oder süß. Für einen kleinen Snack zwischendurch, wie etwa die köstlichen Bliny „E-Mail" mit Pilzen (s gribami) und Käse (s syrom) für 2 € an einem der Kioske oder kleinen Häuschen. Dazu sollte man zwar keine heiße Schokolade, aber den klassischen russischen Kwas trinken. Zu finden in der Twerskaja Uliza 6, an der Manege oder beim Kitaj-Gorod.

○ 34 [VII G6] **Café Esterhasi**, Marosejka Uliza 7/8, Metro: Kitaj-Gorod, Mo.–Fr. 8–23 Uhr, Sa./So. 10–23 Uhr, Tel. 9236539. Natürlich gibt es hier in erster Linie ungarische Leckerbissen. Der „Kaffee Esterhasi" mit Vanilleeis, Eierlikör und Sahne gehört auf jeden Fall dazu. An den ungarischen Quarkkuchen und die Sahnerollen mit Mohn und Joghurt wird man sich noch erinnern, wenn man Moskau längst verlassen hat. Die Beleuchtung könnte etwas faltenfreundlicher sein und die Einrichtung wirkt hausbacken. Im hinteren Teil befindet sich das ungarische Restaurant. Nicht preiswert, aber sein Geld wert.

○ 35 [VII H6] **Café Kommersant**, Uliza Pokrowka 33/22, Metro: Kitaj-Gorod, Tel. 9244071. Druckfrische Zeitungen aus dem gleichnamigen Verlag sind jeden Tag zum Frühstück (10–12 Uhr) zu haben. Außerdem gibt es hier alles, was den (russischen) Geschäftsmann *(kommersant)* glücklich macht: Kascha (Haferbrei), Quarkpfannkuchen, Omeletts mit Schinken und dazu Wireless Lan, eine Ladestation für das Handy und einen Drucker. Italienische Küche hinter Jalousien aus vorrevolutionären Ausgaben des „Kommersant", der gerade ein richtiges Comeback erlebt. Die Wände schmücken alte Fotos und antike Uhren. Businessmäßig, aber sehr nett.

○ 36 [VII H6] **Café Zickzack**, Uliza Pokrowka 4/1, Metro: Tschistyje Prudy/Kitaj-Gorod,

24 Stunden, Tel. 5101813. Gäbe es das stylish schwarze Ambiente nicht, könnte man sich in einer Augenarztpraxis wähnen. An den Wänden hängen gerahmte, sich nach unten verjüngende Buchstabenreihen aus den verschiedensten Sprachen dieser Welt. Auch Altdeutsch ist dabei! Die Karte ist ebenso originell und weltoffen, es gibt Suppen, Sushi und andere kleine Gerichte aus der Mittelmeerküche zu zivilen Preisen für eine kurze Einkehr nach vielen gelaufenen Kilometern im Lubjankaviertel.

32 [VI H5] **Coconclub**, Prospekt Mira 26/7 (im hinteren Teil des Gartens), Metro: Prospekt Mira, 24 Stunden, Tel. 9378827, www.coconclub.ru. Einer Termitenhöhle nachempfunden hat ein junges Designerteam diese ausgefallene, runde Holzkonstruktion in einem geometrischen, postsowjetischen Bau mit riesigen halbrunden Fenstern. Wie in einem avantgardistischen Kokon über drei Ebenen fühlt sich der Gast sichtlich wohl. Auch der Gaumen ist hocherfreut. Für ca. 50 € für ein Drei-Gänge-Menü wird internationale Küche mit viel Herz geboten, Ästheten reicht die von der Decke hängende Metallglastreppe, die sich an der Wand in die Höhe schlängelt. Einzigartig und etwas verrückt.

11 [VII H6] **Drowa**, Uliza Pokrowka 17, Metro: Kitaj-Gorod, Tel. 9160445. Für 12 € gibt es hier 24 Stunden am Tag ein Buffet mit reichhaltiger Auswahl. In einem kleinen Imbiss nebenan kann man frisch zubereitete Salate mitnehmen. Von außen eher bunt und laut, ist es drinnen angenehm hell und freundlich. Ideal für eine Einkehr zwischendurch.

2 [VII H7] **Expedizija**, Pewtscheskij Pereulok 6 (von der Warwarka Uliza 15 Minuten zu laufen), Metro: Kitaj-Gorod, Mo.–So. 12 Uhr bis zum letzten Gast, Tel. 9179510. Von den Expeditionen in die unendlichen Weiten Sibiriens hat das nebenbei tatsächlich als Veranstalter von Exkursionen fungierende Team nicht nur einen echten Hubschrauber, in dem VIP-Gäste speisen dürfen, sondern auch wunderbare Rezepte mitgebracht. Als Amuse-Gueule gibt es warmes Schwarzbrot mit Dip. Geräuchertes Rentierfleisch ist nur eins der köstlichen Hauptgerichte (13 €). Und das alles in sehr stilvollem, warmem Globetrotter-Ambiente mit sibirischen Bäumen und auch sonst viel Holz. Herzliche Bewirtung, schöne Musik. Sehr empfehlenswert. Zu den exquisiten Fisch- und Fleischgerichten gibt es selbstverständlich Wodka ... und nachher kann man in der angeschlossenen Banja entspannen.

▲ *Mal etwas anderes – leicht verrücktes Ambiente im Coconclub*

252 MOSKAU ENTDECKEN

Detailkarte VII: TSCHISTYE PRUDY

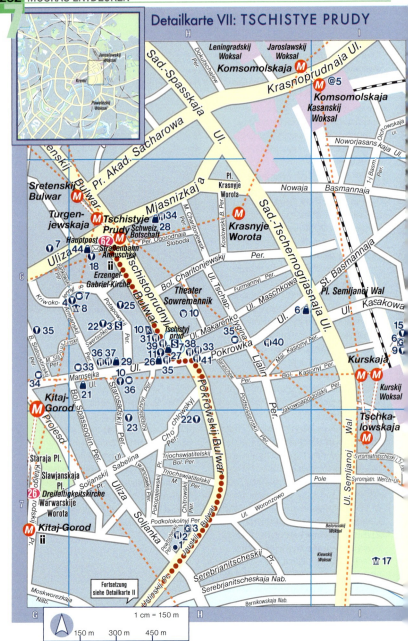

MOSKAU ENTDECKEN 253
Rundgang 7: Tschistyje Prudy

🍴2	Expedijija [VII H7]	☕34	Café Esterhasi [VII G6]
🍴31	Avocado [VII H6]	☕35	Café Kommersant [VII H6]
🍴33	Kafe Cibo e Vino [VII H6]	☕36	Café Zickzack [VII H6]
🍴34	Milk & Honey [VII H6]	🛍6	Russkij Bibliofil [VII H6]
🍴35	Nostalgie [VII H6]	🛍21	Mir Kino [VII H6]
🍴36	Pasta Project [VII H6]	🛍26	Charakter [VII H6]
🍴37	Petrow Wodkin [VII H6]	🛍27	Marki [VII H6]
🍴38	Schangschung [VII H6]	🛍28	Nina Donis [VII H6]
🍴39	Schatjor [VII H6]	🛍29	Fotosojus [VII H6]
🍴40	Schon Lon [VII H6]	🛍44	Hauptpostamt [VII H6]
🍴41	Sport-Bar Replay [VII H6]	🖼3	Galerie XL [VII H7]
🍺10	Blinnaja Teremok [VII H6]	🖼6	Jakut Gallery [VII I6]
🍺11	Drowa [VII H6]	🎭10	Theater Sowremennik [VII H6]
🍺4	Bilingua [VII H6]	🎵10	Rolan [VII H6]
🍺7	Club XIII [VII G6]	🏛8	Moskauer Lichtermuseum [VII H6]
🍺9	Gasgolder [VII I6]	🏛17	Sacharow-Museum [VII I7]
🍺15	Ljuba Bar [VII I6]	●1	Istobka Russkaja Banja [VII H7]
🍺18	Parabar [VII H6]	@5	Internet-Kofejnja [VII I5]
🍺22	Projekt OGI [VII H7]	🆂7	Eisbahn Tschistyje Prudy [VII H6]
🍺23	Sapasnik [VII H7]		
🍺25	Tema [VII H6]	🔴26	Dreifaltigkeitskirche in Nikitniki [VII G7]
🍺35	Propaganda [VII G6]	🔴62	Straßenbahn Annuschka [VII H6]
☕7	Tschaj – Wunder des Himmels [VII H6]		
☕33	Bibi [VII H6]	•••	Rundgang 7

🍴**33** [VII H6] **Kafe Cibo e Vino,** Uliza Pokrowka 21 (Eingang Belgorodskij Projesd), Metro: Kitaj-Gorod, Tel. 9240377. Sehr europäisch reduziert, italienische Küche. Mehr als ein Café, ein sehr nettes, szeniges Plätzchen mit einer riesigen Weinkarte.

🍴**34** [VII H6] **Milk & Honey,** Mjasnizkaja Uliza 38/1, Metro: Tschistyje Prudy, Tel. 9243278. Viel Glamour, schrille Farben und neureicher Kitsch machen dieses zur „The Leading Small Restaurants of the World"-Kette gehörende Restaurant mit europäischer Küche zu einem attraktiven Ort für die „Neuen" Russen. Himmelblaue Ledersessel laden nach einem Drei-Gänge-Menü für 50 € zu einem Drink ein. Illustres, vorzugsweise russisches Publikum mittleren Alters gibt es gratis dazu.

🍴**35** [VII H6] **Nostalgie,** Tschistoprudnyj Bulwar 12a, Metro: Tschistyje Prudy, Mo.–Do. 10–24 Uhr, Fr. 10–2 Uhr, Sa. 12–2 Uhr, So. 12–24 Uhr, Tel. 9169478. Die größte Weinauswahl Moskaus ist nur ein Trumpf dieses Gourmettempels mit dem Dekor eines Pariser Kinos aus den 1930er Jahren. Hier tafelt man in illustrer Gesellschaft mit Blick auf die „Sauberen Teiche" und genießt Gänseleberpastete an Olivenschaummus oder Osso bucco. Nostalgie inklusive. Mit 50 € pro Person sollte man für 2 Gänge rechnen.

🍴**36** [VII H6] **Pasta Project,** Uliza Pokrowka 1, Metro: Kitaj-Gorod, Mo.–Fr. 9–23.30 Uhr,

Sa./So. 11.30–1.30 Uhr, Tel. 9286767, www.pastaproject.ru. Nudeln hausgemacht, aber auch thailändische und japanische Gerichte schmecken in diesem modernen, hellen und einladenden Restaurant ausgesprochen gut. Niedrige Holzwände trennen die einzelnen Tische voneinander, bestellt wird an kleinen Flachbildschirmen. Ein vegetarischer Thaisalat mit Shitake-Pilzen, Chili und Limettendressing für 8 € oder Seafood Pasta für 13 € halten den Kalorienverbrauch gering und schmecken köstlich. Nach 17 Uhr gibt es Mojitos für die Damen gratis. Rein italienisch sind eigentlich nur die Weine … und das minimalistische Design.

37 [VII H6] **Petrow Wodkin**, Uliza Pokrowka 3/7, Metro: Kitaj-Gorod, Tel. 9235350, Mo.–So. 12–24 Uhr. „Hier ist ein Stück russische Seele zu Hause" heißt es in dem Flyer des alteingesessenen, typisch russischen Restaurants, in dem es nicht ohne Grund eine riesige Auswahl an Sakuski (kalte Vorspeisen) gibt. Sie schmecken zu den rund 300 Sorten Wodka, die hier zur Auswahl stehen, einfach am besten. Auch der selbstgebraute Wodka des guten alten Petrow Wodkin ist im Angebot und passt hervorragend zu Schaschlyky, Pelmeni oder Blintschiki zu zivilen Preisen. Für weniger Preisbewusste gibt es auch Bliny mit Kaviar für 22 € und hochpreisigen Wodka für eine ähnliche Summe. Das Interieur ist etwas plüschig, der Service sehr gut. Hier trifft man meist Russen und eher selten Touristen. Angenehm.

38 [VII H6] **Schangschung**, Pokrowka 19, Mo.–So. 12–24 Uhr, Metro: Kitaj-Gorod, Tschistyje Prudy, Tel. 9249557. Tibet mitten in Moskau! Wer schon immer gerne tibetische Pelmeni (momo) und eine tibetische Abwandlung des russischen Moosbeerenweines (mit Vanille) probieren wollte, ist hier am richtigen Platz. Einfache, sehr gute Gerichte in einem schlichten, gemütlichen Rahmen. Auch der Dalai Lama lächelt von einem Porträt. Er hat seine Initiative, mit einer monumentalen Ausstellung Tibet in Russland im Jahr 2004 bekannt zu machen, anscheinend nicht bereut.

39 [VII H6] **Schatjor**, Tschistoprudnyj Bulwar (auf dem Teich), Metro: Tschistyje Prudy, 24 Stunden im Sommer, Tel. 9169486. Ein orientalisch anmutendes Zelt (schatjor) inmitten der „Sauberen Teiche", eine kleine Oase im Großstadtdschungel. Im Sommer sitzt man bei leichten Fischgerichten, Salaten oder Sushi auf dem Teller und einem Sundowner in der Hand sonnen- und kältegeschützt mitten in der Stadt und fühlt sich eher wie in Dubai. Große, mit Samt überzogene Lüster, in warmen Rot- und Orangetönen gehaltenes, stilvolles Ambiente und leise Lounge-Musik laden zum Verweilen ein. Das alles hat natürlich seinen Preis.

40 [VII H6] **Schon Lon**, Uliza Pokrowka 38/2, Metro: Kitaj-Gorod, Tel. 9217840, www.shonlon.ru. Warmes Orange und inspirierendes, asiatisches Rot wirken belebend und sehr einladend. Japanische und chinesische Küche vom Feinsten. Hinter „Osuji" verbirgt sich ein Gericht aus Meeresfrüchten, Reis und Omelett. Man sitzt an schwarzen Holztischen und wird sehr freundlich bedient. Für Liebhaber asiatischer Lebensart.

41 [VII H6] **Sport-Bar Replay**, Uliza Pokrowka 19 (Eingang Belgorodskij Projesd), Metro: Kitaj-Gorod, Tel. 9173985. Tex-Mex-Küche für Mexiko-Fans. Business Lunch für 5 € verzehrt man in lockerem Rahmen, die kleinen karierten Gardinen stören nur Puristen. Abends sind die mexikanischen Speisen etwas teurer.

▶ *Auf den Kuppeln der Kirche der Gottesmutter von Kasan glänzen goldene Sterne*

SEHENSWERTES AUSSERHALB DES GARTENRINGS

64 FREILICHTMUSEUM KOLOMENSKOJE
(Коломенское) ★★★ [H12]

Kolomenskoje ist das beliebteste Ausflugsziel im Großraum Moskau. Das **Freilichtmuseum** ist eine Mischung aus Fontainebleau und Stonehenge. In jedem Fall ist die mysteriöse Stille der überwältigend schönen, weitläufigen Parkanlage mit herrlichem Blick auf die Moskwa und die Stadt ebenso sehenswert wie die hier versammelten einzigartigen steinernen und hölzernen Zeitzeugen. Schon im 13. Jh. wurde das Dorf Kolomenskoje von Flüchtlingen aus der von Mongolen zerstörten Stadt Kolomna gegründet. Im 16. Jh. entschied sich der Zar, das 390 Hektar große, oberhalb einer Flussschleife der Moskwa gelegene Areal zu seiner Sommerresidenz zu machen. Der gigantische hölzerne Zarenpalast der Romanow-Dynastie aus dem Jahr 1667 wurde auch als „achtes Weltwunder" bezeichnet. In den Sommermonaten nutzte die Zarenfamilie den Park zur Falkenjagd. *Peter der Große* fand 1682 hier Unterschlupf vor den Strelitzen. In dem riesigen Park war sogar Platz für ein Spielzeugregiment, das sich *Peter* hier aufgebaut hatte.

Der von der Witterung arg in Mitleidenschaft gezogene Holzpalast verfiel, als St. Petersburg Hauptstadt wurde. Da *Katharina die Große* den Palast 1767 abreißen ließ, kann sich der Besucher heute nur noch anhand des Modells im **Museum** (in den zwei Flügeln) ein Bild von dem „schönsten Holzbau von ganz Russland" mit den riesigen Zwiebelkuppeln und den fassförmigen Dächern machen. Im Rahmen der Denkmalpflege gibt es Überlegungen, den Palast auf den archäologischen Fundamenten wieder aufzubauen. Allerdings ist der alte Entwurf nicht mehr aufzufinden. Der riesige Palastbau bestand aus 27 einzelnen Gebäuden, die durch Übergänge miteinander verbunden waren. Die Idee dahinter war eine Stadt in einem Haus mit 270 Zimmern und 3000 Fenstern.

Nach der Oktoberrevolution verfiel die Anlage. Die Kirchen konnten dank des Einsatzes eines Architekten erhalten werden. 1925 kam das Museum für Holzarchitektur dazu. Die bewaldete Fläche mit den unschätzbar wertvollen Kulturgütern wurde 1971 zum staatlichen Kulturerbe erklärt und so bis heute bewahrt.

Geht man durch das mit Kokoschnik-Giebeln verzierte Erlösertor, gelangt man nach ein paar Metern links zur **Kirche der Gottesmutter von Kasan**. Die azurblauen Kuppeln mit den goldenen Sternen glänzen selbst dann, wenn sie nicht von Sonnenstrahlen erhellt werden. Die 1660 für Zar *Alexej* zum Gedenken an den Kampf gegen die Polen errichtete Kirche ist ein frühes Beispiel des Moskauer Barock. Der überdachte Aufgang und das viereckige Refektorium sind typisch für diese Zeit. Das anmutige Lieblingsmotiv der Fotografen scheint eine Kreuzung aus der Basilius-Kathedrale und der Himmelfahrts-Kirche zu sein. In dem sehenswerten Innenraum hängt eine Nachbildung der Ikone der Gottesmutter von Kasan, die den Russen 1612 bei der Vertreibung polnischer Truppen beigestanden haben soll. Ursprünglich war die Kirche unterirdisch mit dem großen Holzpalast verbunden.

Die in der Ferne am Abhang auftauchende mittelalterliche **Christi-Himmelfahrts-Kirche** wurde nach dem Kreml ❶ und dem Roten Platz ⑰ als drittes Bauwerk in Moskau von der UNESCO 1994 zum Weltkulturerbe erklärt. Die 62 Meter hohe, 1532 erbaute Steinkirche verjüngt sich nach oben und versinnbildlicht die Himmelfahrt Christi. Sie ist die älteste steinerne Zeltdachkirche Russlands und wurde von unbekannten Baumeistern angelegt. Über einem kreuzförmigen Grundriss erhebt sich ein hohes Sockelgeschoss. Darüber folgt ein vom Zeltdach bedecktes Achteck. Von der vorderen Terrasse aus drehte *Ejsenstejn* eine Szene des Films „Iwan der Schreckliche", auf dem Sockel hinter der Kirche pflegte *Iwan* selbst gern zu sitzen. Das beengte Innere der Kirche erklärt sich durch die aufgrund der Statik nötige Mauerdicke von fünf Metern. Der Originalikonostas hat die stürmischen Zeiten nicht überlebt. Die als Gipfel russischer Baukunst geltende Himmelfahrtskirche wird Ende 2006 fertig restauriert und damit der Öffentlichkeit wieder zugänglich sein. Vorgesehen ist auch ein öffentlicher Zugang zu dem unterirdischen Tunnelsystem des Hügelgeländes.

Sehenswert ist das **Holzhaus**, in dem *Peter der Große* zu Beginn des 18. Jh. einige Wochen in Archangelsk ausgeharrt hatte, um den Bau von Kriegsschiffen zu überwachen. Es wurde 1936 nach Kolomenskoje gebracht und restauriert. Der hölzerne **Torturm** wurde 1932 aus Karelien hierher gebracht, die **Metbrauerei** aus der Umgebung von Moskau.

Von der weißen Georgskirche ist nur noch der **Glockenturm** erhalten, der sich etwas verloren bei der Himmelfahrtskirche befindet, aber durch seine Eleganz besticht. Südlich vom Hauptgelände liegt die **Kirche Johannes des Täufers**, die 1547 von *Iwan dem Schrecklichen* anlässlich seiner Thronbesteigung in Auftrag gegeben wurde.

Lohnenswert ist ein Besuch sowohl im Sommer als auch im Winter. Besonders schön sind die traditionellen Feste am orthodoxen Weihnachtsfest oder in der Butterwoche, die jährlich Ende Februar/Anfang März stattfindet (richtet sich nach dem Osterfest).

› Prospekt Andropowa 39, Metro: Kolomenskaja (Ausgang in Fahrtrichtung, dann links durch die Unterführung, am Ende rechts und 10 Minuten zu Fuß bis zum Haupteingang), Tel. 1152309 (hier gibt es auch Karten für Festivals), www.museum.ru/kolomen, April–Oktober Mo.–So. 7–22 Uhr (der Besuch ist auch bei einer Kreuzfahrt auf der Moskwa möglich, das Schiff legt am Bootssteg unterhalb des Parks ab und an), November–März Mo.–So. 9–21 Uhr, Museum: Di.–So. 10–17.30 Uhr

⓰ KUSKOWO (HERRENSITZ MIT PORZELLANMUSEUM)
(Кусково) ★★★ [L 8/9]

Das russische Versailles liegt 12 Kilometer östlich des Kreml. Diese wunderschöne Schlossanlage wurde von **Graf Pjotr Scheremetjew** 1769 in Auftrag gegeben. Er war einer der reichsten Männer Russlands und verfügte über unzählige Ländereien und 200.000 Leibeigene. Nach seiner Hochzeit 1743 beschloss er, Kuskowo zu seinem Stammsitz zu machen. Das Schloss ist aus verputztem Holz (und nicht, wie mancher vermuten würde, aus Stein) gebaut und liegt in einem in strengem, französischem Stil angelegten Park mit Wasserspielen, Statuen und einer Vielzahl kleiner Pavillons. Auf dem großen Teich ließ die adelige Gesellschaft an Wochenenden zu ihrem Amüsement Seeschlachten nachspielen. Auch *Katharina die Große* pflegte hier zu weilen.

Der von außen vergleichsweise schlichte, eingeschossige **Holzpalast** mit dem Familienwappen im Portikus ist von innen mit Marmor und Intarsienarbeiten effektvoll dekoriert und üppig verziert. Der Rundgang beginnt in dem mit Seidentapeten ausgekleideten Kartenraum, führt weiter in den Billardraum und das Esszimmer. Flämische Malereien sind in den Privatgemächern zu sehen. Der mit großen Lüstern und Fresken geschmückte Ballsaal ist der schönste Raum des Holzpalastes.

Die grau-weiße **Erzengel-Michael-Kirche** zur Rechten ist das älteste Bauwerk der Anlage und stammt aus dem Jahr 1737. Der Glockenturm und die goldene Spitze wurden zu Ehren von *Peter dem Großen* der Admiralität in St. Petersburg nachempfunden und erst 1792 angebaut. Passiert man rechts das Küchengebäude und den italienischen Teich, gelangt man zu der unbedingt sehenswerten **Grotte** aus dem 18. Jh. Der kleine, aber hohe und etwas düster wirkende Innenraum ist mit unzähligen in Sand und Stuck eingelassenen Muscheln verziert.

Der **italienische Pavillon** ist ein kleiner Palast. Er wurde von *Jurij Kologriwow* im Renaissance-Stil entworfen, um bis heute als Gemäldegalerie zu fungieren. Gemälde aus dem 18. Jh. schmücken die Wände und jeweils zur vollen Stunde ertönt eine melodiöse Glocke.

Durchquert man den 32 Hektar großen Park, gelangt man auf der anderen Seite zur **Orangerie**, in dem seit 1932 ein erstklassiges **Porzellanmuseum** mit Service aus drei Jahrhunderten untergebracht ist. Aus dem meist durch verstaatlichte Privatsammlungen aufgestockten Bestand von 18.000 Teilen sind längst nicht alle Service ausgestellt. Deutsches Meissener- und französisches Sèvres-Porzellan ergänzen die oftmals sogar mit Blattgold verzierten, russischen Exponate, u. a. aus der weltberühmten St. Petersburger Lomonossow-Manufaktur. Das 1935 zu Ehren der Fertigstellung der Moskauer Metro von der Dmitrow-Manufaktur entworfene Porzellan ist von unschätzbarem Wert. Auch das hochkarätigste Ausstellungsstück, das ägyptische Service, das *Napoleon* dem russischen Zaren *Alexander I.* geschenkt hatte, ist in einer der Vitrinen zu sehen.

› Uliza Junosti 2, Metro: Rjasanskij Prospekt (in Fahrtrichtung vorne aussteigen), weiter mit Bus 133 oder 208 ab der dritten Bushaltestelle rechts (6 Stationen bis zum Haupteingang), Mitte April – September Mi.–So. 10–18 Uhr (Tickets bis 17 Uhr), Oktober–Mitte April Mi.–So. 10–16 Uhr (Tickets bis 15 Uhr), geschl. letzter Mi. im Monat und an besonders regnerischen Tagen aufgrund der hohen Luftfeuchtigkeit, nur Getränke und Süßigkeiten käuflich zu erwerben, Tel. 3700160 (auch Konzerte), www.kuskovo.ru

66 NEUJUNGFRAUENKLOSTER
(Новодевичий монастырь)
★★★   [IV C/D 9]

Die schönste geschlossene Klosteranlage der Stadt wurde 1524 von *Wassilij III.*, dem Vater von *Iwan dem Schrecklichen*, gegründet, nachdem er in der Schlacht um das von Litauern besetzte Smolensk einen Sieg errungen hatte. Der Name des Klosters kommt vermutlich von einem in der Nähe regelmäßig abgehaltenen Markt, auf dem Tataren junge russische Mädchen *(dewitzy)* für muslimische Harems kauften. Das russische Wort kann Mädchen, aber auch Jungfrau bedeuten. Das idyllisch an der Moskwa gelegene Nonnenkloster hatte zunächst nur eine Hauptkirche. Die abweisend und majestätisch wirkende **Smolensker Kathedrale** mit einer riesigen goldenen Kuppel und vier kleineren grüngoldenen wurde nach der Muttergottes von Smolensk benannt und der Mariä-Himmelfahrts-Kathedrale 6 im Kreml nachempfunden. Allerdings hat sie andere Proportionen und ein Sockelgeschoss mit drei Galerien, das zugleich Grabstätte der Regentin *Sofija* und einiger ihrer Schwestern ist. Das Innere der Kathedrale mit dem fünfrangigen Ikonostas aus dem Jahr 1686 ist unbedingt sehenswert, auch wenn die Ikone der Heiligen Gottesmutter von Smolensk nur als Kopie zu bewundern ist. Das Weihwasserbecken in der Mitte wurde 1685 in der Rüstkammer gefertigt, die Fresken sind mit Triumphszenen und Heiligen versehen, die Moskau gegen Angreifer verteidigen sollten. Im Winter ist die Hauptkirche manchmal geschlossen.

Die märchenhafte und heute etwas unwirklich scheinende Wehranlage wurde im 17. Jh. nach der „Zeit der Wirren" von Grund auf restauriert. Nachdem *Sofija*, die intrigante Halbschwester von *Peter dem Großen*, versucht hatte, ihn zu stürzen, lebte sie hier von 1689 bis 1703 in von ihm verordneter Verbannung. Die anderen im Neujungfrauenkloster lebenden Nonnen waren oft begüterte Frauen, die den Herrschern, vor allem *Iwan dem Schrecklichen*, zu mächtig geworden waren. Durch diesen Umstand konnte das Kloster beträchtliche Reichtümer ansammeln. Während seiner Blütezeit im 17. und 18. Jh. gehörten 10.000 Leibeigene aus dem ganzen Land und riesige Ländereien zu der Klosteranlage. Auch einige wohlhabende Witwen verbrachten hier – freiwillig – ihren Lebensabend.

Die rot-weiße **Mariä-Himmelfahrts-Kapelle** ist wie das angrenzende Refektorium ein Barockbauwerk vom Ende des 17. Jh. und eine Winterkirche. Sie ist mit einer Heizung ausgestattet und daher auch bei Kälte zu besichtigen. Die Dachkonstruktion mit der kleinen Kuppel kam erst im 19. Jh. dazu. Das Bauensemble

▶ *Wie im Märchen –*
das Neujungfrauenkloster im Winter

mit dem angeblich schönsten Glockenturm Moskaus wurde im Barockstil entworfen. Der 72 Meter hohe, 1690 fertiggestellte Turm auf einem achteckigen Grundriss liegt – eigentlich unüblich für russische Klöster – im Osten der Anlage (nicht im Westen). Im ersten der sechs Stockwerke befindet sich die **Kirche Johannes des Täufers**. Die zu dem Barockensemble gehörende **Christi-Verklärungs-Torkirche** mit Muschelgesims und fünf goldenen Kuppeln mit Kreuzen wurde 1689 errichtet. Zur selben Zeit entstand auch der weinrote Lopuchin-Palast. Hier lebte die erste, verstoßene Frau von *Peter dem Großen, Jewdokia Lopuchina*. Als *Napoleons* Truppen 1812 versuchten, das Kloster zu sprengen, soll eine der Nonnen die Zündschnur gelöscht haben. 1922 wurde das Kloster aufgelöst und Teil des Historischen Museums.

1945 erhielt die Kirche als Dank für ihre Unterstützung im Zweiten Weltkrieg das Kloster zurück. 1960 begannen Renovierungsarbeiten, 1988 wurde der große See angelegt. Auch wenn das Neujungfrauenkloster heute noch immer ein **Museum** ist, leben hier seit 1994 wieder Nonnen und Novizen. Aus diesem Grunde ist der größte Teil für die Öffentlichkeit nicht zugänglich.

Der **Friedhof** des Neujungfrauenklosters ist der erhabenste der Stadt, nach der Kremlmauer wohlgemerkt. Wie auf dem Pariser Friedhof Père Lachaise sind viele Gräber mit aufwendigen Grabskulpturen oder Grabsteinen versehen. Ausgerechnet auf diesem Friedhof hielt *Leo Trotzkij* seine letzte öffentliche Rede auf russischem Boden, eine Grabrede für einen Bolschewiken, der sich aus Protest gegen *Stalins* Diktatur das Leben genom-

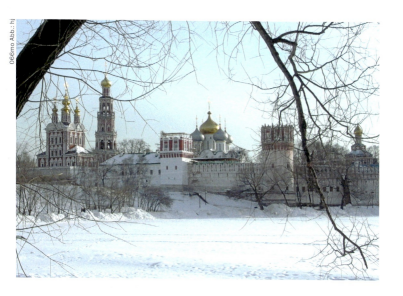

NEUJUNGFRAUENKLOSTER

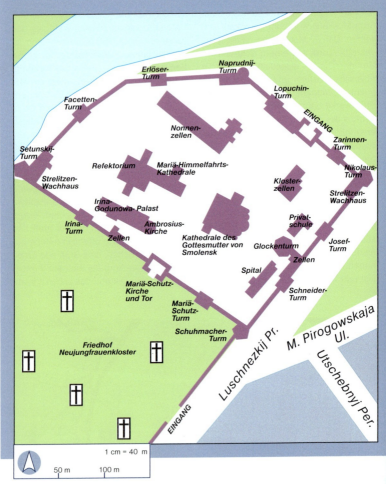

men hatte. Zu Zeiten der Sowjetunion durften nur Angehörige den Friedhof betreten. Nach *Chruschtschows* Beisetzung 1971 fürchtete sein Nachfolger *Breschnew* politische Demonstrationen und ließ den Friedhof schließen. *Chruschtschow* hatte sich mit seinen Entstalinisierungs- und Reformversuchen nicht nur Freunde gemacht, sodass er nicht an der Kreml-Mauer, sondern hier beigesetzt wurde. Ein New Yorker Künstler verewigte sich auf *Chruschtschows* Grab mit einer Büste zwischen einem weißen und einem schwarzen Marmorblock, die die guten

FRIEDHOF NEUJUNGFRAUENKLOSTER

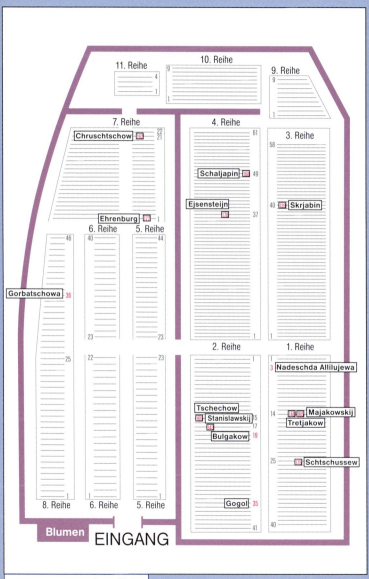

und die schlechten Seiten des Generalsekretärs darstellen sollen. Hinter *Nikolaj Gogols* Grabstätte verbirgt sich eine schaurige Geschichte. Als man seine Leiche exhumierte, fand man auf der Innenseite des Sargdeckels Kratzspuren. Seitdem wird davon ausgegangen, dass er lebendig begraben wurde. Das Grab von *Anton Tschechow* liegt in der Nähe der Ruhestätte von *Konstantin Stanislawskij,* mit dem ihn eine jahrelange schöpferische Zusammenarbeit am MCHAT-Theater verband. Gegenüber ist das Grab des Schriftstellers *Michail Bulgakow,* auf dessen Stein ein Zitat steht: „Ich wollte unterhalten, aber mit bitteren Worten." Die Hilfe suchenden Hände am Grab 3 im ersten Bereich gehören *Stalins* erster Frau *Nadeschda Allilujewa,* die sich 1932 das Leben genommen hatte. Der rebellische Futuristendichter *Wladimir Majakowskij* ruht neben den Brüdern *Tretjakow,* die die Stadt um die Tretjakow-Galerie bereicherten. Der große russische Filmemacher *Sergej Ejsenstein* liegt in unmittelbarer Nähe von *Fjodor Schaljapin,* dessen Statue die große Geste des Opernsängers zeigt. Hier sind auch die Komponisten *Sergej Prokofjew* und *Alexander Skrjabin* begraben. Der Architekt des Lenin-Mausoleums *Alexej Schtschussew* und der russische Revolutionär *Ilja Ehrenburg* fanden ebenfalls auf diesem malerischen Friedhof ihre letzte Ruhestätte. Auf dem Weg zurück zum Ausgang passiert man zwei Gräber neueren Datums. Eine überlebensgroße Statue erinnert an den Truppengeneral *Alexander Lebed,* der 2002 bei einem Hubschrauberunglück ums Leben kam. Eine trauernde Frauengestalt ziert das Grab von *Raissa Gorbatschowa,* der ersten Frau im Kreml, die öffentlich in Erscheinung trat. Sie starb 1999 an Leukämie. Auf dem am Eingang erhältlichen russischen Gräberplan sind knapp 200 Gräber eingezeichnet.

› Nowodewitschij Projesd 1, Metro: Sportiwnaja (besser mit dem Trolleybus 5 oder 15 ab Metro Kropotkinskaja), Mi.-Mo. 10-17 Uhr; Friedhof Mo.-So. 10-16 Uhr; Messen Mo.-Sa. um 8 und um 17 Uhr und So. um 7 und um 18 Uhr; Führungen auf Englisch müssen vorher telefonisch reserviert werden unter Tel. 2468526, Friedhofseingang: Luschnetzkij Prospekt 2, www.shm.ru

❻❼ ALLRUSSISCHES AUSSTELLUNGSZENTRUM WWZ, FRÜHER WDNCH
(Всесоюзный выставочный центр ВВЦ) ★★★   [G2]

Die 1923 ursprünglich noch auf Anregung *Lenins* geplante „Ausstellung der volkswirtschaftlichen Errungenschaften der UdSSR" (WDNCH), wurde erst anlässlich des zwanzigsten Jahrestages der Oktoberrevolution 1937 zu einer Dauereinrichtung im Norden der Hauptstadt. Als „Sowjetunion im Kleinen" entstanden hier 16 Ableger der 16 Unionsrepubliken, die sich mit **landestypischen Pavillons** verewigt sahen. Nach dem Kriegsende 1947 sollte die Leistungsfähigkeit des Landes in einer Art Ideal-Sowjetunion vorgeführt werden. Nachdem das Areal durch Promenaden, Alleen und Plätze erweitert worden war, öffnete die Schau 1954 wieder ihre Pforten. Der Pavillon der Ukraine erinnert an die Kornkammer der UdSSR, Kiefernzapfen schmücken den Pavillon Sibiriens, der Moskauer Pavillon ist mit einem kleinen Kreml vertreten. Die traditionellen sowjetischen Sym-

MOSKAU ENTDECKEN
Sehenswertes außerhalb des Gartenrings

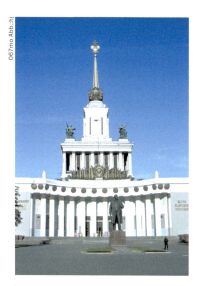

bole wie Flaggen, fünfzackige Sterne und Hammer und Sichel sind überall zu entdecken, sogar an Parkbänken und Mülleimern. Besonders beeindruckend ist der **Brunnen „Völkerfreundschaft"** auf dem Platz beim Zentralpavillon. Riesige blattvergoldete Frauenfiguren in den Trachten der Unionsrepubliken zieren die achthundert (!) Fontänen. Die Pavillons dienten als Ausstellungsflächen für Waren aus allen Teilen des Riesenreiches, wie Melonen, Hühner, Traktoren und Raketen. Die meisten Lebensmittel konnten die Moskowiter aufgrund der Misswirtschaft allerdings nie in den Geschäften kaufen. Im Hintergrund ertönten sowjetische Lieder über Lautsprecher. Auch heute noch wird man den ganzen Tag mit Konservenmusik beschallt.

Schon 1959 wurde auf demselben Gelände eine neue, den einzelnen Wirtschaftszweigen gewidmete Ausstellung eröffnet. Die Raumfahrt nahm einen wichtigen Teil ein. Dort, wo die Stalin-Statue gestanden hatte, ragt nun eine schon von weitem sichtbare Kopie der Rakete „Wostok" in den Himmel, mit der sich *Jurij Gagarin* einst als erster Mensch in den Weltraum aufgemacht hatte. 1992 wurde die WDNCH in WWZ (Allrussisches Ausstellungszentrum) umbenannt. Einige Pavillons wurden privatisiert. Jetzt konkurrieren importierte Toaster mit amerikanischen Autos. Das Schicksal des imposanten **Denkmals „Der Bauer und die Kolchosbäuerin"**, von der Künstlerin *Vera Muchina* entworfen, bleibt unklar. Seit zwei Jahren klafft vor dem Eingang des Parks an seiner Stelle eine große Lücke. Geblieben ist der riesige 24 Meter hohe Sockel. In den 1930er Jahren war die gigantische Skulptur als sowjetischer Beitrag für die Weltausstellung in Paris entworfen worden und das Wahrzeichen des Areals. Das Symbol für sozialistischen Realismus schlechthin sollte 2007 rechtzeitig zu seinem 70. Geburtstag in altbekanntem Glanz an Ort und Stelle zurückkehren. Die Restaurierungsarbeiten liegen allerdings derzeit aus Kostengründen auf Eis. Auf dem Besuchsprogramm sollte die WWZ dennoch nicht fehlen. Mit ein bisschen Fantasie kann man die große Propagandamaschinerie hinter den beeindruckenden Prunkbauten noch erahnen und am Wochenende trifft man hier viele Moskowiter bei ihrem neuen Lieblingshobby: *Bisnes*.

▲ *Ausflug in die Geschichte: Der „Pavillon der Völker Russlands" trägt noch die klassischen kommunistischen Insignien, davor thront Lenin*

An der Metrostation WDNCH befindet sich weithin sichtbar seit Ende 2005 eine einspurige **Monorailbahn**, die das Fernsehzentrum Ostankino, das Schloss Ostankino 🕖 und das Ausstellungszentrum enger zusammenrücken lässt. Sie fährt nur jede halbe Stunde.

› Prospekt Mira (Eingang unübersehbar), Metro: WDNCH, Mo.–Fr. 10–18 Uhr, Sa./So. 10–19 Uhr (Mai–Oktober), November–April nur bis 17 bzw. 18 Uhr, geschl. letzter Freitag im Monat, Tel. 2837914

🕖 DANILOW-KLOSTER (Данилов-ский монастырь) ★★ [G10]

Das Danilow-Kloster wurde 1282 von dem Gründer des Moskauer Fürstentums, **Prinz Daniil**, als Wehrkloster erbaut. Unter *Iwan I.* wurden die Mönche und Ikonen in den Kreml verbracht und kehrten erst 1625 zurück. Eine Blütezeit erlebte das Kloster Mitte bis Ende des 16. Jh. unter **Iwan dem Schrecklichen**. Im 17. Jh. kam die große Mauer hinzu. Die leidvolle Geschichte begann mit dem Überfall *Napoleons,* bei dem die Anlage stark beschädigt wurde. Im Ersten Weltkrieg war das Kloster ein Militärlazarett, nach der Revolution ein Kinderheim und zu Sowjetzeiten, nachdem die Mönche in die Verbannung geschickt worden waren, ein Jugendgefängnis. Erst 1963 gab der Staat das Gebäude an die Kirche zurück.

Die letzten Ergänzungen und Restaurierungen gehen auf die Jahre 1987/88 zurück, als in Russland das Jahrtausend des orthodoxen Christentums begangen wurde und das Mönchskloster zum Hauptsitz der Heiligen Synode der russisch-orthodoxen Kirche wurde. Der Bau der Synode, der Kapelle und des archaischen Baldachins über dem Brunnen war auch ein Versuch, nach einem halben Jahrhundert der Stagnation diese Form der Kunst wieder zu beleben. Das Gästehaus ist heute ein einfaches **Hotel,** in dem man abends sehr gut speisen, tagsüber aber auch nur einen Kaffee trinken kann. Besucher betreten die Anlage an der **Kirche des heiligen Stolpnik**, die in den 1920er Jahren komplett neu gebaut werden musste, als der Eingangsturm abgerissen und dessen Glocken nach Harvard verkauft worden waren. Die in den 1930er Jahren im klassizistischen Stil errichtete **Dreifaltigkeitskathedrale** ist das Herz der Anlage und unbedingt sehenswert.

› Bolschoj Starodanilowskij Pereulok 5, Metro: Tulskaja, Mo.–So. 7–19 Uhr, Tel. 9556757

🕖 LOMONOSSOW-UNIVERSITÄT UND SPERLINGSBERGE (Московский университет имени Ломоносова) ★★ [C10]

Benannt wurde die erste Moskauer Universität nach einem der größten Wissenschaftler des 18. Jh. **Michail Lomonossow** lebte von 1711–1765 und befasste sich als Universalgelehrter mit den unterschiedlichsten Fächern wie Chemie, Physik, Philosophie und Bergbau. Der „russische Leonardo da Vinci" konnte Deutsch, Griechisch und Latein. Seine russische Grammatik ist noch heute ein Standardwerk. Naturwissenschaftlichen Arbeiten konnte er sich mit ebenso viel Hingabe widmen wie Gedichten und Gemälden. 1755 gründete er die erste russische Universität in St. Petersburg.

Die **Moskauer Staatsuniversität (MGU)** in den *worobjowy gory* (Sperlingsbergen)

MOSKAU ENTDECKEN
Sehenswertes außerhalb des Gartenrings

wurde von *Stalin* in Auftrag gegeben und residiert in der höchsten der sieben Stalin-Kathedralen. Den schönsten Panorama-Blick über Moskau hat man von der Plattform vor der Universität aus. Dort gibt es auch eine riesige Auswahl an fliegenden Händlern mit Matrjoschka-Puppen und den Sessellift, mit dem man wieder hinunter ans Ufer der Moskwa fahren kann. Grandioser Ausblick inklusive.

240 Meter hoch ragt das imposante, wie eine Festung wirkende **Universitätsgebäude**, das von *Lew Rudnew* entworfen und 1953 nach 5-jähriger Bauzeit fertig gestellt wurde, in den Himmel. Anfang der 1950er Jahre hatte es einen Wettbewerb für ein an dieser Stelle geplantes Pantheon berühmter Persönlichkeiten der Sowjetunion gegeben. Die Pläne wurden später verworfen. In den Seitenflügeln sind Studentenwohnheime, ein Museum, ein Kino, ein Theater, ein Einkaufszentrum und sogar ein Schwimmbad untergebracht. Allein die Korridore sollen 33 Kilometer lang sein. Wenn man es schafft, an den Wächtern am Eingang vorbeizukommen, steht man in dem mit grünem Marmor ausgekleideten Foyer. An der Wand liest man ein Zitat von *Iwan Mitschurin*: „Wir können von der Natur keine Wohltaten erwarten. Sie der Natur abzuringen ist unsere Aufgabe." Die weitläufigen Parks und die isolierte Lage auf der Anhöhe geben den 60 Gebäuden mit ca. 30.000 Studenten das Flair einer richtigen Studentenstadt. Letzter Neuzugang ist die mit 5 Millionen Bänden ausgestattete und mit Blattgold verzierte Universitätsbibliothek auf dem Campus

▲ *Eine Stadt in der Stadt – der Campus der Lomonossow-Universität*

gegenüber dem Hauptgebäude, in die man auch einen kurzen Blick werfen kann. Sie wurde zum 250-jährigen Bestehen der MGU im Jahr 2005 eingeweiht.

› Metro: Uniwersitet. Dann fragt man nach *uniwersitet* und nimmt eine Marschrutka oder einen Bus. Zu Fuß sind es etwa 15 Minuten. Von dort zurück fährt man am besten mit dem Sessellift nach unten und erreicht dort nach einem 15-minütigen Spaziergang am Flussufer die Metro Worobjowy Gory.

70 SIEGESPARK
(Парк Победы) ★★ [B7/8]

Der Siegespark im Westen von Moskau ist eine der größten und teuersten Gedenkstätten des Zweiten Weltkrieges mit einem umfangreichen **Museums- und Denkmalskomplex**, der erst 1995 fertig gestellt und rechtzeitig zum 50. Jahrestag des Sieges eröffnet wurde. Der alles überragende **Obelisk** mit dem Siegesengel ist 142 Meter hoch, jeweils 10 Zentimeter für einen Kriegstag. Zu seinen Füßen steht Georg der Drachentöter – der Schutzheilige Moskaus und Überwinder alles Bösen. Das der griechischen Siegesgöttin *Nike* gewidmete Denkmal schuf *Jurij Luschkows* Hofkünstler *Zurab Zereteli*. Das gigantische, in einem Halbkreis angelegte **Museum** zeigt den Krieg, in dem nach letzten Schätzungen 27 Millionen Russen ihr Leben verloren, aus der Sicht der Sowjetunion. Auf Dioramas werden die großen Schlachten, die Belagerung Leningrads und die Eroberung Berlins eindrücklich nachgestellt. In der riesigen **Ruhmeshalle** im Zentrum der Gedenkstätte sind die Helden der Sowjetunion verewigt, an ihrer Seite Flaggen

und Waffen. Der in das Gebäude integrierte, imposante **Dom** misst 50 Meter im Durchmesser. Die heroischen sowjetischen Soldaten machen deutlich, dass Russland noch immer auf der Suche nach einem Verhältnis zu seiner totalitären Vergangenheit ist.

Der schon von weitem sichtbare, von *Ossip Bove* entworfene **Triumphbogen** erinnert an *Napoleons* Niederlage 1812. Der 1834 an der Twerskaja Uliza errichtete Bogen wurde in den 1930er Jahren bei Straßenverbreiterungsarbeiten abgerissen und 1968 an gleicher Stelle mit den alten Skulpturen wieder aufgebaut.

Auf dem riesigen Gelände befinden sich außerdem eine **Synagoge**, eine neu erbaute **Kirche** und eine **Moschee**. Im Schatten des Museums liegt ein eindrucksvolles **Holocaust-Mahnmal**, das *Luschkow* zu düster fand und aus der Innenstadt hierher, an einen unscheinbareren Aufenthaltsort, verbannte. Die Fontänen im vorderen Bereich werden abends blutrot angestrahlt, passend zum Pathos dieses entrückten Ortes in den *Poklonnye Gory* (*Grußhügeln*), von denen aus *Napoleon* 1812 das brennende Moskau erblickte.

› Siegespark mit dem Museum des Großen Vaterländischen Krieges, Uliza Bratjew Fontschenko 10, Metro: Park Pobedy, Kutusowskaja, Di.–So. 10–17 Uhr, geschl. letzter Do. im Monat, Tel. 1424185

◂ *Schon die Metrostation „Park Pobedy" signalisiert, was den Besucher des Geländes erwartet: Patriotismus, Heldenverehrung und Opfergedenken*

🗝 SCHLOSS OSTANKINO (Останкинский дворец) ★★ [G2]

In unmittelbarer Nähe zum Fernsehturm Ostankino liegt auf dem Gelände des Allrussischen Ausstellungszentrums (WWZ, früher WDNCH) 🗝 das 1791–1798 von **Graf Nikolaj Scheremetjew** erbaute, weiß verputzte Holzschloss mit demselben Namen, umgeben von einem schönen Park. *Nikolajs* Vater *Pjotr Scheremetjew* gehörte zur reichsten Familie Russlands. Er verfügte über 200.000 Leibeigene und 800.000 Hektar Land. Sein Sohn *Nikolaj* war ein großer Förderer des russischen Theaters. Als seine Privatbühne im Stammsitz Kuskowo zu klein wurde, ließ er in Ostankino einen klassizistischen Sommersitz mit einer der damals modernsten **Theaterbühne** der Welt für 250 Zuschauer bauen und leibeigene Schauspieler, Sänger und Musiker auftreten. Seine fast 200-köpfige Truppe hatte ein Repertoire von über 100 Stücken. 1801 heiratete er die schönste und brillanteste Tänzerin dieser Truppe: *Praskowia Kowalowa,* genannt *schemtschugowa* (kleine Perle). Als die Künstlerin zwei Jahre später im Kindbett starb, betrat er das Schloss nie wieder.

Neben der Eingangshalle liegt der **italienische Pavillon**, ein mit klassischen Motiven an den Wänden tapezierter, üppig dekorierter Raum mit Säulen aus Marmorimitat. Parkettböden aus Mahagoni und Ebenholz, Stuckverzierungen und vergoldete Holzschnitzereien machen das Interieur unbedingt sehenswert. Die pompöse Galerie mit Malachitimitat und Sphinxen sollte die Besucher auf die Theatervorführung einstimmen. Der beeindruckende elliptische **Ball- bzw. Theatersaal** war seinerzeit mit einer versenkbaren Bühne verbunden, die mit einem hydraulisch verstellbaren Lüster und beweglichen Säulen ausgestattet war. Die Wettermaschine, mit der Regen, Donner und Blitze simuliert werden konnten, funktioniert noch heute. Im Juni, Juli und August finden im **ägyptischen Pavillon** mit den pseudo-pharaonischen Statuen dreimal in der Woche klassische Konzerte statt. Die erste Etage wird gerade renoviert. In Sowjetzeiten verfiel das weder elektrifizierte noch beheizbare Schloss, das in den Wintermonaten geschlossen ist.

Das **Museum mit Leibeigenenkunst** erinnert daran, dass das Schloss mit der Arbeitskraft von Leibeigenen gebaut wurde. Zu sehen sind Kandelaber, Kristallleuchter und eine Gemäldesammlung.

Die 1680 erbaute **Dreifaltigkeitskirche** an der Straße, die sich in dem künstlich angelegten See spiegelt, ist eine typische Moskauer Barockkirche mit Nalitschniki, Kokoschnik-Giebeln, goldblauen Verzierungen und dunklen Farben. Sie ist seit einiger Zeit zu Restaurationszwecken eingerüstet.

› 1. Ostankinskaja Uliza 5; Metro: WDNCH; 25 Minuten zu Fuß oder 5 Minuten mit der Tram 7 oder 11. Vom WWZ-Gelände fährt seit 2004 eine Monorailbahn, leider nur jede halbe Stunde. Mi.–Sa. 15.30–18 Uhr, So. 13.30–18 Uhr, nur 15. Mai–1. Okt., bei Regen geschlossen; nur russische Führungen (Mi.–Sa. 10–15, So. 10–13.30 Uhr), Tel. 2834645 (auch für Konzerte), www.museum.ru/ostankino

Der 1967 erbaute **Fernsehturm Ostankino** ist mit 540 Metern einer der höchsten Türme der Welt. Er gehört zur gleichnamigen Fernsehstation, die im Oktober 1993 in die Schlagzeilen kam, als sich hier Putschisten, Journalisten und regierungstreue Truppen acht Stunden lang bekämpften. Nach einer umfassenden Renovierung wird die Aussichtsplattform in 340 Meter Höhe voraussichtlich Ende 2006 wieder zugänglich sein. Von oben kann man bei gutem Wetter bis zu 40 Kilometer weit sehen und sich dazu einen kleinen Snack in einem der drei geplanten Restaurants unterschiedlicher Preisklassen genehmigen.

72 ZARENRESIDENZ ZARIZYNO (Царицыно) ★★ [s. Umgebungsplan]

Katharina die Große beschloss im Jahr 1775, sich am Stadtrand von Moskau eine zweite Zarenresidenz zuzulegen, die ähnlich pompös wie *zarskoje selo* (Zarendorf bei St. Petersburg) sein sollte. Sie erwarb das Gut, das einst *Peter dem Großen* gehört hatte, auf den schön bewaldeten Hügeln in Stadtnähe, wo sie mit ihrem Sohn *Paul* die Sommer verbringen wollte. Die Zarin gab dem Anwesen den Namen „Zarinnendorf", ließ den Gutshof abreißen und engagierte den berühmten Architekten *Wasilij Baschenow,* der einen riesigen, neogotischen Palast mit barocken, maurischen und gotischen Elementen ersann. Mit dem Ergebnis war sie jedoch nicht zufrieden und beschloss nach 10-jähriger Bauzeit, den Hauptteil des Palastes abreißen zu lassen. Gerüchten zufolge habe ihr die Freimaurersymbolik von *Baschenow* nicht gefallen. Sie beauftragte dessen jüngeren Kollegen *Matwej Kasakow* mit dem Neubau des Palastes. Weitere 10 Jahre gingen ins Land. Dann wurde das Vorhaben aus Finanznöten endgültig auf Eis gelegt, der fantasiegotische Bau nie fertig gestellt.

MOSKAU ENTDECKEN
Sehenswertes außerhalb des Gartenrings

Zu der 550 Hektar großen Palastanlage mit dem morbiden Charme zählen insgesamt 29 Architekturdenkmäler. Der **Hauptpalast** besteht aus zwei miteinander verbundenen Gebäuden, die im Rahmen der umfangreichen Restaurierungsarbeiten mit einem auffallenden Dach versehen wurden. Die Restaurierung einer der beliebtesten Touristenattraktionen in Moskau hat Bürgermeister *Jurij Luschkow* zur Chefsache erklärt. Zarizyno wird bis Ende 2007 in ein **Ausstellungszentrum** verwandelt, das es von der Größe und den Exponaten her mit der Eremitage in St. Petersburg aufnehmen können soll. *Luschkows* Lieblingsprojekt sieht den Bau einer unterirdischen, 25.000 m² großen, dem Pariser Louvre ähnelnden Ausstellungsgalerie vor, die den Palast mit der früheren Zarenküche *(chlebny dom)* verbinden soll. Die erst im 19. Jh. erbaute **Nikolaj-Kirche** mit den weißen Kuppeln ist bereits restauriert. Seit 1984 ist in der malerisch gelegenen Anlage aus roten Ziegeln ein **Museum** mit Ikonen, Porzellan, Kristallwaren und Fabergé-Eiern untergebracht. In den **Pavillons** finden wechselnde Ausstellungen statt, in der Oper **Sommerkonzerte**.

Der zugige, abweisende Weg von der Metrostation Zarizyno unter den Eisenbahnbrücken entlang soll bald durch eine Galerie ersetzt werden. Von der Metrostation Orechowo ist es allerdings auch nicht näher. In dem riesigen Park mit den unzähligen Brücken und Teichen gibt es im Sommer auch Snacks und *schaschlyki* (Schaschlik-Spieße mit Ketchup und Salat, die an offenen Feuerstellen im Park gegrillt werden.) Ein Besuch lohnt vor allem im Winter, wenn der Schnee die Noch-Ruinen in märchenhaftes Weiß taucht.

› Dolskaja Uliza 1, Metro: Zarizyno (wahlweise Orechowo), 15 Minuten zu Fuß bis zum Eingang, Sommer: Mi.–So. 11–18 Uhr, Winter: Mi.–So. 11–17 Uhr, geschl. letzter Mi. des Monats, Tel. 3210743, Tel. 3216366 (Konzerte)

🕖 ANDRONIKOW-KLOSTER
(Андроников монастырь) ★ [I7]

Im Südosten Moskaus liegen eine ganze Reihe von Wehrklöstern. Nicht ohne Grund. Aus dieser Richtung versuchten die Tataren, die Stadt zu erobern. Der Moskauer **Metropolit Alexej** gründete 1360 das Kloster Andronikow (benannt nach dem ersten Abt *Andronik*). Nach seiner geglückten stürmischen Überfahrt von Konstantinopel wollte er sich auf diese Weise erkenntlich zeigen. **Andrej Rubljow** ist der bekannteste Mönch, der hier gelebt hat. Er wird auch mit einem 1989 errichteten Denkmal vor dem Eingang geehrt. Er wurde der wichtigste Ikonenmaler Russlands und liegt hier begraben. Nach der Oktoberrevolution wurde das Kloster in ein Gefangenenlager umfunktioniert, später in eine Arbeiterunterkunft. 1960 wurde das **Andrej-Rubljow-Museum** mit einer stattlichen Sammlung von Ikonen aus dem 17. Jh. eröffnet, die *Rubljows* Schüler gemalt haben. Die Originale von *Rubljows* Ikonen sind nur in der Tretjakow-Galerie zu sehen. Erst 1989 konnte die russisch-orthodoxe Kirche das Kloster wieder ihr Eigen nennen. Heute leben im Kloster einige Mönche. Auch eine Chorschule ist untergebracht.

Das Innenleben des Klosters hält nicht das, was das romantische Äußere verspricht. Sehenswert sind die 1427 fertig gestellte, aber derzeit wegen Renovierung geschlossene **Erlöser-Kathedrale**, das älteste Steingebäude Moskaus, und das **Refektorium** aus dem Jahr 1506. Die Turmkirche im Naryschkin-Barock und der klassizistische Glockenturm sind nur von außen interessant.

› Andronjewskaja Ploschtschad 10, Metro: Ploschtschad Iljitscha, weiter mit dem Trolleybus 47 oder 53, Do.–Di. 11–17 Uhr, Tel. 2781467

74 DONSKOJ-KLOSTER
(Донской монастырь) ★ [F10]

Die Donskaja-Ikone, die Ikone der Muttergottes vom (Fluss) Don, gab dem Wehrkloster mit den hohen Mauern und den zwölf Türmen, das **Boris Godunow** 1591 zum Schutz vor den Angriffen der Tataren erbauen ließ, seinen Namen. Auch wenn sich das Original heutzutage in der Tretjakow-Galerie befindet, ist das Innere der **Neuen Kathedrale** wegen des geschnitzten, siebenrangigen Ikonostas und der vielen schönen Fresken unbedingt sehenswert. Der rote Klinkerbau wurde zwischen 1684 und 1698 im Moskauer Barockstil errichtet und verfügt über fünf Kuppeln über einem quadratischen Grundriss.

Die 1593 fertig gestellte **Alte Kathedrale** wirkt mit der blauen Kuppel und den Kokoschnik-Giebeln bescheiden und malerisch. Die Halbmonde unter den goldenen Kreuzen auf dem Dach des Klosters symbolisieren die Niederlage des Islam. Ende des 17. Jh. entwickelte sich die heilige Stätte zu einem wichtigen politischen Zentrum. Von 1918 bis 1927 war das Donskoj-Kloster der Sitz der russisch-orthodoxen Kirche. Dann wurde es geschlossen. Der am Eingang postierte, weiß gestrichene sowjetische **Panzer** erinnert an eine von der Kirche gebildete, 1943 eingesetzte, bewaffnete Einheit, die nach dem Heiligen *Dmitrij Donskoj* benannt wurde. Seit 1991 ist das Kloster wieder im Besitz der Kirche, die umfangreiche Renovierungsarbeiten vornahm. Heute gehören eine **Schule für Ikonenmalerei**, eine **Ikonenwerkstatt** und ein kleiner **Verlag** zum Areal. Für Kloster-Interessierte empfiehlt sich ein 20-minütiger Spaziergang zum Danilow-Kloster 68.

› Donskaja Ploschtschad 1, Metro: Schabolowskaja, Mo.–So. 7–19 Uhr, Tel. 9521646

▲ *Die alte „Neue" Kathedrale*

▶ *Sieht alt aus, ist aber neu – Vernissage im Ismajlowskij-Park*

⑮ ISMAJLOWSKIJ-PARK
(Измайловский Парк) ★ [L6]

Mit 1300 Hektar ist der Ismajlowskij-Park einer der größten Parks der Welt und am Wochenende als Ausflugsziel bei den Moskowitern beliebt, vor allem wegen der Kinderunterhaltung, der Cafés und des Freilufttheaters. Oft wird gepicknickt. Der von Touristen samstags und sonntags gut besuchte **Kult-Flohmarkt** in der Nähe der für die Olympiade 1980 gebauten Ismajlowo-Hochhäuser hat eine lange Tradition, ist aber sehr überlaufen.

Nach einem Großbrand Anfang 2005 wurde das **Vernissage-Ensemble**  beinahe komplett wieder aufgebaut. Der Park ist so groß, dass man sich leicht verläuft. Dann sollte man einen Passanten nach der nächsten Metrostation fragen.

Im 17./18. Jh. befand sich in dem Park eine der Sommerresidenzen der Zarenfamilie *(preobraschenskoje)*. *Peter der Große* verbrachte hier seine Kindheit. Auf dem zur Fischzucht angelegten See lernte er segeln. Aus dieser Zeit existiert auch noch die **Mariä-Schutz-Kathedrale** (1679) mit den fünf eng beieinander stehenden schwarzen Kuppeln auf mit „Pfauenaugen" verzierten Sakomary-Giebeln und der 1671 errichtete **Brückenturm**. Er war Teil einer 50 Meter langen Brücke und beherbergt heute ein kleines **Museum** mit Waffen, Dokumenten und Kostümen aus der Zarenzeit. In einer von seinem Vater für ihn errichteten Spielzeugfestung konnte der kleine *Peter* (der später der Große hieß) mit zwei Spielzeug-Regimentern mit seinen Altersgenossen Krieg spielen. Er durfte zu diesem Zweck sogar echte Waffen aus der Kreml-Rüstkammer einsetzen. *Katharina die Große* machte den Holzpalast 1767 dem Erdboden gleich – nur das ehemalige **Zeremonialtor** ist heute noch erhalten. 1812 entstanden auf dem riesigen Areal einige Wohnhäuser für Kriegsinvaliden.

> Sirenewyj Bulwar 4, Metro: Partisanskaja (früher Ismajlowskij Park), Flohmarkt: Mi., Sa. und So. 9–18 Uhr, der Park ist 24 Stunden geöffnet

76 KRUTIZKIJ-KLOSTERRESIDENZ
(Крутицкое Подворье) ★★ [H9]

Wie eine Filmkulisse liegt sie da. Als solche fungierte die malerisch am steilen *(krutoj)* Ufer der Moskwa gelegene Krutizkij-Klosterresidenz aus dem 16. Jh. in einigen Historienfilmen. Die stilgetreu restaurierte Residenz wird von der kleinen **Mariä-Himmelfahrts-Kathedrale** aus dem 17. Jh. dominiert. Das Ensemble und sogar die Zwiebelkuppeln bestehen aus roten Ziegeln.

Über eine Galerie mit Dachstube *(teremok)* ist die Kathedrale mit dem Metropolitenpalast verbunden. Die für die Öffentlichkeit nicht zugängliche Dachstube ist mit Säulen, geschnitzten Fensterrahmen und bunt gemusterten Kacheln mit Pflanzenornamenten verziert und somit ein hervorragendes Beispiel altrussischer Baukunst. Im 16. Jh. lebten hier die Metropoliten, als sie nach der Bildung des Patriarchats den Kreml verlassen mussten. Vor ihrer aufwendigen Renovierung diente die Residenz als Kaserne und sogar als Gefängnis. Der Physiker *Alexander Herzen* soll hier inhaftiert gewesen sein, bevor er ins Exil ging. Nach der Revolution wurde die Residenz als Arbeiterwohnheim genutzt. In den Holzbauten im Hof aus den 1920er Jahren ist heute die Jugendorganisation der russisch-orthodoxen Kirche untergebracht. Das winzige **Pilgermuseum** ist nur am Wochenende in der Zeit von 12–17 Uhr zu besichtigen. Ganz in der Nähe liegt das Neue Kloster des Erlösers, das sich für Klosterliebhaber unbedingt lohnt.

> Perwyj Krutizkij Pereulok 4, Metro: Proletarskaja, Mo.–So. 10–18 Uhr

77 LOMAKOW-OLDTIMER-MUSEUM
(Ломаковский музей старинных автомобилей) ★ [K12]

Mitten im Industriegebiet, eine halbe Stunde vom Stadtzentrum entfernt, befindet sich das erste Oldtimermuseum Russlands und eines der bedeutendsten seiner Art in Europa. Allerdings sind nur die Exponate museal, das „Museum" besteht aus einer gewöhnlichen, mit Split ausgestreuten, unbeheizten Gebrauchtwagenhalle und einem Hektar Hoffläche. Insgesamt umfasst die Sammlung 120 historische Autos und Motorräder, in erster Linie Siegestrophäen aus dem Zweiten Weltkrieg. Ausgestellt werden 40 Exemplare. Die zum Teil sehr gut gepflegten, manchmal aber auch zerbeulten Oldtimer und Motorräder (ab Baujahr 1914) haben schon in zahlreichen russischen Filmen mitgewirkt. *Dmitrij Lomakows* ganzer Stolz sind seine „deutschen Schätzchen", wie etwa der Horch–853

▶ *Skurril und etwas morbide – das Oldtimer-Museum*

Roadster von *Hermann Göring* oder der handgefertigte Mercedes, ein Geschenk *Hitlers* an *Eva Braun*. Auch der Mercedes 540K von *Josef Göbbels* aus dem Jahre 1936, ein sechs Meter langes Cabriolet, von dem es nur ein Exemplar gibt und bei dem es sich wohl um den teuersten Mercedes der Welt handelt. Alte BMW-Modelle aus den 1930er Jahren sind relativ gut erhalten und nach den Erklärungen „nicht mal im Münchner BMW-Museum zu finden". Leider sind die unbezahlbaren Exponate nur auf Russisch beschrieben. Auch muss man abstrahieren können, da einige der Oldtimer mit Wehrmachtshelmen und anderen Militärutensilien (etwas dilettantisch) arrangiert sind. Dafür läuft im Hintergrund schon mal amerikanischer Swing. Ein Skurrilitätenkabinett erster Güte, für Oldtimerfans ein Muss.

› **Lomakow-Oldtimer-Museum,** Krasnodarskaja Uliza 58 (den hinteren Metro-Ausgang nehmen und die riesige Straße etwa 300 Meter in Richtung Einkaufszentrum Moskwa laufen), Metro: Ljublino, Mo.–So. 11–19 Uhr, (Führungen angeblich auch nachts möglich, Dmitrij Lomakow erzählt dabei Geschichten über Hitler, Himmler und Stalin. Führungen auf Englisch nur nach vorheriger Anmeldung), http://users.rosweb.ru/lomakovka (chaotische Website, dafür auch auf Deutsch), lomakov@rosmail.ru, Tel. 3567995

78 MARIÄ-SCHUTZ-UND-FÜRBITTE-KIRCHE IN FILI
(Церков Покрова в Филях) ★ [B7]

Mitten in dem 1950er-Jahre-Vorort Fili steht wie nicht von dieser Welt eine der ersten Moskauer Barockkirchen, die

MOSKAU ENTDECKEN
Sehenswertes außerhalb des Gartenrings

Fürst *Naryschkin* (siehe Exkurs „Kokoschnik, Nalitschnik und Naryschkin-Barock – russische Stilelemente") 1690 in Auftrag gab.

Auf einem kreuzförmigen Grundriss mit vier Apsiden erhebt sich eine sich nach oben verjüngende sechsstöckige Kirche. Sie sieht aus wie eine Hochzeitstorte aus rotem Backstein, verziert mit weißen Kalksteinsäulen und -simsen, vier kleinen goldenen Kuppeln auf dem zweiten Stock und einer großen goldenen Kuppel auf einem achteckigem Tambour.

In der riesigen, ebenerdigen, beheizbaren **Winterkirche** im Sockel finden temporäre Ausstellungen statt. Der neunrangige Ikonostas von *Karp Solotarjow* (17. Jh.) geht bis in den Dachstuhl hinauf. Sehenswert ist auch die vergoldete Zarenloge. Die **Sommerkirche** weiter oben erreicht man über eine Treppe, vorbei an der Terrasse.

› Nowosawodskaja Uliza 47, Metro: Fili (Ausgang in Fahrtrichtung vorn, dann links 350 Meter oder zu Fuß vom Borodino-Panorama-Museum), Mi.–Di. 11–17 Uhr

❼❾ NEUES KLOSTER DES ERLÖSERS
(Новоспасский монастырь)

[H9]

Nur einen Steinwurf von der Krutitzkij-Klosterresidenz entfernt befindet sich das 1272 gegründete, von *Iwan I.* 1330 in den Kreml verlegte und und 1462 an dieser Stelle errichtete Neue Kloster des Erlösers. Es soll auf eine Initiative von *Jurij Dolgorukij* zurückgehen und das älteste Kloster Moskaus sein. Dort, wo früher die Grabkirche der *Romanows* gestanden hat, befindet sich heute die fünfkuppelige **Christi-Verklärungs-Kathedrale**, die nach dem Vorbild der Mariä-Himmelfahrts-Kathedrale ❻ im Kreml entworfen und 1642 fertig gestellt wurde. Heute finden hier wieder Messen statt. 1689 entstanden die Fresken mit Motiven der Christianisierung in Russland, die in Teilen heute in der Tretjakow-Galerie ㊱ zu finden sind. An einer Wand ist der Familienstammbaum der Romanow-Dynastie zu sehen. Neben den Ikonen befindet sich in einem der Schreine das Kleid der Heiligen Jungfrau, ein Hochzeitsgeschenk vom *Kaiser von Byzanz* an *Iwan den Großen*. Im 17. Jh. wurde auch die Schutzmauer gebaut. Die kleine Kapelle mit dem Zeltdach und dem angelegten Fischteich sollte man sich noch aus der Nähe ansehen. Hier züchteten die Mönche seinerzeit Fische.

Der schon von weitem erkennbare goldgelbe, 78 Meter hohe **Glockenturm** thront majestätisch über der eindrucksvollen Klosteranlage mit der bewegten Geschichte. Unter den Bolschewiken wurde sie ein Arbeitslager, später ein Waisenhaus, dann eine NKWD-Archiv (der NKWD, das Volkskommissariat für innere Angelegenheiten, hatte hier einen geheimen Friedhof angelegt) und schließlich eine Möbelfabrik. Die Restaurierung geht nur langsam voran, sodass die Spuren der Geschichte noch zu erkennen sind. Das Kloster nahm erst Anfang der 1990er Jahre seinen Betrieb wieder auf.

› Krestjanjakaja Ploschtschad 10, Metro: Proletarskaja, Mo.–So. 8–20 Uhr. Am Flussufer, an der Haltestelle Ustinskij Most direkt am Kloster legen die Minikreuzfahrtschiffe an und ab, mit denen man von hier aus durch die gesamte Innenstadt, am Kreml vorbei, bis zum Neujungfrauenkloster fahren kann.

AUSFLÜGE IN DIE UMGEBUNG

Unbedingt lohnenswert ist zumindest ein Ausflug in die nähere Umgebung Moskaus. Große russische Geister zog es seit jeher in extravagante Herrensitze auf dem Land, die heute liebevoll in Museen umgewandelt wurden. Die malerischen Holzhäuser von Boris Pasternak, Peter Tschaikowsky und Lenin verzaubern den Besucher ebenso wie der „russische Petersdom" in Sergijew Possad oder „Moskaus Palästina". Und die Hektik der Großstadt verliert sich in den unendlichen Weiten der russischen Wälder schon nach einer halben Stunde ...

⑳ GORKI LENINSKIJE
(Горки Ленинские) ★★★

Lenins Landsitz

Auch wenn man ca. vier Stunden für diesen Ausflug einkalkulieren muss, sollte man sich diese äußerst empfehlenswerte Reise in die revolutionäre Vergangenheit Russlands nicht entgehen lassen. So anschaulich aufbereitet und gut erhalten ist kaum eines der Wohnhaus-Museen im Stadtzentrum. **32 Kilometer südlich von Moskau** liegt hoch über dem Fluss das majestätische Anwesen, auf dem *Wladimir Iljitsch Lenin* seine letzten Lebensjahre verbrachte. Zu besichtigen sind das Gästehaus, das Haupthaus, Lenins Garage und der Kremlpavillon. Der elegante weiß-gelbe Stuckpalast, das Haupthaus, gehörte einst der Witwe des großen Mäzen *Sawwa Mamontow,* die viele Einrichtungsgegenstände zurückließ. 1918 wurde das Areal verstaatlicht und umfunktioniert in ein **Sanatorium für hochrangige Parteimitglieder.** *Lenin* residierte zunächst mit seiner Frau *Nadeschda Krupskaja* und seiner Schwester *Maria Uljanowa* im Gästehaus. Nach dem Attentat 1918, das er schwer verletzt überlebte, beschloss er, sich in dieser malerischen Umgebung zu erholen, denn er liebte die Natur und war leidenschaftlicher Jäger. Ausschlaggebend war, dass er von hier aus schon zu damaliger Zeit eine direkte Telefonverbindung in den Kreml hatte. Als ihn ein erster Schlaganfall 1922 halbseitig lähmte, zog er mit seiner Frau, seiner Schwester und seinen Ärzten ins Haupthaus um. Zunächst konnte er wieder arbeiten, erlitt dann aber noch im selben Jahr einen weiteren Schlaganfall, der ihn die letzten 10 Monate seines Lebens ans Bett fesselte.

Über die Glasveranda des Haupthauses gelangt man ins Vestibül, in dem die Uhren *Lenins* Todeszeit anzeigen. Die 4000 Bücher umfassende **Privatbibliothek** enthält Bücher in 19 Sprachen, 9 konnte Lenin fließend lesen. In dem riesigen, mit Palmen begrünten **Wintergarten** steht noch der Filmprojektor, mit dem er sich Stummfilme angesehen hat. Die Hussen (Stoffüberwürfe) hingen auch damals schon auf allen Sofas und Sesseln. *Lenins* Frau wollte damit dokumentieren, dass dies alles nicht ihr Privatbesitz, sondern Staatseigentum war. Im **Esszimmer** im ersten Stock hängt eine „politische Landkarte Deutschlands", die *Lenin* in der Hoffnung aufgehängt hatte, von Deutschland möge die nächste Revolution in Europa ausgehen. Im angrenzenden **Schlaf- und Arbeitsraum** schrieb er 1923 auch sein Testament, in dem er verfügte, *Stalin* nach seinem Tod aus dem Amt des Generalsekretärs zu entlassen. *Stalin* erklärte das Testament später für ungültig. Als *Lenin* im Januar 1924 verstarb, wurde seine Leiche in dem großen **Trauerraum** nebenan aufgebahrt. Eine Totenmaske, ein Abdruck seiner Hände und die Trauerschärpen sind hier noch zu sehen. Auch eine aus Deutschland stammende Holzschatulle, die eigens als Behältnis für „Das kommunistische Manifest" angefertigt und mit einer deutschen Widmung an den „großen Führer" versehen wurde, ist hier ausgestellt. Am Tag nach seinem Tod wurde *Lenins* Leichnam in einem langen Leichenzug nach Moskau ins Mausoleum gebracht.

◀ *Vorseite: Russische Idylle – eine Datscha im grünen Gürtel von Moskau*

Am Ende der Führung verlässt man das Haupthaus und wird zu *Lenins* Garage gegenüber geleitet. Hier steht gut erhalten und bewacht **Lenins Rolls-Royce**, der mit Schneeketten und Ski ausgerüstet und somit auch im Winter einsatzbereit war. Da es in Kriegszeiten kaum Benzin gab, wurde der Luxuswagen umgerüstet und mit Alkohol betrieben. Schneller als 40 km/h konnte er aus diesem Grunde nicht fahren.

In einem kleinen Pavillon 10 Gehminuten entfernt sollte man sich auf jeden Fall noch **Lenins nachgebaute Kreml-Wohnung** mit dem echten Inventar ansehen. *Boris Jelzin* gelang es zwar nicht, *Lenins* Leichnam aus dem Mausoleum zu entfernen, dafür entschied er 1998, alle persönlichen Gegenstände des Revolutionärs hierher zu verbringen. Seinerzeit logierte *Lenin* im Senatsgebäude des Kreml. Selbst der Konferenztisch, seine Bibliothek, viele Originaldokumente und seine Telefone sind hier zu finden. Die alten Karten an den Wänden zeigen Russland im Zentrum der Weltrevolution. Die verschiedenen Ethnien des Kaukasus hat *Lenin* persönlich eingezeichnet.

Anfahrt

› Ausflugsdauer ca. 3–4 Stunden
› Tel. 5489309 (vorher anrufen, ob das Museum geöffnet hat!), Mi.–Mo. 10–16 Uhr, geschl. letzter Mo. im Monat, Metro: Domodedowskaja. Weiter geht es ca. 20 Minuten mit dem Minibus 439 bis zur Station Gorki Leninskije; man sollte die Nummer des Busses notieren und einen Passanten in der Metro nach dem richtigen Ausgang fragen. Nach einem kleinen Spaziergang erreicht man das weitläufige Gelände. Zurück zur Metro fährt bis 16 Uhr der Bus, danach kommt man nur noch per Anhalter zurück zur Metro.

⑧ SERGIJEW POSSAD (Сергиев Посад) ★★★

Petersdom der russisch-orthodoxen Kirche

Jedes Land hat ein historisches und religiöses Denkmal, das über Jahrhunderte als Wallfahrtsort verehrt wird. Für die russische Bevölkerung ist es das **Sergios-Dreifaltigkeitskloster**, eine dem Kreml ähnliche Zitadelle mit Kirchenbauten verschiedenster Epochen in dem Städtchen Sergijew Possad, im Westen besser bekannt unter dem Namen Sagorsk. **Sergios (Sergij) von Radonesch** ist einer der beliebtesten und angesehensten russischen Heiligen. Er stammte aus einer Adelsfamilie und gründete das Kloster 1345. In den folgenden Jahren schuf er die Grundlagen der religiösen Philosophie und spielte eine wichtige Rolle bei der Bildung des einheitlichen Staates Russland. Die **Dreifaltigkeits-Kathedrale** wurde 1422 auf seinem Grab erbaut. Sie wirkt erhaben und hat ungewöhnliche Verzierungen.

Die **Kirche Johannes des Täufers** ist durch ihre Fresken berühmt, welche die Lebensetappen des heiligen *Sergios* darstellen. Die **Mariä-Himmelfahrts-Kathedrale** mit ihren fünf goldbesternten blauen Kuppeln erinnert an ihr Pendant auf dem Kremlgelände. In den anderen Kirchen wie der Refektoriumskirche und der Kirche des Heiligen Geistes findet sich eine schöne Sammlung von Ikonen und kaiserlichen Schmuckobjekten.

Die gesamte Klosternlage zählt zum **UNESCO-Weltkulturerbe** und das nicht ohne Grund. Sechs Jahrhunderte russischer Baukunst sind auf diesem Areal zu bestaunen. 1408 wurde das Kloster von angreifenden Mongolen fast vollständig

zerstört. Abt *Nikon*, *Sergios* Nachfolger, ließ es wieder aufbauen. Knapp zweihundert Jahre später belagerten polnische Truppen das Kloster sechzehn Monate lang. Es erwies sich als uneinnehmbar und wurde somit zu einem Symbol des Widerstandes. Reiche Schenkungen verhalfen der Anlage im 17. Jh. zu einer Blütezeit. Die Zaren *Peter I.* und *Iwan V.* suchten hier 1685 Schutz vor den Strelitzen. *Peters* Tochter *Elisabeth* verlieh dem Kloster den höchsten **Ehrentitel der orthodoxen Kirche**. Seither wird es als „Lawra" und nicht einfach als Kloster bezeichnet. Nur noch drei andere orthodoxe Klöster können diesen Titel für sich beanspruchen. Die Bolschewiken schlossen die Anlage 1920 und verbannten die Mönche in Straflager. Um auch die Stadt zu entweihen, wurde Sergijew Possad unter *Stalin* nach dem großen Bolschewiken *Wladimir Sagorskij* 1930 in *Sagorsk* umbenannt und erst 1943 an die Kirche zurückgegeben. Der Patriarch von Moskau verlegte 1988 seinen Sitz in das Danilow-Kloster in Moskau, das geistliche Seminar und die Akademie verblieben in Sergijew Possad. 1991 erhielt die Stadt ihren früheren Namen zurück. Heute finanziert sich das Kloster durch Landwirtschaft und Sponsorengelder aus der Wirtschaft.

Durch den heiligen Torbogen der 15 Meter hohen und 6 Meter dicken Wehrmauer und die dahinter befindliche, mit Fresken und Barockkuppeln versehene **Torkirche Johannes des Täufers** aus dem 17. Jahrhundert, gelangt man auf das trapezförmige Gelände. Die im Blickfeld liegende prachtvolle **Mariä-Himmelfahrts-Kathedrale** wurde nach 26-jähriger Bauzeit 1585 auf Geheiß von *Iwan dem*

Sergijew Possad

Schrecklichen zur Feier seines Sieges über die Mongolen in Kasan eingeweiht. Eine Vielzahl schöner Ikonen schmückt den Innenraum, der leider meist nur im Sommer zugänglich ist. Vor der Kirche befinden sich die Gräber von Zar *Boris Gudonow* und seiner Familie. Der goldene Zwiebelturm in der Mitte wird von vier blauen Kuppeln mit goldenen Sternen umrahmt. Als Vorbild diente die gleichnamige Moskauer Kremlkirche. Hinter der Himmelfahrts-Kathedrale liegt die 1644 von Mönchen entdeckte **Brunnenkappelle**, vor der sich immer eine Schlange von Gläubigen bildet, die das heilige Wasser in Plastikkannen abfüllen.

Der daneben stehende 87 Meter hohe **Glockenturm** mit der goldenen Krone und dem großen Kreuz wurde 1769 nach fast 30-jähriger Bauzeit fertig gestellt und mit 42 Glocken ausgestattet. 72 Jahre lang schwiegen die Glocken. Kirchenglocken waren in Russland immer auch ein Symbol für Macht und Zerstörung. In Kriegszeiten wurden Glocken eroberter Klöster eingeschmolzen, um Kanonen herzustellen. Sie wurden aber noch aus einem anderen Grund konfisziert: um die Stimmen im Innern im wahrsten Sinne „zum Schweigen zu bringen". 2002 wurden zwei neue Glocken angebracht. Von der Galerie hat man einen herrlichen Ausblick.

Das 1692 fertig gestellte **Refektorium** mit der Sergijos-Kirche ist mit einer beeindruckenden vielfarbigen Fassade und weißen, mit Weinlaub verzierten Säulen der prunkvollste Bau. *Peter der Große* ließ das Refektorium als Dank für den Schutz, den das Kloster ihm gewährt hatte, für die Mönche errichten. Es hat Ähnlichkeit mit dem Facettenpalast ❶ im Kreml. In dem riesigen Festsaal fanden unter den Zaren zahlreiche Feierlichkeiten statt.

Die aus schlichtem weißem Kalkstein gebaute **Dreifaltigkeits-Kathedrale** mit den Kokoschnik-Giebeln ist die älteste Klosterkirche auf dem Areal. Die Wände sind mit Fresken geschmückt, einige der Ikonen stammen von *Andrej Rubljow*, auch die berühmte „Troiza", die Ikone der Dreifaltigkeit. Hier ist allerdings nur die Kopie zu sehen, das Original hängt in der (alten) Tretjakow-Galerie in Moskau. Hinter der Kirche befinden sich die heiligen Gemächer, in denen die Patriarchen und Metropoliten von 1946 bis 1948 und dann wieder nach 1988 residierten.

Die **Heilig-Geist-Kirche** wurde 1476 erbaut. Unüblich sind nicht nur die Ziegel, sondern auch die mit Glasurkacheln verzierten Fassaden und der in die Kirche integrierte Glockenturm. Der Ikonostas im Innern der Kirche stammt aus dem Jahr 1866.

Ausgefallen ist auch die **Kirche der Gottesmutter von Smolensk**, die eher an einen Pavillon als an eine Kirche erinnert. Sie wurde in nur drei Jahren erbaut und 1745 als letztes Gotteshaus auf dem Gelände fertig gestellt.

Das **Klostermuseum** zeigt Ikonen, Gold- und Silberarbeiten, Kunsthandwerk und Trachten sowie das Sargtuch des heiligen *Sergios* und zeichnet die bewegte Geschichte des Wallfahrtortes nach.

Anfahrt
› Ausflugsdauer ca. 6–8 Stunden
› Die kleine, aber weltberühmte Stadt erreicht man mit der Elektritschka oder dem Bus ab

◄ *Hinter den Klostermauern verbergen sich Schätze russischer Baukunst*

Jaroslawskij-Bahnhof in etwa 1 ½ Stunden. Nur 1 Stunde braucht der Jaroslawl-Express. An der Bahnstation Sergijew Possad steigt man am besten in ein Marschrutka und sagt einfach „Lawra". Das Ticket muss man aufbewahren. Ohne den Magnetcode kann man den Bahnhof nicht verlassen.

› Von Sergijew Possad gibt es regelmäßige Busverbindungen in das frühere Künstlerdorf Abramzewo.

› Eintrittskarten für das Museum und die Sakristei gibt es an Ort und Stelle. Das Kloster hat täglich von 10–18 Uhr geöffnet, die Kirchen sind an den Wochenenden für die Öffentlichkeit geschlossen, die Museen montags. Für das Kloster ist eine Fotoerlaubnis erforderlich, die es am Klostereingang zu kaufen gibt. www.musobl.divo.ru, Tel. 2813558.

82 KLIN (Клин) ★★

Tschaikowskys Wohnhaus

Das älteste Wohnhausmuseum Russlands ist das hübsche, grau gestrichene Holzhaus auf dem großen Tschaikowsky-Anwesen in der Kleinstadt Klin. Der große Komponist konnte sich nach eigenen Angaben nicht vorstellen „überhaupt irgendwo anders" zu leben. An diesem Ort, dessen „wohltuende Wirkung man nicht in Worte fassen kann", fand er die Ruhe für seine Kompositionen. Die „Nussknackersuite" sowie seine fünfte und sechste Symphonie entstanden an seinem Schreibtisch im Obergeschoss mit Blick auf Russlands Weiten. *Peter Tschaikowsky* lebte acht Jahre hier, von 1855 bis zu seinem Tod 1893. Das Wohnhaus überstand die Revolution und den Zweiten Weltkrieg unbeschadet, nachdem es von seinem Bruder *Modeste* nach *Tschaikowskys* Tod in ein **Museum** umgewandelt worden war. Dem geschmackvollen Interieur mit unzähligen Büchervitrinen, Bildern und antiken Möbel hat die Renovierung gut getan: Erst im Mai 2005 wurden die Wände schokoladenbraun oder karmesinrot gestrichen. Anheimelnd und einladend wirken die Räumlichkeiten ohnehin. In einem der Regale sind hinter Glas die gesammelten Originalpartituren von *Mozart* (hoffentlich) sicher verwahrt. Und vor dem Bett stehen noch *Tschaikowskys tapotschki* (Hausschuhe).

Jedes Jahr am 7. Mai wird den Gewinnern des internationalen Tschaikowsky-Wettbewerbs die Ehre zuteil, an dem alten Becker-Klavier in dem früheren Klaviervillon zu spielen. 1964 wurde auf dem Areal eine **Konzerthalle** errichtet, in der während einer Fühung Musikmitschnitte des großen Komponisten gespielt werden.

Anfahrt

› Ausflugsdauer 4–5 Stunden
› Uliza Tschaikowskowo 48, Klin (80 km von Moskau entfernt), Fr.–Di. 10–17 Uhr, geschl. letzter Mo. im Monat, Tel. 22458196, Metro: Komsomolskaja. Bevor man aufbricht, sollte man kurz anrufen und fragen, ob geöffnet ist. Dann mit der Elektritschka ab Leningradskij Woksal (Leningrader Bahnhof), Fahrtzeit etwa 1 ½ Stunden. Der Vorortzug fährt etwa alle halbe Stunde nach Twer mit Stopp in Klin. Dort nimmt man den Ausgang über die Brücke rechts und dann Bus Nr. 14, 15 oder 16 (ca. 30 Minuten), am besten jedoch ein Marschrutka Nr. 5 (15 Minuten), am Aus-

▶ *Der Nachbau des „Nachbaus" - Modell der Auferstehungskatedrale in Nowyj Jerusalem*

gang ganz rechts hinter dem Nachbargebäude. Den Fahrer nach „Musej Tschaikowskowo" fragen!
› Deutsche Führungen kosten knapp 50 €. Aus diesem Grunde macht es wahrscheinlich mehr Sinn, sich gleich an Patriarschij Dom Tours, siehe Kap. „Stadttouren", zu wenden. Das erspart auch die mühsame eigene Anreise.

83 NOWYJ JERUSALEM
(Новый Иерусалим) ★★

Neu-Jerusalem – Moskaus Palästina

Patriarch *Nikon* hatte im 17. Jh. einen Traum. Als Kirchenreformer nur mäßig erfolgreich, wollte er sich als Altersruhesitz ein eigenes Palästina bauen, obwohl oder gerade weil er nie dort gewesen war. Der Hügel auf dem Areal inspirierte ihn zu einem kühnen Projekt. Die Anhöhe sollte der Berg Zion sein, der Fluss Istra das Pendant zum Jordan, die Erhebung im Osten der Berg Eleon. Dort ließ *Nikon* ein kleines Bethanien-Kloster (Nazareth) errichten. Sein größter Ehrgeiz aber wurde der Nachbau der berückend schönen Grabeskirche in Palästina.

Der Eingang der Kathedrale ist nicht vorne links, sondern um das Gebäude herum. Unbedingt sehenswert ist das Innere der **Auferstehungs-Kathedrale,** das dem ältesten christlichen Gotteshaus der Welt aus dem 1. Jh. auf dem Berg Golgatha in Jerusalem nachempfunden wurde. „Der Weg ins Heilige Land ist weit, viele können eine so lange Reise nicht unternehmen." Das steht über dem Kathedraleneingang. Und so wurde „Moskaus Palästina" zur **Pilgerstätte** für viele Gläubige und Zaren. Auch *Anton Tschechow* und viele andere kamen zu diesem mystischen Ort, dem man eine gewisse Morbidität nicht absprechen kann. Der in sei-

ner Höhe und Größe ungemein imposante Innenraum der Kathedrale ist bis auf einige Säulen nicht restauriert und auch nicht begehbar. Trotzdem fühlt man förmlich die Geschichte und die Narben des Krieges: die verblassten Farben, das abgestoßene Mauerwerk und die unebenen Böden. Während das Kloster die Oktoberrevolution unbeschadet überstand, wurde der zentrale Teil im Zweiten Weltkrieg von den Deutschen zerstört. In den 1970er Jahren unterliefen den Statikern bei der Restaurierung einige Fehler, sodass sich der Prozess in die Länge zog. Die Kuppel ist in den letzten Jahren komplett restauriert und wieder mit Blattgold verziert worden, das Mauerwerk von außen noch immer in einem besorgniserregenden Zustand.

Anfahrt

> Ausflugsdauer ca. 5–6 Stunden
> 60 Kilometer von Moskau entfernt, mit der Elektritschka ab Rigaer Bahnhof. Der liegt unweit der Metro Rischskaja. Man muss noch einmal unter der großen Straße her zu dem grünen Bahnhofsgebäude, geht dann aber nicht ins Hauptgebäude (hier fahren die Fernzüge ins Baltikum), sondern rechts am Bahnhof vorbei bis zu den Kassen für die Vorortzüge nach Neu-Jerusalem, die leider sehr oft halten. Verlässt man nach ungefähr einer Stunde in Nowyj Jerusalem den Zug, geht man die Treppe runter, unter der Trasse her und wieder hoch. Hinter dem Bahnhofsgebäude geht es ein Stück rechts die Straße hoch bis zu einer Bushaltestelle. Man kann hier jeden Bus nehmen und steigt nach drei Haltestellen direkt vor dem Kloster Neu-Jerusalem aus.
> 10 Rubel (30 Cents) kann man schon bereithalten. Die Kassen auf der linken Seite vor dem Kloster sind manchmal nicht besetzt.

Dann macht man sich allein auf den Weg und wird spätestens am Eingang zum Museum gebeten, ein Ticket zu kaufen.
> Di.–So. 10–18 Uhr, geschl. letzter Fr. im Monat, Tel. 823146549, http://museum.istra.ru

84 ARCHANGELSKOJE
(Архангельское) ★★

Das Moskauer Sanssouci

Prinz *Nikolai Jussupow* gehörte zur russischen Aristokratie des späten 18. Jh. und liebte Marmor, Kunst und den schnöden Mammon. Bis zur Revolution lebte in in diesem großbürgerlichen Palast, diskutierte hier mit Geistesgrößen wie *Voltaire* oder *Puschkin,* hielt sich ein eigenes Theaterensemble und nannte einen Harem sein Eigen. Vor seiner Zeit, von 1703 bis 1810, war der Palast im Besitz der Fürstenfamilie *Golizyn.* 1830, nachdem *Napoleons* Truppen und ein Brand den Landsitz verwüstet hatten, fand eine umfassende Renovierung statt.

Gebaut wurde das **Schloss** mit dem viersäuligen ionischen Portikus und dem von korinthischen Säulen umgebenen Belvedere bereits 1670 und vereint heute fünf Jahrzehnte neoklassizistischer Architektur. 1919 wurde das Anwesen von den Bolschewiken beschlagnahmt und in ein Museum umgewandelt. Nach dem Zweiten Weltkrieg wurde ein riesiges, heute irrtümlich manchmal mit dem Palast verwechseltes **Sanatorium** für Militärs im hinteren Teil des Parks errichtet.

Seit 1989 wird der beeindruckende Herrensitz nun teilweise mit Spendengeldern renoviert, ist aber aus diesem Grunde auch eine Baustelle und bis auf den Kontorskij-Flügel geschlossen. Die dort befindliche **europäische Porzellan-,**

UMGEBUNG
Archangelskoje

Skulpturen- und Gemäldesammlung ist dafür hochkarätig, auch wenn der Großteil der ursprünglichen Sammlung heute in der Ermitage in St. Petersburg ausgestellt ist. Im oberen Stock befand sich *Jussupows* Privatbibliothek mit über 20.000 Bänden. Sehenswert ist der terrassenförmig angelegte und zum Fluss abfallende Schlosspark mit dem Teehaus, dem Katharina-die-Große-Tempel, den Pavillons und den Statuen. Im Innenhof des Schlosses finden im Sommer **Konzerte** statt, bei denen man sich wie in Sanssouci fühlen kann. Vor allem, wenn im Sommer die Rosen blühen, lohnt sich der Besuch von Archangelskoje. Im Winter verschwinden die Statuen in Holzkästen, um sie vor der Kälte zu schützen.

Anfahrt

› Ausflugsdauer 3–4 Stunden
› 23 Kilometer westlich von Moskau, Metro: Tuschinskaja, dann weiter mit dem Bus 549 oder dem Marschrutka 151 bis zur Station Linnowaja Alleja; mit dem Auto über Leningradskij Prospekt und Wolokolamskoje Schosse.
› Mi.–So. 10–18 Uhr im Sommer, bis 16 Uhr im Winter, geschl. letzter Fr. des Monats, Tel. 3631375, www.arkhangelskoe.ru (auf Russisch Informationen zu Events und Historie, klickt man die englische Version an, landet man auf einer Shopping-Seite)
› Das Café-Restaurant „Ussadba" auf dem Anwesen eignet sich für eine Einkehr.

▲ *Archangelskoje winterfest*

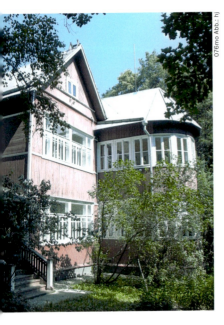

⑧⑤ PEREDELKINO
(Переделкино) ★★

Boris-Pasternak-Wohnhausmuseum

Von 1939 bis 1960 lebte der russische Literaturnobelpreisträger in dieser auf Befehl *Stalins* gebauten **Datschensiedlung** für verdiente Militärs und große Sowjetliteraten im Südwesten Moskaus. *Isaac Babel, Ilja Ehrenburg, Marina Zwetajewa* und *Alexander Solschenizyn* verbrachten ebenfalls einige Zeit in diesem inspirierenden Umfeld. *Jewgenij Jewtuschenko* lebt noch heute an diesem malerischen Ort, der wie kein anderer sowjetische und russische Literatur vereint. In den 1920er Jahren war *Pasternak* zu einem anerkannten Dichter avanciert, in den 1930er Jahren musste er sich aus ideologischen Gründen aus der Literatur zurückziehen und arbeitete mit dem Gefühl, in Gefangenschaft zu sein, als Übersetzer von *Shakespeare, Kafka* und *Goethe*. Ende der 1940er Jahre begann er mit „Doktor Schiwago", einem Liebesroman mit autobiografischen Zügen vor dem Hintergrund der Revolution. Die unglückliche Liebe hat es in seinem Leben wirklich gegeben. Sie hieß *Olga* und war seine Lektorin. Auch *Olgas* fünf Jahre währende Lagerhaft konnte ihrer Liebe nichts anhaben. Sie lebte später in einer kleinen Datscha, unweit von *Pasternak*. Ein italienischer Journalist schmuggelte den Roman außer Landes, da er in der Sowjetunion nicht erscheinen konnte. Schon bald nach der Veröffentlichung in Italien 1957 wurde das Buch ein Welterfolg. Den Nobelpreis durfte *Pasternak* nicht annehmen.

1960 starb er schließlich in diesen Räumen, getrocknete Rosen bedecken das Sofa, auf dem er entschlief. Das **Wohnhaus** ist erst seit 1990, dem Jahr seines 100. Geburtstages, zu besichtigen. Das Interieur ist noch original so erhalten wie es zu Lebzeiten *Pasternaks* war. *Boris Pasternak*, seine Frau und sein Sohn sind auf dem kleinen Friedhof neben der Christi-Verwandlungs-Kirche auf dem Hügel begraben.

Abgesehen von Patriarch *Alexej II.* leben heute neben über 90 Schriftstellern fast nur noch neureiche Russen in Peredelkino. Auch *Zurab Zereteli, Luschkows*

◄ *Inspirierende Sommerfrische - Peredelkino*

► *Kulturelles Zentrum auf dem Lande - Abramzewo*

UMGEBUNG **285**
Abramzewo

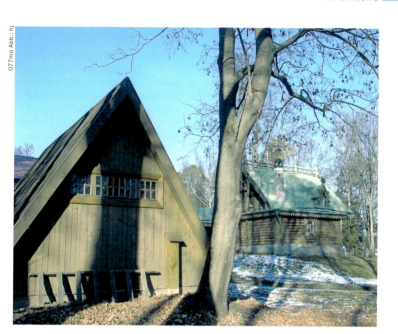

Hofkünstler, hat sich eines der schönen Datschengrundstücke im Grüngürtel Moskaus gesichert.

Anfahrt

› Ausflugsdauer ca. 4 Stunden
› Pawlenko Uliza 3, Peredelkino, Elektritschka vom Kiewer Bahnhof, 30 Minuten bis Peredelkino, dann 15 Minuten zu Fuß
› Do.–So. 11–16 Uhr, am letzten Tag des Monats geschlossen, Tel. 9345175, www.avantart.com/russ/peredelkino/1.htm

86 ABRAMZEWO (Абрамцево) ★

Künstlersiedlung aus Holz

Abramzewo ist ein einzigartiges historisches **Kunst- und Literaturmuseum** und ein **Naturschutzpark** sechzig Kilometer nordöstlich von Moskau. Literatur und Malerei sind hier eine Symbiose eingegangen. 1842 gehörte das ganz aus Holz gebaute Landgut dem russischen, slawophilen Schriftsteller *Aksakow,* der es in ein kulturelles Zentrum Russlands verwandelte, in dem sich im 19. Jh. viele orthodoxe Intellektuelle einfanden. Auf dem Tisch im Esszimmer liegt noch eine Tischdecke mit den Unterschriften verschiedener Gäste, die im Haus zu Besuch waren. Die berühmten Schriftsteller wie *Gogol* und *Turgenjew* besuchten diesen magischen Ort oft und ließen sich von der Natur inspirieren.

1870 erwarb der Industrielle *Sawwa Mamontow* das Anwesen mit den angrenzenden Ländereien. Er legte großen Wert darauf, Künstler zu fördern und ihnen das alte bäuerliche Handwerk, die mittelalterliche Architektur sowie Volkskunst und Mythologie näherzubringen. Die zur **Künstlergruppe der peredwischniki** (Wanderaussteller) gehörenden Maler *Wiktor Wasnezow, Michail Wrubel* und *Ilja Repin,* verbrachten die Sommer in diesem malerischen Umfeld. Ihre Bilder, auf denen Abramzewo häufig als Motiv zu sehen ist, sind heute in der Tretjakow-Galerie zu bewundern. Moskaus Mittelschicht kaufte die hier erzeugten neorussischen Einrichtungsgegenstände und Bilder, aus denen später der *stil modern* wurde, der Moskauer Jugendstil. Auch die Matrjoschka wurde hier geboren.

Sawwa Mamontow zog als Mäzen in das Haupthaus und ließ Künstler wie den Sänger *Fjodor Schaljapin* oder den Regisseur *Konstantin Stanislawskij* in den Nebenhäusern wohnen und arbeiten. Abends betätigte er sich als Schauspieler und Entertainer und genoss die Gesellschaft inspirierender Menschen. Er ließ zu seinem Amusement sogar ein Theater bauen und Kostüme entwerfen.

Die **Nachbildung der Nowgoroder Kathedrale** von 1881, die *Sawwa Mamontow* für seine Frau errichten ließ, ist auch von innen sehenswert, vor allem der Ikonostas.

Anfahrt

› Ausflugdauer ca. 6–7 Stunden
› Abramzewo, mit der Elektritschka ab Jaroslawskij-Bahnhof, Fahrtzeit: eine Stunde, am Bahnhof in Abramzewo steigt man aus und geht zu Fuß ca. 20 Minuten den mit einem Geländer oder Fackeln markierten Fußweg durch schönen russischen Wald. Zwischen Abramzewo und Sergijew Possad gibt es regelmäßige Busverbindungen. Die Fahrt dauert ca. 20 Minuten.
› Mi.–So. 10–17 Uhr, geschl. letzter Freitag des Monats, Tel. 0254 32470

ARCHITEKTUR-SPECIAL

Hier präsentiert sich Moskau von einer weniger bekannten Seite. Der erste Spaziergang entführt in das sehr europäisch anmutende Moskau des 21. Jh. Bauhaus-Fans können sich beim zweiten Rundgang die Hinterlassenschaften der Konstruktivisten aus der Nähe ansehen. Auch wenn im Stadtbild bis heute Stalins Monumentalstil dominiert, ist die Stadt eine wahre Fundgrube für Architekturbegeisterte. Die Internetadressen und Literaturhinweise bieten spannende Einblicke und machen den Stellenwert deutlich, den die Architektur in Moskau noch immer einnimmt.

SPAZIERGÄNGE FÜR ARCHITEKTURFANS

„Moskau braucht keine Postmoderne zu importieren. Es ist der grandiose Trümmerberg, das Gesamtkunstwerk einer anderen Moderne, die postmoderne Stadt schlechthin."

(Karl Schlögel, „Promenade in Jalta")

STADTVIERTEL OSTOSCHENKA – EUROPÄISCHER MINIMALISMUS IN MOSKAU

Der Spaziergang beginnt mit einem kleinen Schlenker über den begrünten Gogoljewskij Bulwar. Aus der **Metro** Kropotkinskaja kommend (*Pjotr Kropotkin* war der wichtigste Theoretiker des russischen Anarchismus), geht man rechts durch die Mitte des links und rechts in zwei Spuren verlaufenden Boulevards. Links und rechts säumen schöne Häuser den geschichtsträchtigen Boulevardring. Dann geht es nach wenigen Metern rechts die Stufen hoch. Dabei überquert man die rechte Spur des **Gogoljewskij Bulwars** und steht vor einem sanierten Altbau in beige, an dessen Ecke eine konstruktivistisch anmutende **Gedenktafel an den Architekten Iwan Leonidow** erinnert.

Zwischen den Häusern hindurch gelangt man schließlich auf die **Bolschoj Snamenskij Pereulok**, die man rechts hinunter geht, mit Blick auf das Areal der Christ-Erlöser-Kathedrale, auf dem *Stalin*

◀ *Vorseite: Apartment-Komplex Butikowskij Pereulok von Sergej Skuratow*

den Palast der Sowjets errichten wollte. Die **Christ-Erlöser-Kirche** im Blick geht es zunächst noch ein kleines Stück links in die **Wolchonka Uliza** hoch.

Unverhofft taucht auf der linken Seite wie aus einem Schwarz-Weiß-Film der Zwanzigerjahre eine **Jugendstiltankstelle** auf, an der noch immer schwarze Kremllimousinen (und nur die) auftanken dürfen. Die Tankstelle ist noch perfekt intakt. Man beachte auch das Schild „Bitte nicht rauchen!" und die stilechte Kupferabdeckung!

Man kehrt um und geht zurück Richtung Metro bis zur Straßenkreuzung Gogoljewskij Bulwar. Man bleibt auf derselben Straßenseite und überquert die Kreuzung. Dabei geht es am Metroeingang vorbei. Man passiert auch die zweite Kreuzung und wechselt am Friedrich-Engels-Denkmal die Straßenseite (Ampel). Hinter dem Denkmal geht es rechts in die Ostoschenka Uliza. Das Wort leitet sich von *stog* (Heuschober) ab, denn hier war im 19. Jh. Weideland. Die heutige Ostoschenka-Straße war Teil der alten Verbindung von Wladimir nach Kiew, den Hauptstädten des alten Rus. Dieses südwestlich des Kreml gelegene **Viertel Ostoschenka** war schon immer privilegiert, hier wohnte der alte Adel.

Man schlendert an klassizistischen Bauten vorbei und biegt in die vierte Straße links. Sie führt direkt auf den Eingang des **Satschatjewskij-Frauenklosters** zu. Auf der linken Seite sieht man neue Häuser mit Fassaden aus alten Steinen (z. B. die Apotheke). Das Eingangstor des Klosters ist bereits renoviert. Durch das Haupttor gelangt man in einen riesigen Innenhof mit einer großen Baustelle. Dort wird die Auferstehungs-Kathedrale Bogorodizy auf den alten Fundamenten

ARCHITEKTUR-SPECIAL
Spaziergänge für Architekturfans

> **EXTRATIPP**
>
> *Mosprojekt – Moskau als Modell*
> Das große Stadtmodell auf 15 mal 15 Metern Fläche ist unbedingt einen Besuch wert. Es ist für jedermann einzusehen, es gibt Infomaterial für Architekten, auch „Project Russia" im Verkauf. Und danach sollte man zumindest einen Blick in den Club im Keller werfen, zu dem ein erstklassiges Restaurant gehört. Internationales Publikum, geschmackvolles, europäisches Design.
> ● **1** [III E5] Dom na Brestskoj, 2. Brestskaja Uliza 6, Metro: Majakowskaja, www.dom6.ru (auch auf Englisch)

wieder aufgebaut. Geht man durch den Hof, an der Baustelle vorbei, gelangt man am Ende rechts der Nase nach zur **Klosterbäckerei** (Mo.–Fr. 9.30–16.30 Uhr). An dem unscheinbaren Fenster sollte man sich die noch warmen Milchhörnchen oder russisches Schwarzbrot mitnehmen. Die Brotspezialitäten schmecken umwerfend.

Verlässt man das Kloster wieder durch das Tor, durch das man gekommen ist, und biegt rechts ab in die **Satschatjewskij Pereulok**, entdeckt man im Vorbeigehen auf der linken Seite eine Vielzahl neuer Apartmenthäuser, die im Zuge eines für russische Verhältnisse einzigartigen Sanierungsprogrammes entstanden sind. Nach europäischem Vorbild wurden einige alte Häuser saniert, andere Gebäude dazwischen abgerissen und neu gebaut. Das ist ungewöhnlich. Meist werden in Moskau nach guter alter Sowjetmanier ganze Stadtviertel dem Erdboden gleichgemacht und neu konzipiert.

Rechts geht es entlang der Klostermauer weiter. An der Ecke biegt man links in die Molotschnyj Pereulok, in der rechts mit Hausnummer 1 das **teuerste Wohnhaus Moskaus** in Halbmondform auftaucht, das von den Architekten „Project Meganom" entworfen wurde. Es geht rechts in die Butikowskij Pereulok: Das Haus Nummer 9 wurde von dem russischen Architekten *Sergej Skuratow* entworfen. Auch wenn man manchen Architekten aus dem Allgäu wähnt, hier beherrschen die Russen das Feld. Mittlerweile sind auch noch einige andere hochkarätige Entwürfe verwirklicht. Auf der linken Seite sieht man das große **Bankgebäude der International Moscow Bank** aus den 1990er Jahren, allerdings nur von hinten.

Biegt man rechts in die **Korobejnikow Pereulok**, fühlt man sich wie im Europa des 21. Jahrhunderts. Hochwertige Materialien, viel Marmor und große Fenster. Kurz bevor man wieder auf die Ostoschenka Uliza kommt, liegt rechts ein äußerlich auf alt gemachtes, sehr russisch wirkendes Riesenwohnhaus in mattem Gelb. Auch das ist kein Altbau, auch das ist Top-Wohnlage.

Man läuft direkt auf das **Tiflis Hotel und Restaurant** [7] [11] zu, biegt dann aber links wieder in die Ostoschenka. Auf der linken Seite geht man am **ehemaligen Holz-Wohnhaus von Iwan Turgenjew** vorbei. Gegenüber befindet sich die **Staatliche Linguistische Fakultät** (früher: Maurice Thaurèze) in einem Prachtbau, der seinerzeit für die Division „Volksaufgebot" errichtet worden war. Unbedingt auf der linken Straßenseite geht es weiter an der großen Brücke unten vorbei bis zur **Metro Park Kultury**, deren Eingang sich direkt an dem Rondell befindet.

IKONEN DES KONSTRUKTIVISMUS

Nach der Oktoberrevolution 1917 sollte eine „Architektur für den neuen Menschen", den Sowjet-Bürger, geschaffen werden. Fortan galt kollektives Wohnen versus Vereinzelung, Gemeinschaft statt Individualität.

Die der Revolution zu Grunde liegende Auffassung, dass das Sein das Bewusstsein bestimmt und Lebensräume Menschen verändern, sollte in der Architektur Ausdruck finden (daher stammt auch der Begriff **Revolutionsarchitektur**). Zu diesem Zweck wurden Kommunehäuser und Arbeiterklubs konzipiert, in denen sowohl Alltag als auch Freizeit im Kollektiv verbracht werden sollten.

Als die wirtschaftlichen Schwierigkeiten Anfang der 1920er Jahre überwunden waren, wurden die ersten Bauten fertig gestellt. Die elegante, von geometrischen Formen geprägte, aber relativ einfache Bauweise des **Konstruktivismus** war vom Bauhaus beeinflusst. Als bevorzugte Materialien galten Metall, Glas und Stahlbeton. Transparente Gebäude mit breiten Fensterfronten, offenen Treppenkonstruktionen und schlichten Flachdächern (manchmal mit Dachgärten) sollten dem „neuen Menschen" helfen, sich mit den Idealen von Gleichheit und Gemeinschaft zu identifizieren, zumal die Gemeinschaftsräume im Vergleich zu den privaten Parzellen riesig waren.

Architekten aus dem „Westen" kamen nach Moskau, um sich von der Avantgarde inspirieren zu lassen. Auch Le Corbusier ging nach Russland, als Europa nach dem Krieg in Trümmern lag. Die meisten Entwürfe der Konstruktivisten gelangten jedoch nie an die Öffentlichkeit. Nach 1935 landeten unzählige Ideen aus ideologischen Gründen in der Schublade. Das riesige Archiv der so genannten **„Papierarchitektur"** ist heute unter www.utopia.ru einzusehen und dient namhaften internationalen Architekten als Lehrmaterial und Inspirationsquelle.

Mitte der 1930er Jahre ordnete Stalin eine neue Stilrichtung an, den **Sozialistischen Realismus** (Monumentalstil).

Auch wenn das Innere der 1920er-Jahre-Ikonen in keinem einzigen Fall im Original erhalten ist, lohnt doch zumindest ein Blick von außen. An der Metrostation Krasnyje Worota befinden sich gleich vier Denkmäler der Weltarchitektur in Laufweite (siehe Stadtteilspaziergang „Le Corbusier und der Konstruktivismus"). Die anderen sind über das Stadtgebiet verstreut, aber nicht weniger sehenswert.

★3 [VI H6] **Zentrosojus-Bürohaus,** Mjasnizkaja Ul. 39, Metro: Krasnyje Worota. Erbaut 1928–1936, entworfen von Le Corbusier. Le Corbusiers größte Hinterlassenschaft, das frühere Haus der Genossenschaftvereinigung Zentrosojus (mit Büros und Wohnungen) und heutige Amt für Statistik, ist zwar sanierungsbedürftig, aber immer noch einzigartig. Der rote Basaltbau wurde mit Doppelglaszwischenwänden, einem Dachgarten und offenen Rampen (statt Treppen) konzipiert. Das Markenzeichen von Le Corbusier, ein auf Stelzen ruhendes Erdgeschoss, wurde leider in weiten Teilen zugemauert.

ARCHITEKTUR-SPECIAL
Ikonen des Konstruktivismus

★4 [VI H5] **Narkomsem-Bürohaus,** Sadowaja-Spasskaja Ul. 15, Metro: Krasnyje Worota. Erbaut 1928-1933, entworfen von Alexej Schtschussew. Das frühere Kommissariat für Landwirtschaft erstrahlt nach aufwendiger Sanierung in neuem, himbeerfarbenem Glanz.

★5 [VI H6] **NKPS-Bürohaus,** Sadowaja-Tschernogrjaskaja/Ecke Nowaja Basmannaja Ul., Metro: Krasnyje Worota. Erbaut 1929-1931, entworfen von Iwan Fomin. Das Verwaltungsgebäude des früheren Volkskommissariates für das Eisenbahnwesen ist unschwer zu erkennen an der riesigen Turmuhr am Eckpfeiler.

★6 [VI H5] **Gostorg Bürohaus,** Mjasnizkaja 47, Metro: Krasnyje Worota. Erbaut 1925-1927, entworfen von Boris Velikovsky. Das Handelsministerium (und frühere Ministerium für Leichtindustrie) fällt durch die großzügige Verglasung der Bürogeschosse auf.

❺❻ [V E7] **Melnikow-Haus,** Kriwoarbatskij Pereulok 10, Metro: Arbatskaja. Erbaut 1927-1929, entworfen von Konstantin Melnikow. Das einzige je gebaute konstruktivistische Privathaus (Melnikow hatte Gönner in der Politik). Ein zylindrisches Kleinod ohne Trennwände, mit sechseckigen Fenstern, in dem bis zu seinem Tod im Februar 2006 Melnikows Sohn lebte.

★7 [D6] **Mostorg-Kaufhaus,** Ploschtschad Krasnopresnenskaja Sastawa 2/48, Metro: Uliza 1905 Goda (direkt an der Metro). Erbaut 1927-1928, entworfen von Leonid, Alexander und Wiktor Wesnin. Dieses Juwel wurde nach der Privatisierung in den 1990er Jahren von der Firma Benetton originalgetreu restauriert und hat somit seine ursprüngliche Bestimmung wiedererlangt: es ist ein einladendes Warenhaus für die breite Masse.

★8 [E4] **Arbeiterklub Zujew,** Lesnaja Ul. 18, Metro: Belorusskaja. Erbaut 1927-1929, entworfen von Ilja Golossow. Das zylindrische Glastreppenhaus dieses fast ganz aus Glas gebauten Arbeiterklubs ist weltberühmt. Auch wenn das Gebäude mit einem 850 Personen fassenden Auditorium mittlerweile vom Verfall bedroht ist,

▲ Le Corbusiers Spuren in Moskau: das Zentrosojus

bleibt es eine der wichtigsten Avantgarde-Ikonen überhaupt. Es steht gegenüber der Revolutionsdruckerei von 1905 ③.

★9 *[IV D8]* **Arbeiterklub Kautschuk**, *Pljuschtschicha Ul. 64, Metro: Park Kultury (20 Min. zu Fuß). Erbaut 1927-1929, entworfen von Konstantin Melnikow. Das Halbzylindrische ist ein Markenzeichen Melnikows und verleiht dem früheren Arbeiterklub mit den großen Fensterfronten Leichtigkeit. Eine Renovierung des Gebäudes steht bevor.*

★10 *[I/J5]* **Arbeiterklub Russakow**, *Stromynskaja Pl. 6, Metro: Sokolniki (20 Minuten zu Fuß). Erbaut 1927-1929, entworfen von Konstantin Melnikow. Die wohl berühmteste, weil ausgefallenste 1920er Jahre-Ikone liegt im Industriegebiet am Stadtrand. In den ausladenden Balkon-Pavillons befinden sich drei Auditorien. Sie sind charakteristisch für das ansonsten konstruktivistisch reduzierte, leider ziemlich verfallene Gebäude.*

★11 *[III D6]* **Narkomfin-Kommunehaus**, *Nowinskij Bulwar 25 (im Hinterhof), Metro: Barrikadnaja/Krasnopresnenskaja. Erbaut 1928-1930, entworfen von Moisej Ginzburg und Ignaty Milinis. Das wohl eleganteste Semi-Kommunalhaus jener Zeit ist in besorgniserregendem Zustand. 50 kleine, individuelle Wohn- bzw. Schlafeinheiten und wenige, große Gemeinschaftsräume reflektierten die „Architektur für den neuen Menschen". Der riesige Komplex (früher auf Stelzen) im unmittelbaren Stadtzentrum ist sehenswert ... und vom Abriss bedroht. (siehe auch Rundgang 2, das im konstruktivistischen Stil erbaute Haus am Ufer ㉞)*

LE CORBUSIER UND DER KONSTRUKTIVISMUS

An der **Metrostation Lubjanka** nimmt man unten den Ausgang Majakowskij-Museum und oben den ganz links. Die große steinerne Festung des mythenumrangten **ehemaligen KGB-Gebäudes** und des heutigen FSB (Föderaler Sicherheitsdienst) ❻① liegt im Blickfeld. Man lässt es links liegen.

Dreht man sich am Lubjanka-Platz um, sieht man das größte Spielwarengeschäft Moskaus, das **Detskij Mir** ① (Artpoint 3. Etage), eine Mischung aus einem italienischen Palazzo und einem Monumentalbau, den *Alexej Duschkin* 1957 entwarf. Es heißt, der damalige KGB-Chef habe eine Schwäche für Kinder gehabt.

Weiter geht es die **Mjasnizkaja Uliza**, früher Kirow-Straße (*Kirow* war zu Sowjetzeiten Parteichef von Leningrad), rechts hoch, vorbei am Majakowskij-Museum ③ (durch den Gitterzaun), das einen Besuch unbedingt lohnt. Im 15. Jh. siedelten in der Mjasnizkaja Uliza Bojaren und Kaufleute aus Nowgorod, im 16. Jh. entstanden erste Schlachthöfe (*mjasa* heißt Fleisch). Geht man an der Buchhandlung Biblio-Globus ① vorbei, sieht man schon die ersten schönen **Häuser der Jahrhundertwende**. Das neu renovierte blaue Palais auf der linken Seite gehört heute dem Föderalen Sicherheitsdienst.

Wer Lust auf eine kleine Verschnaufpause oder einen von 200 Sorten chinesischen Tees hat, biegt rechts in die

▶ *Das Narkomsem-Bürohaus*

Bankowskij Pereulok ein und geht geradewegs auf das zweistöckige Teehaus **Tschaj – Wunder des Himmels** (s. Exkurs „Teeclubs") zu. Auf der gegenüberliegenden Seite sollten antiquarisch Interessierte das **Antiquariat auf der Mjasnizkaja** nicht versäumen. Weiter die Mjasnizkaja Uliza hoch befindet sich links das gerade frisch renovierte und bisher noch nicht wiedereröffnete **Teehaus Dom Perlow** mit der chinesischen Ornamentik, den pagodenartigen Dächern und den Schriftzügen mit chinesisch verfremdeten Zeichen. Ein gründerzeitlicher Konsumtempel, der in den Jahren 1880–1893 entstand und heute wie ein Kuriosum wirkt.

Daran grenzt links ein exzellentes Beispiel für den Moskauer Klassizismus. Das 1780 für den Gouverneur *Iwan Juschkow* erbaute Juwel wurde in den 1920er Jahren Heimat der russischen **Bauhausbewegung** WchUTEMAS, die hier der russischen Avantgarde zu Ruhm verhalf.

Gegenüber steht das alte **Hauptpostamt** im russisch-byzantinischen Stil, das 1911 fertig gestellt wurde. Hier gibt es nette Souvenirs für Briefmarkenfreunde. Geht man die Mjasnizkaja noch weiter hoch, sieht man auf dem Platz Mjasnizkije Worota eine gigantische Trutzburg aus der Stalinzeit liegen, die einer Versicherung gehört.

Man überquert die Straße, wechselt dann die Straßenseite und biegt hinter dem Giganten rechts in den **Prospekt Akademika Sacharowa**. Auf der rechten Seite steht das kaum zu übersehende, ebenfalls immens große Le-Corbusier-Gebäude **Zentrosojus** (siehe Exkurs „Ikonen des Konstruktivismus"), das in den

Jahren 1928–1936 erbaut wurde. Das dringend sanierungsbedürftige Gebäude beherbergt das staatliche Amt für Statistik und ist daher für die Öffentlichkeit nicht zugänglich. Der russische Konstruktivismus erlebt derzeit auch im Bewusstsein der Moskowiter eine Renaissance. Das russische Amt für Denkmalschutz (MAPS) bemüht sich nach Kräften, die 1920er (1930er)-Jahre-Ikonen zu retten, bevor es zu spät ist.

Wenn man der Straße bis zur Kreuzung folgt und dann rechts abbiegt, sieht man in der Ferne eine der sieben Stalin-Kathedralen.

Das rote, schön sanierte Gebäude auf der linken Seite des Gartenringes ist das **Narkomsem**, ebenfalls unverkennbar dem Konstruktivismus zuzuordnen.

Wer sich noch für das **NKPS-Gebäude** (Verwaltungsgebäude des früheren Volkskommissariates für das Eisenbahnwesen) interessiert, geht den Gartenring weiter bis zur nächsten großen Kreuzung und sieht das ausgefallene Bürohaus schon von weitem.

Man biegt am Narkomsem-Gebäude in die erste Straße rechts, in die **Mjasnizkaja Uliza** (oberer Teil). Auf der rechten Seite steht das komplett sanierte **Gostorg-Bürohaus**, ebenfalls typisch für die 1920er Jahre. Daneben ist eine **Empfangsvilla des russischen Verteidigungsministeriums**. Daran schließt sich die eher nüchterne Rückseite des (oben genannten) Zentrosojus an.

Geht man die Mjasnizkaja Uliza weiter runter, kommt man noch an der Boutique der russischen Designerin Nina Donis ⓘ vorbei und gelangt dann direkt zur Metrostation Tschistyje Prudy. Hier könnten sich Unermüdliche in die Straßenbahn 3 oder 39 und ab 17 Uhr auch in die Vergnügungsstraßenbahn Annuschka ⓬ setzen, die direkt hinter dem Metroeingang abfährt, und bei einem Tee oder Drink noch eine Runde durch die Stadt drehen.

HERAUSRAGENDE MOSKAUER ARCHITEKTEN

Hier eine kleine, chronologische Liste mit den Architekten, die Moskau vom Klassizismus bis heute nachhaltig geprägt haben und deren Namen man häufiger begegnet:

› **Boris Barchin**, Konstruktivismus (Iswestija-Gebäude)
› **Jakow Belopolsky**, Zweite Moderne (INION-Institut)
› **Ossip Bowe**, Klassizismus (Bolschoj-Theater)
› **Alexej Duschkin**, Monumentalstil (Kaufhaus Detskij Mir, Metrostation Kropotkinskaja)
› **Moisej Ginzburg**, Konstruktivismus (Kommunehaus Narkomfin)
› **Ilja Golsow**, Konstruktivismus (Zujew-Arbeiterklub)
› **Jurij Grigorian**, Internationale Moderne (Apartmenthaus Molotschnyj Pereulok)
› **Brüder Iofan**, Konstruktivismus/Monumentalstil (Das graue Haus, Entwurf Palast der Sowjets)
› **Matwej Kasakow**, Klassizismus (Senat im Kreml, alte Moskauer Universität)
› **Sergej Kisseljew**, Internationale Moderne (Galerie Aeroport)
› **Iwan Leonidow**, Konstruktivismus (Entwurf Leninbibliothek, nicht realisiert)
› **Konstantin Melnikow**, Konstruktivismus (Russakow-Klub, Melnikow-Haus)

ARCHITEKTUR-SPECIAL
Jugendstilgebäude in Moskau

- **Michail Posochin**, Zweite Moderne (COMECON-Gebäude, Neuer Arbat)
- **Lew Rudnew**, Monumentalstil (Lomonossow-Universität)
- **Fjodor Schechtel**, Jugendstil (Gorki-Wohnhaus (früher Villa Rjabuschinskij)
- **Alexej Schtschussew**, Konstruktivismus/Monumentalstil (Lenin-Mausoleum)
- **Wladimir Schuchow**, Jugendstil (Radioturm Schabolowka)
- **Skokan**, Internationale Moderne (Apartmenthaus Ostoschenka)
- **Sergej Skuratow**, Internationale Moderne (Copper House)
- **Sergej Tkatschenko**, Neohistorismus (Apartmenthaus Patriarchenteiche)
- **Konstantin Thon**, Historismus (erste Christ-Erlöser-Kirche, Rüstkammer)
- **Dmitrij Tschetschulin**, Monumentalstil (Stalin-Kathedrale Kotelnitscheskaja)
- **Brüder Wesnin**, Konstruktivismus (Kaufhaus Mostorg)

JUGENDSTILGEBÄUDE IN MOSKAU

- [H5] **Jaroslawler Bahnhof**, Komsomolskaja Ploschtschad 5, Metro: Komsomolskaja
- [III F6] **Hotel Metropol**, Teatralnyj Projesd 1/4, Metro: Ochotnyj Rjad
- ㊻ [III E6] **Gorki-Wohnhaus** (früher Villa Rjabuschinskij), Malaja Nikitskaja Ul. 6/2 Metro: Arbatskaja, Puschkinskaja
- [III E6] **Jelissejew-Feinkostgeschäft**, Twerskaja Ul. 14, Metro: Puschkinskaja
- ㊷ [III F6] **MCHAT-Theater**, Kamergerskij Pereulok 3, Metro: Teatralnaja
- [IV E8] **Mietshaus Pretschistenka**, Pretschistenka Ul. (gegenüber der Akademie der Künste), Metro: Kropotkinskaja

▲ *Das wunderschöne Gorki-Wohnhaus*

ARCHITEKTUR-INFOS

ARCHITEKTURZEITSCHRIFTEN

> **Project Russia** – Zeitschrift zum Thema Stadtentwicklung, erscheint viermal im Jahr, zweisprachig, niederländisch und russisch. Zu finden ist sie bei im Dom na Brestskoj, bei Mosprojekt, 2. Brestskaja Uliza 6 unten am Stand im Foyer oder an der Architekturhochschule (http://prorus.ru).
> **MONITOR** – Die internationalste und beste Architektur- und Designzeitschrift russischer Produktion. Sie wurde 2000 von Rem Chassiew begründet und existiert seit 2003 auch in englischer Übersetzung. Monitor wird heute bereits in 48 Ländern gelesen (zu bestellen über www.indexmarket.ru/products/?content=dir&mode=dir&id=33).
> **Architeturnyj Westnik** – Monatlich im Netz und als Printausgabe erscheinende Architekturzeitschrift für Architekten, Bauingenieure und Designer, auf Russisch und Englisch (www.archvestnik.ru).
> **ART – Das Kunstmagazin** – Monatlich auf dem deutschen Markt erscheinende Kunstzeitschrift mit einem Special über „Die russische Avantgarde" in 5 Folgen: Heft 1/2006 Revolutionsarchitektur, Heft 2/2006 Tatlin, Heft 3/2006 Rodtschenko, Heft 4/2006 Popowa, Heft 5/2006 El Lissitzky (www.art-magazin.de).

NÜTZLICHE INTERNETADRESSEN

> **www.maps.google.com** (ein Blick vom Satelliten auf die Stadt, anhand von amerikanischen Geheimdienstbildern kann jeder kleinste Winkel der Stadt jetzt von jedermann eingesehen werden, zu Sowjetzeiten undenkbar!)

ZUKUNFTSMUSIK

Moskau erlebt am Beginn des 21. Jh. eine ähnliche Aufbruchstimmung wie schon Anfang des 20. Jh. Die Stadt und vor allem ihr Bürgermeister haben Großes vor.

*Auch wenn Moskau den Zuschlag für Olympia 2012 nicht bekommen hat, wird Tag und Nacht an der neuen Metropole gearbeitet. 2016 will sich die Stadt erneut bewerben und bis dahin wird sich ihr Gesicht weiter verändert haben. Auf den Sperlingsbergen baut die Firma „Mir" das **höchste Riesenrad der Welt**. Es wird mit 170 Metern 30 Meter höher sein als das London Eye in der britischen Hauptstadt. In den „Grußhügeln" ist ein **Ozeanarium** mit einem 144 Meter langen Unterwassertunnel geplant. Auf 12.000 m² werden 5000 Fischarten zu bewundern sein, Haie inklusive. 2007 entsteht im Sokolniki-Park (Metro: Sokolniki) auf knapp 20 Hektar ein **historischer Erholungskomplex** - in dessen Zentrum ein **Mini-Moskau** aus Plastik. Dort werden 2020 auch die nach historischem Vorbild geschaffenen 18 Zollmauern zu sehen sei.*

*Schon Ende 2006 sollen die Bürgersteige der wichtigsten Touristenmeilen, etwa der Fußgängerzone an der Tretjakow-Galerie oder am alten Arbat mit einer **Fußbodenheizung** ausgestattet werden - als „warmes" Willkommen für Touristen, die Moskau im Winter ansteuern! Eine über 50 Stockwerke in den Himmel ragende Winterlandschaft mit unterirdischen Kühlrohren soll eine richtige*

Wintersportanlage mit mehreren Skipisten entstehen lassen. Und im Süden Moskaus entsteht 2008 ein **russisches Disneyland**, inspiriert von Russlands Märchenhelden.

Gleichzeitig hat eine gigantische **Abrisswelle** viele alte Hotels dem Erdboden gleichgemacht. Das frühere Hotel Rossija und das Hotel Moskwa sind riesigen Baustellen gewichen. Das Hotel Moskwa wird allerdings mit der alten, leicht abgewandelten Fassade, wieder aufgebaut und soll von der Luxuskette Four Seasons betrieben werden.

Das größte Zukunftsprojekt liegt jedoch 4 Kilometer Luftlinie vom Kreml entfernt, im **Stadtteil Krasnaja Presnja** (außerhalb des Gartenrings). Hier entsteht auf zweieinhalb Millionen Quadratmetern bis 2015 das **neue Wirtschaftszentrum**, das größte Bauprojekt Europas. Der geplante **Federazija-Turm** mit zwei wie Segel voreinander stehenden Türmen soll mit 340 Metern das höchste Hochhaus Europas werden. Das Gemeinschaftsprojekt des Berliner Architekturbüros Schweger und Tschoban bekam den Zuschlag. Auch die Haustechnik kommt aus Deutschland. Eine hochmoderne Fußgängerbrücke verbindet den neuen Stadtteil schon jetzt mit dem Stadtzentrum. Gleichzeitig erlebt Moskau das, was in vielen anderen großen Städten schon im Gange ist: Kapital und Bevölkerung werden vom Zentrum angezogen, aber Großmärkte und Einkaufszentren entstehen auf der grünen Wiese. Ein geplanter neuer Ring bestehend aus 60 Wolkenkratzern wird das Antlitz der Stadt nachhaltig verändern.

Metaphysiker und Utopisten scheinen hier am Werk zu sein. Moskau ist eine Stadt mit exzentrischen Träumen. Da Russen dazu neigen, geschichtliche Ballaststoffe unverdaut über Bord zu werfen, wird eine fast 900-jährige Metropole möglicherweise in den nächsten Jahren in etwas verwandelt, was zwar einer 900-jährigen Metropole täuschend ähnlich sieht, aber so funktional ist wie Hongkong. Die Fassaden bleiben, aber dahinter hält modernste Technik Einzug. Statt „dolgostroj" (nie fertig werdende Bauten zu Sowjetzeiten) regieren jetzt **Highspeed-Tag-und-Nachtbaustellen.** Auf absehbare Zeit wird die Silhouette der Stadt weiterhin von Baugerüsten geprägt sein.

Moskau boomt. Die Stadt ist ein pulsierender kapitalistischer Moloch, den die Russen nicht umsonst als **„megapolis"** (das russische Wort für Riesenstadt) und als das New York Russlands bezeichnen.

- > www.eatlas.ru (Straßen- und Häusersuche leicht gemacht)
- > www.mplus-moskau.com (deutsche Architekturführungen in Moskau, etwa zu Themen wie „Gebaute Utopien der Stalinzeit" oder „Moskau – Boomtown der Jahrhundertwende", aber auch individuell zusammengestellt von Peter Knoch (Tel. 9035366324, peterknoch@gmx.de)
- > www.maps-moscow.com (Architekturdenkmalpflege)
- > www.utopia.ru (Museum für Papierarchitektur, nicht realisierte Avantgardeentwürfe, abgebildet oder 3D-animiert, auf Russisch und Englisch)
- > http://moskva.kotoroy.net (Bürgerinitiative zur Rettung von Architekturdenkmälern, eine der wenigen Möglichkeiten, in Erfahrung zu bringen, wo welche Gebäude in Moskau gerade im Begriff sind, abgerissen zu werden; alte Moskaufotos zum Kauf auf Dollarbasis)
- > www.archi.ru (russisches Architekturportal für Amateure und Profis, auch auf Englisch)
- > www.mos-time.ru (Fonds „Moskowskoje wremja" zur Stadtgeschichte Moskaus, Förderung von Ausstellungen, großer Fotokatalog mit alten Moskaubildern)
- > www.archxchange.net (Workshops und Forum für Berliner und Moskauer Architekten, Initiative im Rahmen der Städtepartnerschaft Moskau–Berlin)
- > www.moskvarch.ru (Verband der Moskauer Architekten)
- > www.kdai.ru (Klub deutscher Architekten und Ingenieure in Moskau)
- > www.muar.ru (Moskauer Architekturmuseum, auch auf Englisch)
- > www.archjournal.ru (Architekturmagazin, Rechtsnachfolger der Zeitschrift „Architektura UdSSR", auch auf Englisch)

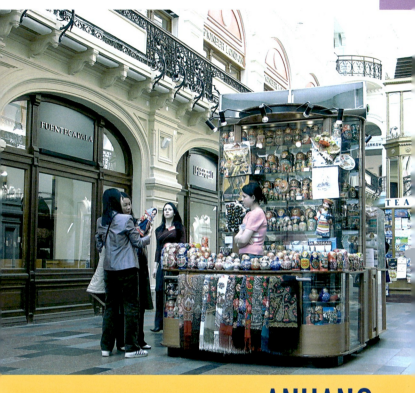

ANHANG

LITERATURTIPPS

BELLETRISTIK

› *Akunin, Boris:* **Die Bibliothek des Zaren,** Goldmann Verlag, München 2005. Eine aufregende Schatzsuche im Moskau des 17. Jh., wie in allen Krimis des großen Moskau-Liebhabers verknüpft mit den Schauplätzen der Gegenwart.

› *Benjamin, Walter:* **Moskauer Tagebuch,** Edition Suhrkamp, Frankfurt/Main 1980. Moskau in den 1920er Jahren. Ein empathischer, hellsichtiger Erfahrungsbericht aus einer ganz anderen Epoche, als die Stadt ein pulsierendes Versuchslabor der Moderne und ein Mekka für Utopisten war.

› *De Beauvoir, Simone:* **Alles in allem,** Rowohlt Verlag, Reinbek 1974. In dem Kapitel „Mit Sartre in Moskau" schildert die Grande Dame der französischen Literatur ihre Reiseerlebnisse in der Hauptstadt der damaligen Sowjetunion in den 1960er Jahren, als sie die Ehre hatte, auf Einladung des sowjetischen Schriftstellerverbandes mit Sartre mehrmals nach Moskau zu reisen.

› *Bulgakow, Michail:* **Der Meister und Margarita,** Verlag Volk und Welt, Berlin 1994. Der Moskauer Kultroman schlechthin. Fabel, Groteske und Liebesgeschichte, die in den 1930er Jahren spielt. Der Teufel stürzt Moskau in ein Chaos aus Hypnose, Spuk und Zerstörung. Heuchelei und Korruption werden Tür und Tor geöffnet. Bulgakow-Fans besuchen noch heute die Schauplätze dieser Erzählung.

› *Büscher, Wolfgang:* **Berlin-Moskau. Eine Reise zu Fuß,** Rowohlt Verlag, Reinbek 2003. Mit kleinem Gepäck hat sich der Autor auf Napoleons und Hitlers Spuren begeben und einen einzigartigen, sprachlich ausgefeilten Reisebericht voller Emotionen und skurriler Erfahrungen mitgebracht.

› *Chatwin, Bruce:* **Was mache ich hier,** Fischer Verlag, Frankfurt 1993. Zwei Berichte aus der Moskauer Kunstwelt und ein Essay über den russischen Futurismus bilden das Herzstück tiefsinniger, luzider Reisebeobachtungen.

› *Cruz-Smith, Martin:* **Gorki Park,** Goldmann Verlag, München 2000. Im Gorki Park geschieht ein grausames Verbrechen, das Chefinspektor Arkadij Renko aufklären soll. Ein spannender Krimi und atmosphärisch dichte Bilder von Moskau im tiefsten Winter.

› *Daschkowa, Polina:* **Die leichten Schritte des Wahnsinns,** Aufbau-Verlag, Berlin 2001. Das postsowjetische Alltagsleben im Moskau der 1990er Jahre in einen spannenden Krimi verpackt.

› **Diapason – Anthologie deutscher und russischer Gegenwartslyrik,** Universität Natalja Nesterowa, Moskau 2005. Zum ersten Mal sind deutsche und russische Poesie in der jeweiligen Übersetzung in einem Band vereint. Das Goethe Institut hat dieses ehrgeizige Projekt unterstützt. Um Moskau geht es in den eindrücklichen Gedichten zwar kaum, aber eine gefühlvolle Einstimmung auf Russland sind sie allemal.

› *Dursthoff, Galina (Hrsg.):* **Rußland. 21 neue Erzähler,** Deutscher Taschenbuch Verlag, München 2003. Eine hochkarätige Auswahl von Erzählungen der interessantesten russischen Autoren der Gegenwart, die zum Großteil in Moskau spielen und die Atmosphäre der Stadt sehr gut einfangen.

› *Erofeev, Venedikt:* **Moskau – Petuški,** Kein & Aber Verlag, Zürich 2005. Auf der Reise von

◂ *Vorseite: Souvenirkiosk im GUM*

Moskau nach Petuški verliert sich der Held in pathetischen Monologen, während der Wodka ihn langsam in andere Sphären katapultiert. Die Illusion des paradiesischen Ortes Petuški, ein Synonym für den Kommunismus, wird ad absurdum geführt. Der Held kann seinem Dasein nicht entfliehen und landet wieder in Moskau. Neu übersetzt von Peter Urban.

› *Feuchtwanger, Lion:* **Moskau 1937.** Ein Reisebericht für meine Freunde, Querido Verlag N.V., Amsterdam 1937. Authentische Reiseeindrücke des großen Schriftstellers, der Moskau als "Turm zu Babel, der nicht die Menschen dem Himmel, sondern den Himmel den Menschen näher bringt" bezeichnete.

› *Forsyth, Frederick:* **Das schwarze Manifest,** Goldmann Verlag, München 1996. Ein Verschwörungskrimi der Extraklasse, in dem eine korrupte Bürokratie und mafiöse Strukturen jede Macht im Kreml unterwandern. Minutiös recherchiert und packend erzählt aus einer Zeit Ende der 1990er Jahre, als Russland im Chaos zu versinken drohte.

› *Groys, Boris:* **Die Erfindung Russlands,** Hanser, München 1995. Kritische, spekulative Essays aus den 1990er Jahren zum Thema "russisches Selbstverständnis", geschrieben von dem in Deutschland lebenden russischen Kulturphilosophen, der 1981 die damalige Sowjetunion verließ.

› *Hamel, Christine:* **Bitte anschnallen Richtung Zukunft! Moskauer Pirouetten,** Picus Lesereisen, Wien 2004. Skurrile und wissenswerte Geschichten aus der ehemaligen Welthauptstadt des Kommunismus.

› *Jäger, Valeria und Klein, Erich* (Hrsg.): **Europa Erlesen – Moskau,** Wieser Verlag, Klagenfurt 1999. Liebevoll zusammengestellte, historische Moskau-Impressionen großer russischer und europäischer Schriftsteller aus verschiedenen Jahrhunderten.

› *Jerofejew, Viktor:* **Die Moskauer Schönheit,** S. Fischer, Frankfurt/Main 1990. Der postsowjetische Roman schlechthin, in dem eine slawische Femme Fatale die Glitzerstadt Moskau erobert, in der sich Geld, Macht und Kunst auf wundersame Weise zu vereinen scheinen.

› *Jerofejew, Viktor:* **Der gute Stalin,** Berlin Verlag, Berlin 2004. In den Kindheitserinnerungen schildert Jerofejew seine "privilegierte" Jugend im Moskau der 1930er Jahre mit melancholischem Spott. Sein Vater war Dolmetscher im Kreml und einer von Stalins engsten Vertrauten.

› *Majakowski, Wladimir:* **Her mit dem schönen Leben,** Suhrkamp, Frankfurt/Main 1982. Gedichte, Aufsätze, Briefe, Reden und Stücke des raufsüchtigen Futuristen, aufmüpfigen Agitatoren und genialen Dichters, der sich 1930 in seiner Moskauer Wohnung das Leben nahm. In deutscher Nachdichtung von Hugo Huppert.

› *Mamlejew, Jurij:* **Die irrlichternde Zeit,** Suhrkamp Verlag, Frankfurt/Main 2003. Eine abgedrehte Reise durch das metaphysische Moskau der 1990er Jahre, in dem auch die Utopie vom neuen Menschen, Trümmerlandschaften der Peripherie und das Dostojewskij-Syndrom der ewig unbeantwortbaren Fragen auftauchen.

› *Pelewin, Viktor:* **Generation P,** Volk & Welt, Berlin 1999. Ein eindrückliches Porträt der Generation Pepsi, des Traumes vom Glück der jungen sowjetischen Generation in den 1970er Jahren und eine halluzinatorische Irrfahrt durch die russische Metropole.

› *Pelewin, Viktor:* **Die Dialektik der Übergangsperiode von nirgendwoher nach nirgendwohin,** Luchterhand Verlag, München 2004. Eine abgründige Farce einer Übergangszeit, die Glücksritter, Desperados und Machthungrige auf den Plan und in die russische Hauptstadt lockt.

Literaturtipps

> *Popow, Jewgeni:* **Das Herz des Patrioten,** S. Fischer, Frankfurt/Main 1991. Ein nostalgischer Spaziergang durch Moskau am Tag von Breschnews Tod, der das Ende einer Ära einläutete. Die zwei Helden erinnern sich an Momente der russischen Geschichte, während sie durch die Stadt streifen.

> *Prigow, Dmitrij:* **Lebt in Moskau!** Folio Verlag, Wien 2003. Der Held dieses Underground-Romans ist Moskau als vielstimmiger Kosmos voll bizarrer Fantasien und Katastrophen. Kindheitserinnerungen an eine surreale Stadt.

> *Rybakow, Anatolij:* **Die Kinder des Arbat,** dtv, München 1990. Erschienen in den Perestrojka-Jahren. Der Held blendet zurück in die 1930er Jahre, als Stalins Säuberungen auch vor Studenten keinen Halt machten. Ein exzellentes Stalin-Porträt.

> *Sinowjew, Alexander:* **Homo Sowjeticus,** Diogenes Verlag, Zürich 1984. In „Ich und Moskau" erklärt der Schriftsteller, dass es für ihn nur eine Hauptstadt auf der Welt gibt, nämlich Moskau.

> *Solschenizyn, Alexander:* **Der erste Kreis,** Fischer Verlag, Frankfurt 2002 (Erstauflage 1968). In einem Gefängnis in der Nähe von Moskau soll die Telefonüberwachung perfektioniert werden. Unter den Häftlingen entspinnt sich ein Dialog über Glück und „die unmenschliche Macht von Menschen über Menschen".

> *Spengler, Tilman* (Hrsg.): **Moskau–Berlin Stereogramme,** Berlin Verlag, Berlin 2001. Elf russische Schriftsteller schildern ihre Eindrücke von Berlin, elf deutsche reisen nach Moskau. Elke Schmitter, Hanns Zischler, Katja Lange-Müller u. a. begeben sich auf literarische Entdeckungsfahrt in Moskau und bringen hintergründige, unterhaltsame und verrückte Geschichten mit.

> *Tolstaja Tatjana:* **Pushkin's Children,** Writing on Russia and Russians, Houghton Mifflin Company, Boston 2003. Bislang nur auf Englisch gibt es diese Sammlung von lediglich in Amerika veröffentlichten Artikeln über das schlingernde Leben in Russland, über dessen Politik, Geschichte und Kultur.

> *Topol, Eduard und Nesnanskij, Friedrich:* **Roter Platz,** Ullstein Verlag, Berlin 1983. Die beiden Wegbereiter für Alexandra Marinina und Konsorten waren zur falschen Zeit am falschen Ort. Als das große Krimifieber über Russland hereinbrach, waren sie längst geflohen. Die hoch spannenden Krimis der beiden wurden dennoch ein Erfolg.

> *Woinowitsch, Wladimir:* **Moskau 2042,** Piper Verlag, München 1988. In seiner vollendeten Anti-Utopie und bizarren Science-Fiction-Satire aus den 1980er Jahren skizziert der Autor eine Zukunft, die heute Wirklichkeit geworden zu sein scheint.

> *Woinowitsch, Wladimir:* **Aglaja Rewkinas letzte Liebe,** Berlin Verlag, Berlin 2002. Dieser Roman ist eine bizarre, psychologisch ausgefeilte Abrechnung mit den ideologischen Wirrnissen des 20. Jh. Beherrscht von leidenschaftlicher Liebe zu Stalin, schreckt die Heldin nicht davor zurück, das steinerne Denkmal des Diktators mit in ihre Wohnung zu nehmen. Russische Vergangenheitsbewältigung mit Humor.

> *Zbarski, Ilya:* **Lenin und andere Leichen,** Klett-Cotta Verlag, Stuttgart 1999. Der Sohn des Lenin-Einbalsamierers, der später in die Fußstapfen des Vaters trat, schildert abstruse Geschichten rund um den berühmtesten Leichnam der Welt und die geheimen Mixturen, mit denen heute neureiche Mafiosi konserviert werden.

> *Zweig, Stefan:* **Reise nach Russland.** In: Länder, Städte, Landschaften, Fischer Taschenbuch Verlag, Frankfurt/Main 1981. In dem Kapitel „Der Rote Platz" werden eben dieser und andere Plätze der Hauptstadt poetisch schön beschrieben.

GESCHICHTE, POLITIK UND BUSINESS

› *Denz, Walter* u. a.: **Business mit Russland.** Ein Ratgeber für Einsteiger, Haupt Verlag, Bern 2005. Äußerst hilfreiche, praxiserprobte und detaillierte Informationen für den Alltag und Geschäfte mit und in Russland mit Kapiteln zu Steuern, Personalführung, Zoll usw.

› *Figes, Orlando:* **Nataschas Tanz – Eine Kulturgeschichte Russlands**, Berlin Verlag, Berlin 2003. Unverzichtbar für alle Russlandinteressierten, für Moskau-Reisende ist das historische „Moskau! Moskau!"-Kapitel sehr aufschlussreich.

› *Gessen, Masha:* **Auf den Erfolg unserer hoffnungslosen Mission**, Antje Kunstmann Verlag, München 1998. Ein sehr erhellendes Buch über die russische Intelligenzija, die Isaiah Berlin als „möglicherweise bedeutendsten Beitrag Russlands zur Zivilisation der Welt" bezeichnete.

› *Kryschtanowskaja, Olga:* **Anatomie der russischen Elite.** Die Militarisierung Russlands unter Putin, Kiepenheuer & Witsch, Köln 2005. Russland auf dem Weg zum Autoritarismus, Analyse der Machtstrukturen unter Putin.

› *Löwe, Barbara:* **KulturSchock Russland**, Reise Know-How Verlag, Bielefeld. Kulturelle Einblicke in Verhaltensweisen und Sitten mit einem Extrafokus auf Moskau und dem Leben der Moskowiter.

› *Politkovskaja, Anna:* **In Putins Russland**, Dumont Verlag, Köln 2005. Die mehrfach ausgezeichnete Journalistin dokumentiert den mächtigen Geheimdienst, die Oligarchenmafia und die Rechtlosigkeit im Herzen der Macht, im Moskauer Kreml.

› *Rotschild, Thomas:* **Metropolen im Umbruch**, Czernin Verlag, Wien 2002. Der Literaturwissenschaftler reflektiert über soziale und politische Strukturen neuer und alter Metropolen. Das Moskau-Kapitel ist etwas veraltet, aber nett und geistreich.

› *Rüthers, Monica:* **Moskau. Menschen-Mythen-Orte**, Böhlau Verlag, Köln 2003. Dieses Reisebegleitbuch führt an bekannte und unbekannte Orte der Mega-City. In Rundgängen spürt die Autorin fernab der goldenen Kuppeln den Hintergründen von Mythen, urbanen Legenden und Klischees nach.

› *Ryklin, Michail:* **Verschwiegene Grenze.** Briefe aus Moskau 1995–2003, Diaphanes Verlag, Zürich 2003. Der russische Philosoph hat in diesem Band seine „Briefe aus Moskau" gesammelt, die er in einem Jahrzehnt für die „Lettre International" aus Moskau geschrieben hat, der Stadt mit den „himmelschreienden Widersprüchen".

› *Schlögel, Karl:* **Moskau Lesen**, Siedler Verlag, Berlin 1984. Das Standardwerk des großen Osteuropahistorikers zu Moskau, im Jahr 2000 vom Autor überarbeitet und noch immer höchst informativ. Brillant recherchiert und beobachtet.

› *Schlögel, Karl:* **Marjampole oder Europas Wiederkehr aus dem Geist der Städte**, Hanser, München 2005. Aktuelle Entwicklungen in Europa, auch in und um Moskau mit dem für Moskau-Reisende hochinteressanten Kapitel „Berlin – Moskau: Zwei Stadtschicksale im 20. Jahrhundert".

› *Schlögel, Karl:* **Im Raume lesen wir die Zeit**, Hanser München 2003. Ein Buch über Zivilisationsgeschichte und Geopolitik mit Kapiteln über den „russischen Raum" und „Herodot in Moskau".

› *Urussowa, Janina:* **Das neue Moskau. Die Stadt der Sowjets im Film 1917–1941**, Böhlau Verlag, Köln 2004. Moskau als sozialistische Idealstadt in sowjetischem Filmmaterial, ein von Janina Urussowa großartig bebildertes und kommentiertes Utopia.

> *Wolf, Markus:* **Geheimnisse der russischen Küche,** Rotbuch Verlag, Hamburg 1995. Was Kochkunst und Nachrichtendienst gemeinsam haben, wie man einen echten russischen Borschtsch zaubert und wie das Essen in Russland Leib und Seele zusammenhält, schreibt der ehemalige DDR-Meisterspion höchst unterhaltsam und mit einem Augenzwinkern.

ARCHITEKTUR

> *Eichwede, Lara; Ax, Bernd u.a.* (Hrsg.): **Archxchange Berlin-Moskau,** Jovis Verlag Berlin 2006. Anhand des Fallbeispiels der Danilow-Fabrik wird die Umwandlung von Industriekomplexen in Moskau in einem deutsch-russischen Gemeinschaftsprojekt beschrieben. Erörtert werden auch die Parallelen zwischen Berlin und Moskau und die Suche einer Stadt nach ihrer Identität.
> *Gdaniec, Cordula:* **Kommunalka und Penthouse,** Stadt und Stadtgesellschaft im postsowjetischen Moskau, Lit Verlag, Münster 2005. Am Beispiel des Ostoschenka-Viertels wird kenntnisreich erläutert, in welchen sozialen und kulturellen Praktiken sich der städtische und gesellschaftliche Wandel der Stadt manifestiert. Ethnologische und kulturgeographische Untersuchungen.
> *Goldhoorn, Bart und Meuser, Philipp:* **Capitalist Realism. New Architecture in Russia,** DOM publishers, geplant für Ende 2006, dt./engl. Ein Bildband, der einen fundierten Einblick in die Entwicklung der jungen russischen Architekturszene anhand von 40 konkreten Projekten vermittelt. Kenntnisreiche Essays diskutieren zeitgenössische Tendenzen der Architektur in Russland, vor allem in der vom Bauboom erfassten Metropole Moskau.
> *Huber, Werner:* **Hauptstadt Moskau,** Professur für Architektur, Prof. Helmut Spieker, ETH Zürich 1998. Ein Reiseführer durch das Baugeschehen von Stalin über Chruschtschow und Breschnew bis heute, nach Themenschwerpunkten gegliedert, mit Schwarz-Weiß-Fotografien und Zeichnungen angereichert und ein guter Einstieg in die architektonischen Besonderheiten der Megastadt (Stalins Sieben Schwestern, die Metro etc.)
> *Latour, Alessandra:* **Moskau 1930–1955, Birth of a Metropolis,** Verlag Iskusstwo, Moskau 2005. Dieser zweisprachige Paperback-Bildband mit aufschlussreichen Beiträgen russischer Architekten zu der aufregendsten Epoche der Moskauer Architektur entstand im Rahmen eines gemeinsamen Forschungsprojektes der Columbia University, der Universität von Venedig und dem Moskauer Architekturinstitut. Nicht nur für Architekten eine echte Fundgrube.
> **Planschrank Moskau,** Orte einer Hauptstadt, Verlagshaus Braun, Berlin 2003. Ein hochkarätiger, zweisprachiger Ausstellungskatalog mit einer Fülle von kommentierten historischen Bildern und Entwürfen anhand von einzelnen Ensembles. Für Architekten und Moskau-Fans.
> *Rüthers, Monica:* **Moskau bauen von Lenin bis Chruschtschew,** Böhlau Verlag, Wien, erscheint im November 2006. Architektur, visuelle Kultur und Kommunikation zwischen Individuum und System in der Sowjetunion zwischen 1917 und 1970 stehen im Zentrum dieser Studie, die anhand ausgewählter Stadtviertel dem Wandel der Metropole auf eindringliche Weise nachspürt.

SPRACHE

> *Becker, Elke:* **Russisch – Wort für Wort,** Reise Know-How Verlag, Bielefeld. Der Sprachführer wurde speziell für die Bedürfnisse von Reisenden entwickelt und erlaubt den einfachen Einstieg ins Russische.

KLEINE SPRACHHILFE RUSSISCH

Die Sprachhilfe wurde dem Kauderwelsch-Sprachführer „Russisch – Wort für Wort" von Elke Becker aus dem Reise Know-How Verlag entnommen. Um die Aussprache zu erleichtern, wurde (nur in diesem Sprachführer, nicht im restlichen Buch) folgende Lautumschrift verwendet. Die Betonung liegt auf dem unterstrichenen Buchstaben.

А, а	**a**	Р, р	**r** (gerollt)
Б, б	**b**	С, с	**s** (scharf)
В, в	**w**	Т, т	**t**
Г, г	**g**	У, у	**u**
Д, д	**d**	Ф, ф	**f**
Е, е	**e, je**	Х, х	**ch** (rau)
Ё, ё	**jo**	Ц, ц	**ts**
Ж, ж	**sh** (weich)	Ч, ч	**tsch**
З, з	**z** (weiches s)	Ш, ш	**sch** (scharf)
И, и	**i**	Щ, щ	**schtsch**
Й, й	**j** (meist stumm)	Ъ, ъ	(Härtezeichen, stumm)
К, к	**k**	Ы, ы	**y**
Л, л	**l**	Ь, ь	**j** (Weichheitszeichen, nur nach t, d)
М, м	**m**	Э, э	**ä**
Н, н	**n**	Ю, ю	**ju**
О, о	**o**	Я, я	**ja**
П, п	**p**		

DIE WICHTIGSTEN FRAGEN

Есть ...?	**Jest ...?**	Gibt es ...?
У вас есть ...?	**U was jestj ...?**	Haben Sie ...?
Я ищу ...	**Ja ischtschu ...**	Ich suche ...
Мне нужно ...	**Mnje nushno ...**	Ich brauche ...
Дайте мне, пожалуйста ...	**Dajtje mnje poshalsta ...**	Geben Sie mir bitte ...
Где можно купить ...?	**Gdje moshno kupitj ...?**	Wo kann man ... kaufen?
Сколько стоит ...?	**Skolko stoit ...?**	Wie viel kostet ...?
Где ...?	**Gdje ...?**	Wo ist ...?
Где находится ...?	**Gdje nachoditsa ...?**	Wo befindet sich ...?
Я хочу на ...	**Ja chotschu na ...**	Ich möchte nach ...
Как мне лучше пройти к ...?	**Kak mnje lutsche projti k ...?**	Wie komme ich am besten zu/nach ...?
Проводите меня, пожалуйста к ...	**Prowoditje menja poshalsta k ...**	Bringen Sie mich bitte zu/nach ...
Помогите мне, пожалуйста!	**Pomogitje mnje poshalsta!**	Helfen Sie mir bitte!

ANHANG
Kleine Sprachhilfe Russisch

DIE WICHTIGSTEN FLOSKELN UND REDEWENDUNGEN

Да	**da**	ja
Нет	**njet**	nein
Спасибо	**spasibo**	danke
Пожалуйста	**poshalsta**	bitte
Спасибо, вам тоже!	**Spasibo, wam toshe!**	Danke gleichfalls!
Здравствуйте!	**Zdrastwujtje!**	Guten Tag! (jede Tageszeit)
Добро пожаловать!	**Dobro poshalowatj!**	Herzlich willkommen!
Как поживаете!	**Kak poshiwajetje?**	Wie geht es Ihnen?
Спасибо, хорошо.	**Spasibo, choroscho!**	Danke gut.
К сожалению, плохо.	**K-soshaleniju, plocho.**	Leider schlecht.
До свидания!	**Do-swidanja!**	Auf Wiedersehen!
Привет!	**Priwjet!**	Hallo!
Пока!	**Poka!**	Tschüss!
Хорошо!	**Choroscho!**	In Ordnung!
Я не знаю.	**Ja nje znaju.**	Ich weiß nicht.
Приятного аппетита!	**Prijatnowo apetita!**	Guten Appetit!
На здоровые!	**Na-zdarowje!**	Zum Wohl! Prost!
Извините!	**Izwinitje!**	Entschuldigung!
Мне очень жаль!	**Mnje otschen shal!**	Es tut mir sehr Leid!

DIE WICHTIGSTEN FRAGEWÖRTER

где	**gdje**	wo
откуда	**otkuda**	woher
куда	**kuda**	wohin
почему	**potschemu**	warum
как	**kak**	wie
кокой	**kakoj**	welcher
сколько	**skolko**	wie viel
когда	**kogda**	wann
с каких пор	**s-kakich por?**	seit wann
у кого	**u kowo**	bei wem, wer hat

DIE WICHTIGSTEN RICHTUNGSANGABEN

справа	**sprawa**	rechts
направо	**naprawo**	nach rechts
слева	**sljewa**	links
налево	**naljewo**	nach links
прямо	**prjamo**	geradeaus
назад	**nazad**	zurück

напротив	**naprotiv**	gegenüber
всё дальше	**vsjo dalsche**	immer weiter
далеко	**daleko**	weit
недалеко	**nedaleko**	nah
перекрёсток	**perekrjostok**	Kreuzung
светофор	**swetofor**	Ampel
за городом	**za gorodom**	außerhalb der Stadt
в центре	**v-tsentrje**	im Zentrum
здесь	**zdjes**	hier
спазу здесь	**srazu zdjes**	gleich hier
там	**tam**	dort
за углом	**za uglom**	um die Ecke

DIE ZAHLEN

0	**nol**	10	**desjatj**
1	**odin** m, **odna** w, **odno** s	11	**odinatsatj**
2	**dwa** m+s, **dwe** w	12	**dwenatsatj**
3	**tri**	13	**trinatsatj**
4	**tschetyre**	14	**tschetyrnatsatj**
5	**pjatj**	15	**pjatnatsatj**
6	**schestj**	16	**schestnatsatj**
7	**sjem**	17	**semnatsatj**
8	**wosem**	18	**wosemnatsatj**
9	**djewjatj**	19	**dewjatnatsatj**

10	**desjatj**	100	**sto**
20	**dwatsatj**	200	**dwesti**
30	**tritsatj**	300	**trista**
40	**sorok**	400	**tschetyresta**
50	**pjadesjat**	500	**pjatsot**
60	**schesdesjat**	1.000	**tysjatscha**
70	**sjemdesjat**	10.000	**djesjat tysjatsch**
80	**wosemdesjat**	100.000	**sto tysjatsch**
90	**dewjanosto**	1.000.000	**odin million**

Zahlen setzt man so zusammen: „Tausender, Hunderter, Zehner, Einer".

21	**dwatsat odin**
22	**dwatsat dwa**
121	**sto dwatsat odin**
2333	**dwje tysjatschi trista tritsat tri**
	zwei tausend dreihundert dreißig drei

Russland individuell entdecken

Heike Mall, Roger Just
Baikal – See und Region
Das Handbuch für Entdecker: Detaillierte Orts- und Landschaftsbeschreibungen, Hotels und Privatunterkünfte, Restauranttipps, Einkaufen, Märkte, Routenbeschreibungen und Trekkingtouren. Ausführliche Kapitel zu Geschichte, Kultur, Architektur, Volkskunst, Flora und Fauna, Ökologie ...

Doris Knop
Transsib
Das komplette Handbuch für Reisen mit der Transsibirischen Eisenbahn in Russland, der Mongolei und China: Anreise, Bahnverbindungen, Reisepraxis im Zug. Beschreibung der Orte entlang der Strecke. Extrakapitel St. Petersburg.

Pia Thauwald
Transsib – von Moskau nach Peking
Der Praxis-Ratgeber für den Hauptzweig der Transsib. Verbindungen, praktische Reisehinweise, Tipps für Zwischenstopps, Miniguides Moskau, Ulan Bator, Peking

Barbara Löwe
KulturSchock Russland
Russland und die Russen verstehen: geschichtliche und gesellschaftliche Hintergründe, Traditionen, Werte und Verhaltensweisen, Religion und Gesellschaft, hilfreicher Reiseknigge ...

REISE KNOW-HOW Verlag, Bielefeld

Mit REISE KNOW-HOW ans Ziel

Die Landkarten des **world mapping project** bieten gute Orientierung – weltweit.
- Moderne Kartengrafik mit Höhenlinien, Höhenangaben und farbigen Höhenschichten
- GPS-Tauglichkeit durch eingezeichnete Längen- und Breitengrade und ab Maßstab 1:300.000 zusätzlich durch UTM-Markierungen
- Einheitlich klassifiziertes Straßennetz mit Entfernungsangaben
- Wichtige Sehenswürdigkeiten, herausragende Orientierungspunkte und Badestrände werden durch einprägsame Symbole dargestellt
- Der ausführliche Ortsindex ermöglicht das schnelle Finden des Zieles
- Wasser- und reißfestes Material
- Kein störender Pappumschlag, der nur hinderlich wäre, wenn man die Karte unterwegs individuell falzen möchte oder sie einfach nur griffbereit in die Jackentasche stecken will.

Derzeit über 140 Titel lieferbar (siehe unter www.reise-know-how.de), z. B.:

Baltikum	**1 : 600.000**
Ukraine	**1 : 1 Mio.**
Russland (europ. Teil)	**1 : 2 Mio.**

world mapping project
REISE KNOW-HOW Verlag, Bielefeld

ANHANG
Gesamtprogramm Europa

Die Reiseführer von Reise

Reisehandbücher
Urlaubshandbücher
Reisesachbücher
Rad & Bike

Algarve, Lissabon
Amrum
Amsterdam
Andalusien
Apulien
Athen
Auvergne, Cevennen

Barcelona
Berlin
Borkum
Bretagne
Budapest
Bulgarien
Burgund

City-Trips mit Billigfliegern
City-Trips mit Billigfliegern, Bd. 2
Cornwall
Costa Blanca
Costa Brava
Costa de la Luz
Costa del Sol
Costa Dorada

Dalmatien
Dänemarks Nordseeküste
Disneyland Resort Paris

Eifel
El Hierro
Elsass, Vogesen
England – Süden
Erste Hilfe unterwegs
Europa BikeBuch

Fahrrad-Weltführer
Fehmarn
Föhr
Formentera
Friaul, Venetien
Fuerteventura
Fußballstädte Deutschland 2006

Gardasee, Trentino
Golf von Neapel, Kampanien
Gomera
Gotland
Gran Canaria
Großbritannien

Hamburg
Helgoland
Hollands Nordseeinseln
Hollands Westküste
Holsteinische Schweiz

Ibiza, Formentera
Irland
Island
Istanbul
Istrien, Kvarner Bucht

Juist

Kalabrien, Basilikata
Katalonien
Köln
Korfu, Ionische Inseln
Korsika
Krakau
Kreta
Kreuzfahrtführer
Kroatien
Kroatien, Wohnmobil-Tourguide

Langeoog
Latium
La Palma
Lanzarote
Leipzig
Ligurien, Riviera
Litauen
London

Madeira
Madrid
Mallorca
Mallorca, Leben/Arbeiten
Mallorca, Wandern
Malta, Gozo
Mecklenb./Brandenb.: Wasserwandern
Mecklenburg-Vorp. Binnenland
Menorca
Montenegro
Motorradreisen
München

Norderney
Nordseeküste Niedersachsens
Nordseeküste Schleswig-Holstein
Nordseeinseln, Dt.
Nordspanien
Normandie
Norwegen

Ostfriesische Inseln
Ostseeküste Mecklenburg-Vorp.
Ostseeküste Schleswig-Holstein
Outdoor-Praxis

Paris
Polens Norden
Polens Süden
Prag

Provence
Provence, Templer
Provence, Wohnmobil-Tourguide
Pyrenäen

Rhodos
Rom
Rügen, Hiddensee
Ruhrgebiet
Rumänien, Moldau

Sächsische Schweiz
Salzburg
Sardinien
Sardinien, Wohnmobil-Tourguide
Schottland
Schwarzwald, südl.
Schweiz, Liechtenstein
Sizilien
Skandinavien – Norden
Slowakei
Slowenien, Triest
Spaniens Mittelmeerküste
Spiekeroog
St. Tropez und Umgebung
Südnorwegen, Lofoten
Südwestfrankreich
Sylt

Teneriffa
Tessin, Lago Maggiore
Thüringer Wald
Toscana
Tschechien

Umbrien
Usedom

Venedig

Wales
Warschau
Wien

Zypern

Know-How auf einen Blick

Edition RKH

Durchgedreht –
  Sieben Jahre im Sattel
Eine Finca auf Mallorca
Geschichten aus dem
  anderen Mallorca
Mallorca für Leib
  und Seele
Rad ab!

Praxis

Aktiv Algarve
Aktiv Andalusien
Aktiv Dalmatien
Aktiv frz. Atlantikküste
Aktiv Gardasee
Aktiv Gran Canaria
Aktiv Istrien
Aktiv Katalonien
Aktiv Marokko
Aktiv Polen
Aktiv Slowenien
All inclusive?
Bordbuch Südeuropa
Canyoning
Clever buchen,
  besser fliegen
Clever kuren
Drogen in Reiseländern
Feste Europas
Fliegen ohne Angst
Frau allein unterwegs
Fun u. Sport im Schnee
Geolog. Erscheinungen

Gesundheitsurlaub
  in Dtl. Heilthermen
GPS f. Auto, Motorrad
GPS Outdoor
Handy global
Höhlen erkunden
Hund, Verreisen mit
Inline Skating
Inline-Skaten Bodensee
Internet für die Reise
Kanu-Handbuch
Kartenlesen
Kommunikation unterw.
Kreuzfahrt-Handbuch
Küstensegeln
Marathon-Guide
  Deutschland
Mountainbiking
Mushing/Hundeschlitten
Nordkap Routen
Orientierung mit
  Kompass und GPS
Paragliding-Handbuch
Pferdetrekking
Radreisen
Reisefotografie
Reisefotografie digital
Reisen und Schreiben
Reiserecht
Respektvoll reisen
Schutz vor Gewalt
  und Kriminalität
Schwanger reisen
Selbstdiagnose
  unterwegs
Sicherheit Meer
Sonne, Wind,
  Reisewetter

Spaniens Fiestas
Sprachen lernen
Survival-Handbuch
  Naturkatastrophen
Tauchen Kaltwasser
Tauchen Warmwasser
Trekking-Handbuch
Unterkunft/Mietwagen
Vulkane besteigen
Wandern im Watt
Wann wohin reisen?
Wein-Reiseführer
  Deutschland
Wein-Reiseführer
  Italien
Wein-Reiseführer
  Toskana
Wildnis-Ausrüstung
Wildnis-Backpacking
Wildnis-Küche
Winterwandern
Wohnmobil-Ausrüstung
Wohnmobil-Reisen
Wracktauchen
Zahnersatz, Reiseziel

KulturSchock

Familenmanagement
  im Ausland
Finnland
Frankreich
Islam
Leben in fremden
  Kulturen
Polen
Rumänien
Russland
Spanien
Türkei
Ukraine
Ungarn

Wo man unsere Reiseliteratur bekommt:
Jede Buchhandlung Deutschlands, der Schweiz, Österreichs und der Benelux-Staaten kann unsere Bücher beziehen. Wer sie dort nicht findet, kann alle Bücher über unsere **Internet-Shops** bestellen.
Auf den Homepages gibt es **Informationen** zu allen Titeln:

www.reise-know-how.de oder **www.reisebuch.de**

HILFE!

Dieser CityGuide ist gespickt mit unzähligen Adressen, Preisen, Tipps und Infos. Nur vor Ort kann überprüft werden, was noch stimmt, was sich verändert hat, ob Preise gestiegen oder gefallen sind, ob ein Hotel, ein Restaurant immer noch empfehlenswert ist oder nicht mehr, ob ein Ziel noch oder jetzt erreichbar ist, ob es eine lohnende Alternative gibt usw. Unsere Autorin ist zwar stetig unterwegs und erstellt alle zwei Jahre eine komplette Aktualisierung, aber auf die Mithilfe von Reisenden kann sie nicht verzichten.

Darum: Schreiben Sie uns, was sich geändert hat, was besser sein könnte, was gestrichen bzw. ergänzt werden soll. Nur so bleibt dieses Buch immer aktuell und zuverlässig. Wenn sich die Infos direkt auf das Buch beziehen, würde die Seitenangabe uns die Arbeit sehr erleichtern. Gut verwertbare Informationen belohnt der Verlag mit einem Sprechführer Ihrer Wahl aus der über 170 Bände umfassenden Reihe „Kauderwelsch" (siehe unten).

Bitte schreiben Sie an: Reise Know-How Verlag Peter Rump GmbH, Postfach 140666, D-33626 Bielefeld, oder per e-mail an: info@reise-know-how.de

Danke!

Kauderwelsch-Sprechführer – sprechen und verstehen rund um den Globus

● Afrikaans ● Albanisch ● Amerikanisch - *American Slang, More American Slang, Amerikanisch oder Britisch?* ● Amharisch ● Arabisch - Hocharabisch, für Ägypten, Algerien, Golfstaaten, Irak, Jemen, Marokko, ● Palästina & Syrien, Sudan, Tunesien ● Armenisch ● *Bairisch* ● Balinesisch ● Baskisch ● Bengali ● *Berlinerisch* ● Brasilianisch ● Bulgarisch ● Burmesisch ● Cebuano ● Chinesisch - Hochchinesisch, kulinarisch ● Dänisch ● Deutsch - *Allemand, Almanca, Duits, German, Nemjetzkii, Tedesco* ● *Elsässisch* ● Englisch - *British Slang, Australian Slang, Canadian Slang, Neuseeland Slang*, für Australien, für Indien ● Färöisch ● Esperanto ● Estnisch ● Finnisch ● Französisch - kulinarisch, für den Senegal, für Tunesien, *Französisch Slang, Franko-Kanadisch* ● Galicisch ● Georgisch ● Griechisch ● Guarani ● Gujarati ● Hausa ● Hebräisch ● Hieroglyphisch ● Hindi ● Indonesisch ● Irisch-Gälisch ● Isländisch ● Italienisch - *Italienisch Slang*, für Opernfans, kulinarisch ● Japanisch ● Javanisch ● Jiddisch ● Kantonesisch ● Kasachisch ● Katalanisch ● Khmer ● Kirgisisch ● Kisuaheli ● Kinyarwanda ● *Kölsch* ● Koreanisch ● Kreol für Trinidad & Tobago ● Kroatisch ● Kurdisch ● Laotisch ● Lettisch ● Lëtzebuergesch ● Lingala ● Litauisch ● Madagassisch ● Mazedonisch ● Malaiisch ● Mallorquinisch ● Maltesisch ● Mandinka ● Marathi ● Modernes Latein ● Mongolisch ● Nepali ● Niederländisch - *Niederländisch Slang,* Flämisch ● Norwegisch ● Paschto ● Patois ● Persisch ● Pidgin-English ● *Plattdüütsch* ● Polnisch ● Portugiesisch ● Punjabi ● Quechua ● *Ruhrdeutsch* ● Rumänisch ● Russisch ● *Sächsisch* ● *Schwäbisch* ● Schwedisch ● *Schwiizertüütsch* ● *Scots* ● Serbisch ● Singhalesisch ● Sizilianisch ● Slowakisch ● Slowenisch ● Spanisch - *Spanisch Slang*, für Lateinamerika, für Argentinien, Chile, Costa Rica, Cuba, Dominikanische Republik, Ecuador, Guatemala, Honduras, Mexiko, Nicaragua, Panama, Peru, Venezuela, kulinarisch ● Tadschikisch ● Tagalog ● Tamil ● Tatarisch ● Thai ● Tibetisch ● Tschechisch ● Türkisch ● Twi ● Ukrainisch ● Ungarisch ● Urdu ● Usbekisch ● Vietnamesisch ● Walisisch ● Weißrussisch ● *Wienerisch* ● Wolof ● Xhosa

REGISTER

A

Aberglaube 118
Abramzewo 285
Allrussisches Ausstellungszentrum WWZ 262
Alltagskultur 153
Alte Synodaldruckerei 187
Alte Tretjakow-Galerie 69, 197
Alter Arbat 232
Alter Englischer Hof 184
altrussischer Stil 131
An- und Rückreise 23
Andronikow-Kloster 269
Ankunft 28
Antiquitäten 30
Apotheken 69
Arbat 232
Arbeiten 65
Archangelskoje 282
Architekten, Moskauer 294
Architektur 131, 287
Architektur, Internetadressen 296
Architekturmuseen 69
Architektur-Special 287
Architekturzeitschriften 296
Arsenal 176
Auferstehungstor 177
Au-pair 67
Ausrüstung 22
Ausstellungsräume 63
Auto 18, 24
Autobahnring 130
Autofahren 29

B

Bachruschin-Theatermuseum 80
Bahn 23
Bahnhof 29
Ballett 91, 238
Ballonfahrten 99
Banja 99, 100
Barock 132
Bars 83
Basilius-Kathedrale 183
Bed and Breakfast 116
Behinderte 21
Bekleidung 22
Bewohner 153
Bibliotheken 68
Bolschoj-Theater 237
Boris-Pasternak-Wohnhausmuseum 78, 284
Botschaften 16
Boulevard-Ring 130
Brauchtum 158
Breschnew, Leonid 143
Bücher 32
Bulgakows Patriarchenteiche 212
Bulgakow-Wohnhaus 78
Bus 24, 125

C

Camping 117
CDs 34
Christ-Erlöser-Kathedrale 222
Chruschtschow, Nikita 143
Cineasten 60
Clubs 83
Copyshop 67

D

Danilow-Kloster 264
Designer 34
Devisen 18, 25
Diamantenfond 76, 175
Dienstleistungen 56
diplomatische Vertretungen 16
Domodedowo 29
Donskoj-Kloster 270
Dostojewskij-Wohnhaus 78
Dreifaltigkeitskirche in Nikitniki 186
DVDs 34, 55

E

Ein- und Ausreisebestimmungen 16
Einkaufen 30
Einladung 16
Einreise 17
Eisbaden 100
Eisenbahn Oktjabr 127
Elektritschkas 126
Elektrizität 45
Elias-Kirche 187
Erholung 99
Erzengel-Kathedrale 168
Essen 45

F

Facettenpalast 171
Fahrradfahren 101
Feiertage 53
Feste 53
Fili 273
Film 54
Filmmuseen 81
Filmverleih 55
Fitness 101
Flughäfen 28
Flugzeug 23
Foto 54
Fotografien 35
Freilichtmuseum Kolomenskoje 255

G

Galerien 63
Gartenring 130
Gastfreundschaft 117
Gastronomie 14
Geld(tausch) 25
Geographie 130
Geschäftsreisen 55
Geschichte 138
Gesundheitsvorsorge 22
Gewandniederlegungs-Kirche 171
Glasnost 144
Glinka-Musikmuseum 81
Glockenturm „Iwan der Große" 166
Golfen 101
Gorbatschow, Michail 144
Gorki Leninskije 276
Gorki-Park 201
Gorki-Wohnhaus 78, 210
Gostinyj Dwor 185
Großer Kremlpalast 173
Gulag-Museum 71
GUM 180

H

Haus am Ufer 196
Haustiere 19
historische Museen 71
Historisches Museum 71, 176
Historismus 133
Hohes Sankt-Peter-Kloster 240
Hotels 111
Hygiene 22, 57

I

Impfvorschriften 19
Informationsstellen 12
Inline-Skaten 101
Internet 13
Internetcafés 57
Ismajlowskij-Park 271
Iwan der Große 139
Iwan der Schreckliche 139

J

Jelzin, Boris 145
JOE-List 67
Joggen 101
Jugendstil 134
Jugendstilgebäude 295

K

Karten 32
Kasaner Kathedrale 178
Kaukasus 96
Kaukasus, Spezialitäten aus 47
Kerzen 36
KGB 72
KGB-Museum 73
Kiewer Rus 138
Kinder 58
Kino 59
Kitaj-Gorod 176
Kitaj-Gorod-Ring 130
klassische Konzerte 92
Klassizismus 132
Kleidung 36
Klima 19
Klin 280
Kliniken 69
Kokoschnik 132
Kolomenskoje 255
Konservatorium 209
Konstruktivismus 134, 290
Konzerte, klassische 92
Kosmetikartikel 37
Küche, russische 45
Krasnaja Presnja Museum 73
Kreditkarten 25
Kreml 162
Kremlpalast 166
Krutizkij-Klosterresidenz 272
Kultur 14
Kunst 62
Kunstmuseen 69
Kuskowo 257
Kusnezkij Most 241

L

Le Corbusier 292
Lebensmittel 37
Lenin 142
Lenin-Mausoleum 181
Lenins Landsitz 276
Lenins Trauerzug 74, 249
Lernen 65
Lesben 95
Literatur 15, 300
Literaturmuseen 78
Literaturmuseum 79
Literaturtipps 300
Lomakow-Oldtimer-Museum 82, 272
Lomonossow-Universität 264
Lubjanka 241
Luschkow, Jurij 149

M

Majakowskij-Museum 79
Manegenplatz 189
Mariä-Himmelfahrts-Kathedrale 170
Mariä-Schutz-und-Fürbitte-Kirche in Fili 273
Mariä-Verkündigungs-Kathedrale 171
Marschrutka 125
Matrjoschka 38
Matrjoschka-Museum 74, 210
MCHAT Theater und Museum 207
Melnikow-Haus 233
Mentalität 153
Metro 119
Metromuseum 83
Mietwagen 30
Minikreuzfahrten 127
Minin-Poscharskij-Denkmal 184
Mongolen 138
Monumentalstil 134
Mosfilm 81
Moskauer Lichtermuseum 74
Moskwa 130
Mosprojekt 289
Motorboote 127
Museen 69
Museum der Geschichte der Stadt Moskau 74
Museum des fernen Ostens 70
Museum d. Großen Vaterländischen Krieges 74

Museum für Archäologie 75
Museum für Moderne (Foto)-Kunst Jermolowa 71, 244
Museum für Moderne Geschichte Russlands 75, 211
Museum für Moderne Kunst 70
Musical 92
Musikmuseen 81
Musikszene 83

N

Nachtleben 83
Nalitschnik 132
Napoleon 141
Naryschkin-Barock 132
Neue Tretjakow-Galerie 69, 200
Neues Kloster des Erlösers 274
Neu-Jerusalem 281
Neujungfrauenkloster 258
Nostalgieartikel 41
Notfallkliniken 69
Notrufnummern 68
Nowyj Jerusalem 281

O

Öffnungszeiten 93
Oktoberrevolution 142
Oper 91
Organisationen 12
Orientierung 93
Orthodoxie 158
Ostankino 267
Ostoschenka 288

P

Palast der Bojaren Romanow 75, 185
Pannenhilfe 30
Patriarchenpalast 169
Peredelkino 284
Perestrojka 144
Peter der Große 140
Petersdom der russisch-orthodoxen Kirche 277
Petrowka 237
Pilgertouren 106
Plattenbauten 135
Politik 148
Porzellan 39
Porzellanmuseum 75, 257
Post 94
Praktika 66
Präsidialverwaltung 176
Preise 26
Pretschistenka 222
Privatunterkunft 116
Pünktlichkeit 117
Puschkin-Museum 79
Puschkin-Museum der Bildenden Künste 69, 224
Puschkin-Wohnhausmuseum 79, 235
Putin, Wladimir 147, 148

R

Raumfahrt 99
Raumfahrtmuseum 83
Reinigung 98
Reiseveranstalter 12
Reisezeit 19
Religionen 158
Restaurantübersicht 49
Revolutionsdruckerei von 1905 75
Revolutionsmuseum 211
Revolutionsplatz 188
Rezepte 46
Richtplatz 184
Roter Platz 176, 178
Rubel 25
Russisch 104, 305
russische Küche 45
russisches Alphabet 9, 305
russisch-orthodoxe Kirche 158
Rüstkammer 76, 174

S

Sacharow-Museum 79
Saikonospasskij-Kloster 188
Samoskworetschje 194, 196, 198
Sauna 99
Scheremetjewo 28
Schlittschuhlaufen 102
Schloss Ostankino 267
Schokoladenfabrik Roter Oktober 76, 194
Schtschussew-Architekturmuseum 71
Schwimmen 103
Schwule 95
Senat 176
Sergijew Possad 277
Sessellift 128
Sicherheit 98
Sieben Schwestern 136
Siegespark 266
Skulpturenpark 199
Souvenirs 39
Sowjet-Nostalgie(artikel) 41, 42
Sperlingsberge 264
Spezialitäten 37, 47
Spielwaren 44
Sport 99
Sprache 104
Sprachhilfe Russisch 305
Sprachschulen 65
Stadtbild 130
Stadtpläne 22
Stadttouren 104
Stalin, Josef 136, 143
Stanislawskij-Museum 81
Strände 103
Straßenbahn Annuschka 247
Straßenbahnen 125
Suchmaschinen 13

T

Tataren 138
Taxis 125
Technikmuseen 82
Tee(clubs) 44, 47
Telefon 106
Temperaturen 19
Terempalast 173
Theater 107
Theatermuseen 80
Theaterplatz 207
Tolstoj-Museum 80, 226
Tolstoj-Wohnhaus 80, 227
Touren 104
Tourismus 153
Tram 125
Transkription 9
Transport 23
Transportring 130
Trauerzug 74, 249
Tretjakow-Galerie, Alte 69, 197
Tretjakow-Galerie, Neue 69, 200
Trinken 45
Trolleybusse 125
Tschaikowskys Wohnhaus 280
Tschechow-Wohnhaus 80, 213
Tschistyje Prudy 247
Twerskaja 207
Twerskaja Uliza 208

U

Überweisungen 25
Uhrzeit 110
Uljanow, Wladimir Iljitsch 142
Unterkunft 110

V

Verhaltenstipps 117
Verkehrsmittel 119
Versicherungen 26
Verwaltung 147
Videos 55
Visum 16
Vorwahlnummer 106

W

Wachsfigurenkabinett 80
Währung 25
WDNCH 262
Wireless Lan 56
Wirtschaft 150
Wissenschaftsmuseen 82
Wnukowo 29
Wodka 52
Wohnungen 116
WWZ 262
Wyssotzkij-Zentrum 82

Y

Yoga 101

Z

Zahnklinik 69
Zaren 141
Zarenresidenz Zarizyno 268
Zeit 110
Zeitschriften 12, 15
Zeitungen 15
Zentralasien, Spezialitäten aus 47
Zollbestimmungen 18
Zug 23
Zweiter Weltkrieg 143
Zwetajewa-Wohnhaus 80
Zwölf-Apostel-Kirche 169

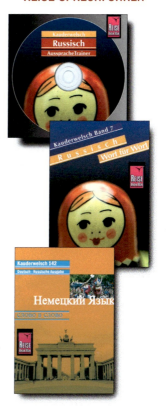

KAUDERWELSCH
REISE-SPRECHFÜHRER

Jeder Titel 128-144 Seiten, Aussprachehilfen, Wörterverzeichnis, landeskundliche Tipps. Begleitendes Audiomaterial erhältlich.

Reise Know-How Verlag, Bielefeld

ÜBER DIE AUTORIN

Heike Maria Johenning, Jahrgang 1968, studierte Slawistik und Romanistik in München, Paris und Moskau und machte ihren Abschluss am Sprachen- und Dolmetscher-Institut München. Nach mehreren Studien- und Arbeitsaufenthalten in Moskau ist sie seit 1996 als Übersetzerin, Dolmetscherin und Rezensentin freiberuflich tätig. Als freie Lektorin betreute sie die Übersetzung des Sachbuchs „Das Politbüro – Mechanismen der Macht in der Sowjetunion der dreißiger Jahre" von Oleg Chlewnjuk, Hamburger Edition 1998. Nach zwei Auslandsjahren lebt und arbeitet sie heute in Berlin. Sie ist seit 15 Jahren mit Moskau bestens vertraut und hat viele Metamorphosen der Metropole vor Ort miterlebt.

Hinweise und Meinungen zum vorliegenden Buch nimmt die Autorin gern entgegen: heikemjohenning@gmx.de.

BILDNACHWEIS

Die Kürzel an den Abbildungen stehen für folgende Fotografen, Firmen und Einrichtungen. Wir bedanken uns für die freundliche Abdruckgenehmigung.

dk	Dennis Karabasch
hj	Heike Maria Johenning (Autorin)
pq	www.pixelquelle.de
pt	Pia Thauwald
rb	Robert Baum
fc	www.fotocity.ru

Zeichnung S. 165: Traute Knop
Coverfoto: die Autorin

CITYATLAS

Dieser Cityatlas zeigt das komplette Zentrum Moskaus mit allen im Buch beschriebenen Hauptsehenswürdigkeiten. Für die einzelnen Stadtteile bzw. touristisch interessante Gegenden wurden zusätzlich Detailkarten bei den Stadtrundgängen eingefügt.

Diese Detailkarten zeigen neben den Sehenswürdigkeiten auch alle erwähnten Restaurants, Einkaufsgelegenheiten, Museen usw. Das einheitliche Kartengitter in allen Karten ermöglicht das schnelle Orientieren in Text und Kartenwerk.

MOSKAU UMGEBUNG

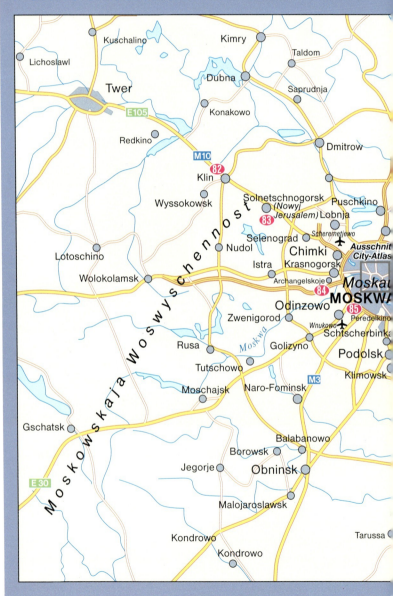

CITYATLAS 323

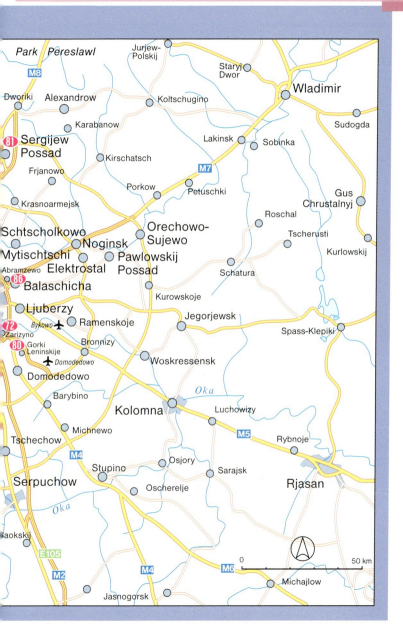

324 CITYATLAS

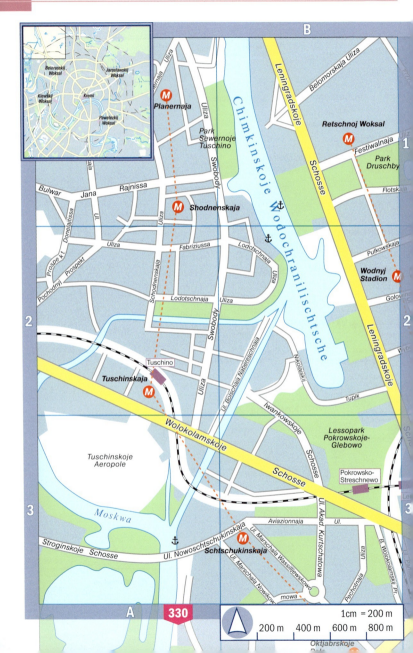

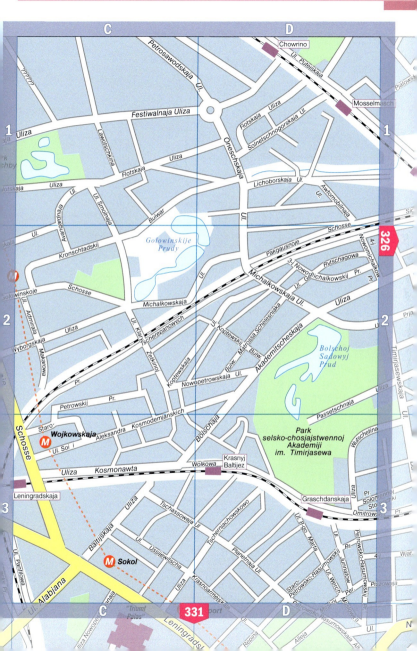

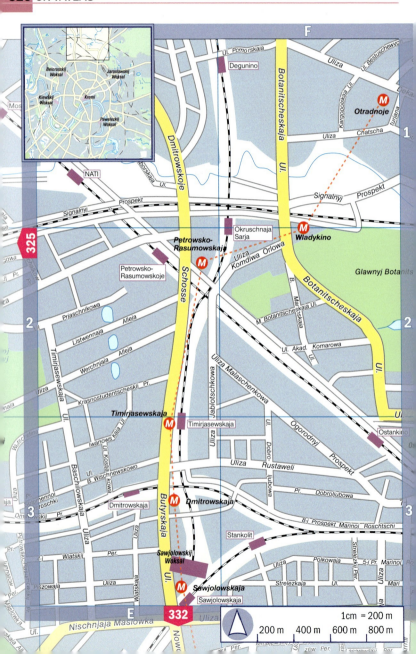

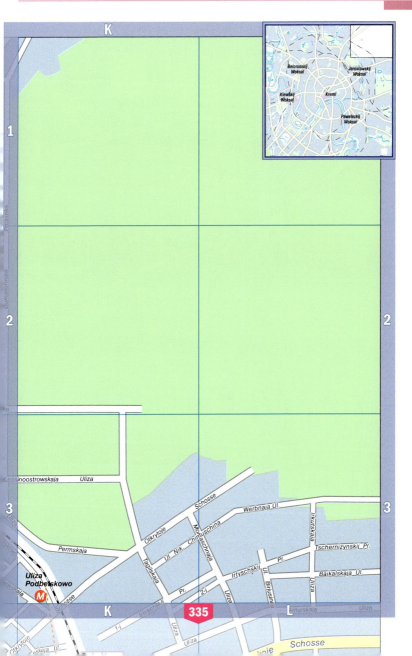

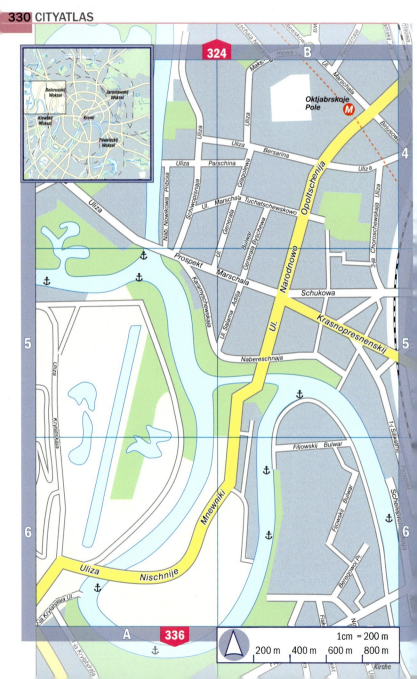

CITYATLAS 331

332 CITYATLAS

CITYATLAS 333

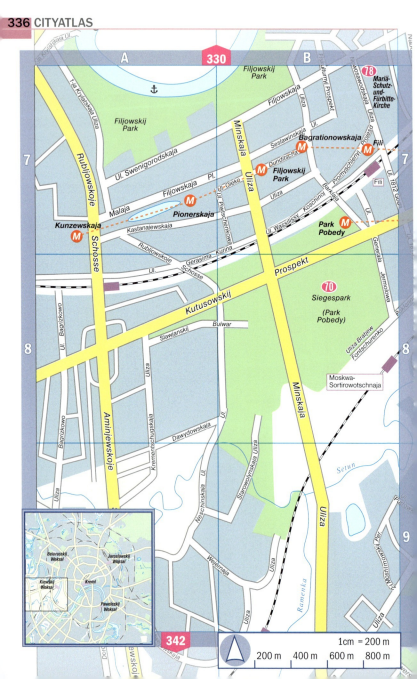

CITYATLAS 339

Ploschtschad Rewoluzii
Pokrowskije Worota
Kasaner Kathedrale
GUM
Mausoleum
Minin-Poscharskij Denkmal
Basilius-Kathedrale

- ㉘ Epiphanienkloster
- ㉗ Birschewaja Pl. / Elias-Kirche
- ㉔ Richtplatz / Gostinyj Dwor
- ⑳ Alter Englischer Hof
- ㉓ (church)
- ㉖ Dreifaltigkeitskirche
- ㉕ Palast der Bojaren Romanow
- Kitaj-Gorod

Ul. Iljinka
Staraja Pl.
Slawjanskij Pl.
Warwarskije Worota
Ul. Sabelina
Choch...
Ul. Woronzowo Pole
Soljanka
Podkol. Per.
Pokrowskij Bulwar
Ustjinskij Prospekt / Jauskij Bulwar

Warwarka
Moskworezkaja Nab.
Kitajgorodskij Pr.
Nabereschnaja
Rauschskaja Nab.
Serebrjanitscheskaja Nab.
Bernikowskaja Nab.
Nikolojamskaja Ul.
Ustjinskaja Nab.
Podgorskaja Nab.
Jauskaja Ul.

Bol. Ustjinskij Most
Wohnhaus (Stalin-Kathedrale)

Kanal
Sadownitscheskaja Nab.
Owtschinnikowskaja Nab.
Kosmodemjanskaja Nab.
Kotelnitscheskaja Nab.
Werch. Radischtschewskaja
Teterinskij Per.
Gonttscharnaja

Auferstehungskirche in Kadaschi
Kadaschewskij 2-j Per.
Lawruschinskij Per.
③⑥ Alte Tretjakow-Galerie

Nowokusnezkaja
Platnitskaja Ul.
Sadownitscheskaja Ul.
Oserkowskaja Nab.

Teatr na Taganke
Taganskaja

Klimentkirche
Klimentowskij Per.
Tolmatschowskij Per.
Tretjakowskaja
Staryj Tolmatschowskij Per.
Nowokusnezkaja Ul.
Ul. Bolschaja Tatarskaja
Ul. Bolschaja Kamenschtschiki
Marksistskaja
Woronzowskaja
Krestjanskaja Sastawa

Nikolajkirche in Pyschi
Kirche der Heiligen Gottesmutter in Wspolje
Ul. Bolschaja Ordynka
Malaja Ordynka
Wischnjakowskij Per.
Tschatarski Per.
Tatarskaja Ul.
Pjatnizkaja Ul.
Dubininskaja Ul.
Schtschipok
Bol. Krasnocholmskij Most
Krasnocholmskaja Nab.
⑦⑨ Neues Kloster des Erlösers
Nowospasskij Projesd
⑯ Krutizkij-Klosterresidenz

Pawelezkaja Pl.
Ul. Koschewnitsch.
Ul. Sazepskij Wal
Pawelezkaja
⑥③ Lenins Trauerzug
Pawelezkij Woksal
Schljusowaja Nab.

Serpuchowskaja Pl.
Ul. Walowaja
Bol. Sazepa
Derbenewskaja Nab.
Derbenewskaja Ul.

Dobryninskaja
Serpukowskaja
Stremjannyj Pereulok
Ul. Schtschipok
Prospekt
Moskwa-Towarnaja-Pawelezkaja

1-j Schtschipkow Pereulok
2-ja Jelosawoodskaja

333 | **340** | **345**

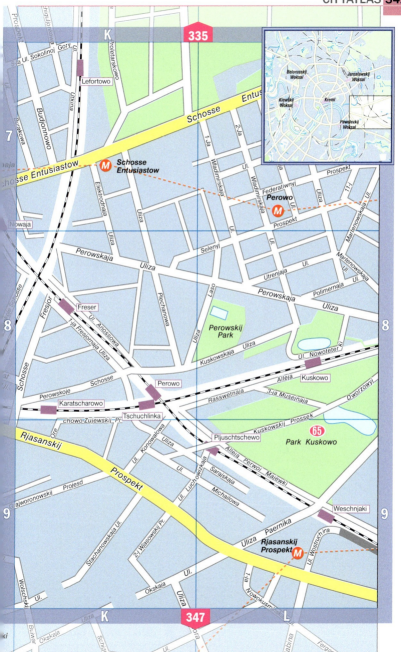

342 CITYATLAS

CITYATLAS 347

LEGENDE DER KARTEN- UND TEXTSYMBOLE

- **66** Hauptsehenswürdigkeit, fortlaufend nummeriert
- **66** Verweis im Inhaltsverzeichnis und Text auf Hauptsehenswürdigkeit
- ⬜ Verweis im Inhaltsverzeichnis und Text auf eine Adressenliste im Buch (z. B. Museen, Restaurants …)
- [L6] Verweis auf Planquadrat im Cityatlas
- [III F8] Verweis auf Planquadrat in Detailkarte (hier Karte III)

- ••• Verlauf des beschriebenen Stadtrundgangs
- ••• Verlauf der im Architektur-Special beschriebenen Tour

BEWERTUNG DER SEHENSWÜRDIGKEITEN

- ★★★ auf keinen Fall verpassen
- ★★ besonders sehenswert
- ★ wichtige Sehenswürdigkeit für speziell interessierte Besucher

- ⚓ Anlegestelle
- ✚ Arzt, Krankenhaus, Klinik
- 🛈 Bar, Bistro, Treffpunkt
- 𝐁 Bibliothek
- ☕ Café, Teestube
- ✈ Flughafen
- ⚰ Friedhof
- 𝐆 Galerie
- 🛒 Geschäft, Markt, Kaufhaus
- 🏨 Hotel, Unterkunft
- ⓘ Informationsstelle
- 🍴 Imbiss
- @ Internetcafé
- 𝐊 Kino
- ⛪ Kirche
- ✝ Kloster
- Ⓜ Metrostation
- 𝐌 Museum
- 🎵 Musikszene, Konzertsaal
- ✉ Post
- 🍽 Restaurant
- ★ Sehenswürdigkeit allgemein
- 𝐒 Sporteinrichtung
- 𝐓 Theater